글로벌 금융대공황

글로벌 금융대공황

서브프라임 위기에서 제3차 G20 정상회담까지

강동호 지음

21세기북스
www.book21.com

| 차례 |

지난 몇 년간 지구촌은 사상 유례없는 금융 혼란으로 아수라장이 됐다. 세계 각국의 주식시장은 절반 이상 폭락하며 쑥대밭이 됐고, 자본시장에는 극심한 신용경색이 초래돼 정상적인 대출과 자본 조달은 일시에 마비됐다. 뿐만 아니라 이 위기는 즉각 실물부문에도 영향을 미쳐 세계 각국에 제2차 세계대전 이후 최악이라는 심각한 경기침체를 가져왔다. 미국 경제는 공식적으로 2007년 12월 경기침체에 진입한 이후 2년이나 되는 최장의 마이너스 성장에서 허우적거렸다.

돌이켜 보면 이번 글로벌 금융위기는 사실 별 볼일 없어 보였던 서브프라임Sub-prime 모기지라는 주택시장의 작은 혼란으로부터 시작되었다. 그리고 이 작은 불씨는 2000년대 이후 급속히 팽창한 모기지유동화증권MBS 시장에 옮겨 붙으며 순식간에 실체를 알 수 없는 거대한 괴물로 돌변했다. 전문가들은 이를 1930년대 대공황 이후 최대의 시스템 위기, 즉 세계 자본주의 체제를 위협하는 최대의 도전으로 규정하는 데 주저하지 않았다.

자본주의 200년 역사상 최악의 경제위기라 불리는 대공황Great Depression은 1929년부터 1939년까지 무려 10년간 지속되었다. 이 기간 동안 세계 경제 규모는 절반으로 줄었으며, 각국 주가는 90%이상 폭락하여 주식은 휴지조각이 돼버렸고 거리에는 실업자가 넘쳐났다. 일부 전문가들은 1930년대 대공황이 여기서 끝난 게 아니라 일본과 독일의 우경화를 부추겨 제2차 세계대전으로 연결되는 직접적인 도화선이 됐다는 분석을 제시하기도 한다.

이번 금융위기는 전 세계에 미친 파장이나 충격의 강도에서 결코 대공황에 뒤지지 않는다. 지난 1980년대 말 대부조합S&L 사태나 1990년대 아시아 외환위기, 혹은 헤지펀드 롱텀캐피털매니지먼트LTCM의 부도 사태와는 양·질적으로 전혀 달랐다. 이들 위기가 국지적인 충격에 그쳤던 반면 이번 금융위기는 분야와 국가를 가리지 않고 전지구적 차원에서 엄청난 충격파를 던지며 빠르게 확산되어 각국 경제를 총체적인 위험에 빠트렸다. 아직도 그 위기는 현재진행형이며 각국에 경기침체의 장기화 가능성이란 어두운 그림자를 드리우고 있다. 이런 점에서 이번 글로벌 금융위기는 21세기 최초의 새로운 대공황, 즉 금융대공황으로 불러도 무방할 듯하다. 따라서 필자는 이번 위기를 감히 '글로벌 금융대공황Global Financial Depression'이라 명명하고, 그 위기의 시작과 전개과정, 각국에 미친 파장과 아울러 미국을 중심으로 한 세계 각국의 위기 극복 노력을 소개하고자 한다.

다행히 세계 경제는 2009년 하반기 이후 서서히 회복 조짐을 보이고 있다. 각국 중앙은행들은 자산매입 중단 조치를 취하며 여유를 되찾고 있고, 과잉 유동성을 거두기 위한 기준금리 인상 등의 출구전략도 저울질하고 있다. 언론들도 이제 최악의 금융위기는 끝났다며 바닥까지 떨어졌던 세계 경제의 반등 가능성을 점치고 있다.

그러나 아직 그 끝을 헤아리기는 이른 감이 있다. 이제 겨우 터널 한 가운데서 저 멀리 출구 쪽에서 흘러 들어오는 한 줄기 빛을 봤을 뿐이다. 강남 갔던 제비 한 마리가 나타났다고 곧 봄이 왔음을 의미하지는 않는다. 경기 재하강에 대한 우려는 여전히 깊다. 곳곳에서 '더블 딥Double-Dip' 가능성에 대한 전망이 나오고 있고, 경기 회복기가 여느 때보다 훨씬 더 길어질 수 있다는 관측도 나오고 있다.

비슷한 맥락에서 새로운 위기 가능성에 대한 불안감도 증폭되고 있다.

금융위기를 잠재우기 위해 그간 마구잡이로 시행됐던 경제정책이 부작용을 일으켜 세계 경제에 새로운 위험요소가 될 수 있다는 지적이다. 우선 가장 큰 염려는 그동안 미국 등 각국에 뿌려졌던 엄청난 규모의 과잉 유동성이다. 경기 회복이 본격화되면 이는 곧 인플레이션으로 연결돼 폭발할 것이라는 우려가 여러 전문가들에 의해 제기되고 있다. 지금은 경기 회복 속도가 빠르지 않아 과잉 유동성의 폐해가 잘 드러나지 않지만 곧 그러한 시기가 닥칠 수 있다는 경고다. 이 경우 실문부분의 회복이 예상보다 더디게 진행된다면 지난 1970년대 말~1980년대 초 세계 경제를 휩쓸었던 스태그플레이션Stagflation이 재발할 수도 있다는 주장도 덧붙여진다.

달러 가치 하락에 대한 우려도 높아지고 있다. 이는 단지 미국 통화의 가치 하락이 교역 상대국들의 통화가치 상승을 불러와 무역수지 악화 등 새로운 불균형을 초래할 것이란 데 그치지 않고 제2차 세계대전 이후로 지속돼 온 달러 중심의 세계 기축통화 시스템이 일시에 붕괴되는 대혼란이 일어날 수 있다는 경고다. 이 경우 달러에 대한 신뢰가 무너지면서 국가간 연쇄적인 통화가치 인하 경쟁, 즉 통화전쟁이 촉발돼 세계적 차원의 대규모 통화증발이 불가피해지고, 그 결과 지구촌 곳곳에 연평균 수십~수백%에 이르는 이른바 '하이퍼 인플레이션Hyper-Inflation'이 발생할 수 있다는 지적도 나온다. 최근 각국 중앙은행들의 금 사재기로 국제 금값이 온스당 1,000달러가 넘게 치솟고 국제 무역거래자들 사이에 달러 대신 유로, 위안화, 엔화 등 제3의 통화를 결제통화로 사용하려는 움직임이 커지고 있는 것이 달러 독점시대의 붕괴를 예고하는 대표적인 징후들이다.

미국과 영국 등 선진국들은 물론 신흥 경제국들에서까지 점점 커지고 있는 정부의 막대한 재정적자도 세계 경제 체제의 불안을 심화시킬 요인으로 꼽힌다. 금융위기 극복과정에서 대규모 경기부양책 등을 쏟아냈던 선진국들의 재정적자 규모는 벌써 연평균 국민총생산GDP의 10%를 넘고 누적 재정적자 규모는 GDP의 100%에 육박하고 있는 실정이다. 이들 나라의 재정적자가 적정수준을 넘게 되면 당연히 이는 세입-세출 조정이란 기존 시스템 내에서 소화되지 못하고 민간자금을 싹쓸이 하거나 새로운 통화를 공급하는 방식으로 해결할 수밖에 없다. 이 경우 시중의 자금 고갈로 심각한 금리 인상에 따른 민간 경제활동의 수축을 가져오거나 대규모 통화증발로 인한 인플레이션 압력을 가중시킬 것은 불을 보듯 뻔하다.

지난 3년여에 걸친 글로벌 금융위기는 지구촌 각국에 많은 교훈을 남겼다. 1980년대 이후 세계 경제에 주류적 흐름으로 관철돼 온 신자유주의는 그동안 무분별한 규제완화로 자본의 변동성을 키우고 쏠림현상을 심화시켜 금융부문의 거품을 키움으로써 결국 월가발 금융위기를 촉발시켰다는 비판을 받고 있다. 이에 따라 미국과 유럽은 이제 중앙은행의 거시감독 권한을 강화하고 파생상품 등의 장외거래에 제재를 가함과 동시에 위험투자를 유발시켜 온 투자은행들의 무분별한 보너스 지급 관행에 메스를 들이대는 조치를 취하기 시작했다. 월가 금융계의 거센 반발이 예상되고 있지만 각국의 국민 여론과 지도자들의 의지가 워낙 강해 그동안 고삐풀린 망아지 마냥 날뛰던 금융자본의 발호는 어느 정도 기세가 꺾일 전망이다. 그럼에도 불구하고 한국은 이른바 '동북아 금융허브'를 지향한다며 자본시장통합법(자본시장과 금융투자업에 관한 법률안)을 2009년 초부터 시행하고 있어 금융시장의 대외 개방과 선진 금융기법의 탈을 쓴 현란한 파생상품의 도입이 어느 때보다 훨씬 가속화될 것으로 보인다. 이제 월가식 금융자본주의 도입에 대해 최소한의 안전장치를 마련하지 않는다면 얼마 지나지 않아 "한국이 세계 자본주의의 흐름에 역행하는 조치를 취했다가 스스로 파멸의 길을 가는 '자폭주' 를 마셨다"고 세계적인 웃음거리가 될지도 모를 일이다.

이 책은 언론인의 관점에서 지난 2007년 발생한 서브프라임 부실 사태에서부터 2009년 하반기 제3차 G20 정상회담까지 약 3년여에 걸친 글로벌 금융위기의 전 과정을 되돌아 본 기록이다. 물론 이 위기가 남긴 후유증으로 각국의 과잉 유동성과 재정적자, 미국 달러화의 전반적인 약세가 남기고 있는, 그래서 미래에 닥쳐올지도 모를 새로운 위기의 잉태 가능성에 대해서도 살펴보았다. 당연히 금융위기의 중심에서 사태의 추이를 지켜보지 못하고 그 외곽이라 할 언론계에서 국내외 보도와 분석을 통하여 전해진 사실만을 근거로 했기 때문에 위기의 실체와 내용을 정확히 가늠해내지 못했을 수도 있을 것이다. 더군다나 군데군데 사실 근거가 부족하고 논리적 비약이 있다거나 또는 과대 포장하거나 견강부회牽强附會하는 오류가 전혀 없다고도 하기 힘들다. 이 같은 오류는 전적으로 필자의 책임임과 동시에 학문적 소양의 천박함과 정보와 지식의 과문함, 그리고 사실 확인에 게을렀던 천성에 있음을 밝혀두는 바이다.

그럼에도 불구하고 지나온 금융위기에 대해서 국내외를 통틀어 거의 처음으로 위기의 전 과정을 통시적으로 광범위하게 관찰하고 있다는 데 대해서는 자그마한 자부심을 갖는다. 혹시 잘못된 실수가 있다면 언제든 기회가 닿을 때 반드시 고칠 것을 약속드리는 바이다. 이 책이 모쪼록 경제학을 처음 공부하는 학생들이나 경제관련 강의를 하고 있는 대학 교수와 연구소 관계자들, 그리고 현재 금융가에서 활동하고 있는 애널리스트, 펀드매니저 또는 정책 담당자 등 여러분들에게 지나온 글로벌 금융위기를 개괄하는 데 약간의 도움이라도 될 수 있다면 그것으로 만족하고자 한다. 아울러 새롭게 사회생활을 시작하려는 새내기 직장인들이나 이제 국내외 경제 현상에 대해 막 눈을 뜨게 된 기존 직장인들에게도 일독을 권한다. 약육강식이 횡행하는 경제의 투기장Arena에서 어떻게 돈을 벌고 어떻게 성공하는지에 앞서 거기서 살아 남는 것만으로도 경제적 지식과 소양의 중요성은 충분히 제 역할을 하는 것이라고 믿기 때문이다.

이 책을 짓는 데는 많은 분들에게 은혜를 입었다. 우선 이 책을 기획하고 준비하는 과정에서 서울경제신문 편집국 여러분들께 많은 도움을 받았다. 집필 당시인 2009년 편집국에 함께 근무했던 김인영 국장과 김형기 부국장, 아울러 국제부의 동료로 함께 일했던 문병도 차장, 김희원 기자, 권경희 기자, 이상훈 기자, 유주희 기자, 이승현 기자에게 심심한 감사의 말씀을 드린다. 특히 문병도 차장은 셋째 아이 출산에도 불구하고 주요 챕터에 대한 자료를 직접 조사하고 필요한 내용을 기사의 틀로 잡아내는 중요한 역할을 수행해 주었다. 아울러 이 책이 나오기까지 함께 할 시간을 자주 내지 못한 필자를 옆에서 묵묵히 지켜봐주었던 아내와 대학입학시험 공부에 여념이 없었던 경탁, 한참 재미있는 중학교 학창 시절을 보낸 경돈 두 아들과 두 분 부모님께도 사랑과 감사의 인사를 올린다.

2009. 11

북한산이 보이는 창가에서
저자

1장

위기의 시작

경고등이 켜지다

서브프라임의 이상 징후

금세기 최악의 경제위기가 된 글로벌 금융대공황은 처음에는 그렇고 그런 규모가 작은 주택담보대출시장의 부실에서 시작되었다. 미국 모기지업체들이 신용도가 낮은 주택 구매자들에게 제공한 서브프라임 모기지대출의 부실이 세계적인 금융위기의 시발점이었다. 처음엔 '찻잔 속의 태풍'쯤으로 여겨지던 이 부실은 시간이 지날수록 대형 태풍으로 변해갔다. 중국 베이징에 있는 나비의 날갯짓이 한 달 뒤 미국 뉴욕에 폭풍을 일으킬 수도 있다는 '나비 효과'의 전형적인 모습이었던 셈이다. 비록 이번에는 그 진원지가 베이징이 아니라 세계 자본주의의 중심인 미국 뉴욕의 월스트리트였지만 말이다.

서브프라임 모기지Sub-prime mortgage 부실 사태는 2007년 초에 처음 그 모습을 드러냈다. 서브프라임을 제공하던 일부 모기지업체들의 파산은 이들이 유동화시킨 '모기지담보부증권(MBS: Mortgage Backed Securities)'과 여기서 파생된 '부채담보부증권(CDO: Collateralized debt obligations)'의 연쇄 부실을 낳았다. 나아가 이 금융회사들이 거래했던 '신용부도스와프(CDS: Credit default swap)' 등 각종 파생상품이 흔들리면서 여기에 투자하거나 자금을 지원해 준 헤지펀드와 사모펀드는 물론 대형 투자은행과 상업은행, 보험사, 모기지 보증회사 등 금융업계 전체로 파장이 확대되었다. 위기는 여기에서 그치지 않고 시간이 지날수록 미국만이 아닌 1990년대 이후 자본의 국제화와 세계화로 하나로 통합된 글로벌 금융시장의 연결고리를 타고 전 세계로 파급되었다. 그 여파로 각국의 주식시장은 폭락했고, 자금시장에는 극도의 신용경색이 초래되면서 1929년 대공황 이후 유례없는 대공포가 엄습했다. 세계 금융시장은 일순간에 마비되었고, 미국을 비롯한 각국의 케인즈안Keynesian적인 정책 개입이 없었다면 세계 경제는 아마도 돌이킬 수 없는 파국을 맞았을 지 모른다. 이윽고 금융위기의 대충격은 실물경기에까지 영향을 미쳐 세계 경제를 빠른 속도로 위축시키면서 각국은 순식간에 마이너스 성장의 늪으로 빠져들었다.

서브프라임 모기지대출은 신용 조건이 좋은 사람들에게 적용하는 프라임Prime 대출과 달리 상대적으로 신용도가 낮은 사람들에게 제공하는 미국의 대출 프로그램이다. 집 가격의 거의 100% 수준의 대출을 해주는 대신에 금리가 높기 때문에 고수익을 노리는 헤지펀드나 세계 투자은행들이 앞 다투어 이 시장에 뛰어들었다. 당시 서브프라임 대출은 약 1조 달러 규모로 미국 전체 주택 모기지대출시장에서 차지하는 비중은 10%에 불과했고, 미국 전체 금융자산 규모에 비하면 겨우 1.2%에 지나지 않았다. 그러나 미국의 집값이 하락세로 전환되면서 서브프라임 모기지대출자들 중 원금은커녕 이자도 갚지 못하는 사람들이 속출하기 시작했고, 결국 이는 글로벌 금융위기의 전단계인 서브프라임 위기를 촉발시켰다.

영국 HSBC의 첫 고해성사

일반인들이 인식할 수 있을 정도의 서브프라임 부실이 처음 공개된 것은 미국이 아닌 영국 HSBC은행에서 발생했다. 그런데 이 은행은 국적만 영국이었을 뿐 1990년대 이후 급속히 글로벌화 된 은행이었기 때문에 국적을 따지는 것은 거의 무의미했다.

〈파이낸셜타임스FT〉 등 외신 보도에 따르면 당시 기준으로 유럽 최대이자 세계 3위 규모인 HSBC은행이 2007년 2월 8일(현지시간) 마침내 전년도의 주택 모기지대출의 부실 규모가 전체 부실의 20%에 달한다고 고백했다. 이를 금액으로 환산하면 105억 6,000만 달러(약 10조원)에 이르지만 당시에는 큰 위기로 받아들이지 않았다. HSBC은행이 워낙 초대형은행이라 그 정도의 부실은 충분히 감당할 수 있을 것으로 보였고, 그런 부실이 다른 금융기관으로 빠르게 확산되리라고는 예상하지 못했기 때문이다. 그렇지만 HSBC은행의 부실은 142년 역사상 처음이었고, 그 규모도 월가街 전문가들의 추정치(88억 달러 손실)를 훨씬 웃돈다는 점에서 전혀 걱정이 없던 것도 아니었다.

HSBC은행의 부실 원인은 미국의 주택경기 둔화에도 불구하고 모기지대출을 무리하게 늘려온 것이 화근이었다. 사실 HSBC은행은 지난 2003년에 저소득층에 대한 고금리 대출을 주 업무로 하는 미국계 소매은행 하우스홀드 인터내셔널을 인수하여 모기지 사업에 뛰어들었다. 하우스홀드는 시중 금리에 비해 2~3%나 높은 이자를 받고 신용이 낮은 저소득층에게 돈을 빌려주는 모기지대출을 점차 늘려 나갔다. HSBC는 이 회사를 인수한 후 과감한 대출 확대로 일약 미국 모기지 시장의 큰손으로 떠올랐다. 이에 힘입어 HSBC는 한때 전체 이익 가운데 북미시장에서 벌어들이는 수익이 3분의 1 수준으로 급속히 증가했다. 그러나 2006년 미국의 주택경기가 급랭하면서 부실 대출이 점차 증가하기 시작했다. HSBC는 2007년 2월 발표에서 "최근 미국의 주택경기 둔화가 대출금 체납에 반영되어 있다"면서 주택경기 악화가 모기지대출 부실의 직접적 원인임을 실토했다.

HSBC은행의 부실 고백은 곧바로 월가 금융시장에 충격을 주었다. 부실 발표가 있던 2월 8일 뉴욕증권시장에서 HSBC 주가는 2.6% 하락했고, 시티그룹과 JP모건체이스도 각각 0.6%, 1.1% 동반 하락했다. 이날 또 미국 2위의 서브프라임 모기지업체인 뉴 센추리 파이낸셜이 모기지론 선납 불이행 증가로 전년도 4분기 실적이 손실을 보일 것이라고 밝혀 주가가 무려 35%나 하락했다. 유통업체인 아메리칸익스프레스 주가도 0.5% 하락했고, 웰스파고은행 주가도 1% 급락했다. 덩달아 건설업체 주가도 전반적으로 약세를 보였다. 미국 최대 고급주택 건설업체인 톨 바라더스는 1분기 매출이 19% 하락했다는 소식에 주가가 3% 하락했다. 다른 주택 건설업체들의 주가도 2~3%씩 하락했다.

서브프라임 모기지업체의 부실은 모기지를 담보로 발행한 채권(MBS)에도 영향을 미쳤다. 'BBB-' 등급의 서브프라임 모기지 채권의 채무불이행(디폴트) 위험을 나타내는 ABX지수는 사상 최고치에 달했다. ABX지수는 모기지 채권의 부실 위험을 담보 받는 데 들어가는 비용(CDS: 신용부도스와프)을 지수화한 것이다. 이날 1,000만 달러어치 서브프라임 모기지증권의 상환을 보장받기 위한 CDS 비용은 전달 38만 9,000달러에서 72만 8,000달러로 증가했다.

뉴 센추리 파이낸셜의 파산

HSBC은행의 부실 고백은 서브프라임 위기에 대한 일종의 첫 경고였다. 이 충격으로 상승세를 타고 있던 세계 증시는 2007년 2월 말부터 3월 초 사이에 큰 폭의 하락세를 나타냈다. 그러나 이후 세계 증시는 즉각 회복됐다. 더욱이 당시 세계 주가가 사상 최고치를 향해 나아가고 있던 터라 전문가들조차 이것이 최악의 금융위기를 불러오리라고는 전혀 예상하지 못했다. 서브프라임이라는 괴물이 아직 발톱을 숨기고 있었던 것이다.

그러나 사태는 심상치 않게 전개되었다. 3월 들어 경영이 더욱 악화된 미국 2위의 서브프라임 모기지업체인 뉴 센추리 파이낸셜(New Century Financial)이 8일 추가 대출을 전면 중단한다고 선언했다. 그리고 4월 2일에는 마침내 미국의 파산보호법(Chapter 11)에 따른 파산보호를 신청한다고 발표했다.

뉴 센추리 파이낸셜의 파산은 비로소 서브프라임 위기가 본격화된 출발점이 된 사건으로 간주된다. 이를 계기로 서브프라임 모기지 시장은 급속히 투자심리가 냉각되며 사실상의 거래중단 상태에 빠졌다. 나아가 모기지 회사와 모기지 관련 증권, 예컨대 MBS(주택저당증권)나 CDO(부채담보부증권), CDS(신용부도스와프) 등 여러 파생상품(Derivatives)에 투자했던 전 세계의 헤지펀드, 은행, 보험사 등에도 비상이 걸렸다. 이에 따라 눈치 빠른 투자자들은 이전과는 전혀 다른 새로운 위기가 다가오고 있는 것 아니냐는 의심의 눈초리를 보내기 시작했다.

그리하여 서브프라임 부실의 직접적 당사자인 모기지업체에 이어 특히 헤지펀드가 강력한 타격을 입었다. 이는 고수익을 노린 헤지펀드들이 자기 자본의 30~40배에 이르는 차입Leverage을 동원하여 위험도가 큰 모기지 파생상품에 집중 투자했기 때문이다. 아울러 헤지펀드에 자금을 빌려줬던 투자은행들도 막대한 손실을 입으면서 서브프라임 위기는 점차 월가 전체로 번져나갔다. 3월 13일에는 미국 최대의 자동차회사인 GM의 금융 자회사 GMAC(GM과 크라이슬러의 고객들과 딜러들에게 자동차 할부금을 지원하는 금융회사)이 서브프라임 모기지 부실로 인해 채권 인수자인 서버러스캐피털 컨소시엄에 10억 달러의 보상금을 지급키로 했다고 밝혔다. 서브프라임의 부실이 자동차회사의 자회사에까지 영향을 주면서 자동차금융 등 소비자금융 전반에도 위험 가능성이 제기됐다. 특히 자동차 수요가 감소하고 있는 상황에 나온 GMAC의 발표는 모기업인 GM의 자금순환에도 악영향을 줄 것이란 우려로 이어졌다.

서브프라임 위기의 진원지인 주택시장에는 더욱 짙은 암운이 드리워지고 있었다. 3월 13일 미국 모기지 은행협회는 2006년도 4분기 서브프라임 모기지 연체율이 13.33%로 4년 만에 최고 수준을 기록했고, 모기지대출의 전체 연체율도 4.95%로 2003년 2분기 이후 최고치로 치솟았다고 밝혔다. 4월 24일에 나온 기존 주택 판매량도 전년 대비 8.4%나 폭락하여 최근 18년 사이에 최대 낙폭을 보였다. 이어 나온 주택 차압 비율Foreclosure 역시 전년 대비 90%대의 폭발적인 증가세를 보인 것으로 나타나면서 주택시장의 붕괴가 목전에 다가오고 있음이 감지되었다. 2006년도 4분기 서브프라임 모기지대출에 대한 가압류율은 4.53%에 달했고, 전체 모기지대출에 대한 가압류율도 사상 최고치인 0.54%를 기록했다. 이것은 곧 주택담보대출을 받은 사람 1,000명 중에 5명, 서브프라임 대출을 받은 서민층은 100명 중에 5명이 원리금을 갚지 못해서 집을 빼앗기고 있다는 얘기였다.

서브프라임 부실의 확대

BNP 파리바의 충격

2007년 여름으로 접어들면서 서브프라임 위기는 더욱 증폭되었다. 모기지 회사는 물론 이들이 발행한 파생상품에 투자했던 은행·보험사·펀드 등의 부실이 이어졌고, 금융의 국제화를 통해 연결됐던 각국의 주요 투자은행들도 피해를 입기 시작했다.

마침내 7월 31일, 미국의 대표적 증권업체인 베어스턴스(월가의 5대 투자은행 중 하나)가 지난 6월부터 파산설에 시달려오던 자사 산하 2개 헤지펀드의 환매중단과 동시에 파산을 선언했다. 서브프라임 담보의 부채담보부증권CDO에 대한 투자 손실로 부도 위기에 직면했다는 것이 주된 이유였다.

서브프라임 부실 피해는 보험사로도 확산되었다. 미국계 보험사인 CAN 파이낸셜은 이즈음 서브프라임 투자로 9,100만 달러의 손실을 입었다고 밝혔다. 역시 미국 최대 보험그룹인 AIG도 구체적인 손실 규모는 공개하지 않은 채 서브프라임 모기지 투자로 큰 손실을 입었다고 자백했다. 분석가들은 최악의 경우 AIG가 23억 달러의 손실을 기록할 수 있다고 추정했다.

8월 9일 프랑스 최대이자 유럽 2위 은행인 BNP 파리바Paribas가 자사의 3개 자산유동화증권ABS 펀드에 대한 자산 가치 평가 및 환매를 중단한다고 발표했다. 서브프라임 모기지 투자 손실이 눈덩이처럼 불어나자 고객들의 환매 요구를 버텨내지 못한 것이다. 이는 즉각 글로벌 주가 폭락과 자금시장의 단기금리 폭등 사태를 불러왔다. 이날 상환을 중단한 3개 펀드는 BNP 파리바 ABS유리보, 파베스트 다이내믹 ABS, BNP 파리바 ABS 에오니아 등이었고, 그 규모는 27억 5,000만 유로에 달했다. 이 사건으로 인해 월가의 금융위기는 유럽의 금융시장으로 빠르게 전이되는 양상을 나타냈다.

BNP 파리바의 환매중단 소식에 뉴욕 증시에서 다우존스산업평균지수는 387.18포인트(2.83%) 하락한 13,270.68포인트로 떨어졌다. 뉴욕 자금시장에서 은행 간의 대출금리인 리보Libor는 5.35%에서 5.86%로 급등했다. 이어 10일 개장한 아시아 증시에서도 'BNP 파리바 쇼크'로 일본이 2.37%, 홍콩이 2.88% 하락하는 일이 벌어졌다. 미국의 다우존스 산업지수는 1주일 동안 6% 더 폭락했고, 뉴욕의 신용시장은 더욱 꽁꽁 얼어붙었다. TED 스프레드(3개월물 리보와 미국 재무부 채권 금리 차이)는 이 기간 중에 0.44%포인트에서 1.65%포인트로 4배 이상 폭등했고, 글로벌 자금은 안전자산으로 일제히 도피하기 시작했다.

BNP 파리바의 환매중단 소식이 나오자 각국의 중앙은행들이 일제히 진화에 나섰다. 프랑스를 관할하는 유럽중앙은행ECB뿐 아니라 미국 등 주요 선진국 중앙은행들도 금융시장 동요를 막기 위한 사전 차단 조치로 무제한의 자금 방출을 선언했다.

BNP 파리바의 환매중단 소식이 있던 2007년 8월 9일에 유럽중앙은행이 948억 유로(1,300억 달러)를 방출하기로 한 데 이어 미국 연방준비제도이사회(FRB: Federal Reserve Board)도 240억 달러의 긴급자금을 시장에 공급한다고 발표했다. 유럽중앙은행의 이날 공급 규모는 단일 시장 개입으로는 사상 최대 규모였다. 그 다음날인 10일에도 유럽중앙은행은 610억 5,000만 유로(약 836억 달러)의 자금을 3일 만기 환매조건부채권RP 입찰을 통해 시중에 공급하기로 했다고 밝혔다. 미국 연방준비제도이사회FRB 역시 이날 다시 380억 달러 규모의 긴급자금을 시장에 지원하기로 했다. 일본중앙은행BOJ도 1조엔(85억 달러)의 자금을 시장에 쏟아 부으며 위기 진화를 위한 첫 번째 국제 공조에 합류했다. 호주중앙은행도 나섰다. 이틀 동안 유럽중앙은행을 비롯한 4개 중앙은행들이 공급한 단기 유동성 규모는 1,600억 달러에 달했다. 선진국 중앙은행들이 공조체제를 갖춰 유동성 지원에 나서기는 2001년 9·11 테러 사태 이후 이때가 처음이었다.

우량 모기지대출의 부실

서브프라임 대출의 부실 사태는 이보다 우량한 것으로 평가되는 상위 주택담보대출시장으로도 번져갔다. 알트 에이(Alt-A)와 프라임 모기지대출의 부실화가 그것이다. 알트 에이는 주택담보대출금리가 서브프라임과 프라임 대출의 중간에 있는 대출로 신용이 나은 소비자들에게 제공되는 만큼 보다 안전한 것으로 인식됐다. 그러나 이제 그런 여지는 사라지고 있었다.

2007년 8월 초 골드만삭스·메릴린치·베어스턴스·리먼브라더스 등 뉴욕 월가 굴지의 투자은행들의 일부 모기지대출이 서로 물린 것으로 확인되면서 이 회사들이 발행한 채권이 정크본드(junk bond: 신용도가 낮아 위험 부담이 많은 채권) 수준에서 거래되는 일이 발생했다. 이 투자은행들이 발행한 채권에 대한 신용부도스와프의 수수료는 1,000만 달러당 15만 달러로 1주일 전의 6,000달러에 비해 25배가량 폭등했다. 이에 앞서 소우드캐피털도 7월 말 투자자들에게 보낸 서한에서 펀드 자산 가치가 반 토막이 나 다른 헤지펀드에 매각할 처지에 놓였다고 고백했다.

8월 6일에는 주로 알트 에이를 거래하는 미국의 10위 모기지업체인 아메리칸 홈 모기지 인베스트먼트AHMI가 델라웨어 주 윌밍턴 파산법원에 파산보호를 신청했다는 소식이 전해졌다. 대출은행의 상환 요구로 유동성 위기를 맞은 데다 더 이상 산매 대출을 할 수 없게 됐다는 것이 이유였다. 아메리칸 홈 모기지 인베스트먼트의 파산은 지난 4월에 파산신청을 한 뉴 센추리 파이낸셜에 이어 두 번째로 큰 규모의 모기지업체의 파산이었다.

아메리칸 홈 모기지 인베스트먼트 등의 파산은 이제 주택 모기지시장에서 더 이상 안전지대는 없다는 것을 알리는 신호탄이었다. 그 당시 약 12조 달러로 추정되는 미국의 모기지시장에서 중간단계 신용등급을 가진 알트 에이 대출은 10%정도를 차지하는 것으로 추정되었다. 서브프라임 대출이 전체 대출의 10% 안팎이었으니, 두 개를 합한 대출 규모는 약 20%정도였다. 미국의 모기지대출자 5,000만 명 가운데 서브프라임과 알트 에이 모기지 등급에 속해 있는 대출자가 약 1,000만 명 정도라는 얘기였다. 하지만 이제 등급을 불문하고 그 어떤 모기지업체도 안심할 수 없는 상황이 벌어지고 있었다.

2007년 8월 20일에는 미국 산타페에 위치한 프라임 모기지업체 손버그 모기지TMA가 유동성 압박에 못 이겨 205억 달러 규모의 우량 모기지증권을 할인된 가격에 팔아 자금을 조달한다고 발표했다. 이날 손버그는 3분기에 9억 3,000만 달러의 손실이 발생할 것으로 예상했다.

8월 21일에도 미국의 신용카드 회사인 캐피털 원 파이낸셜이 18억 달러의 손실을 본 모기지 사업부 '그린 포인트'와 31개 사업소를 폐쇄하고, 1,900명의 직원들도 모두 해고하기로 결정했다고 발표했다. 캐피털 원은 공식자료를 통해 3분기 손실이 8억 6,000만 달러에 이를 것으로 전망했다. 같은 날 미국 최대의 사모펀드 콜버그 크래비츠 로버츠KKR는 모기지 자회사인 KKR 파이낸셜 홀딩스가 주거용 모기지 투자로 입은 손실을 메우기 위해 주식 매각 자금 5억 달러를 투입한다고 밝혔다. 모건스탠리 등 기관 투자자들은 KKR 파이낸셜의 주식 1,600만 주(주당 14.4달러)를 2억 3,000만 달러에 사들여 긴급 협조융자를 제공하기로 했다.[*]

---

[*] 이즈음 서브프라임 부실 파장은 아시아 등 신흥시장에도 침투하기 시작했다. 8월 2일 〈블룸버그통신〉은 대만의 보험사인 타이완 라이프 인슈어런스가 미국 서브프라임 부실로 상반기에 4억 2,800만 타이완달러(미화 1,300만 달러)의 손실을 입었다고 보도했다. 이 회사는 서브프라임 손실로 파산보호를 신청한 베어스턴스의 헤지펀드인 HGSC에 투자한 금액 전액을 상각 처리한다고 밝혔다.
　이에 앞서 호주의 맥쿼리 은행, 베이시스 캐피털 펀드 매니지먼트, 앱솔루트 캐피털 등도 서브프라임 투자로 대규모 손실을 기록했다고 공개했다. 17일에는 호주 최대 주택 대출업체 가운데 하나인 '램스 홈 론즈'의 주가가 호주 증시에서 전일 대비 60%나 폭락하는 일이 발생했다. 전날 61억 7,000만 호주달러(미화 50억 달러)에 달하는 기업어음(CP) 매각에 실패한 것이 원인이었다.
　일본도 서브프라임 태풍을 비껴가지 못했다. 이즈음 일본 최대 증권사인 노무라 홀딩스는 서브프라임 모기지 관련 대출로 312억 엔(2억 6200만 달러)의 손실을 입었다고 밝혔다. 신세이은행도 서브프라임 모기지 부실로 인한 손실이 3,000만 달러에 이른다고 발표했다. 신세이은행은 일본에서 해외로 매각된 첫 은행으로 미국 모기지 관련 증권 투자 규모가 1분기 순이익의 2배 이상, 전체 증권 투자액의 25%가 넘을 정도로 위험도 높은 자산을 보유하고 있었다.

미국 최대 모기지업체 컨트리와이드의 몰락

서브프라임 부실의 태풍은 급기야 미국 최대 모기지업체인 컨트리와이드마저 쓰러뜨렸다. 2007년 8월 16일 〈로스앤젤레스타임스〉는 컨트리와이드 파이낸셜이 신용경색 여파를 견디지 못해 심각한 자금난에 빠졌고, 이제 채무불이행까지 걱정해야 할 처지가 됐다고 보도했다. 때맞춰 신용평가 회사인 무디스Moody's도 컨트리와이드의 선순위 채권 신용등급을 A3에서 투자 적격 등급 중 최하위인 Baa3로 하향 조정하고, 컨트리와이드의 모든 채권을 추가 하향하기 위한 '관찰 대상'에 올려놓는다고 발표했다. 컨트리와이드의 심각한 유동성 문제가 그 이유였다.

당시 컨트리와이드의 주가는 이미 연초 대비 절반 이하로 떨어진 상태로 단기 차입금을 끌어들이는 데 어려움을 겪고 있었다. 상업어음 시장 중개인들은 15일, 30일짜리 컨트리와이드 어음에 대해 일반적으로 6% 미만이었던 이자를 2배 이상인 12.5%까지 물렸다. 이날 컨트리와이드 파이낸셜은 40개 은행으로부터 115억 달러의 긴급 신용공여를 받아 간신히 연명했다.

컨트리와이드 파이낸셜의 몰락은 주택 모기지시장의 처참한 붕괴를 의미했다. 컨트리와이드가 파산할 경우 2000년 계열사로 편입된 컨트리와이드은행의 예금 가입자들에게도 피해가 확산될 상황이었다. 이 경우 상업은행 부실의 서막이 될 것이란 것은 불을 보듯 명확했다. 컨트리와이드은행은 2007년 3월 말 당시 전체 수신액 중 약 40%인 577억 달러가 연방예금보험공사FDIC의 보호를 받지 못한 상태였다.

컨트리와이드 파이낸셜은 1969년 미국 캘리포니아 주 칼라바사스에서 설립된 회사로 2007년 말 기준 2,000억 달러의 자산에 매출은 116억 달러, 종업원 6만 1,000명을 거느린 대규모 금융회사였다. 하지만 모기지 부실 파동으로 10여 개 경쟁업체들이 도산하는 상황에서도 오히려 더 공격적으로 시장점유율을 높여 온 것이 화근이 됐다. 당시 컨트리와이드는 여신 기준으로 모기지 고객 6가구 중 1가구를 차지하는 시장 내 1위 업체였다.

이튿날인 8월 17일 컨트리와이드 파이낸셜은 감원 결정을 내리는 등 즉각적인 조치에 나섰다. 우선 '알트 에이'를 담당하는 대출사업부인 '풀 스펙트럼 렌딩' 소속 직원 6,800명에게 사내 이메일로 해고를 통보했다. 그 이후로 컨트리와이드는 한 동안 명맥을 유지하다가 결국 2008년 1월 뱅크오브아메리카BoA에 인수되고 말았다. 당시 미국 2위 은행인 뱅크오브아메리카가 발표한 컨트리와이드 인수 금액은 40억 달러에 불과했다. 그것은 보유자산 가치의 50분의 1도 안 되는 헐값이었다. 그러나 로버트 쉴러 예일대학 교수는 "사람들은 주택시장의 위험을 과소평가하는 경향이 있다"면서 "컨트리와이드의 가치는 뱅크오브아메리카가 평가한 가치보다 낮다"고 언급했다. 주택 가격이 하락하고 모기지대출의 연체율이 증가하는 상황에서 컨트리와이드의 실제 자산 가치는 인수 가격보다 훨씬 낮아야 한다는 판단이었던 것이다.

던져진 주사위 … 돌이킬 수 없는 위기

꺼지지 않는 불씨

서브프라임 사태는 처음에 일반인들은 물론 전문가들조차 그 실체와 파괴력을 제대로 가늠할 수 없었다. 그 정도로 미미한 액수에서 시작됐고 지금까지 나타났던 금융위기와는 전혀 다른 새로운 것이었기 때문이다. 그것은 1980년대 저축대부조합S&L 사태나 1990년대 헤지펀드 롱텀캐피털 매니지먼트LTCM 사건과도 전혀 다른 것이었다.

서브프라임 사태는 언뜻 보기에 금융과 주택시장이 결합되어 있고 주택가격 하락이 위기의 출발점이라는 점에서 대부조합 사태와 유사한 면이 있었다. 그러나 대부조합 사태는 대출을 매개로 한 채권·채무 관계가 하나였지만 서브프라임은 그것이 여러 개일 수 있다는 점에서 서로 달랐다. 서브프라임은 특정 주택에 대한 일대일 담보라는 기존의 물권 관계가 더욱 발전되어 하나의 물건주택에 모기지는 물론 증권화된 수많은 권리가 연쇄적으로 엉켜있었다. 마치 하나의 죽은 동물의 사체 위에 그 피를 빨아먹기 위해 수많은 흡혈귀들이 달라붙어 있는 것과 같았다. 그 결과 한 주택담보대출의 상환 실패로 기존의 물권 관계가 사라져도 이미 만들어진 또 다른 권리 관계는 청산되지 않았다. 이미 주택에 대한 담보권이 주택저당채권MBS, 부채담보부증권CDO, 신용부도스와프CDS 등 수많은 증권으로 의제 자본화되어 제2, 제3의 손을 거쳐 금융권에서 유통되고 있었기 때문이다.

꺼질 듯 꺼질 듯 하던 서브프라임 불씨가 결국 죽지 않고 살아서 금세기 최악의 금융위기로 번진 것은 바로 이런 이유에서였다. 서브프라임 부실에 일단 감염되면 대부조합 사태 때처럼 해당 부문을 봉쇄하고 해당 금융기업을 파산시켜 청산해버린다 해도 소용이 없었다. 이미 공생관계를 맺고 있는 또 다른 부문이 연쇄 부실의 늪 속으로 빠져드는 것이었다. 마치 바이러스에 감염된 특정 암세포를 떼어낸다 해도 얼마 지나지 않아 상호 신진대사로 연결된 또 다른 부위에 새로운 암세포가 돋아나는 것과 비슷했다. 다시 말해 서브프라임은 고도로 발달한 금융자본주의에서만 나타날 수 있는 신종 변형 바이러스였다. 그것도 태생은 비록 자본주의 체제 내이지만 이미 기존의 처방으로는 다스리기 어려운 고도로 진화한 첨단 금융 바이러스였다.

그럼에도 불구하고 미국 중앙은행인 연방준비제도이사회의 상황 인식과 대응은 안이하기만 했다. 상황이 심상치 않게 진행되자 2007년 8월 21일 벤 버냉키Ben Shalom Bernanke 연방준비제도이사회 의장은 헨리 폴슨 미국 재무장관, 크리스토퍼 도드 상원 은행위원장과 긴급 회동하고 대책을 논의했다.

그러나 이때까지도 이들의 상황 인식은 별로 심각하지 않았다. 벤 버냉키 의장은 "서브프라임 위기는 잘 통제되고 있다"는 말만 반복했다. 그는 앞서 3월에도 "서브프라임 부실이 미국 경제 전반에 주는 여파는 제한적"이라고 단언했다. 폴슨 재무장관 역시 "서브프라임에서 불거진 문제로 시장이 불안정한 모습을 보이고 있다"면서도 "서브프라임 부도는 경제 전반에 영향을 미치지는 않을 것"이라는 낙관론을 폈다.

위기의 직접적인 피해자이자 원인 제공자였던 주요 금융회사들의 인식은 더욱 안이했다. 2007년 여름, 스탠리 오닐 메릴린치 투자은행 CEO는 "서브프라임 위기는 합리적으로 잘 통제되고 있다"고 주장했고, 뱅크오브아메리카의 CEO인 케네스 루이스도 "주택시장 부진이 거의 끝나가고 있다"고까지 언급했다.

시한폭탄, 안전핀이 뽑히다

이런 상황에서 시간이 갈수록 '서브프라임 괴물'은 얼굴을 달리하면서 한층 더 위력을 키워나갔다. 서브프라임 위기는 일개 펀드나 금융회사의 사활이 걸린 문제가 아니라 차츰 금융권 전체의 운명을 좌우할 대형 괴물로 성장하고 있었다. 안전핀이 뽑힌 '시한폭탄'은 착착 최후의 폭발점을 향해 진화해가고 있었던 것이다.

모기지 부실 사태는 시간이 갈수록 주택시장을 넘어 시중 자금시장을 초토화하기 시작했고, 점점 세계 굴지의 투자은행과 보험회사들의 경영을 위협하기 시작했다. 광범위한 신용경색이 일어나면서 진행 중인 자산 거래 계약을 포기하는 기업이 속출했고, 기업 인수·합병M&A 등 대규모 신용시장도 꽁꽁 얼어붙었다. 한 자료에 따르면 2007년 6월 말부터 8월까지 전 세계 금융시장에서 중단된 레버리지 금융거래는 46건, 600억 달러에 달했다. 이것은 곧 헤지펀드나 사모펀드 등이 기업 인수·합병 등을 위해 필요한 자금을 신용으로 외부에서 조달하지 못해 계약을 중단했다는 의미이다. 이 같은 현상은 1년 전인 2006년도에는 단 한 번도 없었던 일이다.

서브프라임 사태의 예상을 넘어선 파문 확대에 금융시장 참가자들의 심리적 공포는 더욱 증폭되고 있었다. 투자자들의 안전자산 선호 경향은 더욱 커지고 금융시장은 극도의 신용경색 상태에 빠져들었다. 미국 재무부 채권(TB: Treasury Bill) 가격이 이상 급등하는가 하면, 그 반대로 기업들이 자금을 조달하는 기업어음CP이나 채권시장은 찬바람이 쌩쌩 불었다. 또한 일본으로부터 상대적인 금리차를 노려 미국이나 호주, 아시아 신흥시장에 진출해 있던 엔 캐리 자금이 대거 청산되면서 신흥시장도 심각한 균열 양상을 드러냈다.

2007년 8월 14일 코벤트리 등 캐나다의 17개 자산담보부기업어음(ABCP: Asset Backed Commercial Paper) 발행회사들이 채권 만기 연장에 실패하자 시중은행에 긴급 유동성 지원을 요청하는 일이 터졌다. 이는 서브프라임 부실의 여파가 단기자금시장인 기업어음시장에까지 몰아치고 있음을 드러낸 첫 사례였다.

펀드런에 따른 환매중단 위기는 더욱 증폭되었다. 같은 날 미국 중소 자산 운용사인 센티넬 매니지먼트는 미국 상품선물거래위원회CFTC에 환매중단을 위한 승인을 요청했다. 기업어음과 투자등급의 채권·국채 등 상대적으로 위험도가 낮은 금융상품을 운용해 온 우량 채권업체였던 센티넬의 환매중단 요구는 신용경색의 여파가 자금시장의 바닥까지 훑고 있음을 의미했다.

그러나 진정 두려운 것은 심연深淵을 알 수 없는 '불확실성'이었다. 지금 벌어지고 있는 일이 도대체 어떤 성격의 것인지 왜 발생했는지 앞으로 어떻게 될 것인지 아무것도 제대로 파악할 수 없었다. 이런 상황에서 소규모 중소자본들 뿐만 아니라 내로라하는 국제 투기자본들마저 살아남기 위한 처절한 생존전쟁의 한 가운데로 내몰렸다. 말 그대로 '만인 대 만인의 투쟁', 아니 '모든 자본들 간의 멀티 대전쟁'이 전개되려 하고 있었다. 이 과정에서 추가 자금을 조달하지 못한 한계 자본들은 줄을 이은 부도와 파산으로 시장에서의 도태가 불가피했다. 당시 뱅크오브뉴욕의 케빈 배넌 최고투자책임자CIO는 "이 위기가 정말 심각하다면 미국 경제에 앞으로 더 얼마만한 후폭풍이 닥칠지 아무도 장담할 수 없다"고 탄식했다.

위기 직전의 세계 경제

저금리정책의 유산

서브프라임 부실이 세계적인 금융위기로 증폭된 이유는 무엇 때문이었을까? 여기에는 서브프라임 대출이 안고 있는 본래적인 위험 요소와 더불어 월가와 미국 금융당국의 정책 실패가 자주 거론된다. 이 대목에서 글로벌 금융위기의 단초를 제공한 서브프라임 부실이 어떤 과정을 거쳐 잉태되었는지 잠시 살펴보기로 하자.

서브프라임 부실은 잘 알려진 대로 미국 주택시장의 거품에서 비롯되었다. 2000년대 초 정보기술산업IT 버블이 터지자 미국 연방준비제도이사회가 경기침체를 막기 위해 저금리정책을 쓰면서 시중에 과잉 유동성이 넘쳐났고, 그 돈의 일부가 주택시장으로 흘러들어가 2007년 이전의 미국 주택시장 경기를 부양했다. 그러나 이후로 연방준비제도이사회가 갑자기 고금리정책으로 선회하자 주택 모기지대출의 부실이 발생하기 시작했다.

당초 연방준비제도이사회는 빌 클린턴 행정부 시절 장기 호황에 따른 부작용을 연착륙시키기 위해 1999년 7월부터 2000년 6월까지 단계적으로 금리를 인상했다. 그러나 2000년대 닷컴버블의 붕괴로 경제성장률이 1%대로 떨어지는 등 경기가 침체될 조짐을 보이자 연방준비제도이사회는 방향을 바꿔 2000년 5월부터 단계적인 금리 인하에 착수했다. 더욱이 2001년 9 · 11

테러까지 발생하자 미국은 경제적 충격을 완화한다는 명분으로 금리 인하에 더욱 가속도를 붙였다.

연방준비제도이사회는 2001년 1월에만 두 차례의 연방공개시장위원회(FOMC: Federal Open Market Committee) 회의를 열어 기준금리를 1%포인트 인하했으며 이를 시작으로 이후 4년간 지속적인 금리 인하 기조를 유지했다. 이때부터 2003년 6월까지 연방 기준금리를 무려 12차례나 인하(6.5%→1.0%)했으며, 2001년 11월 이후부터 2% 이하의 저금리가 3년간 지속되었다.

이 같은 저금리정책은 세계 부동산시장과 주식시장의 호황으로 이어졌다. 시중에 돈이 넘쳐나면서 집값은 오르고, 주가도 크게 상승했으며 물가도 대폭 올랐다. 정책금리가 하락하자 30년짜리 모기지 금리는 2003년 6%선 아래로 급락했고, 2005년 30년 모기지 금리는 사상 최저치인 5.7%까지 떨어졌다. 금리가 낮아지자 실수요자뿐 아니라 돈을 빌려 주택 투기에 나서는 사람들이 늘어나 실거주 목적이 아닌 투자용 거래가 한때 28%까지 급증했다. 당시 집값은 1997년 이래 93%나 오른 것으로 조사되었다.

이런 분위기 속에서 과거엔 낮은 신용등급 때문에 대출을 받을 수 없었던 저소득층마저 무서류 대출, 주택 가격의 100% 대출은 물론 심지어는 대출

〈그래프 1-1〉 미국 FRB 기준금리 추이(단위: %)

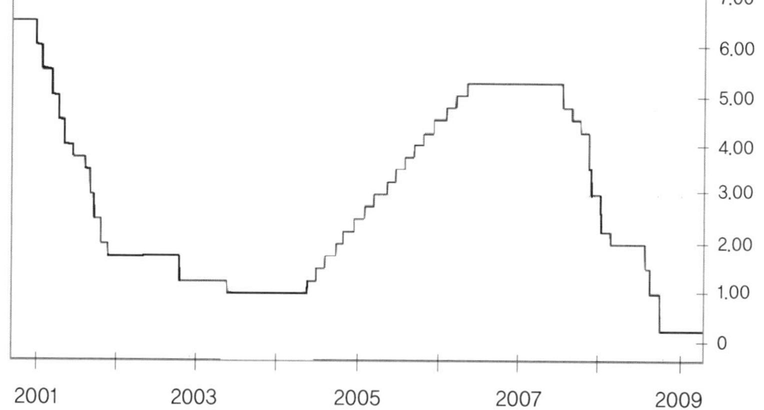

관련 수수료까지 빌려주는 등의 '묻지마 대출'이 줄을 이었다. 이들 서브프라임 고객들에게는 정상대출금리보다 2~4%포인트 높은 대출금리가 적용됐지만 집값이 오르고 있던 터라 별 문제가 되지 않았다. 모기지대출회사들은 초기 몇 년 동안 '혹' 할 정도로 초저금리가 적용되는 변동 모기지 상품 등 신종 대출상품을 미끼로 저신용자들까지 마구잡이로 주택 구입에 끌어들였다. 이들 모기지 상품은 대개 대출 초기 2~3%의 저금리가 적용되지만 2~3년 후부터는 7~8%의 고율의 이자가 붙는 형태로 설계되었다. 이는 확실히 정상적인 상황은 아니었으며, 당시 미국의 주택시장이 점점 투기판에 가까워지고 있었음을 보여주는 것이다.

연방준비제도이사회(FRB)의 금리정책 급선회

미국 주택시장의 버블은 이때부터 형성됐으며 여기에는 당시 집권여당이었던 조지 W. 부시 행정부도 한몫 했다는 게 전문가들의 지적이다. 부시 행정부는 부동산 불패 신화와 금융강국의 환상에 사로잡혀 소수 인종들의 주택 소유를 돕는다는 취지로 서브프라임 주택담보대출을 적극 장려했다. 이는 풍요로운 미국을 과시하고 저소득층 유권자를 공화당의 지지층으로 만들기 위한 고도의 정치적 책략이기도 했다. 부시 대통령은 지난 2002년 10월 "우리는 어두운 곳에 빛을 줄 수 있고, 그런 점에서 사람들이 자신의 집을 소유할 수 있도록 함께 노력해야 한다"고 강조했다. 이로 인해 부시 대통령의 임기 중반인 2004년 2분기에 미국 국민들의 주택 소유율은 69.3%로 역대 최고치를 기록했다.

그러나 돈 놀이로 밀어올린 주택 가격이 언제까지 계속 고공행진을 할 수만은 없었다. 주택 가격이 하락하면서 모기지대출의 부실 가능성은 점차 현실로 다가왔다. 주택시장의 침체는 서산에 기우는 해처럼 눈앞에 다가왔고, 모기지대출 부실과 이를 기반으로 한 금융상품의 연쇄 부실로 금융시장은 차츰 흔들리기 시작했다.

연방준비제도이사회는 주택시장이 과열 조짐을 보이자 2004년 6월 기준 금리를 1.25%로 전격 인상했다. 그 이후로도 2년간 17차례나 금리를 지속적으로 올려 2006년 6월 미국의 기준금리는 5.25%로 수직 상승했다. 당시의 금리 인상은 주택시장 붐을 타고 유럽과 일본 등 외국에서 들어온 돈이 빠져나가는 것을 막기 위한 목적도 있었다.

금리 인상 초기에는 큰 영향이 없었지만 2006년 들어 금리 인상 효과가 서서히 나타나면서 시중에 유동성이 고갈되고 주택시장은 점차 위축되어 갔다. 가장 신용도가 낮은 서브프라임 대출을 받은 주택 구입자들 중에서 고율의 이자나 대출 원금을 못 갚는 경우가 늘면서 은행마다 연체가 누적되고 주택 차압이 증가했다. 하반기에 들어서는 높은 이자를 감당하지 못해 파산하는 사례가 속출했다. 이들에게 돈을 빌려준 모기지업체들도 손실이 눈덩이처럼 불어나 점차 유동성 압박에 시달렸다. 나아가 모기지업체들이 발행한 MBS(가계대출자산) 등 모기지증권에 투자한 헤지펀드나 투자은행들의 환매 요구도 늘기 시작했다. 주택 구입자들이 정상적으로 이자를 내지 못하면서 모기지증권의 수익률이 떨어지고 최악의 경우에는 휴지조각이 돼버리는 경우도 생겼다. 2006년 말 미국 내 주택 모기지 연체율은 14%대에 육박했고, 기존 주택 및 신규 주택 판매량은 각각 전년 대비 7.6%, 17.7%나 감소했다. 주택 가격도 2006년 상반기 5.5% 상승에서 하반기 이후 하락세로 반전해 -3.7%를 기록했다.

이와 관련, 누리엘 루비니 뉴욕대학 교수는 2006년 7월 '미국 경제 및 금융시장이 붕괴로 가는 12단계'라는 시나리오를 통해 주택시장 침체→서브프라임 손실 확대→대형은행 파산으로 이어지는 금융위기의 가능성을 경고했다. 이는 급작스런 금리정책의 변경이 주택시장에 미칠 영향을 우려한 것으로 때로는 비관론자의 걱정이 상황을 정확히 파악하기도 한다는 것을 보여준 사례이다. 그러나 그의 경고는 다음해인 2007년 8월 서브프라임 사태가 발발할 때까지 큰 주목을 끌지 못했다.

앨런 그린스펀 책임론

서브프라임 사태가 확대되자 2006년 초까지 미국 연방준비제도이사회 의장을 지낸 앨런 그린스펀Alan Greenspan에 대한 비난이 터져 나왔다. 부시 행정부의 안이한 낙관주의와 함께 냉탕고금리·온탕저금리을 오간 그의 정책 오류가 서브프라임 사태의 가장 큰 원이이라는 이유였다. 심지어 그린스펀 전 의장은 서브프라임 사태의 주범이라는 비난까지 뒤집어써야 했다.

한때 '금융정책 지휘의 대가(마에스트로)'로 불렸던 그린스펀은 로널드 레이건 대통령 시절인 1987년 연방준비제도이사회 의장에 임명돼 아버지 부시 대통령, 빌 클린턴, 조지 W. 부시 등 4명의 대통령이 바뀌는 것을 보며 2006년 1월 31일 퇴임하기까지 무려 19년간 장기 재임했다. 미국의 통화정책을 거의 20년간 진두지휘해온 셈이다. 재임 시절 터졌던 1987년 블랙먼데이, 1997년 아시아 외환위기, 2000년 닷컴 거품 붕괴, 2001년 9·11테러 사태 등 숱한 위기 때마다 기준금리를 낮추는 통화정책으로 유례없는 장기 호황을 이끌어왔다는 평가를 받았다. 하지만 서브프라임 사태가 터지자 그에 대한 평가는 일순간에 뒤바뀌었다. 한때 그를 '경제 대통령'으로 떠받들던 여론은 희생양 찾기에 혈안이 돼 그를 '경제를 망친 원흉'으로까지 지목했다. "미국 경제는 당신에게 빚을 졌다"며 극찬을 아끼지 않던 워싱턴의 의원들마저 그린스펀 헐뜯기를 마다하지 않았다. 그의 재임 시절 장기 호황을 뒷받침했던 저금리정책과 함께 시장 규제를 완화하는 적극적인 자유방임 경제정책도 비판의 도마 위에 올랐다.

퇴임 1년이 지난 2007년 초, 그린스펀은 재임 시절 자신의 정책에 일부 문제가 있었다고 인정하는 모습을 보였다. 그는 한 방송사와의 인터뷰에서 "거품bubble이든 포말froth이든 2005년 말쯤 파티는 서서히 끝나가고 있었다"고 회고했다. 이는 당시에 저금리정책의 유산으로 인해 주택시장 붕괴가 어느 정도 예견되고 있었음을 시사한 것이다. 결과론이지만 1996년 12월 주식시장의 폭등과 관련해 '비이성적 과열(irrational exuberance)'을 경고했던 그린스펀 자신이 10년 후에 터진 주택시장의 '비이성적 과열'에 대해서는 간과했던 셈이다.

앨런 그린스펀 전 의장은 2009년 2월 다시 한 번 주택 모기지시장과 연계된 파생상품 관리 부실에 대해 사과해야 했다. 그는 CNBC 방송 대담에서 "2005년이 되기까지 모기지 파동으로 문제점이 드러난 파생상품에 대해 그 복잡함을 정확히 파악하지 못했다. 과다한 유동성 공급의 위험성에 대해 의회와의 정책 공조 등에서 한계가 있었다"고 해명했다. 다만 그는 "만약 강력한 통화정책을 폈더라면 그로 인한 고통이 만만치 않았을 것"이라고 변명하기도 했다.

이즈음 그린스펀은 시사주간지 〈타임〉이 선정한 경제위기를 일으킨 주범 25명에 선정됐다. 독자들의 투표를 근거로 한 이 조사에는 앨런 그린스펀 전 의장과 함께 빌 클린턴 전 대통령, 조지 W. 부시 전 대통령, 크리스토퍼 콕스 전 증권거래소SEC 위원장, 모기지업체 컨트리와이드 파이낸셜의 최고경영자 안젤로 모질로, 투자은행 리먼브라더스의 딕 펄드 최고경영자, 원자바오 중국 총리 등이 대거 포함되었다.

2장

월가가 흔들리다

심상치 않은 글로벌 주가 폭락

네 차례에 걸친 경고

여느 위기들과 마찬가지로 서브프라임 위기도 주식시장에서 민감하게 반응하기 시작했다. 위험을 무릅쓰고 고수익을 노리는 수많은 투자자들과 분석가들이 몰려 있는 주식시장에서 위기의 징후에 가장 예민하게 반응한 것은 어쩌면 당연한 일이다. 각국의 주식시장은 시시각각 다가오는 이상 징후를 날카롭게 포착하면서 마침내 어느 순간 공포와 충격에 몸부림쳤다.

2008년 가을의 대파국이 오기 전 세계 증시는 나라마다 조금씩 사정은 달랐지만 뉴욕 증시를 기준으로 모두 네 차례나 폭락했다. 2007년 7~8월, 10월, 2007년 말~2008년 1월, 6~7월이 그것이다. 이 네 차례에 걸친 주가 폭락은 2008년 9월 우리가 금융대공황이라 부르는 데 주저하지 않는 금융 시스템 붕괴에 대한 일종의 사전 경고였다. 네 차례의 글로벌 주가 폭락은 서브프라임 부실에서 비롯된 금융위기가 더 이상 스쳐 지나가는 에피소드가 아니라 자본주의 경기변동의 지배적 추세임을 명확히 드러냈다.

1차 글로벌 주가 폭락은 2007년 여름에 시작되었다. 상승세를 타던 뉴욕 증시가 7월 들어 갑자기 폭락했다. 7월 26일 미국 투자은행 베어스턴스가 일부 펀드의 자산 동결을 선언하자 뉴욕의 주가는 2.26%나 급락했다. 27일과 31일에도 서브프라임 모기지 부실에 대한 불안감이 확산되면서 뉴욕 증시는 추락했다. 불안한 장세를 보이던 뉴욕 증시는 8월 들어서 더욱 큰 폭의 하락세를 보였다. 3일(-2.09%)에 이어 9일(-2.83%) 이후 연속 6거래일 동안 6% 넘게 폭락한 것이다. 아시아에서도 한국의 코스피지수가 10일 4.20% 폭락하는 등 '검은 금요일'이 연출되었다.

그 해 8월에도 주가 폭락은 계속 이어졌다. 14일 뉴욕 증시에서 블루칩 위주의 다우존스산업평균지수가 전날 종가에 비해 1.57% 급락한 13,028.92로 마감했다. 기술주 중심의 나스닥종합지수도 1.70% 내린 2,499.12, 대형주 위주의 스탠더드앤드푸어스S&P 500지수도 1.82% 떨어진 1,426.54를 기록했다. 서브프라임 모기지 부실에 노출된 것으로 보이는 골드만삭스를 비롯 모건스탠리와 리먼브라더스, 스위스계 은행인 UBS 등의 주가도 3~5%대의 급락세를 보였다.

이날 미국의 주가 하락폭은 크지 않았지만 그 파장은 글로벌 주식시장의 상호 연결고리를 타고 세계 주요 시장으로 퍼져 나가면서 더욱 증폭되었다. 지구의 자전 방향에 따라 15일 개장한 일본 증시가 5% 이상 폭락한 것을 비롯하여, 대만·싱가포르·홍콩·인도네시아·필리핀 등 주요 아시아 증시가 각각 2~5%대나 급락했다. 일본의 주가 하락은 이후에도 몇 차례 더 진행되어 8월 17일에는 7월 전고점에서 16.4%나 떨어졌다. 이는 같은 기간 미국(8.2%)이나 영국(12.8%) 등 다른 선진국들뿐만 아니라 같은 아시아인 홍콩

〈그래프 2-1〉 미국 다우존스산업평균지수 추이(단위: 포인트, 일간)

(11.9%)의 하락률을 웃도는 수치였다.

'잃어버린 10년'에서 간신히 빠져나온 일본의 주가 폭락은 다른 어느 나라보다 더 드라마틱했다. 각국의 수익률 하락으로 엔 캐리 트레이드(carry-trade) 자금이 대거 환수되면서 엔고가 빠르게 진행됐기 때문이다. 엔 캐리 트레이드는 일본의 초저금리를 이용해 해외에 투자하거나 대출해주는 거래를 말한다. 이 경우 타이밍만 잘 맞추면 금리차뿐 아니라 환차익까지 얻을 수 있다. 하지만 당시 엔 캐리 트레이드의 축소는 가파른 엔고를 불러왔고, 이는 곧바로 수출 비중이 높은 일본 기업들의 수익성 악화로 이어졌다. 아울러 그동안 해외투자나 대출 비중을 늘려왔던 개인 및 기관투자자들의 대폭적인 손실로 연결되었다. 서브프라임 부실로 경제상황이 악화되고 있던 미국은 연방준비제도이사회의 기준금리 인하 가능성이 높아지고 있던 터라 미·일 간의 금리차가 더 줄어들 것이란 예측으로 앤 캐리 트레이드 거래는 더욱 빠르게 위축되었다.

사정권에 든 한국 증시

한국 증시 역시 큰 폭의 하락세를 보이며 서브프라임발 태풍의 사정권에 접어들고 있었다. 광복절로 하루 휴장한 한국 증시는 8월 16일 개장하자마자 큰 폭의 하락장을 연출했다. 개장 즉시 프로그램 매매 호가의 효력을 5분간 정지하는 '사이드카sidecar'가 발동되었다. 매도 주문이 폭발적으로 쇄도했기 때문이다. 이날 코스피지수는 125.91포인트(6.93%) 폭락하여 증권거래소 개장 이후 사상 최대의 낙폭을 기록했다. 종전의 최대 낙폭은 2000년 4월 17일의 93.17포인트였다. 최종 마감지수는 1,691.98을 기록했다. 불과 보름 전 2,000선 돌파를 무색케 하며 순식간에 1,700선이 무너져 버린 것이다. 코스닥지수도 10% 이상 폭락하면서 사상 두 번째의 낙폭을 보였다. 여기서도 '사이드카'와 함께 20분간 주식 거래가 정지되는 '서킷브레이커'가 발동되었다.

〈그래프 2-2〉 한국의 코스피지수 추이(단위: 포인트, 일간)

　이날 시가총액은 유가증권시장과 코스닥시장을 모두 합쳐 총 933조 360억 원으로 하루에 72조 4,000억 원이 사라진 것으로 집계됐다. 7월 25일 코스피지수가 2,000선을 돌파했을 당시의 시가총액 1,103조 8,960억 원과 비교하면 무려 170조 8,600억 원이 한꺼번에 사라진 셈이다. 미국발 서브프라임 부실 확대 우려와 이에 따른 엔 캐리 트레이드 자금의 회수로 외국인들이 대거 이탈한 것이 주원인으로 꼽혔다.

　그러나 증시 전문가들조차 아직 사태의 심각성을 제대로 인식하지 못하고 있었다. 외국인들의 대거 이탈에도 불구하고 애널리스트들의 낙관적인 증시 예측이 계속됐고 개인 투자자들에 대한 매도 자제 권고가 잇따랐다. "국내 증시의 펀더멘털(경제 기초 여건)이 튼튼해 장기 상승 추세가 살아 있으니 섣부른 투매는 자제하라"는 리포트가 이어졌다. 지금 생각하면 자던 소도 벌떡 일어나 웃을 일이지만 당시 증시 주변의 상황 인식은 그만큼 안이했다. 대우증권의 K연구위원은 "코스피지수가 추가 하락할 수 있지만 그 하락폭은 크지 않을 전망"이라며 "투자자들은 섣부른 투매에 동참하기보다는 국내 증시의 중장기 상승 추세를 믿고 저가 매수를 고려하는 편이 수익률 향상에 도움이 될 것"이라고 조언했다. 그러나 17일에도 한국 증시는 53.91포인트(3.5%)

급락한 1638.07에 장을 마감했다. 코스닥지수도 15.59포인트 떨어진 673.48
로 거래를 마쳤다.

파국 전야의 불꽃놀이

2007년 여름의 세계 증시 폭락은 다가오는 파국의 예고편이었다. 하지만
아이러니컬하게 그 후로 세계 증시는 꾸준히 상승세를 탔다. 서브프라임에
서 시작된 금융위기에 대한 경고는 간단히 무시돼 버렸다. 그 누구도 이때의
주가 하락을 다가오는 대파국의 전주곡이라고 생각하는 사람은 드물었다.

미국 뉴욕의 다우존스 산업지수는 제1차 주가 폭락에도 불구하고 상승세
를 계속했다. 서브프라임 부실로 인해 모기지업체들이 속속 쓰러지고 있는
상황에서도 미국 연방준비제도이사회의 대증요법적인 유동성 공급이 일단
은 먹혀 든 것이다. 뉴욕의 주가지수는 2007년 10월 9일 사상 최고치인 1만
4,164.53포인트에 도달했다. 그러나 그것을 끝으로 미국 증시는 이후 심연
을 알 수 없는 바닥으로 미끄럼틀을 타게 된다. 중국 증시도 비슷한 시기인
10월 16일 상하이종합지수가 사상 최고치인 6092.06포인트를 기록했다. 홍
콩의 항셍지수 역시 10월 30일 31,638.22포인트로 사상 최고치를 찍었다.

이와 달리 유럽과 일본의 주가는 2007년 여름 1차 주가 폭락이 있기 전
일찌감치 전고점에 도달했다. 어쩌면 다가오는 위기에 대하여 이 나라들의
주가가 더 솔직하게 반응했는지도 모른다. 독일의 DAX지수가 7월 16일 사
상 최고치인 8,105.69를 기록했고, 프랑스의 CAC지수 역시 6월 1일 2000년
이후 최고점인 6,168.15포인트를 찍었다. 영국 FTSE지수도 6월 15일
6,732.40포인트에 도달했다. 일본의 니케이지수 역시 글로벌 증시의 주가
폭락이 본격화되기 전인 7월 9일, 2000년 이후 최고점인 18,261.98포인트를
찍었다. 일본의 주가는 1989년 12월 말 사상 최고치를 기록한 이후 지금까
지 거의 20년 동안 이를 회복하지 못하고 있었다.

한국 증시도 2007년 여름 2,000선에 도달했다. 1차 글로벌 주가 폭락이

시작되기 직전인 7월 25일, 코스피지수는 마침내 사상 최초로 2,000을 돌파하여 2,004.22포인트라는 기록을 세웠다. 이후에도 한국 증시는 2,000선을 넘나들면서 재반등을 시도했다. 8~9월의 조정과정을 거치고 그해 가을 글로벌 주가 하락과정에서도 네 차례나 더 2,000선을 돌파했다. 10월 2일 두 번째로 2,014.09라는 전인미답의 신경지에 도달했고, 10월 8일에는 또다시 2,012.82를 두드린 후 일주일 동안이나 2,000선에서 버텼다. 17일 일시 하락한 코스피지수는 18일 다시 네 번째로 2,000선에 입을 맞추고, 26일에는 2,028.06이라는 신고점을 재차 돌파한 후 무려 9거래일 동안 2,000선을 향유했다. 10월 31일 마침내 코스피가 도달한 2,064.85는 아직도 한국 증시 사상 범하지 못할 최고점으로 남아 있다.

세계 증시의 대세 하락 속에서도 한국 증시가 집요하게 2,000선을 물고 늘어진 것은 그만큼 투기성이 강한 면모를 여실히 보여주는 증거다. 특히 국내 애널리스트들은 기술적인 분석에 치중하며 여전히 투자 권유에 몰두했고, 투자자들은 혹시나 하는 마음으로 2,000선이 영원히 유지될 듯 증시 주변을 맴돌았다. 그러나 그것으로 끝이었다. 한국과 세계 증시는 이후 1년 반에 걸친 대세 하락기에 접어들며 끝을 알 수 없는 심연으로 수직 낙하했다. 그해 여름과 가을 한국 증시와 세계 증시가 도달한 최고점은 대폭락을 눈앞에 둔 마지막 화려한 불꽃놀이였다.

악화되는 신용경색

신종 금융 패닉, 펀드런

파국을 앞둔 글로벌 증시의 화려한 불꽃놀이에도 불구하고 서브프라임 괴물은 착착 제 모습을 만들어가고 있었다. 서브프라임 부실 파문은 이제 광범위한 신용경색Credit-crunch으로 번져 어느덧 금융권 전체를 불안에 떨게 만들었다. 시간이 흐르면서 불안감은 공포로 변해갔다. 일단 공포가 일자 가장 먼저 비은행권 투자자들이 일제히 돈을 맡긴 금융회사나 투자회자, 증권사, 펀드회사에 몰려가 환매를 요구하기 시작했다. 소위 펀드런Fund-run이었다. 2007년 7~8월 모기지업체들이 줄줄이 환매중단을 선언하거나 파산보호를 신청한 것은 바로 이 같은 압력이 작용한 결과였다.

펀드런은 자본주의 역사상 뱅크런Bank-run에 이어 금세기 들어 새로 발생한 신종 금융 패닉 현상으로 평가된다. 뱅크런은 자본주의의 등장과 함께 18~19세기부터 있었던 일이지만, 펀드런은 금융자본주의가 고도로 발달한 20세기 말, 특히 21세기에나 있을 법한 일이기 때문이다.

펀드런과 뱅크런을 비교해 보면 위기 시 투자자의 행태나 결과는 비슷하다. 뱅크런은 예금자들이 한꺼번에 은행에 찾아가 돈을 찾는 일이며, 펀드런 역시 공포에 질린 투자자들이 (일부 손해를 보면서도) 비은행권에 들어 놓은 펀드를 깨는 일이다. 하지만 금융시스템 전체의 시각에서 보면 중요한 차이가 있다. 그것은 뱅크런은 은행 시스템 안에서 벌어지는 일이지만 펀드런은 그 밖에서 벌어져 중앙은행이 대응을 달리해야 한다는 점이다.

당시에도 서브프라임 모기지 부실에서 비롯된 신용위기는 기존의 것과는 전혀 다른 '신종 뱅크런'으로 봐야한다는 주장이 나왔다. 9월 3일자 〈파이낸셜타임스〉에 따르면 독일 분데스방크(독일 중앙은행) 총재이자 유럽중앙은행ECB 운영위원인 악셀 베버는 "현재의 금융 혼란은 은행 시스템 밖에서 벌어지고 있다는 점에서 전형적인 뱅크런과는 전혀 다르다"고 지적했다. 이에 앞서 베버는 미국 와이오밍 주 잭슨홀에서 행한 연설에서도 "현재 위기에 처한 금융회사들은 중앙은행의 규제를 받는 은행권이 아니라 (중앙은행의 규제가 미치지 않는) 일반 채권시장에서 자금을 조달하는 비은행권"이라면서 "이런 구조는 갑작스런 신용 상실의 위협에 더욱 취약할 수 있다"고 강조했다.

악셀 베버의 분석은 정확했다. 당시의 신용경색은 혼란의 진원지가 은행권이 아니라 비은행권이라는 점에서 이를 구제하기 위해 중앙은행은 새로운 방법을 찾아야 했다. 대부분의 나라에서 중앙은행은 법규상 신용경색이 나타나는 비은행 부문에 곧바로 자금을 투입할 수 없기 때문에 은행권을 통한 간접지원에 매달려야 했다. (그러나 이듬해 위기가 더욱 심각해졌을 때 미국 연방은행은 기존 규정을 무시하고 비은행 금융기관들에도 대출 창구를 대거 개방하는 극단적인 유동성 확장정책을 도입한다.)

그렇지만 이 방식은 여러 가지 이유로 지원금이 반드시 비은행권에 도달한다는 보장이 없었다. 연결고리가 길면 길수록 중간에서 끊어질 가능성이 많은 것이다. 이를 피하기 위해 중앙은행은 전반적인 유동성 완화정책(금리 인하가 대표적)을 써야 하는데, 이 정책 역시 비은행권으로 유동성이 충분히 공급되리라 장담할 수 없을 뿐더러 경제 전반에 걸친 인플레이션 압력 등 부작용을 고려해야만 했다. 베버의 분석은 결국 서브프라임 부실에 직면해 딜레마에 빠진 미국 연방준비제도이사회 등 중앙은행이 더 이상의 파국을 막기 위해서는 기존 방식과는 달리 더욱 신속하고 공격적인 통화정책을 구사해야 한다는 의미였다. 하지만 중앙은행이 과연 효과적으로 대처할 수 있을 지는 미지수였다.

안전자산으로의 쏠림현상

당시 각국 금융계에는 단기 금융시장에서 돈을 빌려 서브프라임과 관련된 중장기 대출담보부증권CLO이나 부채담보부증권CDO 등에 투자하는 이른바 '콘듀이츠Conduits' 거래가 활성화되어 있었다. 그러나 이 같은 거래는 위기 때 필연적으로 '만기 불일치 현상'에 노출되는 위험에 직면하게 된다. 단기로 빌려온 자금은 만기가 됐는데 이를 갚을 장기투자용 증권은 아직 만기가 되지 않아 유동성 고갈insolvency 상태에 빠지게 되는 것이다.

실제 2007년 여름 콘듀이츠 거래를 주도했던 은행이나 투자기관들은 서브프라임 부실이 확산되면서 단기 유동성 압박이 심화됐다. 파산을 면하기 위해 일정 수준의 유동성을 확보해야 했던 금융기관들은 결국 단기자금시장에 압력을 가하면서 금융시스템 전체에 엄청난 충격을 주게 된다.

8월 들어 주가가 폭락하면서 주식시장을 빠져나온 돈이 대거 단기자금시장인 머니마켓펀드MMF나 채권시장으로 몰렸다. 이로 인해 양도성예금증서CD나 기업어음CP 또는 회사채, 은행채 등 채권 가격이 오르고 이들 자산의 수익률이 떨어지는 현상이 벌어졌다. 그러나 이것이 끝은 아니었다. 불안에 휩싸인 투자자들은 이마저 버리고 가장 안전하다고 믿는 각국의 국채, 특히 미국 국채TB로 몰려들어서 당연히 국채 가격은 오르고 수익률은 폭락했다.

미국 연방준비제도이사회가 전격적인 재할인율 인하(6.25%→5.75%)를 단행했던 8월 20일, 미국 채권시장이 크게 출렁거렸다. 시장의 자금이 안전자산인 미국 국채로만 몰려 가격이 폭등한 것이다. 이날 3개월 만기 재무부채권 수익률은 전날보다 0.66%포인트나 낮은 3.09%로 떨어졌으며, 장중 한때 1.25%포인트나 떨어지기도 했다. 이것은 1주일 전의 4.74%에 비하면 무려 1.65%포인트나 급락한 것으로 시중 자금사정이 극도로 악화되고 있음을 보여주는 지표였다. 이날 하루 낙폭은 9·11 테러 당일(0.39%포인트)보다도 훨씬 큰 것으로, 지난 1987년 10월 20일 '검은 월요일(0.85%포인트)' 이후 최대 규모로 기록됐다. 이와 함께 시중 자금사정의 가늠자 역할을 하는 3개월물 리보금리Libor와 미국 국채 3개월물 간의 수익률 격차, 즉 TED 스프레드도 순식간에 2.50%포인트까지 벌어졌다.

이날 미국 국채 가격 폭등을 일으킨 주인공은 다름 아닌 머니마켓펀드MMF로 지목됐다. 머니마켓펀드란 은행 예금처럼 돈을 잃을 가능성이 없으면서도, 기업어음CP이나 높은 신용등급의 단기채권에 투자해 수익을 거두는 구조로 짜여 있다. 때문에 머니마켓펀드는 뚜렷한 방향을 정하지 못한 자금이 일시적으로 거쳐 가는 안전한 피난처로 꼽힌다.

하지만 서브프라임 부실에서 비롯된 신용위기가 단기 금융시장마저 전염시키고 있다는 소문이 퍼지면서 투자자들은 너도나도 투자 대상을 미국 국채로 돌렸다. 머니마켓펀드 자금 동향을 추적하는 기관인 i-머니넷에 따르면, 8월 20일을 전후한 3일 동안 머니마켓펀드 투자자들은 500억 달러(약 47조원) 정도의 자금을 국채를 사는 데 쏟아 부었다. 당시 미국 내 머니마켓펀드 계좌는 총 3,840만개로 전체 자산 규모만 2조 5,000억 달러나 되었다. 〈월스트리트저널WSJ〉은 21일자에서 "(재할인율을 인하한) 연방준비제도이사회가 투자자들을 설득하는데 실패했다. 서브프라임 바이러스가 이제 안전지대로 꼽히던 머니마켓펀드까지 뚫고 들어갔다"고 표현했다. 그러나 일부 머니마켓펀드의 경우, 서브프라임 모기지대출을 기초자산으로 하여 발행된 '부채담보부증권CDO'에도 투자한 것으로 나타나 시장 혼란은 더욱 가중되었다.

글로벌 신용체제의 붕괴

선진국 자금시장의 불안이 확산되면서 주요 선진국 중앙은행들이 다시 공조체제를 구축했다. 미국 연방준비제도이사회와 유럽중앙은행은 9월 6일(현지시간) 900억 달러에 가까운 긴급자금을 오버나이트(Over-night: 하루짜리 긴급자금 대출시장) 시장에 지원했다. 연방준비제도이사회는 이날 312억 달러의 실탄을 쏟아 부었는데 이 액수는 지난 8월 10일 이후 최대 금액이었다.

또 유럽중앙은행도 577억 달러를 투입했다.

　그동안 시장 개입을 자제해온 영란은행(영국 중앙은행)도 긴급자금 투입에 동참했다. 영란은행의 결정은 지난달 10일부터 시작된 서방 선진 7개국G7 중앙은행의 긴급 실탄 투입 작전에 4주 만에 합류한 것이었다. 영란은행은 5일과 6일 긴급자금을 은행권에 수혈하기로 한 데 이어 그 다음 주에도 44억 파운드(88억 달러)를 추가 공급하기로 결정했다.

　영란은행의 참여는 지난달 중순 5.3%대에 그쳤던 3개월물 리보(영국 런던에서 우량은행끼리 단기자금을 거래할 때 적용하는 금리)가 5.7%대로 치솟는 등 단기자금시장이 급속도로 동요한데 따른 조치였다. 7일 3개월짜리 달러표시 리보는 5.72%로 10일 연속 상승세를 이어가면서 7년 만에 최고치를 기록했다. 3개월짜리 기업어음 금리 역시 5.59%로 2001년 1월 이후 최고치를 기록했다. 이는 신용경색이 본격화하기 전인 7일의 5.24%에 비해 한 달 사이에 무려 0.35%나 급등한 것이다.

　선진국들의 대규모 유동성 공급은 사태의 심각성을 그대로 반영한 것이었다. 당시 금융회사들은 서브프라임 투자로 막대한 손실을 본데다 투자자들의 대규모 환매 요구에 직면하고 있어서 파산하지 않으려면 보유하고 있는 유가증권을 헐값에 팔거나 대출을 급히 회수하거나 아니면 유가증권을 발행한 타 회사에 또 다시 환매를 요구하는 수밖에 없었다.

　그러나 각국 중앙은행들의 긴급 조치에도 불구하고 한번 끊어진 신용의 고리는 좀처럼 회복되지 않았다. 아니 시간이 갈수록 더욱 악화되고 있었다. 위험은 제거된 것이 아니라 전이됐을 뿐이며, 그 과정에서 오히려 더욱 증폭되었다. 금융기관들 간에 서로 물고 물린 대출과 자금 수수관계는 빗발치는 상환 요구로 더 이상 만기 연장이 어려워졌다. 그렇지 않으면 추가 금리 인상을 전제로 한 계약 재조정 요구가 가해졌다. 자금압박에 시달리던 여러 펀드와 은행, 투자회사들은 유동성 확보를 위해 여기저기 전화를 걸어 추가 자금 마련에 사활을 걸어야 했다. 모노라인Monoline으로 불리는 채권보증업체들도 부실 위험이 커졌다는 이유로 더욱 높은 마진 콜(Margin-call: 증거금 추가)을 요구하기 시작했다.

　이 같은 현상은 글로벌 차원에서 전개되었다. 1990년대 이후 전개된 세계화와 이에 따른 금융시장 개방화로 각국 금융시장이 밀접히 연관돼 있었기 때문이다. 국내든 해외든 은행 간의 콜자금 거래는 점점 어려워졌고 시중의 돈줄은 더욱 말라갔다. 평상시 같으면 원활히 작동했을 신용의 고리는 더 이상 작동되기 않았다. 일반 회사채나 은행채는 등급에 상관없이 시장에서 소화되지 않는 휴지조각으로 변해갔고 시중금리는 폭등했다. 오로지 국채만이 안전자산으로 선호됐으나 이마저 한꺼번에 몰려드는 투자자들로 수익률이 폭락해 더 이상 정상이자율을 유지할 수 없었다.

영국 노던록은행의 뱅크런

140년만의 뱅크런

펀드런에 이어 뱅크런이 오는 것은 시간문제였다. 금융권 전반에 퍼진 신용경색으로 각종 펀드나 투자은행들이 곤란을 겪고 있는 터에 지급 결제 기능을 맡고 있는 은행권만이 그 충격을 벗어날 수는 없는 일이었다. 자본주의의 위기 때마다 나타나는 전형적인 금융 패닉 현상인 뱅크런은 마침내 영국의 '노던록Northern Rock은행'의 몰락과 함께 그 역사적인 실체를 다시 한 번 드러냈다.

2007년 9월 14일, 그동안 설마설마 하던 일이 정말 터지고 말았다. 영국의 노던록은행의 각 지점에 수천 명의 고객들이 예금을 찾기 위해 장사진을 친 것이다. 이런 모습은 제2차 세계대전 이후 주기적인 경제위기 때 개발도상국이나 후진국에서 간헐적으로 보이긴 했어도 글로벌 경제시대에 세계 금융의 중심지라 할 런던의 한복판에서 벌어지리라고는 감히 상상할 수 없던 일이었다. 이 사건은 영국에서는 140년 만에 처음 나타난 '뱅크런' 현상으로 기록되었다.

〈파이낸셜타임스〉는 2007년 9월 16일자에서 영국 5위 은행이자 최대 모기지 은행인 노던록의 고객들이 지난 주말 런던 본점과 전국 76개 지점 앞에 길게 줄을 서서 예금을 인출해갔다고 보도했다. 금요일인 14일 하루에만 은행 총예금액의 4%에 해당하는 약 10억 파운드(약 14억 달러)가 인출됐고, 인터넷 뱅킹을 통한 자금 이체까지 포함하면 실제 빠져 나간 돈은 더 많았던 것으로 집계되었다.

노던록의 뱅크런은 영국 중앙은행이 긴급구제금융 계획을 밝힌 것이 오히려 화근이 되었다. 모기지 부실로 유동성 위기에 몰린 노던록은행은 9월 13일 영국 중앙은행인 영란은행BOE에 도움을 요청했고, 중앙은행이 긍정적인 화답을 하자 다음날인 14일 이 소식을 들은 고객들이 곧바로 은행으로 몰려가 예금을 돌려달라고 아우성을 친 것이다. 이는 금융기관들의 안정성에 의문을 품고 있던 예금자들이 정부의 발표를 자신들의 의문을 확신하는 계기로 삼았다는 증거였다. 은퇴한 대학 교수인 피터 파이 씨는 노던록의 런던 무어게이트 지점 앞에서 줄을 서 있던 중에 블룸버그와 가진 인터뷰에서 "평생 동안 노던록에만 예금해 왔는데 이번 일은 매우 두려운 일"이라며 "갖고 있는 돈 중 5,000파운드 정도만 계좌에 남겨두고 나머지는 전부 되찾을 계획"이라고 말하기도 했다.

이런 사태가 발생하자 영국 정부와 은행 측은 즉각 "고객들의 예금과 모기지대출 한도는 안전하다"며 시민들의 자제를 호소했지만 사태는 쉽게 진정되지 않았다. 월요일인 9월 17일에도 노던록의 각 지점 앞에 돈을 찾으려는 기나긴 행렬은 줄어들 기미를 보이지 않았다. 물론 이날도 비슷한 규모의 자금이 은행에서 인출되었다. 14일과 17일 단 이틀 만에 총예금 중 8.3%에 달하는 20억 파운드의 거액이 썰물처럼 빠져나갔다. 금융계에서는 통상 총수신액의 2~3%만 빠져도 해당 금융기관은 파산 위기에 직면할 수 있다고 진단한다. 이제 조그만 더 머뭇거리면 노던록은 파산으로 내몰릴 수밖에 없는 처지가 되었다.

영국판 '컨트리와이드' 사건

영국 정부는 뱅크런 사태가 발생하자 발 빠르게 대처했다. 두 번째 예금인출 사태가 있던 9월 17일 재무부는 노던록은행의 모든 예금을 보호하겠다고 긴급 선언했다. 이날 앨리스테어 달링 재무장관은 성명을 통해 "필요할 경우 정부는 영란은행과 함께 현재의 불안정한 상황을 극복하기 위해 노던록의 모든 예금을 보장하겠다"고 약속했다. 영란은행도 다음날인 18일 오전까지 기준금리 5.75%에 44억 파운드의 유동성을 런던 금융시장에 긴급 공급하겠다고 발표했다.

그러나 정부의 예금자 보호 방침과 중앙은행의 유동성 공급 방침에도 불구하고 노던록은행의 예금인출 사태는 지속됐으며 런던 금융시장의 불안감은 쉽게 가시지 않았다. 예금 보호 선언을 한 9월 17일, 런던 은행 간의 하루짜리 초단기자금 대출에 적용되는 오버나이트Over-night 금리는 6.5%로 6년 만에 최고치를 기록했다. 영국의 공식 통화인 파운드화는 주요 통화에 대해 일제히 약세를 보였으며, 특히 유로화에 대해서는 14개월 만에 최저치를 기록했다. 아울러 신용경색 여파가 다른 은행으로 확산될지도 모른다는 우려가 퍼지면서 영국 금융시장의 불안감은 더욱 증폭되었다.

위기설이 나돈 해당은행들의 주가는 곧바로 곤두박질쳤다. 노던록의 주가는 뱅크런 사태가 일어난 14일 하루에만 무려 31%나 폭락했다. 얼라이언스 앤드 레스터, 바클레이스 등 다른 모기지 은행들의 주가도 동반 하락했다.

노던록의 뱅크런 사태는 미국발發 신용불안의 여파가 글로벌 금융시장에 급속히 확산되고 있음을 잘 보여주는 사례였다. 서브프라임 부실이 만든 글로벌 신용경색의 충격파는 이제 미국은 물론 약한 고리만 발견되면 세계 어디든 심각한 타격을 입힐 수 있음을 드러낸 것이다. 1990년대 이후 유럽의 금융 중심지로 성장한 런던은 서브프라임 금융부실의 관점에서 보면 거의 미국과 동시적으로 움직이고 있었다. 전문가들은 노던록의 예금인출 사태를 '영국판 컨트리와이드' 사건이라고 규정했다. 외신들은 이 사건 이후 즉각 미국 투자 비중이 높은 일부 유럽계 금융회사들이 추가로 곤경에 처할 것이라는 분석을 내놓았다. 〈파이낸셜타임스〉는 "노던록 사태는 미국발 서브프라임 모기지 부실에 따른 신용경색이 미국 모기지시장과 직접 연관성을 갖지 않은 해외 금융회사까지 집어 삼킬 수 있다는 것을 의미한다"고 논평했다. 이제 미국발 서브프라임 위기는 개별국가 차원을 넘어 글로벌 금융시장 전반에 걸친 재앙이 됐다고 해도 과언이 아니었다.

최초의 은행 국유화 조치

당시 노던록은행은 영국 모기지시장 점유율 8.4%로 140만 명의 예금 고객과 80만 명의 모기지대출 고객을 보유하고 있었다. 국제기준으로도 국제결제은행BIS 자기자본비율 11.6%(2006년), 기본자본Tier1 비율 8.5%, 총자산수익률ROA 1.28%의 건실한 경영지표를 갖고 있었다. 1997년 은행으로 전환한 후 매년 20% 이상 자산을 늘릴 만큼 고속성장을 질주해왔다. 그리고 소매금융이라 할 서브프라임 모기지의 직접 취급 비중은 그리 높지 않았고, 오히려 도매금융 비중이 75%에 달했다.

그러나 약점이 없었던 것은 아니었다. 예금보다는 채권 발행이나 외부 차입으로 덩치를 키워왔기 때문에 2007년 상반기 기준 노던록의 예금 비중은 14%에 불과했다. 전 세계적으로 돈이 넘쳐흐를 때는 단기금융시장에서 자금을 값싸게 조달해 모기지대출 등에 장기로 투입할 수 있었지만, 신용경색으로 돈이 돌지 않는 상황에서는 유동성 리스크가 급격히 높아질 수밖에 없는 구조였다. 소위 '콘듀이트Conduits' 거래에 대한 의존도가 매우 높았던 것이다. 전문가들은 모기지와 비모기지대출, 우량 및 비우량대출, 소매금융과 도매금융 등이 복잡하게 얽힌 현대의 금융구조상 겉으로 아무리 안정적인 영업구조를 가지고 있더라도 신용불안이 가중되면 그 여파를 비껴가기 어렵다고 지적한다.

노던록은행은 2007년 9월 중순 파산 직전까지 내몰렸지만 영국 정부는 이 은행을 파산하도록 방치하지는 않았다. 일반 모기지 회사와 달리 노던록이 은행이라는 점 때문에 파산 시 금융계 전반에 미칠 파장을 고려하여 정부가 직접 나서서 구제하기로 한 것이다. 노던록은행은 정부의 막대한 구제

금융으로 간신히 명맥을 유지하며 정부 관리 하에 넘어가는 신세가 되었다.

노던록은행의 처리에 부심하던 영국 정부는 뱅크런이 발생하고 난 4개월 후인 2008년 1월 16일 마침내 이 은행을 국유화하겠다고 선언했다. 이날 고든 브라운 영국 총리는 ITN방송과 가진 인터뷰에서 "파산 위기에 몰린 노던록을 국유화한 후 일정시간이 지나면 민간에 매각하겠다"는 방침을 밝혔다. 그는 "지금은 시장 안정이 최대 이슈인 만큼 일단은 국유화한 후 경영이 정상화되면 민간 매각 등 여러 가지 옵션들을 함께 고려할 것"이라고 설명했다.

국유화 계획이 발표되자 런던 증시에서 노던록의 주가는 하루 동안 16% 급락해 주 당 69.25펜스에 마감했다. 1년 전 최고가인 70달러에 비하면 노던록의 주가는 94% 폭락하며 사실상 휴지조각이 되어버렸다.

주주들은 노던록의 국유화 방침이 나오자 강력하게 반발하며 노던록 마크가 새겨진 우산을 들고 나와 시위를 벌이는 등 일제히 불만을 표출했다. 야당인 보수당도 노동당 정부의 국유화 계획에 강력하게 반발하며 의회 승인을 거부하겠다고 으름장을 놓았다.

한 달 후인 2008년 2월 18일 노던록의 국유화가 드디어 확정되었다. 영국 정부는 이날 의회에서 노던록의 국유화를 위한 긴급 입법을 통과시키고 노던록의 주식 거래를 중단시켰다. 영국 정부가 부실기업을 국유화한 것은 1970년대 이후로 처음이었다.

노던록의 국유화는 그해 가을 글로벌 금융위기가 정점으로 치달으면서 그 의미가 크게 부각되었다. 부실 금융기관들을 처리하는 방법으로서 파산이나 매각M&A 등과 함께 국유화가 중요한 대안으로 급부상한 것이다. 신용경색으로 부실 금융기관을 인수할 주체가 나타나지 않거나 또는 나타나기를 기대하기 어려울 때 금융시스템 내 충격을 최소화하면서 불확실성을 제거하는 확실한 방법이 국유화 조치였던 셈이다. 금융위기의 진원지였던 미국도 2008년 9월 이후 은행권에 대규모 구제금융을 투입하면서 시티, 뱅크오브아메리카 등 주요 은행들을 사실상 국유화하는 조치를 취하게 된다. 물론 이 국유화는 궁극적으로 은행의 경영을 통제하기 위한

것이라기보다는 붕괴된 신용 시스템을 재건하기 위한 일시적 조치라는
점에서 사회주의적인 조치와는 그 성격이 다르다. 그럼에도 불구하고 은
행 국유화는 국민의 혈세로 부실 금융기관을 살린다는 점에서 두고두고
도덕적 해이 논란의 중심에 서게 되었다.

FRB의 급한 불끄기 ··· 4년만의 금리 인하

FRB의 0.5% 기준금리 인하

신용경색이 심화되면서 실물경제도 차츰 악화되기 시작했다.

2007년 9월 5일, 경제협력개발기구OECD는 '세계경제전망보고서'를 통해 미국의 비우량 주택담보대출(서브프라임 모기지) 부실로 촉발된 금융시장 신용경색으로 글로벌 경제의 성장률이 크게 낮아질 것이라고 경고했다.

OECD는 이 보고서에서 미국의 경제성장률이 올해 1.9%에 머물 것이라며, 종전의 전망치 2.1%에서 하향 조정했다. 이는 미국 경제의 잠재성장률 수준이자 연방준비제도이사회가 자신하고 있던 3.0% 성장률을 크게 밑도는 것이었다. OECD는 유럽연합EU의 경제성장률도 2.6% 성장하는데 그칠 것으로 예상했다. 이에 따라 이날 영란은행과 유럽중앙은행은 시장의 예상대로 기준금리를 각각 5.75%와 4.00%로 동결했다. 유동성이 많이 풀려 인플레이션의 우려가 크긴 해도 실물 부문의 위축이 가시화되고 있어서 금리 인상은 위험하다는 경고였다.

미국의 경우 경기침체에 대한 우려는 더욱 커지고 있었다. 지속적인 주택경기 하락으로 소비심리는 얼어붙고 신용경색에 따른 기업의 자금조달 애로는 기업들을 파산 위협으로 내몰았다. 위기의 진원지인 미국 주택시장의 추락은 더욱 심각했다. 전미부동산중개인협회NAR가 발표한 기존 주택 판매의 선행지표인 7월 기존 주택 잠정판매지수는 전년 대비 16.1% 떨어진 89.9를

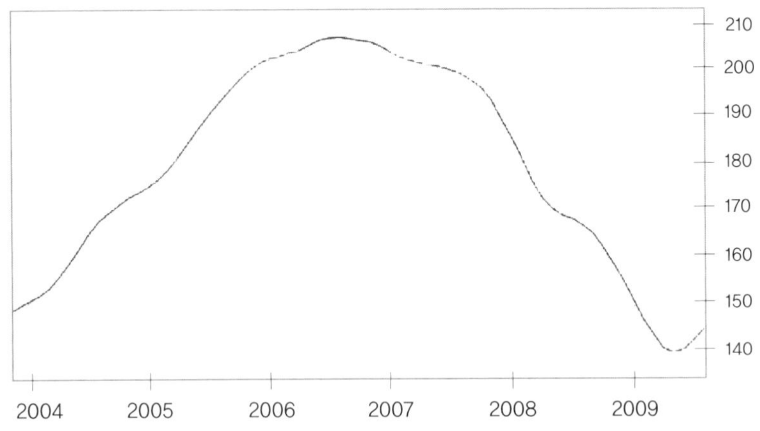

기록해 2001년 9월 이후 최저 수준으로 떨어졌다. 앞서 발표된 S&P의 7월 중 케이스·쉴러 전국 주택 가격 지수 역시 전년 동기 대비 3.2% 하락해, 20년 만에 가장 큰 낙폭을 기록했다. 2007년 하반기 미국에서 빈집으로 남아있는 주택 수는 전체 7,500만 채 중 207만 채로 집계됐다. 미국의 주요 도시마다 인적이 끊긴 채 들고양이들만 배회하는 '유령의 집'이 수만 채씩 쌓여갔다. (이런 추세는 시간이 갈수록 더욱 심해져서 최악의 주택경기침체기였던 2009년 상반기에 차압된 주택 수는 350만 채에 달했으며, 담보가치 이하 주택 수는 무려 880만 채에 달했다.)

실물경기침체에 대한 우려가 커지자 '세계 경제의 조타수'라 할 미국 연방준비제도이사회도 더 이상 머뭇거릴 수 없었다. 그 이전까지는 국지적인 유동성 공급이나 재할인율 인하로 대응했지만 이제부터는 기준금리 인하라는 보다 적극적인 카드를 쓰는 방향으로 전환했다. 지금까지 '신용위기는 제한적'이라며 짐짓 여유를 부리던 것과는 사뭇 다른 태도 변화였다.

2007년 9월 18일(현지시간) 미국 연방준비제도이사회는 공개시장위원회 FOMC를 열어 기준금리인 연방기금금리(FFR: Federal Fund Rate)를 5.25%에서 4.75%로 0.5%포인트 전격 인하한다고 발표했다. 이것은 0.25% 인하를 예상했던 시장의 기대를 앞지르는 조치였다. 아울러 추가적으로 재할인율도 5.75%에서 5.25%로 0.5%포인트 내렸다. 통화정책 효과를 극대화하기 위한 일종의 '충격요법의 결합'이었다. 연방기금금리FFR는 상업은행들이 연방준비은행에 예치한 자금 중 지불준비금을 초과하는 자금을 다른 상업은행에 빌려줄 때 적용하는 금리로 우리나라의 콜금리에 해당된다. 보통 하룻밤Over-night 사이의 대출에 적용되며, 이를 기준으로 일반은행의 대출금리 수준이 결정되므로 재할인율과 함께 금융시장에 큰 영향을 미친다.

이날 연방준비제도이사회의 금리 인하는 지난 2003년 말 주택시장 거품을 우려해 기준금리를 인상하기 시작한지 거의 4년만의 일이었다. 연방준비제도이사회는 성명서에서 "신용시장 경색이 주택시장의 조정을 가속화하고 경제성장을 억제할 가능성이 있다"면서 "이번 조치는 금융시장 혼란이 경제에 미칠 악영향을 선제적으로 차단하기 위한 것"이라고 설명했다.

언론들도 이 조치를 벤 버냉키 의장이 "승부수를 던졌다"고 표현하며 나름대로 큰 의미를 부여했다. 글로벌 증시도 연방준비제도이사회의 금리인하에 따라 전형적인 '페드 랠리(주가 상승)'를 선보였다. 뉴욕 증시의 다우존스지수가 9월 18일 2.51% 상승한 1만 3,739.39로 마감한 데 이어 19일 일본의 닛케이225지수도 전날보다 3.67% 오른 1만 6,381.54포인트로 거래를 마쳤다. 뉴욕 증시와 도쿄 증시의 이날 상승폭은 5년 만에 최대치로 기록되었다.

선제적 금리정책의 한계

연방준비제도이사회의 전격적인 금리 인하는 오랜 심사숙고 끝에 나온 결정이었다. 버냉키 의장 입장에서도 지금까지 견지해 오던 인플레이션에 대한 우려와 함께 "투자자들의 실패를 보전하기 위해 금리를 내릴 수 없다"던 평소의 소신을 저버린 것이었기 때문에 고심의 정도가 어느 정도였는지 엿볼 수 있다. 한 마디로 당시의 금리 인하는 금융과 실물 양부분에서 급속도로 악화되는 미국 경제와 세계 경제를 살리기 위한 고육지책苦肉之策이었던 셈이다.

연방준비제도이사회는 성명서에서 "이번 결정은 금융시장의 불안이 경제 전반에 미치는 악영향을 사전에 차단하고 완만한 성장을 뒷받침하기 위한 것"이라고 설명했다. 이것은 큰 폭의 금리 인하를 단행한 것에 대한 배경 설명이자 무분별한 투자자를 구제한다는 모럴해저드(도덕적 해이) 비난을 의식한 해명이기도 했다. 그 한편으로 "인플레이션의 진전 상황을 주의 깊게 지켜볼 것"이라며 인플레이션의 확산 가능성을 완전히 배제하지 않았다.

연방준비제도이사회는 금리 인하 조치를 내리면서 특히 '선제적pre-emptive'이라는 점을 강조했다. 이는 사태가 더 악화되기 전에 미리 선수를 친다는 의미였다. 그러나 선제적이라는 말에 내포되어 있는 뉘앙스, 즉 미국 경제가 아직 괜찮은데 더 악화될 것을 대비해 미리 조치를 취한다는 시각이 과연 적절한 판단이었냐는 데는 여전히 의문점을 남겼다. 버냉키 의장은 당시까지도 미국 경제는 아직 버틸만하다는 인식이 강했던 것 같다. 그렇지 않다면 선제적이라는 말을 쓰지 않았을 것이다.

결과론이긴 하지만 당시에도 미국 경제는 이미 돌이킬 수 없는 나락의 길로 떨어지고 있었다. 나중에 미국 정책당국이 인정하게 되는 바처럼 이 시기 미국 경제는 마이너스 성장을 향해 내달리고 있었다. 그렇다면 이때의 금리 인하는 '선제적'이기보다는 오히려 뒷북을 치는 '사후적ex-post' 조치에 불과했다.

전문가들도 앞으로 1~2회 정도 추가 금리 인하가 있을 것으로 예측했다. 민간 경제분석기관인 '인사이트 이코노미스트'의 스티븐 우드는 "공격적인 금리 인하는 FRB가 경제상황이 더 악화할 가능성에 대비하고 있음을 보여준다. 연말과 내년 초에 추가 금리 인하가 예상된다"고 말했다. 예상 밖의 0.5%포인트 금리 인하는 그만큼 미국 경제가 침체의 늪으로 빠질 가능성이 높다는 반증이었다. 짐 글래스먼 JP모건 이코노미스트도 "주택경기 하락과 신용경색의 추가적인 악화를 막기 위해서는 여러 번의 금리 인하가 필요하다"고 예상했다.

실제로 인플레이션을 이유로 여유를 부리던 연방준비제도이사회는 2007년 10월 31일과 12월 11일 두 차례 더 금리를 인하한 데 이어 2008년에도

12월까지 무려 7차례에 걸쳐 연속적으로 금리를 떨어뜨렸다. 이것은 결국 2007년 9월의 금리 인하가 시기적으로 늦었을 뿐 아니라 여전히 연방준비제도이사회가 인플레이션과 경기방어 사이에서 정책 우선순위를 결정하지 못하고 있음을 보여주는 단적인 예이다.

중앙은행들의 '따라 하기'

미국이 기준금리를 전격 인하하자 일본은행과 유럽중앙은행 등 주요 선진국들도 금리 동결 및 금리 인하를 통한 금융완화 기조로 급속히 전환했다. 글로벌 경제의 주도국인 미국이 경기 하강과 유동성 경색을 걱정하는 마당에 여타 국가들이 확인되지도 않은 인플레이션을 우려하여 독자적으로 긴축에 나서기는 어려워졌기 때문이다.

일본은행은 미국의 금리 인하가 있은 다음날인 2007년 9월 19일 금융정책 결정회의를 열고 기준금리인 무담보 콜익일물 금리를 현행수준인 연 0.50%로 동결한다고 발표했다. 일본은행은 "이번 결정은 성장 둔화가 우려되는 미국 경제 및 서브프라임 모기지 문제로 인한 국제 경제 동향을 좀더 주시할 필요가 있다는 판단에 따른 것"이라고 밝혔다.

1990년대의 '잃어버린 10년' 이후 나름대로 안정세를 유지하던 일본 경제도 당시 심상치 않은 상황에 직면해 있었다. 7월의 근원 소비자물가지수 CPI가 전년 동기 대비 0.1% 떨어져 6개월 연속 하락세를 나타내고 있었다. 경기 위축에 따른 디플레이션 압력이 커지고 있었던 것이다. 또 2/4분기 국내총생산GDP 증가율도 기업들의 설비투자 감소에 따라 연 1.2% 감소해 마이너스 성장을 기록하고 있었다. 정치적으로도 아베 신조安倍晋三 총리가 사임을 표명하면서 혼란이 가중되었다. 마사노 토모야 핌코재팬 수석 매니저는 "어느 나라 중앙은행이라도 정치적 혼란을 맞고 있는 상황에서 통화 긴축을 단행할 수는 없을 것"이라고 지적하기도 했다.

홍콩의 중앙은행격인 홍콩통화청도 이날 기준금리를 6.75%에서 6.25%

로 0.50%포인트 인하하기로 결정했다고 발표했다. 홍콩은 지난 1993년 이래로 고정환율제의 일종인 달러 페그peg제를 채택하고 있어서 미국 금리정책과 공동보조를 취하기 쉬운 점도 있었다.

이에 앞서 유럽중앙은행도 9월 6일에 실시된 9월 통화정책회의에서 금리 동결을 선언했다. 유럽중앙은행의 기준금리는 그해 6월 4.00%가 된 후 석 달째 동결 행진을 계속하고 있었다. 당초에는 금리 인상이 유력했지만 미국발 서브프라임 부실로 유럽 금융권이 심각한 혼란에 휩싸이면서 결국 금리 동결을 선택할 수밖에 없었던 것이다. 영국의 영란은행도 같은 날 기준금리를 연 5.75%에서 동결했다. 노던록의 뱅크런 사태에 시달리고 있던 영란은행으로서는 당분간 금리 인상은 엄두도 내지 못할 상황이었다.

그러나 중국은 인플레이션 압력이 점증하고 있는 상황에서도 다른 길을 걸었다. 미국 내 서브프라임 투자가 크지 않아 그 피해가 적었던 것도 인민은행이 긴축정책을 추진할 수 있었던 이유였다. 인민은행은 2007년 9월 15일 대출 및 예금 금리를 전격 인상하는 등 2007년에만 다섯 번이나 금리를 올렸다.

중국의 소비자물가지수는 그해 8월 전년 대비 6.5% 상승하는 등 연평균 3.9%의 상승률을 나타내 중국 정부가 자체 설정한 물가목표치(3.0%)를 넘어서고 있었다. 또 2/4분기 국내총생산 성장률도 11.9%를 기록하여, 12년 만에 최고치를 기록하는 등 부분적으로는 과열 기미마저 나타나고 있었다. 왕칭 모건스탠리 이코노미스트는 "인민은행의 최우선 목표가 지난해 하반기 이후 위안화 절상 문제에서 자산 가격 상승과 인플레이션 리스크를 제어해야 하는 쪽으로 옮겨지고 있다"고 말했다.

희비 엇갈린 크리스마스

잇따른 부실 고백

　미국 연방준비제도이사회의 전격적인 금리 인하로 세계 금융시장은 당분간 진정되는 듯 보였다. 하지만 10월이 되자 금융기관들의 수익이 예상보다 더 악화된 것으로 나타나면서 신용경색이 재연되었다. 이 충격으로 안전자산 선호 경향이 다시 증가하면서 글로벌 채권시장이 요동치기 시작했다.

　2007년 10월 1일, 유럽 3위 은행인 스위스의 UBS가 서브프라임 모기지 부실에 따른 글로벌 신용경색의 여파로 부실채권 40억 스위스프랑(약 34억 달러)을 대손상각write-down 처리한다고 밝혔다. UBS는 이 여파로 3분기에 6~8억 스위스프랑(세전 기준)의 손실을 기록할 것으로 전망했다. UBS가 분기 손실을 낸 것은 지난 2002년 이후 처음이었다. 여기에는 서브프라임과 연계된 '자산담보부채권ABS'의 가치 하락에 따른 채권 부문의 타격과 지난 7월 정리한 헤지펀드 전문 자회사인 딜런 리드 캐피털 매니지먼트의 손실이 포함되었다. UBS는 즉각 경영부진에 대한 책임을 지워 투자은행부문 대표인 후브 젠킨스를 사임시키고 향후 1,500명을 감원할 계획이라고 밝혔다. UBS의 손실 발표는 미국 서브프라임 채권 투자에 깊이 발을 담갔던 유럽계 대형은행들의 부실이 얼마나 심각한지 보여주는 대표적인 사례였다. 하지만 UBS의 발표는 글로벌 은행들의 잇따른 부실 고백의 서막에 불과했다.

　미국 최대 금융그룹인 시티그룹은 10월 2일 성명을 통해 상각 처리해야 할 부실채권 규모가 14억 달러라고 밝혔다가 나중에 60억 달러로 수정했다. 이로 인해 시티의 3분기 실적은 전년 동기 대비 60% 가량 줄어들었다.

미국의 대형 투자은행 메릴린치도 10월 중순 3분기 실적 발표에서 모기지 관련 증권의 대손상각이 당초 예상치 45억 달러를 훨씬 상회한 79억 달러에 달한다고 밝혔다. 이는 나중에 84억 달러로 상향 수정됐다. 이에 따라 메릴린치는 6년만에 사상 최대치인 22억 4,000만 달러의 손실을 내 다른 어느 투자은행보다도 막대한 타격을 입었다. 일각에서는 메릴린치의 추가 부실액이 100억 달러나 더 남았을 것이란 전망까지 나왔다.

월가의 5위 투자은행 베어스턴스도 순익이 무려 61%나 급감하고 순매출도 91%나 깎이는 수모를 당했다. 베어스턴스의 순익은 1년 전보다 61% 감소한 1억 7,000만 달러(주당 3.02달러), 고정수입 순매출은 1억 1,800만 달러로 각각 집계됐다. 이밖에 리먼브라더스와 모건스탠리도 순익이 각각 3%, 7% 감소한 것으로 나타났다. 당시 발표된 세계 유수 투자은행들의 부실 규모만 200억 달러가 넘는 것으로 집계됐다. 모건스탠리 분석에 따르면 시티그룹·베어스턴스·도이체방크·UBS 등 4개 은행의 3분기 자기자본이익률ROE은 10%를 밑돌았다. 이는 지난 10년간 금융 섹터 평균치(18%)는 물론 경기침체기인 2001~2002년의 11%에도 못 미치는 수준이었다. 이런 상황이 감지되자 안전자산으로 여겨지는 미국 국채TB 수요가 다시 증가하고 파산을 전제로 한 파생상품인 신용부도스와프의 프리미엄도 치솟기 시작했다.

불안과 기대의 이중주… 2차 주가 폭락

금융회사들의 부실과 신용경색에 대한 우려가 커져가는 데도 불구하고 10월 초 미국 주식시장은 의외로 반응했다. 유럽과 일본 등 선진국 시장이 2007년 여름 1차 주가 폭락 이후 대세 하락기에 접어들고 있었지만 미국 뉴욕 증시는 오히려 상승세를 탔다. 그리고 10월 9일 기어코 사상 최고치(다우존스 산업지수 기준 1만 4,164포인트)를 경신했다.

당시 미국의 주가 상승은 연방준비제도이사회의 대증요법적인 유동성 공급이 효과를 발휘한 탓도 있었지만 해당은행들의 '부실 감추기'와 이에 따른 투자자들의 오판에 기인한 것이었다. 달리 말하면 은행과 투자자 모두가 과거의 영광(?)에 너무 취해 있던 탓에 대세 하락에 대한 현실을 받아들이기 어려웠던 것이다. 월가의 분석가들도 이 같은 실적 악화 속 상승랠리를 '카타르시스적cathartic'이라고 평가했다.

당시 글로벌 투자은행들의 '부실 감추기'는 심각한 수준이었다. 10월 1일 시티그룹은 당초 3분기 실적 발표에서 여전히 흑자를 냈다고 발표했다가 나중에 대손상각 규모가 60억 달러로 밝혀졌다며 적자로 수정했다. 당시 시티그룹은 9월 들어 확정수익형(fixed-income) 비즈니스가 신용위기 이전 수준으로 회복됐고, 재무제표와 자본준비금 등은 건전하다고 강조했다. 골드만삭스도 3분기 자기자본이익률이 30%가 넘는다고 밝혔고, 크레디트스위스 그룹의 브레이디 도우건 최고경영자CEO도 "경쟁업체를 따돌리고 시장점유율을 높이겠다"고 허세를 부리기도 했다. 이런 분위기 속에 손실 관련 투자책임자 등을 해임한 스위스 UBS마저 주가가 분기 적자 발표 이후 오히려 9% 가량 오르는 기현상을 나타냈다.

하지만 부실에 눈을 감은 주가 상승은 오래 지속될 수 없었다. 시장을 일시적으로 속일 수는 있어도 영구히 속일 수는 없는 일이었다. 2007년 가을, 주가 하락의 첫 번째 충격은 10월 19일 찾아왔다. 이날 뉴욕 증시에서 다우지수는 5거래일 연속 떨어지면서 2.64% 하락한 13,522.02포인트에 마감됐다. 대형주 중심의 S&P 500과 기술주 위주의 나스닥도 전날보다 각각 2.56%와 2.65% 급락했다. 다우의 이날 하락폭은 신용경색이 폭발한 지난 8월 9일(-2.83%) 이후 최대치였다. 또한 이날은 공교롭게도 '블랙먼데이(1987년)'가 발생한지 20주년이 되는 날이라 금융시장의 불안감은 더욱 증폭되었다. 11월 중순 한 차례 반등을 거친 뉴욕 주가는 12월부터 다른 선진국들과 마찬가지로 1년 반에 걸친 대폭락시대로 접어들었다. 2007년 가을의 주가 하락은 다가오는 금융대공황(2008년 9월)에 대한 2차 경고였다고 할 수 있다.

그러나 투자은행들의 부실은 이것으로 끝이 아니었다. 이들의 부실은 예상외로 정말 심각했고, 아직 그 부실 규모도 완전히 드러나지도 않았다. 〈파이낸셜타임스〉는 11월 22일자에서 "미국의 모기지 부실 위협은 아직 완전히 드러나지 않았으며 앞으로도 3,000억 달러 가량의 부실이 더 숨어 있을 것"으로 파악했다. 지금까지 드러난 몇 백억 달러 규모의 부실은 '새 발의 피'에 불과한 것이란 얘기였다. 실제로 연방예금보험공사 FDIC는 11월 25일 지난 3분기 동안 경영난을 겪고 있는 부실은행의 숫자가 117곳에서 171곳으로 50% 증가했다고 발표했다. 171개 문제 은행은 연방예금보험공사가 예금을 보증하고 있는 8,500곳 금융기관 가운데 2%에 불과하지만 이 숫자는 지난 1995년 후반 이후 최고치로 늘어난 것이었다. 또 이들 부실은행이 보유하고 있는 자산도 783억 달러에서 1,156억 달러로 증가했다고 덧붙였다.

이머징마켓 엑소더스

자기기만적 주가 상승은 아시아 지역에서도 재연되었다. 중국 상하이종합지수가 10월 16일 최고점인 6,092.06포인트를 찍은데 이어, 홍콩 항생지수가 10월 30일 3만 1,638.22포인트를, 한국의 코스피가 10월 31일 2,064.85라는 전인미답의 사상 최고치에 도달했다. 혹자는 이를 미국 증시로부터의 상대적 독자성을 의미하는 디커플링decoupling으로 이해하려 했으나, 중국과 홍콩은 몰라도 한국을 그렇게까지 보는 것은 무리가 있었다. 한국은 독자성을 가진 시장이라기보다는 미국에 종속된 시장이었기 때문이다.

2007년 전체적으로 보면 아시아 신흥 경제국들과 브라질, 멕시코 및 아일랜드 등 이머징마켓의 주가는 대부분 사상 최고치를 경신하며 30~50% 이상의 높은 상승률을 기록했다. 10월 11일 중국 상하이종합지수가 연초 대비 두 배가 넘는 상승률을 보였으며, 한국의 코스피 역시 연초 대비 40% 이상, 인도의 뭄바이 선섹스지수가 30% 이상, 남미의 대표시장인 브라질 보베스파지수 역시 40% 이상의 높은 상승률을 나타내고 있었다.

이처럼 이머징 시장의 높은 주가 상승은 대부분 지난 1년간 이들 지역으로의 급속한 자본 유입 덕분이었다. 특히 그해 초부터 불거져 나온 서브프라임 부실 충격으로 선진국 내에서 마땅한 투자처를 잃은 헤지펀드, 사모펀드 등 이른바 '핫머니'가 대거 신흥시장으로 넘어왔다. 주식이나 채권투자에 따른 투자수익뿐 아니라 미국의 금리 완화정책에 따른 신흥국 통화 강세로 환차익도 올릴 수 있다는 계산 때문이었다. 주식 활황은 신흥지역에서 지난 수년간 높은 경제성장에 따른 부의 축적으로 만들어진 국부펀드, 중동 산유국들의 오일펀드 등에 의해서도 뒷받침되었다.

하지만 이 같은 신흥시장의 주가 상승세는 11월 들어 반전되기 시작했다. 11월 들어 한국을 비롯한 아시아 시장에서 대규모 자금이탈Capital flight이 시작되면서 이들 시장이 급격히 수축되기 시작한 것이다. 선진국들이 극심한 신용경색에 노출되면서 신흥시장에 들어와 있던 헤지펀드와 사모펀드 등도 빗발치는 투자자들의 환매 요구와 마진 콜Margin-call 요구에 더 이상 버틸 수 없는 한계상황에 이르렀다.

11월 8일 주가가 3.11% 폭락하며 2,000선이 무너진 한국 증시는 11월 내내 폭락장을 연출했다. 미국, 유럽계 핫머니는 물론 일본계 캐리트레이드 자금이 대거 유출되기 시작한 결과였다. 코스피는 11월 12일 3.37% 하락한

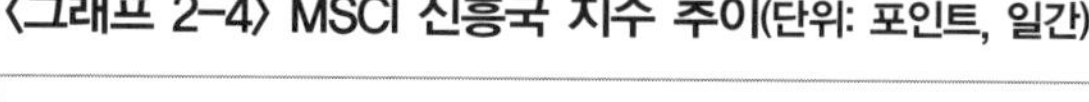

〈그래프 2-4〉 MSCI 신흥국 지수 추이(단위: 포인트, 일간)

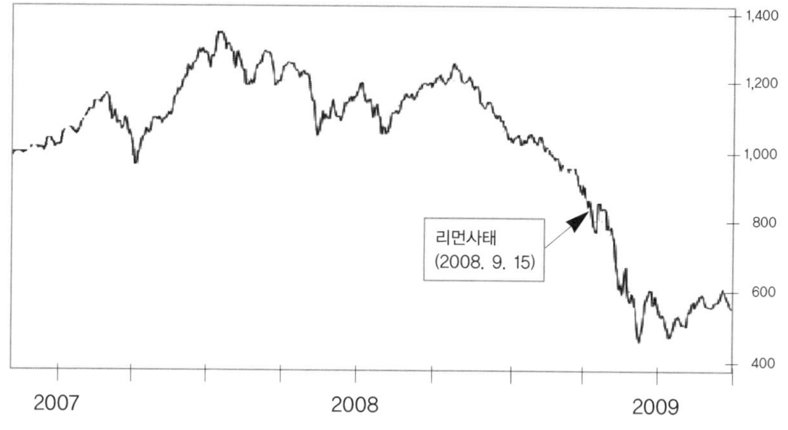

데 이어 21일에도 3.49%나 빠지며 단숨에 1,800선(1,806.99포인트)을 위협받았다. 이어 22일에는 순식간에 1,800선이 무너지면서 미끄럼틀을 탔다. 중국도 이날 상하이종합지수가 전날보다 무려 230.06포인트(4.41%) 급락한 4,984.16포인트로 마감하며 글로벌 주가 하락에 동참했다. 일본 닛케이지수 역시 21일 큰 폭의 하락세를 나타내며 연고점에서 20% 이상 떨어진 베어마켓bear market에 진입했다.

11월 21일 뉴욕 채권시장에서는 또 한 차례 '패닉panic'이 발생했다. 2년 만기 재무부 채권 수익률이 0.18%포인트 급락한 2.99%를 기록하여 지난 2004년 12월 이래 3년 만에 처음으로 3%대 아래로 주저앉았다. 미국 채권 수익률 급락은 가격 상승을 의미하는 것으로 많은 투자자들이 최상급 안전자산으로 밀려든 결과였다. 투자자들의 단기물 선호 경향도 더욱 심화돼 초단기물인 4주물 미국 국채 수익률은 지난 1주간 0.48%포인트 떨어진 3.35%를 기록했고, 3개월 국채도 0.33%포인트 하락한 3.08%를 나타냈다. 이로 인해 단기물과 2년, 10년물 등 장기 국채와의 수익률 격차가 더욱 벌어졌다. 반대로 이머징마켓 채권의 가산금리(스프레드)는 급격히 상승했다. 이날 JP모건체이스의 EMBI지수(신흥시장 채권지수) 기준으로 달러표시 이머징마켓의 채권 가산금리는 0.09%포인트 올라 2005년 10월 이후 최고치인 2.56%를 기록했다.

FRB의 무제한 유동성 공급 선언

이런 분위기 속에서 미국 연방준비제도이사회는 11월 26일 유럽중앙은행에 이어 연말까지 유동성을 무제한 공급하겠다고 긴급 선언했다. 그러나 이런 조치는 8월 10일 BNP 파리바 펀드 환매중단 사태 때도 있었던 일이라 연방준비제도이사회가 실제로 유동성의 고삐를 완전히 풀었다는 의미보다는 시장의 불안을 잠재우기 위한 일종의 립서비스로 보는 것이 타당할 것이다. 9월 18일(0.5%)과 10월 31일(0.25%) 두 차례 연속 기준금리를 인하한 연방준비제도이사회는 이것만으로는 금융시장의 불안을 완전히 제거할 수 없을 뿐만 아니라 심할 경우 올해를 넘기기 전에 각국에 신용위기가 재발할 가능성이 높다고 판단한 것이다.

연방준비제도이사회는 이날 성명에서 "시장의 자금 경색에 대응하기 위해 28일 1차로 내년 1월 10일 만기가 돌아오는 환매조건부채권RP 80억 달러어치를 매입하겠다"고 밝혔다. 연방준비제도이사회가 만기 6주짜리 환매조건부채권을 매입하기로 한 것은 그때가 처음이었다.

이날 세계 금융시장은 극심한 변동성을 연출했다. 뉴욕 증시의 다우존스 산업지수는 시소장세 속에 1.83% 하락한 1만 2,743.44포인트, 나스닥지수는 2.14% 내린 2,540.99포인트로 장을 마쳤다. 다우지수는 10월 9일 사상 최고치를 찍은 이래 10% 하락한 수준이었다. 안전자산인 미국 재무부 채권 수익률도 10년물이 3.79%까지 폭락해 2004년 3월 이후 최저치로 떨어졌다.

한국 증시도 11월 27일 극심한 널뛰기 장세를 보였다. 코스피지수는 외국인과 개인의 '팔자' 공세로 한때 67포인트까지 하락하며 1,788선까지 밀렸다. 하지만 시티그룹의 자금조달 소식이 전해지면서 급상승세로 반전하여, 전날보다 4.46포인트(0.24%) 오른 1,859.79포인트로 마감했다. 마치 지푸라기라도 잡는 심정으로 주가가 글로벌 은행들의 단기성 재료 하나하나에 일희일비한 대표적인 사례였다.

이즈음 미국 금융당국은 극심한 혼란에 휩싸였다. 시장 안정을 위해서는 추가 금리 인하가 필요하다는 주장이 강하게 제기된 반면 투자자들의 도덕적 해이와 인플레 압력을 우려해 추가 금리 인하는 불가하다는 목소리가 동시에 터져 나온 것이다. 11월 28일 도널드 콘 미국 연방준비제도이사회 부의장은 뉴욕 외교협회CFR 연설에서 "경제에 대한 불확실성이 그 어느 때보다 높기 때문에 FRB가 금리정책을 바라보는 관점을 수정해야 한다. 금융시장의 동요가 지속되는 것을 차단하기 위한 신속한 대처가 필요하다"며 세 번째 금리 인하를 강하게 요구했다.

콘 부의장의 발언이 전해지자 미국과 유럽은 물론 아시아 증시도 모두 상승세를 탔다. 연방기금선물 역시 12월 11일로 예정된 공개시장위원회에서의 추가 금리 인하 가능성을 100% 반영했다. 특히 콘 부의장이 버냉키 의장의 강력한 신임을 받고 있으므로 그의 발언은 버냉키 의장의 의중이 바뀌고 있음을 반영한 것으로 풀이됐다.

하지만 연방준비제도이사회 내부에서는 추가 금리 인하가 무분별한 투자자를 구제하는 도덕적 해이를 낳고 가뜩이나 고조되는 인플레 압력을 가중시킨다며 반대하는 목소리도 만만찮았다. 리처드 피셔 댈러스 연방은행 총재는 이날 텍사스 주 아맬리로에서 가진 연설에서 "과도한 금리 인하에 주의할 필요가 있다. 미국 경제는 침체에 빠지지 않을 것이며 인플레이션 압력은 여전히 상존한다"고 지적했다.

승자와 패자

2007년 겨울이 다가오면서 서서히 승자와 패자가 가려지기 시작했다. 최첨단 금융자본주의가 지배하는 월가의 정글에서 죽을 자와 살아남을 자의 윤곽이 드러나기 시작한 것이다. 서브프라임 모기지증권에 과도하게 투자했다가 큰 타격을 입은 은행들은 패자로 낙인찍혔고, 그렇지 않은 은행들은 승자로서의 체면을 유지할 수 있었다. 전자에는 메릴린치와 시티, 후자에는 골드만삭스와 JP모건체이스 등을 꼽을 수 있었다. 그리고 베어스턴스와 리먼브라더스 등의 투자은행들과 뱅크오브아메리카, AIG 등도 당시에는 완전히 드러나지 않았지만 이때부터 이미 심각한 내상을 입고 있었다.

2007년 10월, 3분기 실적이 나오면서 골드만삭스는 놀라운 실적을 발표했다. 다른 금융기관들이 서브프라임 모기지 부실에 따라 줄줄이 큰 손실을 입었다고 고백했지만, 골드만삭스만은 3분기 순이익이 무려 80% 가까이 증가했다고 밝혔다. 당시 부실이 완전히 포착된 것은 아니지만 역시 유대계 투자은행은 다르다는 찬사가 절로 나왔다. 말 그대로 '나 홀로 대박'이었다. 10월 21일 골드만삭스가 밝힌 3분기 순익은 28억 5,000만 달러(주당 6.13달러)

로 전년 동기 대비 79% 증가했다. 매출은 전년 대비 63% 증가한 123억 3,000만 달러를 기록했다. 여기에 기타 신용상품 및 고정수입의 순익도 71% 상승한 49억 달러에 달했다.

골드만삭스의 기적 같은 실적은 시장의 실패를 미리 감지하여, '숏 포지션short position' 전략을 채택한 것이 주효했던 것으로 알려졌다. 모기지 손실에 대비해 모기지 관련 상품거래를 매입보다 매도 우위로 전환하는 전략을 택했다는 것이다.

12월 중순 발표된 4분기 실적에서도 골드만삭스는 순이익이 예상치의 두 배인 32억 2,000만 달러(주당 7.01달러)로 전년보다 2% 증가했다고 밝혔다. 분기 매출 역시 투자은행IB 부문의 호조에 힘입어 107억 달러를 기록, 전년 대비 14% 증가했다. 이에 따라 골드만삭스는 연말에 직원들에게 보수와 보너스를 합해 총 202억 달러를 지급하기로 했다. 이는 전년도의 164억 달러에 비해 23% 증가한 것이며 전체 3만 522명의 직원 1인당 평균 66만 1,400달러(6억 2,132만 원)에 해당하는 것이었다. CEO인 로이드 블랭크페인 회장도 7,000만 달러를 배정받았다.

이와는 달리 막대한 부실을 낸 금융기관들은 대규모 감원과 함께 최고경영진에 대한 문책성 인사가 터져 나왔다. 10월 2일 3분기 실적을 발표한 시티그룹은 즉각 찰스 프린스 회장 겸 최고경영자에 대해 퇴진 압력을 가했다. 시티그룹 최대 주주인 사우디아라비아의 알 왈리드 빈 탈랄 왕자의 지지와 2009년까지 1만 7,000명 감원 등 대규모 구조조정 계획을 내놓고 버티던 프린스 회장은 그해 11월 결국 사임했다.

이에 앞서 3분기 실적에서 34억 달러의 부실을 상각 처리한 유럽 3위 은행인 스위스 UBS도 실적 악화에 대한 책임을 지워 휴 젠킨스 투자은행 부문 대표와 클리브 스탠디시 최고 재무 책임자CFO를 전격 해임하고, 마르셀 로너 CEO가 투자은행 사업부를 직접 지휘한다고 발표했다.

특히 메릴린치는 '월가의 왕따'로까지 내몰렸다. 창립 93년 만에 최악의 적자를 기록한 메릴린치는 CEO에 대한 비난뿐만 아니라 회사의 부실 감추기에 대한 의혹까지 제기됐다. 흑인으로서는 처음으로 월가 투자은행의 수장에 올랐던 스탠리 오닐 메릴린치 CEO 역시 10월 24일 대규모 손실에 대한 책임을 지고 사임했다. 그러나 퇴직금으로 1억 6,000만 달러의 거금을 챙겨 도덕적 해이 논란에 시달렸다. 회사도 '완화 전략mitigation strategy'이라는 편법을 사용해 장부를 조작했다는 의혹이 제기돼 증권거래위원회SEC의 조사를 받아야 했다. 이는 모기지 관련 손실의 장부상 인식 시기를 늦추기 위해 헤지펀드들에게 관련 자산을 1년 환매 조건으로 매각 처리했다는 주장이었다.

미국 5대 투자은행인 베어스턴스는 2007년 당시 부실이 완전히 드러나지 않은 채 해를 넘겼지만 이듬해 곧바로 추문에 휩싸였다. 제임스 케인 최고경영자는 회사가 위기에 빠진 2007년 가을 골프를 치며 놀다가 대응을 게을리했다는 비난으로 사내외의 조롱거리가 됐다. 2008년 3월 베어스턴스가 파산하기 직전인 1월 책임을 지고 물러난 그는 회사가 JP모건체이스에 매각된 뒤에도 이사회 의장직을 맡아 매일 출근했다. 그리고 5월 29일 마지막 주주총회에서 처음으로 '오늘은 슬픈 날'이라며 부실 경영에 대해 주주와 직원들에게 사과했다. 그러나 이미 회사는 사라지고 없는 상태였다.

슈퍼펀드의 조성 실패

연말이 되면서 찬바람이 불어오는 뉴욕 월가의 거리는 실업자들로 더욱 꽁꽁 얼어붙었다. 그해 연말까지 월가가 밝힌 감원 규모는 13만 명에 이르렀다. 기록적인 '감원의 해'로 꼽힌 2001년의 11만 6,000명을 넘어선 것이다. 대규모 감원업체로는 미국 최대 주택담보대출 업체인 컨트리와이드 파이낸셜 1만 2,000명, 미국 최대 상업은행인 시티그룹 1만 7,000여명, 2위 상업은행인 뱅크오브아메리카가 3,000명, 리먼브라더스 2,500명, 모건스탠리 600명, 골드만삭스 130여명 등이었다.

자금시장도 더욱 냉기가 밀어 닥쳤다. 12월 11일 연방준비제도이사회는 신용경색을 풀기 위해 세 번째 금리 인하를 단행했다. 이날 연방준비제도이사회는 공개시장위원회를 열고 연방 기준금리 목표치와 재할인율을 각각 0.25%포인트 인하했다. 이제 기준금리는 4.5%에서 4.25%로, 재할인율은 5%에서 4.75%로 떨어졌다.

그러나 이 정도의 조치로 월가의 냉기를 해소하기는 역부족이었다. 12월 들어 강세를 보이던 뉴욕 증시도 예상보다 낮은 금리 인하폭에 실망한 나머지 나흘간의 상승세를 접고 급락세로 돌아섰다. 이날 다우존스산업평균지수는 전날보다 2.14% 급락한 13,432.77포인트, S&P 500지수는 2.53% 하락한 1477.65포인트, 나스닥지수 역시 2.45% 하락한 2,652.35포인트에 각각 거래를 마쳤다.

이날 연방준비제도이사회가 금리 인하폭에 인색했던 것은 일시적인 경제지표 개선에 현혹됐기 때문이었다. 앞서 발표된 11월 신규 고용이 9만 4,000명 증가했고, 주택경기 부진에도 불구하고 소비가 여전히 견조한(주가의 시세가 내리지 않고 높은 상태에 계속 머물러 있음) 증가세를 유지하고 있는 것으로 나타났던 것이다. 연방준비제도이사회는 앞서 인플레이션 압력과 경기 둔화 위험을 동시에 거론했던 데에서도 후퇴하여, '완만한 성장 회복'을 거론하며 추가적인 금리 인하 가능성도 배제시켰다. 하지만 이날 일각에서 서브프라임 모기지 부실 규모가 최대 4,000억 달러에 달해 최근 50년간 최악의 금융위기가 될 것이란 분석이 나오면서 시장의 절박감은 더욱 커졌다.

크리스마스를 목전에 둔 12월 22일 또 하나의 실망스런 소식이 전해졌다. 지난 10월 헨리 폴슨 재무장관이 제안했던 '슈퍼펀드Super fund' 구상이 결국 무산됐다는 것이었다. 〈월스트리트저널〉은 슈퍼펀드 설립을 공동으로 주도해온 시티그룹, 뱅크오브아메리카, JP모건체이스 등 3개 은행이 이르면 24일 펀드 설립 포기를 공식 발표할 것이라고 보도했다. 슈퍼펀드는 신용경색 확산을 막기 위해 서브프라임 관련 부실 자산을 월가 금융기관들이 공동으로 인수하기 위해 설립하기로 한 일종의 구제펀드로 당초 1,000억 달러 규모로 2008년 1월 중에 출범할 예정이었다.

가칭 '마스터 유동성 촉진 콘듀잇M-LEC'이라는 이름의 이 펀드가 좌초된 것은 월가 금융기관들이 참여를 미적거린 데다, 실효성에 대한 의문이 끊

임없이 제기됐기 때문이다. 슈퍼펀드는 각 금융회사 산하 구조화투자전문
회사(SIV: Structured Investment Vehicle—미국 투자은행들이 고수익 고위험의 자산에
투자하기 위해 설립한 투자전문회사) 소유의 부실 자산을 인수하기로 했지만,
펀드 조성 규모에 비해 인수할 부실 자산이 너무 많고 인수 대상과 우선순
위 등을 둘러싸고 적지 않는 논란이 빚어졌다. 특히 가장 많은 규모의 구조
화투자전문회사SIV 자산을 보유한 시티그룹과 HSBC등 일부 은행들이 공
동 구제방안에 동참하지 않고 독자적인 구조화투자전문회사 구제대책을
마련키로 함에 따라 슈퍼펀드 설립은 탄력을 잃게 되었다.*

　하지만 이때까지만 해도 월가는 배가 불렀던 것으로 보인다. 표면적으로
는 정부의 지원 없이 민간 은행들로만 출자금을 내기로 한 데 대해 해당은
행들이 시장 논리 등을 내세워 결성을 막은 것이지만 더 근본적인 이유는
해당 금융회사들이 막대한 부실을 안고 있어서 서로의 숨겨진 속내를 다
보여주기 꺼렸기 때문으로 분석된다.

＊ 서브프라임 모기지 파동의 주범 중 하나로 꼽히는 구조화투자전문회사SIV는 주로 월가 거대은행 및 투
　자은행들이 별도 법인으로 독립시켜 고수익 투자를 위한 '별동대'로 거느렸던 조직으로, 자체 신용이나
　보유 자산을 담보로 단기채를 발행해 자금을 확보한 후 서브프라임 채권이나 신용도가 낮은 회사채 등
　고위험 · 고수익 장기자산에 투자해 왔다. 당연히 구조화투자전문회사는 자금조달을 위해 발행한 단기
　채의 만기가 돌아올 때마다 대체 단기채를 내다 팔아 자금을 계속 수혈해야 했다. 하지만 서브프라임 사
　태로 시장에서 더 이상 구조화투자전문회사가 소화되지 않게 되자 자금순환의 '미스매치(mismatch: 빌
　리는 자금과 운용하는 자금의 만기가 서로 달라 기간이 불일치하는 것)'가 발생하기 시작했다. 슈퍼펀드는
　바로 이 구조화투자전문회사가 발행하는 단기채를 적절히 소화함으로써 자금을 수혈하는 한편, 서브프
　라임 모기지 채권 등 고위험 채권의 추가 가격 하락을 막겠다는 계산이었다.

3장

월가, 뒤통수를 맞다

통화정책의 혼선

낡은 통화정책의 고집

위기가 커가는 와중에도 미국을 비롯한 선진국 통화당국들의 대처는 안이하기만 했다. 비록 2007년 하반기부터 제한적인 유동성 공급과 기준금리 인하 조치가 있었지만 시장의 기대에는 턱없이 부족했다.

통화당국이 과감한 유동성 공급 정책을 펴지 못하는 사이 신용경색이 악화되면서 자금시장은 더욱 마비되어 갔고 주가는 폭락했다. 게다가 경기침체, 즉 실물경기의 위축 현상이 빠르게 진행되면서 정책 부담을 가중시켰다.

세계 통화정책의 총본산이라 할 미국 연방준비제도이사회가 2008년 초까지 미온적인 입장을 취한 것은 2000년대 초반에 풀린 과잉 유동성 때문이었다. 급격한 신용완화 정책을 펴다가는 자칫 인플레이션을 초래할지도 모른다는 우려가 컸던 것이다. 연방준비제도이사회는 인플레이션이라는 또 하나의 잠재된 위험이 도사리고 있는 상황에서 대폭적인 유동성 확대보다는 제한적인 유동성 공급에만 머물렀다. 이 같은 사정은 유럽중앙은행, 영란은행 등 유럽 쪽 통화당국도 마찬가지였다. 싱가포르 소재 SEB의 아시아 수석전략가 매그너스 프림은 당시 〈로이터통신〉과의 인터뷰에서 "각국 중앙은행들은 금융권의 신용경색과 인플레이션 가운데 인플레이션 가중이 성장에 더 나쁜 영향을 준다는 쪽으로 판단한 것 같다"고 말했다.

2007년 9월 18일 미국 연방준비제도이사회가 4년 만에 처음으로 기준금리를 5.25%에서 4.75%로 0.5%포인트 인하한 이후 금융시장은 일시적으로 안정세를 찾는 듯했다. 당초 0.25% 정도의 기준금리 인하를 예상했던 시장은 그 두 배의 금리 인하 조치가 나오자 가뭄에 단비를 만난 격으로 환호했다. 이에 다소 안도한 듯 연방준비제도이사회는 자금시장이 경색되고 있는 국면에서도 10월 31일과 12월 11일 연속해서 기준금리를 시장의 기대치에 못 미치는 0.25%씩 찔끔찔끔 인하하는 데 그쳤다. 특히 12월 11일의 세 번째 금리 인하는 0.5% 이상의 금리 인하를 기대했던 시장의 요구를 충족시키지 못해서 발표 이후에 오히려 주요 증권시장의 주가가 급락하는 해프닝이 벌어졌다.

사정이 이렇게 된 것은 각국의 통화정책 담당자들이 지난 30년간 성공을 거두어 왔다고 자부하는 통화주의Monetarist적 통화 공급 방식에 깊이 발목이 잡혀 있었기 때문이다. 이는 잠재적 경제성장률에 맞는 적정한 수준의 통화 공급만 있으면 안정적인 경제성장이 영구히 지속될 수 있다는 믿음이었다. 괜히 무리한 통화확장정책이나 케인즈적Keynesian인 재정개입정책을 쓰다가는 경제의 안정성만 해치고 오히려 걷잡을 수 없는 인플레이션을 유발할 수 있다는 우려가 컸다. 그런 정책적 오류의 역사적인 사례는 1970년대 10년간이나 지속됐던 세계적인 인플레이션과 그에 따른 경기침체, 즉 스태그플레이션Stagflation이라고 하는 경제위기 국면이었다. 2008년 초만 해도 여전히 "시장에 맡기고 간섭하지 말라"는 교조주의가 정책당국을 지배했고, 이들은 수습이 불가능할 정도로 상황이 악화된 뒤에야 비로소 부랴부랴 시장 개입을 확대하게 된다.

예상 밖의 기준금리 인하

2008년 상반기 금융위기가 폭발 직전에 이르자 각국 통화당국은 기존의 통화정책을 버리고 처절하리만치 공격적인 통화공급정책으로 급선회하게 된다. 그 동안 절제된 통화정책을 강조하던 연방준비제도이사회 등은 오로지 경제를 살릴 수만 있다면 금리 인하폭이나 자금 규모는 얼마가 되던 개의치 않겠다는 식으로 돌아서버린 것이다. 연방준비제도이사회가 하루아침에 기존의 통화관리 방식을 버리고 '유동성 포기(?)정책'이라 불러도 좋을 극단적인 통화정책으로 전환한 것은 웃지 못 할 촌극이라 할만 했다.

미국 연방준비제도이사회 등 각국의 통화당국이 전면적인 유동성 공급 정책으로 방향을 튼 것은 2008년 1월 하순부터였다. 2007년 연말까지 세 차례나 금리 인하를 단행하면서도 인플레이션 우려를 들면서 여유를 부리던 연방준비제도이사회는 새해 들어서도 주가 폭락과 신용경색 악화가 계속되고 아울러 경기침체에 대한 우려마저 터져 나오자 예상치 못한 극약처방에 돌입한다.

1월 22일과 30일, 두 차례에 걸친 기습적인 금리 인하가 그것이다. 연방준비제도이사회는 1월 22일 예정에 없던 긴급 연방공개시장위원회FOMC를 소집해 미국의 기준금리인 연방기금금리FFR를 0.75%포인트 인하하는 특단의 조치를 취했다. 또 8일 후인 30일에도 기준금리를 0.5%포인트 추가 인하했다. 22일의 금리 인하는 서브프라임 사태 이후 네 번째 금리 인하로, 마치 시장의 의표를 찌르기라도 하듯 기준금리를 4.25%에서 순식간에 3.5%로 내린 것이었다. 이날 연방준비제도이사회는 성명에서 "단기금융시장은 사정이 다소 완화됐으나 전체적인 금융시장 상태는 계속 악화되고 있다"고 금리 인하 배경을 설명했다. 이어 30일 또다시 0.5%를 더 내림으로써 기준금리는 불과 4개월여 만에 5.25%에서 3.0%로 떨어졌다.

연방준비제도이사회가 기준금리를 한 달에 두 차례나 인하한 것은 지난 2001년 이후 처음이었다. 또 불과 1주일 사이에 두 차례나 금리를 인하한 것도 100년 가까운 연방준비제도이사회 역사상 처음이었다. (한 달에 두 차례 금리 인하는 금융위기가 폭발한 2008년 10월 한 차례 더 있게 된다.)

연방준비제도이사회는 계속해서 3월(0.75%포인트)과 4월(0.25%포인트)의 정례 연방공개시장위원회 회의에서도 기준금리를 1%포인트 인하했다. 3월 18일의 금리 인하는 베어스턴스 파산 사태가 몰고 온 파장을 막기 위한 궁여지책이었다. 또 4월의 0.25%포인트 금리 인하 역시 신용경색을 풀기 위한 선제적 조치였다. 그렇지만 연방준비제도이사회는 9월 금융위기가 터지기 전까지 기준금리를 계속 2.0% 수준에 묶어두었다. 이것은 어쩌면 인플레이션 압력이 상존하는 상태에서 더 이상의 금리 인하는 역효과만 가져올 뿐이며 그 정도가 마지노선이라고 고집한 듯하다. 실제로 이즈음 불붙기 시작한 국제 유가는 배럴당 100달러 선을 넘나들고 있었다. 그러나 이것은 국제 투기자본의 일시적인 도피행각 때문이었지, 경기침체가 가시화된 국면에서 실질 수요가 갑자기 치솟은 것은 아니었다.

어쨌든 2008년 상반기 이 같은 연쇄적인 금리 인하 조치는 역설적으로 지난해까지 연방준비제도이사회가 줄곧 강조해 왔던 '선제적' 금리 인하가 사실은 사후약방문死後藥方文 격의 뒷북 정책에 불과했다는 점을 스스로 인정한 꼴이 되었다.

호미론과 가래론

연방준비제도이사회는 금리 인하와 더불어 3월부터 새로운 형식의 통화 공급 방식을 선보였다. 부실에 노출된 은행들이 보유한 모기지 채권을 신용도가 높은 미국 국채로 바꿔주는가 하면 통화 공급 대상도 은행권 외에 투자은행 등으로까지 확대했다. 이런 조치는 시장의 자기조정 능력에 대한 과신이 신용위기를 키우고 있다는 자기반성에서 비롯된 것이었다. 이는 지금까지와는 비교도 안될 만큼 새롭고도 급진적인 것이어서 일부에서는 '창조적'이라는 찬사가 쏟아졌다. 하지만 또 다른 일각에서는 그 효과에 의문을 나타내며 '타이밍 상 너무 늦었다' 는 비판을 제기했다.

이 같은 비판은 연방준비제도이사회가 2008년 상반기까지 취했던 금리정책에 대해서도 마찬가지였다. 과감히 내려야 할 때는 찔끔찔끔 내리더니 막상 시장이 붕괴 직전에 내몰리자 뒤늦게 뒤통수 때리 듯 금리 인하를 단행했다는 지적이었다. 2007년 9월부터 2008년 상반기까지 연방준비제도이사회는 모두 일곱 차례에 걸쳐 기준금리를 2.25%포인트나 내렸지만 이미 죽어가는 시장을 되살리기에는 너무 늦었다는 비판이 거세게 일었다. 당연히 처음부터 시장의 요구대로 적절한 금리정책을 취했으면 사태가 이처럼 악화되지 않았을 것이라는 아쉬움이 포함됐다. 마치 '호미로 막을 걸 가래로 막는다'거나 '죽은 자식 불알 만지기'라는 한국 속담이 생각나는 대목이었다.

그러나 처음부터 호미(소폭 금리 인하)가 아닌 가래(대폭적인 금리 인하)를 썼어도 금융시장의 와해를 막을 수 있었을지는 미지수이다. 서브프라임 부실이 드러낸 금융시스템의 모순은 단지 금리 인하나 유동성 공급만으로는 치유할 수 없는 자본주의 역사상 최대 난치병이었다. 서브프라임 모순의 치유는 지난 20년간 각국의 통화 중앙은행의 감독권 밖에서 엄청나게 거품을 키워 온 파생상품 등 비공식 금융상품의 만연과 건전성이나 투명성이 담보되지 않는 금융거래 관행을 온전히 뜯어 고치지 않고서는 어쩌면 불가능했다고 봐도 무리가 아니다. 또 당시 상황에서 통화당국이 적절한 대응책을 강구해 낼 수 있을 만큼 서브프라임 모순이 온전히 제 모습을 드러낸 것도 아니었다. 그것이 제 모습을 온전히 드러내기까지는 시간이 더 필요했고, 그때까지는 시장의 자기치유력을 믿고 싶었던 것이 각국 중앙은행들의 숨은 바람이었을 것이다.

이때쯤 일부에서는 역설적이지만 미국 연방준비제도이사회가 금리 인하가 아닌 차라리 '경기침체Recession'를 수용하는 것이 '묘약best medicine'이 될 수 있다는 진단도 나왔다. 장기적으로 봐서 공격적인 신용완화정책은 금융위기를 해결하는 올바른 방법이 아니고 기업 도산과 경제적 고통을 동반한 경기침체가 금융위기를 해결하는 '필요악necessary evil'이 될 수 있다는 주장이었다.

새해 첫 금리 인하가 있던 1월 22일 미국 경제전문지 〈포춘Fortune〉은 미국의 금리 인하가 오히려 경제에 '대형 참사calamity'를 유발할 수 있다고 지적했다. 〈포춘〉은 "섣부른 금리 인하로 대응하는 것보다 현 수준에서 금리를 동결하고 약간의 경기침체를 감내하는 것이 미래의 재앙을 막는 유일한 길"이라고 주장했다. 금리 인하가 인플레이션을 키워 오히려 더 큰 경기 추락을 가져오는 스태그플레이션이라는 대형 참사를 유발할 수 있다는 지적이었다. 당시 연방공개시장위원회에서 금리 인하에 반대했던 리처드 피셔 댈러스 연방준비은행 총재도 후일(3월 4일) 가진 한 연설에서 "FRB가 경기침체를 너무 두려워하지 말아야 한다. 미국 경제가 비관적이긴 하지만 이것이 금리 인하를 통해 인플레 리스크를 키우는 것을 정당화하지는 않는다"고 강조했다.

퓨전IQ의 배리 리솔츠 최고경영자도 3월에 "시장이 직면한 문제들은 금리가 너무 높아서 야기된 것은 아니다. FRB가 경기 사이클을 뒤집고 싶다면 창조적 파괴를 단행해야 한다"고 주장했다.

추락 거듭하는 글로벌 주가

암울한 새해

글로벌 경제에 대한 어두운 전망으로 새해 벽두부터 주가가 폭락하기 시작했다. 금융시장의 불안이 지속되면서 경기침체에 대한 우려도 본격화 되었다. 미국이나 유럽 등 선진국은 물론 브릭스(Brics: 브라질Brazil · 러시아 Russia · 인도India · 중국China을 통칭하는 말)와 신흥경제권, 그리고 상대적인 독립성이 있다고 평가되어 온 중국을 비롯한 홍콩, 상하이 등 중화권 증시 모두가 폭락했다.

2008년 1월 15일(현지시간) 뉴욕 주식시장이 미국의 경기후퇴 우려감 고조로 급락세로 마감했다. 블루칩 중심의 다우존스산업평균지수가 2.17% 급락했고, 기술주 중심의 나스닥지수도 2.45%, 대형주 중심의 스탠더드앤드푸어스S&P 500지수도 2.49% 각각 하락했다. 이로써 다우와 나스닥지수는 9개월래 최저치로 떨어졌고, S&P 500지수는 10개월래 최저치를 기록했다. 시티그룹의 사상 최대 분기 적자(98억 3,000만 달러)와 미국의 2007년 12월 소매 판매가 6개월래 처음 감소했다는 소식이 투매를 불렀다. 뉴욕 지역의 제조업 경기도 9개월래 최저치를 기록한 것으로 전해졌다. 시티그룹과 메릴린치가 신용위기에 따른 유동성 확보와 재무구조 개선을 위해 총 210억 달러의 자금을 수혈 받았고, 연방준비제도이사회가 300억 달러의 유동성을 단기 자금시장에 공급했다는 소식이 있었지만 경기 후퇴 공포감을 잠재우기에는 역부족이었다. 이날 시티그룹이 공개한 180억 달러에 달하는 4분기 서브프라임 모기지 관련 부실은 예상치의 2배에 달할 뿐 아니라 스위스계 은행 UBS의 140억 달러마저 넘어선 것이었다. 그 여파로 시티그룹의 주가는 7% 급락했다.

미국발發 허리케인은 곧바로 한국을 비롯한 아시아 증시를 강타했다. 코스피는 하루 1조 원이 넘는 외국인들의 '매물 폭탄' 세례를 받으며 2007년 8월 수준으로 추락했다. 1월 16일 코스피는 전날보다 2.40% 떨어진 1,704.97로 마감하여 1,700선에 겨우 턱걸이했다. 새해 들어서 이날까지 10.13%, 지난해 사상 최고치(10월 31일 2,064.85)에 비해서는 17.43% 하락했다. 코스닥지수도 2007년 8월 16일(-10.15%) 이후 최대치인 3.25%나 떨어졌다. 코스피와 코스닥을 합친 시가총액은 이날 949조 335억 원으로 새해 들어 2주 만에 102조 7,297억 원어치가 사라졌다. 이날 한국 증시에서 외국인들은 무려 1조 193억 원어치를 팔아 새해 들어 모두 4조원 가까운 '팔자세'를 이어갔다. 미국 투자은행 모건스탠리가 발표하는 인터내셔널 캐피털MSCI 한국물 지수는 다른 신흥국 지수와 마찬가지로 2007년 8월과 11월에 이어 또 한 번 큰 폭의 하락세를 나타냈다.

다른 아시아 국가들의 증시도 일제히 급락했다. 일본 닛케이지수는 전날보다 3.35% 내린 1만 3,504.51에 마감, 2년여래 가장 낮은 수준까지 내려갔다. 중국 상하이종합지수도 2.81% 하락, 최근 1개월간 최대 낙폭을 기록했고, 홍콩 항셍지수 역시 6년 6개월여 만에 최대 낙폭을 기록하며 2만 5,000선이 붕괴되었다.

그러나 이날 주가 하락은 대세적 주가 폭락의 시작에 불과했다. 마침내 제3차 글로벌 주가 대폭락이 시작된 것이었다. 한번 밑동이 빠진 글로벌 주가는 바닥을 알 수 없는 심연으로 굴러 떨어졌다. 미국의 주가 하락으로 아시아 증시가 폭락하고, 이어 유럽 주가가 급락하면 다시 미국의 증시가 맥없이 주저앉는 '폭락 도미노' 현상이 한 동안 지속되었다. 설상가상으로 1월 하순 프랑스 소시에테 제너럴은행에서 대규모 주식거래 사기 사건이 발생하자 세계 증시는 더욱 더 뒤숭숭해졌다. 혹시나 하며 주가의 반등을 기다리던 투자자들에게 이 3차 주가 폭락은 '아직도 안 팔았냐'는 듯 뒤통수를 때리는 충격으로 다가왔다.

제3차 주가 폭락

3차 주가 폭락의 하이라이트는 2008년 1월 21~22일 찾아왔다. 21일 투자자들의 투매로 아시아와 유럽 주요 증시가 일제히 5% 이상 급락하는 '블랙먼데이Black Monday'가 연출되었다. 1월 17일(현지시간)에 미국 증시가 새해 들어 가장 큰 폭인 2.46% 하락한 데 따른 영향이었다. 뉴욕 증시는 당시 미국 정부가 내놓은 소규모 경기부양책이 역부족이라는 실망감과 함께 신용평가사 피치가 채권보증업체 암박Ambac의 신용등급을 두 단계 하향 조정한 것이 대규모 투매를 불렀다. '채권보증사(일명 모노라인)'들의 신용등급 하향은 이들이 보증했던 회사채 등급 역시 하락해 이를 보유한 금융회사들의 손실로 연결될 수밖에 없기 때문에 그 충격은 컸다. 모노라인의 부실은 새해 들어 시작된 3차 주가 하락을 이끈 장본인이라 할만 했다.

1월 21일 일본 증권시장의 닛케이지수는 전일 대비 3.9% 급락한 1만 3,325.94로 마감하여, 2005년 10월 25일 이후 최저치를 기록했다. 일본 최대 은행인 미쓰비시 UFJ가 5.7% 급락했고 스미토모미쓰이 파이낸셜도 5.6%나 밀렸다.

2007년 말까지 잘 버티던 상하이종합지수도 5.14% 빠진 4,914.44로 마감하여, 심리적 지지선인 5,000선이 붕괴되었다. 선전종합지수도 4.62% 밀린 1,448.18로 거래를 마쳤다. 중국 내 은행 중 서브프라임 채권을 가장 많이 보유한 것으로 알려진 중국은행BOC이 2007년 4분기에 24억 달러의 서브프라임 손실을 입었다는 소식이 투자심리를 위축시켰던 것이다. 그 여파로 중국은행이 5%대 급락했고 공상은행과 건설은행도 각각 4%, 3.3% 밀렸다. 이날 홍콩 증시도 5.5% 폭락한 2만 3,818.86으로 거래를 마쳐 2001년 9·11 테러 이후 최대 낙폭을 기록했다. 인도 뭄바이 증시 선섹스지수도 7.41% 급락한 1만 7,605.35로 장을 마쳤다.

지구의 자전 방향에 따라 개장한 유럽 증시도 2001년 9 · 11테러 이후 최대 하락률을 기록했다. 영국 런던 증시의 FTSE 100지수는 21일 5.5% 급락한 5,578.20으로 거래를 마쳤다. 프랑스 파리 증시 CAC 40지수도 역시 6.8% 폭락한 4,744.45로 마감했고, 독일 프랑크푸르트 증시의 DAX 30지수도 7.2% 폭락했다. 이날 유럽의 대형은행들도 줄줄이 주가가 하락했다. 소시에떼 제네럴이 8%, 크레디트 아그리콜이 9%, BNP 파리바가 9.6%, UBS가 5.3%, 크레디트 스위스가 6%, 도이치뱅크가 8.4% 등의 폭락세를 나타냈다. 알리안츠(-4.7%), ING그룹(-4.6%) 등 보험주도 급락세로 마감했다.

범유럽지수인 다우존스 스톡스 600지수는 이날 5.4% 급락한 309.67로 마감했다. 이는 52주 최고점(400.99) 대비 23%나 빠진 것으로, 유럽 증시가 공식적으로 대세 하락기에 접어들었음을 나타냈다. 지수가 고점 대비 20% 이상 하락하면 공식적인 약세장 진입 신호로 받아들여진다.

1월 22일 다시 개장한 아시아 증시는 투자자들의 불안이 극에 달하면서 또 다시 폭락세를 보였다. 한국 증시에서는 사이드카가 발동됐으며, 인도 증시도 개장 직후 10% 이상 빠지면서 1시간 동안 매매 거래가 정지됐다. 중국 증시도 이틀째 주가가 폭락하며 단숨에 4,500선으로 밀렸다.

〈블룸버그통신〉은 이날 오전 고점 대비 20%이상 하락해 약세장에 들어선 전 세계 주요 지수가 38개에 이른다고 보도했다가 오후에는 이를 43개로 수정했다. 이날 모건스탠리 인터내셔널 캐피털 아시아 · 태평양지수도 고점 대비 20% 이상 빠져 대세 하락기에 접어들었음을 알렸다.

변동성 심화 ··· 시소 타기

1월 21일 '마틴 루터 킹 기념일'로 하루 휴장한 뉴욕 증시에 22일(현지시간) 희소식이 날아들었다. 연방준비제도이사회가 기대치 이상으로 기준금리를 0.75%포인트나 인하한 것이다. 아시아와 유럽의 주가 폭락으로 폭락장이 예상됐던 뉴욕 주가는 1.06% 하락하는 데서 장을 마쳤다. 이 소식이 전해지자 이튿날 아시아 증시도 일제히 반등했다.

하지만 투자 위험을 알리는 주가의 변동성은 점차 커져가고 있었다. 2007년 여름과 가을 주가 폭락기에 이미 변동성이 높아진 글로벌 증시는 이즈음 다시 높은 변동성을 나타냈다. 서브프라임 사태 이전에 통상 10%로 나타나던 빅스(VIX: 불안지수)지수는 1월 말 20~30%로 두 배 이상 높아져 주식시장의 변동성이 그만큼 증폭되고 있음을 반영했다. VIX지수는 일명 '공포지수'라 불리는 것으로 시카고 옵션 거래소에 상장된 S&P 500지수 옵션의 향후 30일간의 변동성에 대한 시장의 기대를 나타내는 지수이다. VIX지수가 30%면 앞으로 한 달간 주가가 30%의 등락이 생길 거라는 예측을 보여주며, 수치가 높을수록 주가가 폭등 또는 폭락할 가능성이 높음을 의미한다.

2008년 초 선진국 금융시장의 자금경색과 신흥국 시장에 들어온 투기자본들의 대탈출 러시도 각국 증시의 투자 위험을 더욱 높이고 있었다. 하루가 멀다고 주가의 폭락과 반등이 이어졌고, 이 같은 현상은 개별 종목에 있어서도 마찬가지였다. 또 같은 종목이라도 하루 동안의 주가 변동폭이 상한가와 하한가를 오가는 극심한 부침 현상이 심화되었다. 그야말로 시소 장세가 연출되면서 '천당과 지옥'을 오가는 주가 급등락세가 연출된 것이다.

실제로 1월 22일 아시아 증시는 대폭락세를 연출했지만 연방준비제도이사회의 금리 인하 소식이 전해진 23일에는 큰 폭의 상승세를 나타냈다. 중국 상하이종합지수는 22일에 7.22% 폭락했지만 23일에는 3.14% 상승한 4,703.05로 마감했다. 홍콩 항셍지수 역시 전날 8.65% 폭락했다가 23일에는 11.0% 상승한 2만 2,409.17로 장을 마쳤다. 중국 본토 기업들로 구성된 H지수 역시 전날 11.97% 떨어진 1만 1,911.91로 마감했지만 23일엔 11.48% 상승한 1만 3,279.53을 기록했다. 일본 증시도 이틀간 7년래 최고치인 9.3%나 폭락했지만 23일에는 2% 반등에 성공했다. 당초 개장 후 오전장에서는 이보다 더 큰 폭으로 올랐지만 오후장이 시작되면서 연방준비제도이사회의 기준금리 인하에 대한 회의감이 제기되면서 상승폭이 제한되었다.

이 같은 추세는 주가가 상대적인 안정세를 보였던 그해 2~3월에도 계속되었다. 불안한 신용경색이 이어지는 가운데 미국 연방준비제도이사회가 기준금리를 인하한다거나 호재가 터지면 주가가 급상승했다가 그렇지 않으면 극심한 폭락 장세를 연출했다. 마치 병원에 입원한 환자가 병의 진행 상황에 따라 일시적인 차도를 보이다가도 갑자기 정신을 잃는 일이 반복되는 상황과 흡사했다. 미국의 투자은행 모건스탠리는 이즈음 "앞으로 당분간 주가 조정이 계속되는 가운데 지난 1989~1992년과 같은 변동성이 매우 큰 장세가 예상된다"고 경고했다. 1990년대 초는 미국의 저축대부조합 파산과 국제 유가 급등 등으로 세계 주가가 20%정도 폭락하며 극도의 변동장세를 보이던 때였다.

제4차 주가 폭락

2008년 들어 근 한 달간 미국 다우존스지수는 추락을 거듭하며 1만 3,000대에서 1만 2,000선까지 주저앉았다. 하지만 2월 들어 다시 상승세를 타기 시작하여 3월의 일시적인 하락을 제외하면 4~5월까지 연속 네 달간 안정적인 회복세를 나타냈다. 5월에는 다우존스지수가 1만 3,000포인트를 재탈환하기도 했다. 3월의 주가 하락은 베어스턴스 파산에 따른 미국 신용 시장의 불안의 여파였다.

2008년 4~5월, 미국과 세계 주식시장은 파국으로 가는 길 위에서도 상대적인 안정세를 나타냈다. 그런데 이는 미국 연방준비제도이사회 등 각국 중앙은행들이 신용위기 극복을 위한 총력체제로 전환한 덕분이었다. 연방준비제도이사회는 1월에 이어 3~4월에도 두 차례 더 기준금리를 인하하고, 국채 대여 및 투자은행 대출 창구 개방 등의 새로운 유동성 공급대책으로 시장에 유동성을 집중적으로 퍼부었다. 이는 죽어가는 시장을 살리기 위한 최후의 처방이라고 할만 했다.

하지만 글로벌 금융대공황을 눈앞에 둔 세계 주가는 5월 중순 이후 다시 추락하기 시작했다. 일시적인 랠리를 이끌었던 미국 다우존스지수는 다시 1만 3,000선 밑으로 떨어져 7월 초에는 1만 1,000선까지 내려앉았다. 한국의 코스피지수도 7월 17일자로 1,500이 무너졌다. 손쓸 새도 없이 무너지는 주가 하락에 대한 공포로 국내 증권가에서는 1,300이 저점이라는 설까지 나돌았다. 이는 중국, 홍콩 등 다른 아시아 신흥시장도 마찬가지였다. 이 같은 주가 하락은 지난해 서브프라임 사태 이후 네 번째 주가 폭락이었으며 오는 9월 임박한 금융패닉에 대한 마지막 경고였다.

4차 주가 폭락을 이끈 주범은 무엇보다도 패니메이와 프레디맥 등 미국 국책 모기지업체들의 부실을 꼽을 수 있다. 이 두 회사는 서브프라임 모기지업체나 저축은행들이 발행한 주택 관련 모기지 채권을 대량으로 인수하며 관련 산업의 최후 버팀목 역할을 해왔으나 2008년 들어 점차 부실 규모가 커지고 있었다. 특히 6월 들어 이들의 부실 규모가 서서히 드러나면서 세계 금융시장을 아연 공포의 바다로 몰아넣고 있었다. 패니메이와 프레디맥의 부실은 모기지 채권 가치 수호의 최후 보루가 붕괴함을 의미했다. 여기에 침체 국면에 접어든 세계 경제는 즉각적인 반등이 어려워 보였으며, 달러 약세로 유가 및 원자재 가격 급등세가 지속되면서 세계 경제에 대한 불안감이 확산되었다. 국제 유가는 어느덧 미국 텍사스산 원유 기준으로 배럴당 150달러 선을 위협했고, '세계의 공장' 중국의 급등한 인건비도 인플레이션 우려를 높였다.

금융시장이 잔뜩 겁을 먹고 있던 7월 중순 어느 날, 미국 연방준비제도이사회의 벤 버냉키 의장은 "이제 미국 경제의 앞이 보이지 않는다"고 언급했다. 이는 세계 경제가 악화되고 있음에도 불구하고 금리 인하 카드도 다 소진하고, 획기적인 유동성 공급 카드도 내놓아 더 이상 손쓸 수단이 없다는 한탄이었다.

미국과 세계 경제는 금융시장의 불안이 지속되는 가운데 경기침체와 인플레이션이라는 세 가지 위험에 동시에 노출되고 있었다. 길 잃은 양이 곧 뛰쳐나올 것 같은 세 마리 늑대의 위협에 포위되어 있는 형국이라고 할까, 아니면 어두운 대양에서 앞과 뒤 옆에서 덮쳐오는 삼각파도에 휩쓸리고 있는 형국이라고 할까, 모든 것을 이제 운명에 맡길 수밖에 없는 형국이 전개되고 있었다.

2008년 상반기 주가는 나라마다 차이는 있지만 연초 대비 10~20% 내외의 하락세를 보였다. 한국의 코스피지수는 2007년 말 대비 11.21% 하락했고, 코스닥지수도 15.56% 추락했다. 코스피지수는 미국 베어스턴스 파산설로 신용위기 불안이 정점에 달했던 3월 17일 1,574.44를 기록했지만, 반등세를 보이던 5월 16일에는 1,888.88로 최고치를 나타냈다. 특히 감소폭이 큰 나라는 중국이었다. 상하이종합지수는 이 기간 중에 무려 44.85%나 폭락했다. 작년 같은 기간에 52.44% 올라 상승률 1위를 기록한 것과는 엄청난 대조를 보였다. 이제 중국시장도 미국발 신용위기에서 비켜가지 못한다는 사실이 여실히 입증되고 있었다.

이런 가운데서도 한국의 증권사들은 하반기 주식시장에 대해 만용蠻勇에 가까운 전망치를 내놓고 있었다. 악재와 호재가 겹치면서 하반기에는 어쨌든 2,000포인트를 다시 넘는다는 것이었다. 하반기 목표 최고치로 대신증권이 2,300포인트, 동부증권이 2,200포인트, 우리투자증권이 2,120포인트, 신영증권이 2,150포인트를 각각 제시했다.

2007년 11월의 최고점에 대한 향수에서였을까, 아니면 투전판의 바람잡이들처럼 손님을 끌기 위해서였을까. 위선일까, 오만일까, 오기일까, 아니면 비관론에 겁먹은 어린아이 같은 치기였을까. 당시 한국 증권사의 보고서는 아직도 풀리지 않는 수수께끼다.

안전지대는 없다

시티그룹의 굴욕

세계 금융시장에 파열음이 울리면서 월가의 금융회사들은 살아남기 위해 각자도생(各自圖生: 제각기 살길을 도모함)의 길을 찾기 시작했다. 이제 어느 회사도 우리만은 안전하다고, 파산하지 않는다고 장담할 수 없었다. 부실에 노출된 회사들은 한 푼이라도 더 빌려 터진 둑을 막기 위해 체면이고 뭐고 없이 구걸을 마다하지 않거나, 아니면 모든 걸 체념하고 운명의 시간을 기다렸다. 아직 상처를 입지 않은 투기자본들은 더 이상 정상적인 이윤 실현이 불가능하다고 여겨지는 주식 및 채권시장을 버리고 단기적인 초과 이윤을 노려 석유 등 국제 원자재시장과 농산물시장으로 대거 도피했다.

2007년 하반기에 급격히 실적이 악화된 시티그룹은 11월 찰스 프린스 CEO가 사퇴하고 대규모 구조조정을 벌였지만 자금사정은 전혀 나아지지 않았다.

새해 들어서도 시티는 '자금 찾아 삼만 리' 격으로 여기저기 새로운 돈줄을 찾아 혈안이었다. 급기야 '지푸라기라도 잡는' 심정으로 중국에 손을 벌렸다가 보기 좋게 딱지를 맞는 해프닝이 벌어졌다. 〈월스트리트저널〉 아시아판은 1월 15일 미국 월가의 대형 금융기관인 시티그룹이 중국개발은행 CDB으로부터 20억 달러를 차입하려다가 중국 정부에 의해 제동이 걸렸다고 보도했다. 이 사건은 '월가의 상징'이었던 시티의 국제적 명성에 흠집을 낸 것은 물론 은행도 파산의 위험에서 결코 자유롭지 못하다는 점을 드러낸 대표적인 사례였다.

중국이 시티그룹의 제의를 거절한 것은 정부 부처 간에 이견이 있었기 때문으로 관측됐다. 하지만 중국 내부 문제보다는 미국 정부와 의회 일각에서 중국 등 외국의 국부펀드가 미국의 핵심 금융기관의 지분을 대가로 하는 투자에 대해 경계심을 보였기 때문이라는 해석도 나왔다. 당시 중국의 대표적 국부펀드인 중국투자공사CIC는 이미 모건스탠리에 50억 달러를 지원해 9.9%의 지분을 확보했고, 뱅크오브아메리카·메릴린치 등에도 자금 지원을 검토하고 있었다.

시티의 수모는 이미 그 이전부터 진행되고 있었다. 겉으로는 여유를 부렸지만 내부적으로는 매우 급박한 상황에 직면해 있었던 것이다. 시티는 중국개발은행에 대한 자금 요청 이전에도 아시아 및 중동계 펀드로부터 대규모 자금조달을 꾀하고 있었다. 연초까지 진행된 협상만도 쿠웨이트 투자공사KIA 30억 달러, 알 왈리드 사우디아라비아 왕자 14억 달러, 중국개발은행 20억 달러 등 총 60억 달러가 넘었다. 2007년 11월에도 이미 아부다비 투자청ADIA으로부터 75억 달러의 자금을 긴급 수혈 받은 바 있었다. 비용 절감을 위해 직원 2만 명에 대한 구조조정을 시작했지만 서브프라임 모기지 부실에서 비롯된 자금 압박은 좀처럼 개선되지 않았다.

시티그룹 최대 개인 주주였던 사우디아라비아의 알 왈리드 빈 탈랄 왕자의 행보도 당시 국제 금융시장의 큰 관심거리였다.[*]

'중동의 워렌 버핏'이라 불리던 그는 시티그룹 지분 3.97%를 보유했지

---

[*] 중국개발은행과 알 왈리드 왕자의 시티그룹 투자는 당시엔 즉각 실현되지 않았지만 2008년 9월 금융위기의 폭발로 시티가 돌이킬 수 없는 타격을 입었을 때 비로소 현실화 된다. 금융위기 발발 이후 미국 재무부가 시티에 대한 사실상의 국유화를 검토하던 10월 말 중국개발은행CDB은 20억 달러를 들여 시티의 지분 1%를 조금 넘는 규모의 전환사채를 매입했다. 또 알 왈리드 왕자도 외국인의 상업은행 소유 지분 한도 5%에 상응하는 14억 달러의 자금을 투입하기로 결정했다. 그럼에도 불구하고 자금사정이 나아지지 않았던 시티그룹은 2008년 11월 미국 정부로부터 막대한 구제금융을 지원받은 후 2009년 2월 미국 재무부와 정부 지분을 최대 40%까지 확대한다는 사실상의 '국유화'에 최종 합의하고 나서야 연명에 성공했다.

만 추가 투자문제를 놓고 협의 중이었다. 미국의 금융회사 지주법은 금융기관에 대한 최대 투자한도를 5%로 정하고 있었는데, 알 왈리드 왕자는 한도를 약간 밑도는 4.99%까지 지분을 늘릴 것을 고려하고 있었다.

1991년부터 시티와 인연을 맺은 그는 중동의 여느 왕족들과는 달리 석유 판매가 아니라 주로 국제 금융투자로 자산을 불려 총재산이 무려 250억 달러에 이르는 것으로 알려졌다. 그는 2007년 〈포브스〉지가 선정한 세계 갑부 순위 13위에 들었다.

모노라인의 부실 파장

2008년 들어 미국 채권보증회사(일명 '모노라인')의 부실이 글로벌 신용경색을 증폭시키는 새로운 뇌관으로 떠올랐다. 모노라인의 잠재적 부실은 그 이전부터 있었지만 그 위험이 표면화한 시기는 2008년 초였다. 모노라인은 그 업무 성격상 서브프라임 관련 증권의 부실로 상당히 시간이 지난 후에야 부실의 전모가 드러났던 것이다.[*]

영국의 신용평가기관인 피치는 1월 18일 미국 2위의 모노라인인 암박 Ambac의 신용등급을 최고 등급인 'AAA'에서 'AA'로 두 단계 하향 조정하면서 이른바 '모노라인 부실 사태'를 촉발시켰다. 피치는 31일 같은 방식으로 미국 4위 모노라인인 FGIC(파이낸셜 게런티 인슈어런스)의 신용등급도 두 단계 낮췄고, 4월 4일에는 미국 최대 모노라인인 MBIA의 신용등급마저 두 단계 하향 조정했다. 모노라인의 신용등급 강등은 곧바로 세계 주식시장을 뒤흔들었고, 해당 회사들은 사실상 신규 채권보증 업무가 마비되면서 파산 위기에 내몰렸다.

---

[*] 모노라인(monoline)은 금융기관이 발행하는 채권의 신용을 보증해 주고 채무불이행(디폴트) 발생 시 채무자 대신 원리금을 상환해 주는 일종의 보험 업무를 담당한다. 회사채나 금융채만 취급한다고 해서 모노라인이라고 불리며, 부동산과 재해 관련 위험까지도 보증하는 업무를 하게 되면 멀티라인(multiline)으로 불린다.

당시 MBIA와 암박은 더 이상 신용등급을 잃지 않기 위해 미국과 유럽의 8개 대형은행들로부터 긴급자금을 조달했다. 주요 신용평가사들 또한 이들 모노라인을 하향 관찰 대상에서 제외함으로써 사태는 일단락되는 듯했다. 그러나 6월 들어 세계 3대 신용평가회사인 무디스와 스탠더드앤드푸어스S&P 마저 MBIA와 암박의 신용등급을 대폭 강등함으로써 모노라인의 부실 파장이 확대되었다. 6월 5일 S&P가 이들 업체의 등급을 'AA'로 2단계씩 하향 조정한 데 이어 무디스는 19일에 MBIA의 신용등급을 기존 'Aaa'에서 'A2'로 5단계, 암박의 등급을 'Aaa'서 'Aa3'로 3단계 하향 조정했다.

모노라인 사태의 심각성은 그것이 가진 부실의 빠른 전파력과 연쇄적 파급효과에 있었다. 모노라인의 부실은 보증채권의 신용도 하락→채권가치 하락 및 투매→채권보유 금융기관의 손실→금융시장 경색의 악순환으로 이어진다. 이는 세계 주요 투자은행과 헤지펀드 등이 모노라인으로부터 보증 받은 채권의 가치 하락을 수반하고, 이 경우 금융시장은 마치 도미노가 쓰러지듯 연쇄적인 후폭풍에 휩쓸리게 된다.

2월 14일 〈월스트리트저널〉은 모노라인 부실 사태가 장기화되면 미국 금융시장에 시스템 위기Systemic Crisis가 닥쳐올 수 있다고 경고했다. 이즈음 영국계 바클레이즈 캐피털은 모노라인 부실이 지속될 경우 은행권이 최대 1,430억 달러에 달하는 추가 부실을 떠안아야 할 것이라고 분석했다. 2007년 8월부터 6개월가량 지속된 서브프라임발 신용위기로 인한 금융권의 상각액이 1,000억 달러에 이른 것을 감안하면 충격의 여파가 어느 정도인지 짐작케 한다.

모노라인 부실의 해결법은 의외로 미국 4위 채권보증업체인 FGIC로부터 나왔다. FGIC는 2월 15일 우량 부문과 비우량 부문을 분리해 우량 부문인 지방채 보증 부문을 떼어내 새로운 회사를 설립하고, 부실 위험이 큰 서브프라임 모기지 관련 채권 등은 종전 회사에서 떠안는 것을 골자로 한 회사 분리 방안을 마련해 뉴욕 주 보험당국에 허가를 신청했다.

이 방안은 서브프라임 관련 채권은 포기하더라도 비중이 큰 지방채 부문은 높은 신용등급을 유지해 지방자치단체나 투자자들의 손실을 최소화할 수 있는 방법이었다. 당시 미국 채권보증시장 규모는 2조 4,000억 달러로 평가됐는데, 이중 가장 많은 60% 가량이 주·시정부·병원·학교 등 공공기관이 발행한 지방채였다. 디폴트 위험이 높은 서브프라임 관련 파생상품인 구조화채권은 6,000억 달러였고, 이중 1,270억 달러 규모의 '부채담보부증권' 관련 보증 채권은 언제 터질지 모르는 시한폭탄이나 다름없었다.

FGIC의 제안은 결국 규모가 상대적으로 작은 서브프라임 관련 채권을 포기하는 대신 지방채 부문은 살리는, 이른바 '도마뱀 꼬리 자르기' 수법이었다. 나중에 자본 확충에 실패한 다른 채권보증회사들도 줄줄이 이 방법을 채택함으로써 '도마뱀 꼬리 자르기'도 위기 시에는 훌륭한 생존법이 된다는 것이 증명되었다.

미국 제5위 투자은행 베어스턴스의 파산

2008년 들어 두 번의 금리 인하와 함께 미국의 주가는 더 이상의 하락을 멈추었고, 자금시장도 차츰 안정되는 듯 보였다. 그러나 금융시장 내부에서는 오히려 자금이 순환되지 않아 골병이 들고 있었다. 유동성은 넘쳤으나 자금을 필요로 하는 부문에는 적시에 공급되지 않았다. 이것은 금융회사들이 상황을 극히 불확실하게 보고 자금을 움켜쥐기만 할 뿐 풀지 않으려고 했기 때문이다. 신용이 사라진 것이다. 돈이 돌지 않는 금융시장은 죽은 것이나 마찬가지였다. 자금력이 약한 은행이나 유동성을 미리 확보해 놓지 않은 회사들은 더 이상 돈(이자)을 주고도 돈(자금)을 구할 수 없는 상태가 되었다.

이런 와중에 미국 5위 투자은행인 베어스턴스Bear Stearns가 느닷없이 파산을 선언하여, 상업은행인 JP모건체이스에 팔리는 사태가 발생했다. 2008년 3월 16일 JP모건체이스는 서브프라임 모기지 부실 여파로 유동성 위기가 촉발돼 파산 위기에 처한 베어스턴스를 주당 약 2달러, 총 2억 7,000만 달러에 인수한다고 발표했다. 이 인수액은 1년 전 주가인 171달러의 80분의 1도 안 되고 베어스턴스 뉴욕 본사 건물의 4분의 1도 채 안 되는 헐값이었다. 1930년대 대공황과 제2차 세계대전도 꿋꿋이 견뎌낸 85년 역사의 거대 투자은행이 하루아침에 무대 뒤로 사라지는 순간이었다. 그러나 주주들의 노력 덕분에 베어스턴스의 몸값은 3월 16일 최종 인수 협상에서 그나마 주당 10달러, 약 11억 달러로 올라갔다. 당시 장부가의 5%정도였다.

베어스턴스는 매각 발표 이전 일주일 내내 유동성 위기에 시달렸지만 이를 모두 부인했다. 그러다가 매각 발표 이틀 전인 3월 14일 갑자기 유동성 위기로 JP모건체이스 은행을 통해 연방준비제도이사회로부터 긴급자금을 지원받는다고 밝혔다. 이날 연방준비제도이사회는 JP모건에 공적자금이나 다름없는 290억 달러를 지원했다. 또 이날 베어스턴스의 앨런 슈워츠 최고 경영자는 "회사의 유동성이 지난 48시간 동안 심각하게 악화됐다. 유동성 문제에 관한 시장의 루머를 일소하려 노력했으나 상황은 더욱 더 악화됐다"고 고백했다.

이날 뉴욕 증권시장에서 베어스턴스는 유동성 위기가 확인됨에 따라 47%의 폭락세를 나타냈으며, 다우존스산업평균지수도 1.60% 하락해 사흘 만에 재차 1만 2,000선이 무너졌다.

베어스턴스의 파산은 신용위기의 처참한 현실인 '희생양 찾기' 또는 '마녀 사냥'이 본격화됐음을 고스란히 보여주었다. 시스템 위기가 가중될수록 월가라는 거대한 시스템은 가장 약한 고리인 특정 금융회사를 냉정하게 제거함으로써 나머지 조직의 생존을 모색하고 있었다. 당연히 제2, 제3의 베어스턴스가 누가 될 것인지 숨죽인 관망세가 월가를 뒤덮기 시작했다.

베어스턴스의 파산은 이 회사가 안정적인 레버리지 수준을 유지해왔으며 헤지펀드들에게 투자 관련 플랫폼을 제공하는 프라임 브로커리지 부문에서 우수한 실적을 내왔다는 점에서 시장에 크나큰 충격을 주었다. 연방준비제도이사회가 전례 없이 즉각 개입해서 단 며칠 사이에 베어스턴스의 운명을 결정해버린 것도 바로 이 같은 높은 시장 지위를 고려한 때문으로 분석되었다. 베어스턴스의 전광석화 같은 처리는 이 회사의 부실이 거래 금융회사들의 부실로 전염되는 이른바 '거래 상대방 위험Counterparty Risk'

을 최소화하기 위한 조치였다. 전체 시장을 살리기 위해 베어스턴스는 일종의 희생양이 된 것이다.

베어스턴스는 서브프라임 사태 이전에 한 번도 적자를 내지 않을 정도로 튼튼한 재무 및 수익구조를 자랑해 왔다. 2005~2007년 〈포춘〉지 선정 '미국에서 가장 존경받는 기업들'에 꼽히기도 했으며, 〈베어스턴스 모닝뷰〉는 월가 투자자들에게 가장 널리 읽히는 정보지였다.

베어스턴스 파산의 직접적인 원인은 3월 들어 1,020억 달러 규모의 증권 담보대출의 담보 가치에 대한 대출은행들의 마진 콜margin-call에 응하지 못한 것으로 전해졌다. 서브프라임 위기가 증폭되자 베어스턴스에 플랫폼을 두었던 많은 헤지펀드들이 수십억 달러의 자산을 다른 곳으로 빼낸 것도 유동성 고갈을 가속화시켰다. 또 표면상으로는 레버리지가 적었지만 2007년 이후 구조화 채권 등의 대규모 손실에 의해 실질 레버리지가 19.4배(2007년 11월 말)로 급등해 자본 적정성에 대한 불안이 커져가고 있었다. 파산 당시에는 자본금 111억 달러가 총자산 3,950억 달러를 힘겹게 지탱하고 있는 상태로 레버리지가 35.5배에 달했던 것으로 알려졌다.

헤지펀드의 몰락

베어스턴스의 파산은 국제 금융시장을 혼란 속에 몰아넣었다. 모노라인의 부실에 이어 월가의 연쇄 파산 위기가 '현재 진행형'임이 입증되었다. 특히 헤지펀드들이 결정적으로 동요하기 시작했다. 베어스턴스가 헤지펀드 업계의 최대 돈줄 중 하나였다는 점에서 이 회사의 몰락은 투자자들이 헤지펀드를 더욱 불신하는 계기가 되었다. 베어스턴스는 이미 2007년 7월에 두 개의 헤지펀드를 청산하면서 지구촌 신용위기의 서막을 알렸었다.

베어스턴스가 파산하면서 헤드펀드의 청산은 가속도가 붙었다. 부실 위험에 노출된 수많은 헤지펀드들이 마진 콜과 환매 요구에 시달리다 못해 투자자들에게 청산하겠다는 마지막 서한을 띄웠다. 이런 소식이 확산될수록 투자자들과 채권은행들은 급속도로 자금 회수에 들어갔고, 특히 부실에 노출되지 않은 우량 헤지펀드마저 덩달아 타격을 입는 일이 벌어졌다.

3월 20일 월가의 대표적 헤지펀드인 칼라일 캐피털과 펠로튼 파트너스가 사실상의 파산상태에 빠졌다. 여기에 10년 전 금융위기를 부른 롱텀캐피털매니지먼트LTCM의 창업자인 존 메리웨더가 운용하는 JWM파트너스도 부실화됐다. 10억 달러를 운용하는 JWM파트너스는 비록 안전자산 위주로 보수적 투자를 해왔지만 다른 헤지펀드의 부실이 전염되어 2008년에만 무려 24%의 손실을 입은 것으로 전해졌다. 〈블룸버그통신〉은 당시 "최근 1개월 동안 최소 10개 헤지펀드가 청산한 것으로 추정된다"고 전했다. 유럽도 이 시기에만 10여 개의 크고 작은 펀드가 청산 수순에 돌입한 것으로 전해졌다. '위험을 완전히 해지할 수 있다'는 믿음은 허상이었고 착각의 대가는 컸다.

헤지펀드의 줄도산은 과다한 레버리지(차입 투자)가 화를 더 키웠다. 채권 만기 연장에 실패하여 청산이 불가피해진 칼라일 캐피털의 경우 투자 원금은 6억 7,600만 달러에 불과했지만 이를 근거로 차입한 투자금은 무려 217억 달러에 달했다. 종자돈을 31배로 부풀려 투자한 것이다. 채권은행들은 담보 가치가 줄자 마진 콜을 돌렸고 이에 불안을 느낀 투자자들은 펀드런에 나서면서 칼라일 캐피털은 돌이킬 수 없는 상황에 빠졌다.

베어스턴스 파산의 후유증은 국제 금융시장에서 안전자산 선호 경향을 더욱 부추겨 미국 달러화와 국채의 이상 폭등을 불러왔다. 더 이상 하늘 아래 투자할 곳은 없었고 오로지 현대 금융자본주의의 최후 버팀목인 미국 국채와 달러만이 안심할 수 있는 유일한 투자 대상이 되었다. 3월 20일 미국 채권시장은 헤지펀드들의 줄도산 위기설이 부각되면서 안전자산에 투자 쏠림현상이 극에 달했다. 3개월 만기 미국 국채 수익률은 전날보다 0.32%포인트 하락하여 0.56%로 주저앉았다. 이는 1958년 5월 이후 무려 50년만의 최저치였다.

헤지펀드의 파산은 여기서 그치지 않았다. 베어스턴스와 함께 수많은 헤지펀드의 플랫폼을 제공했던 리먼브라더스Lehman Brothers가 파산한 2008년 9월과 10월에는 무려 700여 개의 헤지펀드가 청산되었다. 영미 금융계의 거물 로스차일드 가문의 후손(나다니엘 로스차일드)이 공동 CEO로 있는 뉴욕의 대형 헤지펀드 애티커스 캐피털도 10월에 최대 50억 달러의 손실을 입었다고 고백했다. 골드만삭스 출신의 트레이더인 데이비드 슬래거가 운용하는 애티커스 유러피언은 8월 말까지 32.9%, 애티커스그룹의 모회사격인 애티커스 글로벌은 25%의 손실을 입었다. 투자자들에게 보낸 레터에 따르면 애티커스의 7월 말 운용 자산 규모는 140억 달러로 2007년 피크 때의 200억 달러에 비하면 30%나 감소했다.

전체 헤지펀드들의 평균 수익률은 2008년 1분기에 −3%로 조사됐지만 10월에는 −20.2%로 사상 최악을 기록했다. 이때까지만 해도 헤지펀드들이 입은 손실은 8,800억 달러에 달했다. 모기지 부실이 커지면서 헤지펀드들도 이제 최대 피해자임과 동시에 가해자로서 주가 폭락과 글로벌 금융위기의 당당한(?) 주역이 되었다. 뉴욕대학의 누리엘 루비니 교수는 2008년 10월 말 "앞으로도 수백 개의 헤지펀드가 더 몰락할 것"이라면서 "금융시장이 1~2주간 문을 닫는 상황이 와도 놀랄 일이 아니다"라고 경고했다.[*]

---

[*] 당시 금융위기의 중심에 서 있던 헤지펀드는 2007년 한때 1조 9,000억 달러, 펀드 수로는 1만 개에 달할 정도로 고속 성장을 거듭해 왔다. 지난 1992년 '영국 파운드화 투매'로 영국중앙은행을 손들게 하고 보름 만에 10억 달러의 수익을 챙겨 세상을 놀라게 했던 헤지펀드는 사실 1990년에는 전체 규모가 390억 달러에 불과했다. 그러나 10년 뒤인 2000년에는 4,900억 달러로 커졌고, 2006년 말이 되자 무려 1조 5,000억 달러로 급성장했다. 1949년 세상에 첫선을 보였던 헤지펀드는 지난 60년 동안 최악의 위기 상황에서도 대부분 수익을 냈다. 1998년 롱텀캐피털 매니지먼트가 파산해 월가가 휘청했을 때도 소폭이지만 수익을 냈다. 2001~2002년엔 버블 붕괴로 미국 주가가 3분의 1이나 폭락했지만 역시 손실을 보지 않았다. 헤지펀드는 한때 투자자뿐만 아니라 수많은 펀드매니저를 돈방석에 올려놓은 일등 공신으로 찬사를 받았다.

혼미 거듭하는 글로벌 금융시장

창조적인(?) 유동성 공급 방안

서브프라임 부실로 촉발된 금융위기는 세계의 중앙은행 격인 미국 연방준비제도이사회에서도 거의 100년 만에 나타난 역사상 유례없는 중대한 도전이었다. 2008년의 금융대공황은 1929년 세계 대공황Great Depression 이후 최대 시련이었으며, 한편으로는 그 위상과 역할에 대해 새로운 반성과 재조정을 요구받는 시기가 되었다.[*]

서브프라임 위기가 처음 등장했을 때만 해도 연방준비제도이사회는 기준금리인 '연방기금금리Federal Fund Rate'를 하향 조정하여 대응했다. 물론 재할인율이나 직접적인 유동성 공급 방식도 병행되었으나, 기준금리의 조정 방식이 시장 개입을 최소화하면서도 정책 효과를 극대화하는 방식으로 인식돼 가장 널리 선호되었다. 이런 이유로 연방준비제도이사회는 신용경색 사태가 벌어질 때마다 기준금리 인하를 '전가傳家의 보도寶刀'처럼 꺼내들었다.

그러나 2008년 상반기까지 무려 7차례에 걸친 기준금리 인하로 연방기금금리 목표치가 2%대로 떨어져 더 이상의 금리 인하 여력이 없어지고 정책 효과가 극도로 제한되자 새로운 유동성 공급 방식을 도입하게 되었다. 기간증권대여제(TSLF: Term Securities Lending Facility)와 프라이머리 딜러 크레디트(PDCF: Primary Dealer Credit Facility)제가 그것이다. TSLF는 금융회사들이 가진 모기지증권을 담보로 신용도가 높은 국채를 일정기간 대여해 주는 제도이고, PDCF는 재할인 대상이 아닌 골드만삭스 등 투자은행이나 증권사 등 비은행 금융회사들에게도 중앙은행의 대출 창구를 개방해 유동성을 공급하는 방식이다. 물론 이 외에도 이미 2007년 12월 중순에 도입하기 시작한 기간경매제(TAF: Term Auction Facility)도 점차 사용이 확대되었다. 기간경매제TAF는 신용경색이 악화되면서 은행들이 익명성이 보장되지 않는 재할인 창구 이용을 꺼리자 비공개 금리입찰 방식으로 최대 28일까지 단기 유동성을 공급하는 것을 말한다. 2007년 12월 20일에 이 방식으로 처음 200억 달러를 공급했고, 2008년 1월 15일에 300억 달러, 3월 10일에 500억 달러, 3월 25일에 500억 달러 등으로 현금 공급 규모가 커졌다.

2008년 3월 18일 연방준비제도이사회*가 0.75%포인트의 기준금리 인하를 단행했을 때 시장은 이미 금리 인하 카드에는 반응하지 않는 소위 '모르핀 중독증세'를 나타내고 있었다. 전문가들도 이런 금리 인하가 효과를 나타내려면 6개월 이후에나 가능할 것이라는 부정적인 전망을 내놓았다. 어

떻게든 자금난에 봉착한 월가 금융기관에 직접 유동성을 쑤셔 넣지 않고는 금융시스템의 복원을 기대할 수 없는 상황에서 연방준비제도이사회가 창안한 유동성 공급 방식이 바로 위에 언급한 것들이었다. 이 방식들은 초기에는 별다른 효과가 없는 것처럼 보였으나 시간이 지나면서 서서히 효과를 나타내기 시작한다.

물론 2008년 리먼브라더스 사태 이후 금융위기가 최악으로 치달으면서 이런 방식의 유동성 공급 효과도 제한적일 수밖에 없었다. 이에 따라 미국 재무부와 연방준비제도이사회는 결국 부실 금융회사에 직접적 자금 지원을 위해 7,000억 달러의 긴급구제금융안TARP이나 부실 모기지증권 등을 일괄 인수하기 위한 8,000억 달러의 소비자금융지원책TALF 등을 동원하기에 이른다. 하지만 2008년 상반기까지만 해도 이 방식은 해당 부실 금융기관에 대한 과다한 지원이라는 비난, 즉 도덕적 해이 논란과 국유화 논란, 그리고 월가 각 금융회사들 간의 이해관계가 상충돼 당시에는 현실화되기 어려웠다.

기간증권대여제TSLF의 도입

미국 연방준비제도이사회가 기간증권대여제TSLF를 도입한 것은 2008년 들어 두 번에 걸친 기준금리 인하에도 불구하고 신용 사정이 개선되지 않던 3월 11일이었다. 기간증권대여제는 공개시장조작(Open Market Operation)의 발전된 형태로 금융회사들이 보유한 모기지증권을 국채로 바꿔줌으로써 자금이 필요한 회사에 직접 자금을 공급하겠다는 취지였다. 프래디맥과 페니메이 등의 국책 모기지 회사뿐 아니라 민간 금융기업들이 가진 'AAA' 등급의 모기지담보증권MBS도 그 대상이었다. 기간도 기껏해야 일주일이던 기존의 자금 공급 방식과 달리 최대 28일까지 가능하도록 해 모기지 자산을 보유한 금융권이 당장 유동성을 수혈 받을 수 있는 길을 터주었다.

연방준비제도이사회는 이날 뉴욕 증시 개장 전에 이 방식으로 시중에

2,000억 달러의 유동성을 공급하겠다고 밝혔다. 이와 동시에 선진국 4개 중앙은행들과 통화스와프 계약을 확대해 대규모 달러 유동성을 공급하겠다는 계획도 발표했다. 이로 인해 뉴욕 증시의 다우존스지수는 전날보다 3.55% 폭등한 1만 2,156.81로 마감해, 4일 만에 처음으로 상승세로 돌아서며 단숨에 1만 2,000선을 회복했다. 이는 2002년 7월 24일 이후 5년 반만의 최대 상승폭이었다. 나스닥지수도 3.98% 오른 2,255.76으로 장을 마쳤다.

이날 최대 수혜자는 마진 콜 공포가 확산되면서 연쇄 디폴트 위험에 노출된 모기지 회사들이었다. 연일 급락세를 기록하며 주가가 1달러 밑으로 추락했던 손버그 모기지는 이날 무려 114% 반등하며 1.52달러로 올라섰다. 미국 최대 대부업체인 워싱턴뮤추얼도 18% 폭등했다. FBI 수사를 받고 있던 컨트리와이드 파이낸셜도 13.8% 급등했다. 국책 모기지 회사인 페니메이가 10.6%, 프레디맥도 15%나 올랐으며, 이 밖에 시티그룹이 7.8%, 아메리칸익스프레스가 9.47% 각각 급등했다.

기간증권대여제의 도입으로 연방준비제도이사회는 창조적인 발상을 기반으로 다시 한 번 글로벌 시대의 위기 대응 능력을 과시했다는 평가를 받았다. 특히 이 방식이 금리 인하보다 신용경색을 해소하는 데 효과가 있을 것이란 기대가 나오면서 금융권 관계자들의 찬사가 쏟아졌다. BNY 컨버젝스 그룹 수석 트레이더인 앤소니 콘로이는 "금리 인하와 달리 매우 창조적인 방식"이라며 "FRB가 문제의 핵심에 근접한 것으로 보인다"고 말했다. 라잇슨 ICAP의 수석 이코노미스트인 루 크랜달도 "이번 대책은 지금까지 나온 아이디어 중에서 가장 창조적이고 뛰어난 것"이라면서 "FRB가 정규 공개시장조작으로는 손 댈 수 없는 주택저당증권 시장에 유동성을 공급하는 방법을 마침내 찾았다"고 평가했다.

그러나 기간증권대여제는 그 자체가 발본적인 위기 해결책이라기보다는 그동안 나온 여러 유동성 공급 대책과 같은 맥락의 점진적인incremental 성격의 '촉매catalyst' 역할만 할뿐이라는 냉정한 평가도 뒤따랐다. 당장 유동성 위기는 제어할 수 있겠지만 신용위기나 경기침체 위험에 대한 근본적인 대책은 아니라는 것이었다.

실제로 연방준비제도이사회가 기간증권대여제 발표 이후 3월 27일 처음으로 실시한 750억 달러 규모의 국채 입찰에서 프라이머리 딜러들*은 매우 미온적인 반응을 보였다. 그들은 첫 기간증권대여제 입찰에서 861억 달러를 응찰하는데 그쳐 경쟁수요율bid-to-cover이 1.15에 머물렀다. 국채를 모기지담보증권MBS과 교환하는 대가로 지불하는 수수료인 낙찰금리Stop-out rate도 0.33%에 머물렀다. 당시 시중은행들이 연방준비제도이사회로부터 직접 대출 시 지불하는 금리인 재할인율과 연방기금FF금리 사이의 스프레드는 0.25%포인트로 낙찰 금리와는 겨우 8bp(100bp=1%) 차이가 나는데 그쳐 기간증권대여제 방식이 별 인기가 없음이 입증되었다.

비은행 금융회사들에 대한 대출 창구 개방

연방준비제도이사회의 새로운 유동성 공급 방식을 또 다시 보는 데는 별로 시간이 걸리지 않았다. 그만큼 시중의 신용경색은 심각한 상태였고 상황은 개선될 기미를 보이지 않았다. 그래서 새롭게 선보인 것이 시장의 기대대로 부실 모기지증권을 직접 매입하는 방식이 아니라 대출 창구를 비은행 금융기관으로까지 확대 개방하는 것이었다.

연방준비제도이사회는 기간증권대여제TSLF 도입 5일 후인 3월 16일 밤(현지 시간), 긴급 시장안정대책으로 '프라이머리 딜러 크레디트제도(PDCF: Primary Dealer Credit Facility)*라는 새로운 유동성 공급 방식을 발표했다.

PDCF는 재할인 대상이 아닌 투자은행이나 증권사 등 비은행 금융회사들에도 중앙은행의 대출 창구를 개방하여 회사채, 지방채, 모기지증권 등을 가져오면 이를 담보로 직접 유동성을 공급하는 방식이었다. 비은행 금

---

* 프라이머리 딜러는 거래 실적, 자금력 등에서 일정 요건을 충족하여 미국 연방은행들과의 직접 거래가 인정되는 20개 대형 금융회사를 말한다. 프라이머리 딜러는 공개시장조작의 거래 당사자로서 재무부가 발행하는 국채 등의 공모 입찰시 증거금이 면제된다. 단, 매일 정부증권 거래량 및 포트폴리오 현황을 연방준비은행에 보고할 의무가 있어 리포팅 딜러라고도 부른다.

융회사에 대출 창구를 개방한 것은 1929년 대공황 이후 처음이었다. 이에 따라 연방준비제도이사회는 월가에 위치한 뉴욕 연방준비은행에 즉각 새로운 유동성 공급 창구를 개설했다.

연방준비제도이사회가 PDCF를 내놓은 3월 16일은 미국 5대 투자은행인 베어스턴스가 파산한 날인데다 일요일 밤(현지시간)이었다. 이 조치는 아시아 금융시장 개장을 코앞에 둔 시점에서 어떻게든 베어스턴스발 충격으로 인한 글로벌 금융시장의 도미노 붕괴를 막아보겠다는 의도였다. 그동안의 경험으로 보면 글로벌 금융시장의 요동은 미국에서 발생한 악재가 유럽과 아시아시장을 차례로 강타한 뒤 다시 미국으로 유턴하여 파장을 더 키우는 방식으로 진행되었다. 연방준비제도이사회가 이날 긴급 시장안정대책을 발표한 것은 그만큼 글로벌 신용경색 사태가 중대 국면을 맞고 있다는 인식에서였다. 그러나 아시아시장은 3월 17일 아침 패닉에 가까운 충격에 빠져 연방준비제도이사회의 긴급 조치를 무색하게 만들었다.

연방준비제도이사회가 16일 밤에 이례적으로 발표한 긴급 시장안정대책은 유동성 공급 확대에 초점을 맞추고 있었다. PDCF 도입에 따라 미국 재무부 채권(TB, 국채)을 인수할 수 있는 20개 주요 금융기관(프라이머리 딜러)에 대출 창구를 전면 개방했을 뿐만 아니라 상업은행이 아닌 이미 파산한 베어스턴스 등 투자은행들도 자금을 빌릴 수 있게 했다. 자금을 빌리면서 제공해야 하는 담보대상도 '투자등급' 이상의 민간 채권으로까지 확대했다. 만기 30일이던 재할인 창구 대출도 90일로 대폭 늘렸다. 이 방식은 은행들만 최고 우량 채권을 담보로 맡겨야 이용할 수 있었던 기존의 유동성 공급 방식에 비해 훨씬 획기적이고 진일보한 대책으로 평가되었다. 그동안 다양한 유동성 공급 시스템을 고안했지만 돈이 필요한 데 돌지 못하고 있다는 월가의 비판을 연방준비제도이사회가 수용한 것이었다. 그야말로 연방준비제도이사회가 패닉에 빠진 시장에 맞서기 위한 총력체제에 돌입했다고 해도 과언이 아니었다.

미국 금융당국이 이처럼 다급해진 것은 무엇보다도 현재의 신용경색 사태가 신뢰를 바탕으로 움직이는 금융시스템의 전반적인 마비 현상을 가져올 수 있다는 우려가 커지고 있었기 때문이다. 월가의 5대 투자은행인 베어스턴스까지 사형선고를 받을 정도라면 이보다 규모가 작은 금융기관은 두말할 나위가 없다는 공포가 시장을 짓누르고 있었다. 자칫하면 1930년대 대공황 이후 최악의 금융시스템 붕괴가 올지 모른다는 시나리오마저 나오고 있었다.

미국 제2위 모기지은행 인디맥 방코프의 파산

국채 대여 방식이나 비은행 금융기관으로의 창구 개방은 미국 연방준비제도이사회가 고심 끝에 창안해 낸 유동성 공급 방안이었다. 그러나 결과적으로 이 방식들은 소기의 성과를 내지는 못한 것으로 평가되었다. 그 이유는 이 방식들이 국채 수준의 최고 등급AAA 내지 투자등급BBB 이상의 유가증권을 담보로 요구했기 때문이다. 사실 금융회사들이 자금 압박을 받고 있는 것은 부실 비우량 유가증권 탓이지 우량한 투자등급 이상의 증권 때문이 아니었던 것이다. 당연히 우량 증권을 담보로 맡기고 국채나 유동성을 지원받는 정책은 부실에 빠진 금융회사들이 선호하는 방식이 되기에는 역부족이었다.

새로운 유동성 공급 방식에 시장이 시큰둥한 반응을 보이자 연방준비제도이사회는 3월 18일과 4월 30일 두 번에 걸쳐 기준금리를 1%포인트 더 낮춰서 2%대로 떨어뜨렸다. 이제 연방준비제도이사회로서는 금리 인하나 유가증권담보 유동성 지원 방식을 반복하면서 신용경색이 나아지기만을 기다리는 수밖에 없었다. 마치 약물 치료와 방사선 치료를 거듭하며 산소호흡기를 댄 환자의 회생을 기대하던 의료진들마저 더 이상 묘책을 찾지 못해 지쳐가는 형국이었다.

실제로 연방준비제도이사회는 4월 30일 기준금리와 재할인율을 각각 25bp씩 인하하고, 당분간 추가로 금리를 인하하기보다는 그간 단행한 금리 인하 효과를 주시하며 관망하는 자세를 취할 것임을 시사했다.

2008년 5월 2일, 또 다시 발표된 연방준비제도이사회의 유동성 확대 공급 방안은 이러한 사정을 그대로 드러낸 조치였다. 이날 연방준비제도이사회는 5월 기간경매제TAF에 따른 단기자금 대출 규모를 기존의 1,000억 달러에서 1,500억 달러로 늘리고, 유럽중앙은행·스위스중앙은행과의 통화 스와프 규모도 620억 달러로 확대했다고 밝혔다. 격주마다 진행해 온 기간경매에 따른 단기자금 대출시스템은 28일 만기의 현금대출 공급 규모를 500억 달러에서 750억 달러로 증액한 것인데, 이를 한 달 단위로 보면 1,500억 달러가 된다. 또한 공개시장 조작 방식인 기간증권대여제TSLF에서의 국채 교환을 위한 담보 수용 범위도 종전 모기지담보증권에서 오토론과 신용카드론 담보증권으로 범위를 확대하기로 했다. 연방준비제도이사회는 "이번 조치는 몇몇 자금시장에서의 유동성 압박이 지속되고 있는 데 따른 것"이라고 설명했다. 이는 결국 연방준비제도이사회가 그간 단행한 공격적인 금리 인하와 유동성 공급 조치에도 불구하고 시장의 신용경색이 잘 풀리지 않고 있음을 시인한 것이었다.

신용위기가 더 이상 좋아지지도 나빠지지도 않고 지지부진하게 진행되던 7월 11일, 미국 2위 모기지은행인 인디맥 방코프가 파산하는 사태가 벌어졌다. 월가는 다시 공황 상태에 빠져들면서 2007년 컨트리와이드 파산에 이어 '2차 서브프라임 위기'가 시작됐다며 초긴장 모드로 접어들었다.

자산 규모가 320억 달러인 인디맥의 파산은 지난 1984년 자산 규모 400억 달러였던 콘티넨탈 일리노이즈 내셔널뱅크 파산, 1988년 아메리칸 저축대부조합 부도 사태 이후 금융권에서는 네 번째로 큰 대형 파산 사건으로 기록되었다. 인디맥의 주가는 2006년 5월에 주당 50달러를 웃돌았지만 파산 직전에는 0.28달러로 사실상 휴지조각이 되어 있었다.

인디맥 파산과 더불어 이미 경영 부실이 악화되고 있던 국책 모기지업체 페니메이와 프레디맥도 파산위기에 직면해 있다는 분석이 나왔다. 당시 인디맥과 페니메이, 프레디맥 등 3개 모기지업체의 대출을 모두 합치면 미국 전체대출시장의 절반이 넘었다. 언론들은 이들 대형 모기지업체들의 부실로 미국 금융계에 일대 공황적 충격이 가해지고 있으며, 이제는 월가 대형 금융기관들의 존립마저 위태롭다고 보도했다. 이즈음 월가의 모기지증권 인수 1위 업체인 리먼브라더스도 '요주의 대상' 1순위가 되어 있었다. 일각에서는 리먼브라더스가 '제2의 베어스턴스'가 될 수 있다는 전망이 뭉게뭉게 피어올랐다.

실물경기침체 시작되다

공식적인 경기침체 선언

2008년 새해 시작부터 드라마틱했던 것은 서브프라임 사태로 인한 금융권의 몰락과 함께 실물경기의 침체가 본격화되면서 사상 최악의 파국이 예고되고 있었다는 것이다.

새해가 시작되면서 미국 경제는 주택 가격 하락과 신용경색, 국제 유가 상승 등 악재가 겹치면서 제조업 경기마저 수축 국면으로 접어들고 있었다. 2008년 1월 2일 발표된 공급관리자협회ISM 제조업지수는 낙관론자의 경제 전망을 수정해야 할 정도로 미국 경제가 빠르게 악화되고 있음을 보여주었다. 2007년 12월 ISM지수는 당초 전망치 50.5보다 크게 악화된 47.7을 기록했다. 이는 2003년 4월 이후 최저치일 뿐만 아니라 6개월 연속 하락한 것이다. 전문가들은 제조업이 미국 경제에서 차지하는 비중이 20% 정도로 낮지만, 이번에는 낙폭이 지나치게 크고 주택경기의 침체가 산업 전반에 빠르게 확산되고 있다는 점에 긴장했다. 미국 제조업 경기를 보여주는 ISM(공급관리자협회) 제조업지수는 50이 넘으면 경기 확장 국면을, 50미만으로 떨어지면 경기 수축을 뜻한다.

이날 공개된 연방준비제도이사회 공개시장위원회의 2007년 12월 의사록도 미국 경제가 예상보다 더 빠르게 악화되고 있다는 것을 보여주었다. 의사록에 따르면 참여 위원들은 주택시장의 침체가 예상보다 더 악화되고 보다 오래갈 것이기 때문에 2008년 경제성장률이 2007년 10월 예상보다 훨씬 부진할 것으로 내다보았다.

2008년 1월 18일, 조지 W. 부시 미국 대통령은 세금 환급을 골자로 한 1,500억 달러 규모의 경기부양책을 서둘러 발표했다. 2001년 IT 버블 붕괴 때 발생한 경기침체를 막기 위해 도입했던 것과 같은 방식의 이 부양책은 GDP의 약 1% 규모로 가구당 1,600달러의 세금을 수표로 돌려줘서 소비를 늘리자는 데 초점을 두고 있었다. 그러나 전문가들은 이런 조치로는 당면한 경기침체를 해결하지 못할 것이며, 그 효과도 2001년 세금 환급 때처럼 연말에 가서야 나타날 것이라고 냉소적인 반응을 보였다.

나중에 알려진 사실이지만 실제 미국 경제는 이미 2007년 4분기부터 본격적인 경기침체에 들어섰던 것으로 밝혀졌다. 전미경제조사국(NBER: National Bureau of Economic Research)이 리먼브라더스 사태가 터지고 최악의 금융위기가 한창 진행되던 2008년 12월 1일 미국은 2007년 12월부터 본격적인 경기침체 국면에 진입했다고 공식선언했던 것이다.

미국의 경기침체 여부를 판단하는 민간기구인 전미경제조사국NBER은 이날 성명에서 "73개월 동안 지속된 미국의 경기 확장 국면이 2007년 12월 종료됐다는 결론을 내렸다"고 발표했다.

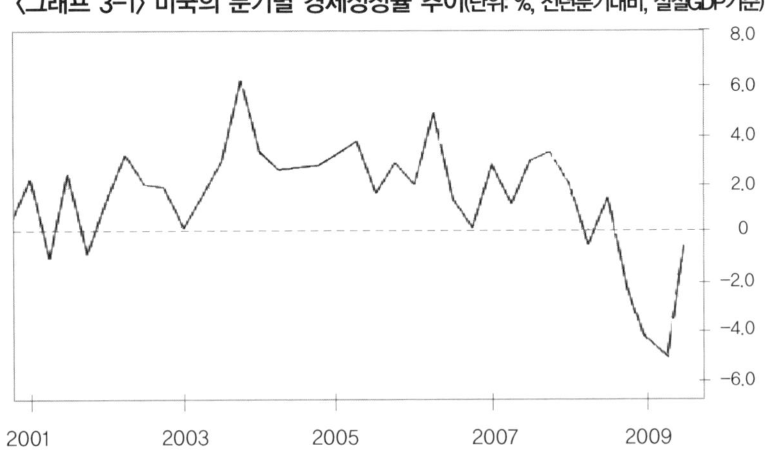

〈그래프 3-1〉 미국의 분기별 경제성장율 추이(단위: %, 전년분기대비, 실질GDP기준)

　미국의 경기침체 여부가 2008년 12월에 가서야 알려진 것은 경기지표가 모호한 움직임을 보였기 때문이다. 미국의 실질 국내총생산GDP 성장률은 2007년 4분기 −0.2%를 기록했다가 2008년 1분기(0.8%)와 2분기(2.3%) 동안에는 일시적으로 플러스로 반전했다. 통상 경기침체는 2분기 연속 실질 GDP 성장률이 전년 동기 대비 감소해야 하지만, 당시에는 2007년 4분기 단 1분기 동안만 마이너스를 보였고, 2008년 상반기에는 플러스를 기록한 것이다.

　그러나 전미경제조사국은 실질 GDP와 여타 지표들뿐 아니라 일자리 수 등 경제활동의 위축과 경제계 전반으로의 확산 여부 등을 고려하여 2007년 4분기 이후 전체를 경기 위축 국면으로 판정한다고 밝혔다. 노동부 통계에 따르면 미국의 비농업 부문(제조업 및 서비스업) 일자리 수는 2007년 8월, 4년 만에 처음으로 4,000개 감소한 이후로 12월까지 지속적으로 감소해 왔다.

　2008년 12월 전미경제조사국의 공식 발표는 미국의 경기 확장 국면이 2001년 11월부터 2007년 12월까지 73개월 동안 지속됐고, 이를 끝으로 경기침체가 이미 1년씩이나 진행되어 왔다는 것을 의미했다. 이날 전미경제조사국의 발표로 부시 대통령의 집권기 8년 동안 미국은 두 차례의 경기침체를 경험한 것이 되었다. 이 중에 첫 침체기는 2001년 3월부터 11월까지 IT 경기의 붕괴 직후였다.

경기침체냐, 장기불황이냐

　2008년 초만 해도 미국의 경기침체가 장기화되리라고 예상한 사람은 드물었다. 이미 경기침체가 시작되었는지도 파악하기 힘들었을 뿐 아니라 얼마나 오래 언제까지 지속될지도 몰랐다. 실제 경기침체는 2007년 말부터 시작됐지만 그 사실을 안 것은 전미경제조사국의 발표가 있던 2008년 12월 이었기 때문에 미국의 경기침체는 이미 1년 이상 진행되고 있었던 셈이다.

　2008년 12월 전미경제조사국의 발표가 있고 10여 일이 지난 11일 〈월스트리트저널〉은 미국이 대공황 이후 가장 혹독하고 긴 경기침체를 겪을 것으로 경제전문가들이 예상하고 있다고 보도했다. 신문이 54명의 경제전문가를 대상으로 조사한 결과에 따르면 이들은 평균적으로 미국의 경기침체는 2009년 1~2분기까지 더 지속될 것으로 예상했다.

실제로 미국의 GDP 성장률은 2008년 3~4분기 다시 마이너스로 떨어졌고, 2009년 1분기 역시 −5.7%, 2분기 −1.0%의 수축을 나타냈으니 분기 수로는 7분기 째인 무려 21개월 동안 경기침체가 지속되고 있었다. 이 21개월 동안의 경기침체만으로도 미국 경제는 대공황 이후 가장 긴 불황을 겪고 있었다. 이는 그때까지 가장 심각했던 1차 오일쇼크(1973. 11~1975. 3), 2차 오일쇼크(1981. 7~1982. 11) 때 각각 16개월씩의 불황기보다 더 긴 것이었다.

경기침체Recession와 불황Depression의 개념에 대해서는 다양한 정의가 있으나, 대체로 실질 GDP 성장률이 2분기 연속 마이너스를 기록할 때는 경기침체라 부르고 불황은 이보다 상황이 더 악화됐을 때 사용한다. 이렇게 볼 때 글로벌 금융위기가 터진 2007년 12월부터의 경기침체는 당연히 불황이라고 불러야 옳은 표현이다. 하지만 현대의 경제학자들은 불황이라는 표현은 극도로 삼간다. 이는 불황을 피하고 싶다는 희망을 반영한 것이며, 심리적으로 지레 위축되는 것을 피하기 위한 정치·사회적 고려로 보인다.

이에 대해 영국의 시사주간지 〈이코노미스트〉는 2009년 1월호에서 1930년대 이전에는 일반적으로 모든 경기 하강slowdown을 불황이라고 불렀으나, 대공황 이후 좋지 않은 기억을 떠올리기 싫어서 경기침체라는 순화된 표현이 등장했다고 설명했다.

〈이코노미스트〉에 따르면 불황을 경기침체와 구분하는 두 가지 범주는 실질 국내총생산의 마이너스 성장이 3년 이상 지속되거나 10% 넘게 감소하는 경우이다. 1930년대 미국의 대공황은 이 두 가지 범주에 모두 해당하는 경우로 그 당시 미국의 GDP는 1929~1933년 동안 30% 이상 감소했다.

이 기준에 의하면 1990년대 일본의 '잃어버린 10년'은 불황이 아니다. 당시 일본의 GDP는 1997~1999년 고작 3.4%만 줄었기 때문이다. 제2차 세계대전 이후 선진국 가운데 GDP가 10% 이상 감소한 나라는 핀란드가 유일하다. 핀란드는 최대 교역상대국인 소련이 1990년 붕괴한 탓에 1993년까지

3년간 GDP가 11%나 감소했다. 러시아도 1990년부터 1998년 사이에 GDP가 무려 45%나 줄었다. 하지만 ANZ은행의 수석 연구위원인 솔 에슬레이크는 "GDP의 감소 정도나 마이너스 성장의 지속 기간에 의해 불황과 경기침체가 구분되는 것이 아니라 경기의 하강을 초래하는 원인에서도 그 차이를 찾을 수 있다"고 주장한다.

경기침체는 중앙은행이 경기 과열을 막기 위해 긴축적인 통화정책을 편 결과로 나타나는데 비해 불황은 자산 거품의 붕괴, 신용경색, 전반적인 물가 하락 등으로 초래된다는 것이다. 이 분석에 의하면 미국의 1930년대 대공황은 확실히 불황의 범주에 속하지만 1998년 아시아 금융위기는 불황으로 볼 수 없다. 대공황 때 물가는 25%나 하락했지만 아시아 금융위기 때는 펀드멘털fundamental이 대체로 양호한 상태에서 극심한 인플레이션이 발생했기 때문이다. 반면 1990년대 후반 일본의 경기침체는 명목 GDP가 하락하고 디플레이션이 발생한 점을 감안하면 불황의 범주에 넣을 수 있다.

위기를 감지한 자본, 미쳐 날뛰다

국제 투기자본, 도피처를 찾다

투기장이 된 상품시장

2008년 새해 벽두부터 글로벌 자금의 움직임이 예사롭지 않았다. 부동산 시장은 바닥을 모른 채 추락하고 주식시장도 연일 폭락하자 갈 곳 없는 투기성 자금이 국제 상품시장으로 대거 유입되기 시작했다. 심각한 신용경색이 이어지면서 일반 채권은 물론 각종 펀드와 파생상품에 대한 디폴트가 발생하자 채권시장도 더 이상 안전지대가 되지 못했다.

금융시장에 몰아칠 대지진을 예감이라도 한 듯 원유와 곡물시장은 물론 금·은 등 귀금속과 산업용 금속, 비금속 시장에 대한 대규모 투자가 감행되었다. 특히 베어스턴스와 모기지 회사들의 연쇄 파산으로 된서리를 맞은 헤지펀드들은 가용자금을 끌어 모아 대거 상품시장으로 뛰어들었다. 심지어는 기호식품인 커피와 차茶에 이르기까지 투자자금이 쏟아지는 바람에 국제 상품시장은 일거에 투기장으로 변했다. 기존 자본시장으로부터 대규모 엑소더스exodus가 시작된 것이다.

주식 폭락과 신용경색에 놀란 국제 투자자본이 1차 타깃으로 삼은 것은 원유 선물시장이었다. 여기서 짭짤한 재미를 본 투기세력들은 석탄·밀·천연가스 등으로 무대를 넓혀가며 더욱 활개를 쳤다. 이들이 대거 매수 주문을 쏟아내자 상품시장의 가격은 종류를 가리지 않고 천정부지로 치솟았다. 당시 상품시장의 가격 급등은 전문 트레이더들도 깜짝 놀랄 만큼 강력했다.

〈월스트리트저널〉에 따르면 2008년 1~2월 동안 천연가스 가격은 26%, 석탄 56%, 백금 41%, 밀 32%, 코코아 가격은 38%나 올랐다. 고급 밀 가격은 2007년에 4배나 폭등했는데 2008년 들어서도 하루에 25%까지 치솟는 일이 벌어졌다. 가격 급등을 예상한 투기세력의 조직적 유입으로 기호식품인 커피 가격도 들썩거렸다. 2008년 첫 두 달간 커피는 20.8% 급등하여, 1998년 2월 이후 10년 만에 최고치를 기록했다.

상품시장에 자금이 폭주하는 현상은 거래량 급증에서도 엿볼 수 있다. 전 세계 상품시장에서 곡물시장 거래량이 1년 사이 32% 급증했고 금속과 에너지 부문도 29.7%, 28.6%나 각각 늘어났다. 2월 들어 뉴욕상업거래소 NYMEX 거래 건수는 170만 건에 달해 2007년 같은 기간에 비해 무려 163% 증가했다.

커피의 경우 미국 국제상품거래소ICE 선물시장에서 2007년 이후 완결되지 않은 포지션position이 50% 급증했으며, 2월 말에는 19만 1,977건으로 사상 최고치를 기록할 정도로 관심이 고조되고 있는 상황이었다. 당시 맥쿼리 연구소는 가격 상승 흐름을 타고 원자재 펀드에 투자된 자금이 1,900억 달러에 이를 것이라는 관측을 내놓았다.

막대한 자금이 빠른 속도로 상품시장에 쏟아지면서 자그마한 뉴스에도 가격이 수직으로 치솟았다. 카자흐스탄의 밀 관세 인상 소식에 고급 밀 가격이 하루에 20% 이상 올랐고, 나이지리아 반군의 작은 움직임에도 국제

---

* 2008년 상반기 거품 붕괴 가능성을 경고하는 목소리가 끊임없이 제기되었다. 거품론자들은 국제 원유 등 상품 가격 상승을 17세기 네덜란드의 '튤립 투기 광풍'에 비유하며 갑작스레 거품이 붕괴될 수 있다고 주장했다. 이들은 당시 원자재 투자 열풍에 17세기 튤립 투기 광풍의 그림자가 짙게 투영돼 있다고 강조했다. 튤립 투기 광풍은 1636년 12월부터 이듬해 1월까지 2개월간 최고점으로 올랐다가 2월에 고가에 튤립을 살 사람이 없다는 소문이 퍼지면서 가격이 폭락한 사건을 말한다.
〈파이낸셜타임스〉는 튤립 광풍을 예로 들며 "원유·금·구리 등 주요 원자재 가격이 천정부지로 치솟으면서 매력적인 투자상품으로 부각되지만 원자재 투자시장이 버블의 또 다른 진원지로 비화될 가능성이 있다"고 분석했다. 레오나드 캐플런 프로스펙터애셋 매니지먼트 회장은 "상품시장의 거품이 붕괴될 가능성이 점점 커지고 있다"면서 "신용경색으로 자금줄이 마른 헤지펀드들이 대거 매물을 쏟아낼 경우 앞으로 상품시장 가격은 폭락할 것"이라고 지적했다. 시티그룹의 미국 지역 전략가인 토비어스 레브코비치도 버블 조짐을 보이는 대표적인 상품으로 금을 지목하며 "핫머니와 투기심리가 유기적으로 결합돼 금 가격을 끌어 올리고 있다"고 말했다. 금 가격은 지난 2003년 이후 당시까지 174%나 올랐다.

유가가 들썩였다. 폭주하는 기관차 같은 상품 가격은 급기야 스스로의 가격 상승 속도에 이성을 잃을 정도였다. 이미 가격이 오를 만큼 올랐는데도 계속 오를 것이라는 기대 심리는 더욱 팽배해졌다. 2008년 상반기 드디어 일부에서 상품시장의 거품 붕괴론이 제기되었다. 가격이 너무 올라 폭락할 수밖에 없다는 주장이었다. 그러나 그 말에 귀 기울이는 투자자들을 찾아보기는 어려웠다. 가격이 비정상적이라는 점을 알면서도 기관 투자자나 일반 투자자들로부터 자금이 물밀 듯 쏟아지면서 가격 상승세 속에 손바뀜 현상이 심화되었다. 이른바 '폭탄 돌리기'가 시작된 것이다. 누구든 마지막 차를 탄 투자자는 큰 손실을 입을 수밖에 없는 상황이 전개되고 있었으나 자신이 그 당사자가 되리라고는 아무도 생각하지 않았다.[*]

일반 투자자들도 가세

앞에서 살펴보았듯이 2007년 12월부터 미국을 비롯한 주요 선진국들의 글로벌 경기침체가 본격화 되었다. 이를 반영해 원유 등 국제 원자재 수요는 감소하고 가격은 떨어져야 정상이었다. 그러나 신용경색의 와중에서 대기성 투기자금이 집중적으로 상품시장에 쇄도하면서 이 같은 제어장치가 작동하지 않았다. 당시 국제 상품 가격의 이상 급등은 기존의 수요-공급의 가격 결정 메커니즘을 비웃는 것이었다.

그 이유는 시간이 가면서 밝혀졌다. 서브프라임 모기지시장에서 엄청난 손실을 입은 투기세력이 이를 만회하기 위해 국제 상품시장에서 도박판을 벌인 것이다. 당시까지만 해도 국제 상품시장에 제대로 된 감시장치가 없었던 점도 투기자본들이 똬리를 틀기에 딱 맞는 조건을 제공했다.

투자은행과 헤지펀드 등은 상품 딜러들에게 자금을 제공하고 목표하는 원자재를 거래하게 하는 방식으로 상품시장에 직접 관여했다. 또 일반 투자자들을 끌어들여 거래를 중개하기도 했다. 특히 국제 원자재시장에서 골드만삭스 같은 투자은행은 거대한 상품시장을 형성하는 중심핵이었다. 이들은 상품시장에 직접 투자하거나 투자를 중개하기도 하지만 이보다 훨씬 더 중요한 역할이 있다. 바로 파생상품이 만들어지는 다양한 지수를 개발·보급하는 것이다. 이들이 개발한 원유지수, 농수산물지수, 천연가스지수 등을 근거로 하여 증권사들은 무수히 많은 파생상품을 만들 수 있다.

투기세력이 원자재 투자로 돈을 번다는 소식이 전해지자 일반 투자자들도 들썩거렸다. 수년 전부터 상품 가격과 연동된 파생상품들이 대거 등장한 것도 상품시장이 단기간에 과열된 원인 중 하나였다. 투자은행과 증권사들은 상품 관련 펀드와 연계된 파생상품들을 준비해 놓고 일반 투자자들의 투자자금을 끌어들였다.

그 동안 상품거래는 전문 딜러들이 자신들만 아는 용어로 거래하는 재래시장이나 다름없었다. 하지만 인터넷 등을 통한 전자거래를 활용하고 파생상품을 이용한 다양한 상품펀드가 생겨나면서 일반인들도 상품에 투자할 수 있는 길이 열렸다. 일반 개인 투자자들도 증권사 등이 제공하는 전자단말기를 통해 주식처럼 거래되는 상장지수펀드ETF 등에 간접적으로 투자하는 방식으로 상품시장에 참여할 수 있게 된 것이다. 이에 따라 상품시장으로 자금이 몰려들었다. 이제 원자재 파생상품의 등장과 함께 상품시장 투자는 국경을 넘어 전 세계로 확산되어 갔다. 투자회사 스탠퍼드 번스타인의 벤 델 애널리스트는 "2001년 이래 상품시장에 쏟아진 일반 투자자금이 적게는 1,750억 달러에서 많게는 2,000억 달러에 이를 것"이라고 추정했다.

그 당시 한국에서는 원자재 등에 직접 투자할 수 있는 상품이 거의 없었다. 그래서 개인 투자자들은 국내 증권사들을 통해 해외 원자재 거래 회사의 주식에 투자하는 주식형 펀드 상품이나 골드만삭스 등이 내놓는 상품지수를 근거로 만든 파생상품 등에 간접적으로 투자했다. 국내에서 판매되는 원자재 관련 투자상품으로는 파생결합증권DLS을 들 수 있다. 파생결합증권은 기초 자산인 상품지수가 올라갈 경우 수십%에 이르는 '짜릿한 수익'을 안겨주지만, 가격이 하락하면 손실을 보거나 아예 한 푼도 건지지 못하는 형태로 설계된, 투기성이 아주 높은 상품이다. 증권사들은 이 개별 상품들을 팔아 수백억 원 단위로 자금을 끌어 모아서 글로벌 상품시장을 띄우는 연료로 제공하고, 그 파생상품을 판매하고 운용한다는 명목으로 짭짤한 수수료를 챙겼다.

짧아진 '붐-버스트 주기'

글로벌 상품시장의 유동성 흐름이 빨라지면서 버블이 형성되고 붕괴되는 '붐-버스트Boom-Bust'의 진폭은 더욱 커지고 주기는 짧아지는 경향을 보였다. 이는 수 조 달러의 글로벌 유동성 자금이 떼를 지어 특정 시장에 유입되고 빠져나오면서 해당 시장의 급등락을 심화시키는 데 연유한다.

여기에는 2007년 9월 이후 지속된 미국 연방준비제도이사회의 공격적인 금리 인하 정책이 달러 약세를 가속화시키고 글로벌 유동성이 상품시장으로 몰려들어 거품을 형성하고 이를 붕괴시키는 토양을 제공했다는 지적이 따른다. 특히 2008년 3월 18일 연방준비제도이사회가 앞으로는 기존과 달리 공격적인 유동성 완화대책을 시행하겠다는 입장을 밝히면서 돌연 글로벌 투자시장은 변동성이 급격히 높아졌다.

이 같은 현상은 지난 2004~2006년 미국의 부동산시장, 2007년 10월 뉴욕 증시 붕괴, 2007년 말 미국 국채시장 급등락 등에서도 나타났지만, 원자재 가격이 사상 최고를 이어가던 2008년 상반기 중에 특히 심했다. 예를 들어 3월 한때 달러 약세에 따른 헤지(hedge: 다른 상거래로 한쪽 손실을 막기) 수요에다 투기 수요까지 가세하면서 천정부지로 치솟던 금·원유·곡물·금속 등 국제 상품 가격이 급락세로 돌변하는 일이 생겼다. 3월 20일 뉴욕상업거래소에서 거래된 4월 인도분 금 가격은 시간외 거래에서 온스당 915.00달러까지 떨어졌다. 이는 3월 17일 장중 1,034달러는 물론, 종가 기준 최고가인 18일의 온스당 1,004.30달러에 비해 9%가량 하락한 가격이었다.

국제 유가의 변동성도 확대되었다. 뉴욕상업거래소의 4월 인도분 서부텍사스산 중질유WTI는 이날 시간외 거래에서 배럴당 101.31달러까지 떨어졌다. 이는 최고가인 3월 13일의 배럴당 111.42달러에 비해 9% 하락한 것이다. 같은 날 런던 국제석유거래소ICE의 5월 인도분 브렌트유는 배럴당 100달러 선이 붕괴되었다. 이 밖에도 이날은 은·구리·아연 등 금속과 밀·옥수수·커피 등 곡물 가격도 일제히 폭락세를 연출했다. 원유·금·밀·옥수수 등 19개 대표상품으로 구성된 로이터-제프리 CRB지수는 이후 한 주 동안 8.3% 급락했다. 2주 전까지만 해도 사상 최고치를 경신하던 이날의 지수 하락은 지난 1956년 이후 반세기 만에 최대치였다.

이날 상품시장에서 빠져나온 자금들은 미국 달러 및 미국 국채TB 시장으로 대거 몰렸다. 그 결과 그동안 기록적인 약세를 보였던 달러화는 돌연 강세로 돌아섰다. 달러·유로 환율은 3월 20일 뉴욕 외환시장에서 유로당 1.3% 떨어진(달러 가치 상승) 1.5413달러에 거래되어 2007년 12월 이후 가장 큰 폭으로 반등했다. 사상 최저치를 경신하던 달러 가치는 한 주 동안 엔화에 대해 4%, 유로화에 대해서는 3% 각각 급등했다.

이처럼 글로벌 자금이 상품시장에서 갑자기 달러 시장으로 이동한 것은 상품 가격이 꼭지점에 도달했고 달러 가치도 바닥에 이르렀다는 인식에 따른 것이었다. BNP 파리바의 투자전략가 구엔터 레데커는 이날 "한때 유일하게 매수 포지션을 유지했던 상품 가격이 급락하고 이제는 외환시장이 타깃이 되고 있다"고 분석했다. 특히 신용경색으로 돈줄이 막힌 헤지펀드 등 주로 단기자금을 운용하는 투기세력들이 원자재시장에 투자했던 돈을 한꺼번에 빼내면서 상품시장이 하락세로 돌변한 것으로 지적됐다. 투자회사 퓨전IQ의 베리 리솔츠 최고경영자는 "단기투자자, 헤지펀드, 상품시장의 장기투자자 할 것 없이 모든 투자자들이 상품 선물 매도에 나서고 있다"고 진단했다.

그러나 3월 중순에 일시적으로 급락했던 상품 가격은 4월로 들어서자 다시 급등세로 반전해 2008년 여름 최고치를 향해 질주했다. 상품시장이 지속적인 상승 추세 속에서도 이처럼 수시로 요동친 것은 그만큼 국제 상품시장의 변동성이 엄청나게 높으며 국제 투자자본들이 붕괴하기 시작한 글로벌 금융시장에서 불안하게 허둥대고 있음을 보여주는 단적인 예였다.

유가 100달러, 금가 1,000달러 시대

국제 유가 상품 랠리 주도

2008년 상반기 상품시장 랠리(Rally: 시세 회복)를 주도한 것은 바로 국제 원유시장이었다. 미국 달러화 가치 하락으로 헤지 수요가 대거 원유시장에 몰렸기 때문이다. 또한 국제 투기세력들이 조직적으로 원유시장에 개입한 것도 유가 폭등의 또 다른 이유였다. 국제 유가는 2008년 초에 무서운 상승세로 세 자릿수 시대를 열었지만 이런 추세가 쉽게 멈출 조짐은 보이지 않았다.

2월 19일 뉴욕상업거래소NYMEX에서 거래된 서부텍사스산 중질유WTI 3월 선물 가격은 전날보다 무려 4.51달러(4.7%) 급등한 배럴당 100.01달러를 기록해 종가기준으로 사상 처음 100달러를 넘어섰다.

그러나 이것은 유가 폭등의 전주곡에 지나지 않았다. 그 이후로 국제 유가는 한 달도 안 돼서 110달러마저 넘어섰다. 3월 13일 뉴욕상업거래소에서 4월 서부텍사스산 중질유는 장중 배럴당 110.70달러까지 급등하면서 7일 연속 사상 최고치를 경신했다. 북해산 브렌트유도 마찬가지였다. 한국 원유 수입량의 80%를 차지하는 중동산 두바이유 현물 가격도 3월 14일에 100.18달러를 기록함으로써 100달러를 돌파했다.

국제 유가 급등세가 지속되자 투자은행들은 잇달아 유가 전망치를 상향 조정했다. 리먼브라더스는 1/4분기 서부텍사스산 중질유 평균 가격 전망치를 배럴당 93달러로 기존보다 7달러가량 상향했다. 골드만삭스도 유가

평균치를 2008년 95달러, 2009년 105달러, 2010년 110달러로 올리는 한편, 원유 공급 증가가 충분치 않은 상황에서 미국 경기가 회복되거나 원유 공급에 중대한 차질이 생길 경우 유가는 배럴당 150~200달러에 달할 수도 있다고 전망했다.

5월 들어서도 국제 유가의 상승세는 멈추지 않았고, 마침내 130달러를 돌파했다. 5월 26일 거래된 6월 인도분 서부텍사스산 중질유는 129.07달러에 마감했다. 8년 후에 인도할 장기 선물은 140달러 수준까지 올라서 유가 상승이 장기화될 것임을 예고했다. 이날 2016년 초장기 서부텍사스산 중질유 선물은 배럴당 138.38달러를 기록했다.

국제 유가의 고공행진은 마침내 7월에 최고조에 이르렀다. 7월 2일 서부텍사스산 중질유 8월 선물은 배럴당 143.57달러에 마감했고, 마감 후 전자 거래에서 144.23달러까지 치솟았다. 북해산 브렌트유 8월 선물 가격도 시간외 거래에서 145.51달러에 거래되었다. 이어 7월 11일에는 서부텍사스산 중질유 8월 선물이 장중 배럴당 147.27달러를 기록했다. 이 기록은 국제 원유 선물시장에서 지금까지도 깨지지 않고 있는 사상 최고치이다.

한국이 주로 수입하는 중동산 원유의 기준이 되는 두바이유 가격도 동반

〈그래프 4-1〉 국제 유가 추이(단위: WTI 기준, 배럴당 달러)

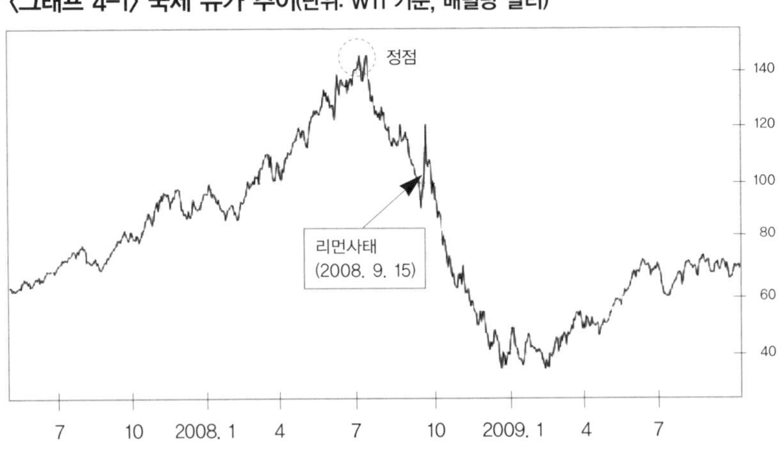

상승했다. 4월 8일 두바이유는 또 다시 100달러를 돌파한 데 이어 한 달여 만인 5월 20일에는 120.40달러를 기록했다. 이어 6월 19일에는 130달러를 돌파했고, 7월 4일에는 140달러마저 넘어섰다.

당시 2008년 상반기까지 국제 유가 급등의 가장 큰 원인은 펀더멘털 요인보다는 달러 약세에 따른 헤지 수요 때문이라는 것이 전문가들의 설명이었다.

앤트완 할프 뉴에지 USA 에너지리서치 센터장은 "수급과 같은 펀더멘털이 국제 유가에 별다른 영향을 주지 못하고 있다. 특히 달러 약세는 상품시장 랠리의 매우 강력한 동인"이라고 밝혔다. 경제 주간지 〈비즈니스위크〉도 "투자자들이 달러 가치 하락에 대한 헤지 수단으로 원유 선물을 대거 사들이고 있다"면서 "원유 공급량이 증가하면 가격이 하락했던 과거와는 달리 달러 가치 하락으로 인한 유가 상승은 지속될 것"이라고 분석했다.

원유거래, 투기세력이 '쥐락펴락'

그러나 2008년 당시 국제 유가가 폭등한 것은 단순히 정상적인 헤지 hedge 수요만으로는 설명하기 힘들었다. 실제로는 국제 금융시장에서 빠져나온 대형 투자은행 등 국제 투기세력이 조직적으로 개입해 가격을 끌어올리고 있다는 것이 여러 가지 정황으로 확인되었다. 투기세력들이 매수 주문을 쏟아내면 국제 유가가 천정부지로 치솟다가 이익 실현을 위해 보유한 원유를 대거 처분하면 유가가 급락하는 등 국제 유가는 큰 폭의 등락을 거듭했다. 이러한 투기세력들이 원유시장에 개입함에 따라 국제 유가의 변동성은 더욱 심화되었다.

2008년 6월 5~6일 단 이틀 동안 서부텍사스산 중질유는 16.24달러가 올라 140달러를 넘보게 되었다. 상승률은 무려 14%에 달했다. 그러나 서부텍사스산 중질유는 지난 5월 22일에 장중 배럴당 135.09달러를 찍은 뒤 점차 안정을 되찾아 122달러까지 하락한 상태였다. 이 같은 국제 유가의 급등락은 2008년 상반기 내내 계속되었다.

투자자들은 일대 혼란에 빠져 들었다. 앞으로 유가가 어떻게 움직일지 감을 잡을 수 없게 되자 갈피를 잡지 못하고 허둥거렸다. 이스라엘의 이란 핵시설 타격 가능성이 제기됐지만 이것만으로는 충분한 설명이 되기에 부족했다.

투기세력들이 유가의 향방을 좌지우지했다는 것은 실제 거래 내역에서도 확인된다. 미국 최대의 석유 선물 거래업체인 에너지셀렉트 SPDP에 따르면 2008년 6월 6일 하루 뉴욕상업거래소에서는 평상시의 두 배인 4,700만 주가 거래되었다. 이날 석유 매수 거래량이 폭주한 것은 유가가 꼭짓점에 다다랐다고 생각한 많은 상품펀드들이 유가가 하락할 것으로 판단해 매도 주문short position을 냈다가 유가가 치솟자 큰 손실을 본 뒤 이를 만회하기 위해 한꺼번에 매수 주문long position을 쏟아냈기 때문이었다.

국제 유가가 럭비공처럼 튀자 전문가들조차 분석을 포기할 정도였다. MFC 글로벌 인베스트먼트 매니지먼트의 칩 호지 이사는 "1년 전만해도 지정학적 불안정성이나 생산 불안 등으로 유가 움직임을 설명할 수 있었다. 하지만 현재의 유가 수준이나 움직임은 이성적으로 이해할 수 없다"고 말했다.

국제 석유시장을 들쑤신 장본인이 글로벌 투기세력이라는 점은 원유 생산자를 대표하는 석유생산국기구OPEC에서도 꾸준히 제기해 왔다. 미국의 규제당국은 물론 월가의 투자은행이나 헤지펀드 업계까지 처음에는 이런 주장을 받아들이지 않다가 유가가 비이성적으로 움직이자 투기 수요의 실체를 인정하게 되었다. 버트 스튜팩 미국 공화당 하원의원은 "현행법의 허점을 이용해 투자은행 등 기관 투자가들이 선물시장에서 인위적으로 유가를 올릴 수 있다는 것을 알아냈다"고 주장했다. 조지 소로스 퀀텀펀드 회장도 7월 3일 상원 청문회에 참석해 "국제 유가는 거품의 환상 때문에 급등했다"면서 거품을 일으킨 주범으로 국제 투기자본을 지목했다.

석유, 곡물 거래 등을 감독하는 미국의 상품선물거래위원회CFTC는 이런 사실을 인지하고 2007년 말부터 석유 선물시장에서의 투자은행과 헤지펀드 등의 시장 교란 행위에 대한 조사에 착수했다. 이 조사 결과에 따르면 2008년 당시 석유 선물시장의 71%를 투기세력들이 장악하고 있는 것으로 나타났다. 2000년 37%에 불과했던 투기세력의 거래 비중이 8년 사이에 두 배 가까이 증가한 것이다. 이는 국제 원유 선물시장이 실수요와 관련이 없는 외부 세력들에 의해 지배되고, 정유업체나 항공사 등 실제 석유를 필요로 하는 실거래업자들의 영향력은 급격히 퇴조하고 있음을 보여주는 증거였다. 오펜하이머 앤드 컴퍼니의 파델 가이트 애널리스트는 "시장의 펀더멘털이 아닌 투기 수요 때문에 유가가 뛰고 있는 것은 분명해 보인다. 수요와 공급의 펀더멘털에 비춰볼 때 적정한 국제 유가 수준은 60달러 이하이다"라고 진단했다.

원유거래시장을 감독해야 할 규제당국과 정치권, 언론 등에 대한 책임론도 나왔다. 이들이 대형 투자은행과 헤지펀드 등 국제 투기세력들이 활개칠 수 있도록 서식처를 제공하고 여론몰이를 통해 유가 상승을 부채질했다는 지적이었다. 투자은행과 투기세력들은 석유 생산량이 정점에 달해 더 이상 늘릴 수 없다는 이른바 '피크 오일Peak Oil'이론을 대대적으로 선전했다. 이에 동조해 거액의 정치자금을 받은 워싱턴의 정치인들과 언론들은 유가가 오를 때마다 호들갑을 떨며 불안감을 자극했고, 감독당국도 이들의 투기 행위에 대해 느슨한 규제로 일관했다. 석유 메이저(major: 국제 석유 자본)들도 이미 개발한 유정의 생산을 늦추거나 추가적인 유전 개발을 미루면서 유가 상승을 떠받쳤다.

금값의 가파른 질주, 1,000달러 시대 개막

대표적인 안전자산으로 손꼽히는 금 역시 세계 경제 전망에 대한 불안감 속에서 달러화의 대체 투자수단으로 각광받으면서 고공행진을 이어갔다. 자산으로서의 금의 장점은 최고의 안전자산으로서의 가치 저장 수단이라는 데에 있다. 평상시에는 낮은 수익률로 인해 별 주목을 받지 못하지만 위기 시에는 가장 타격이 덜한 안정적인 가치 저장 수단이 된다. 이 같은 금의 지위는 인류 역사상 아주 오래 전부터 그 가치가 입증되어 왔다.

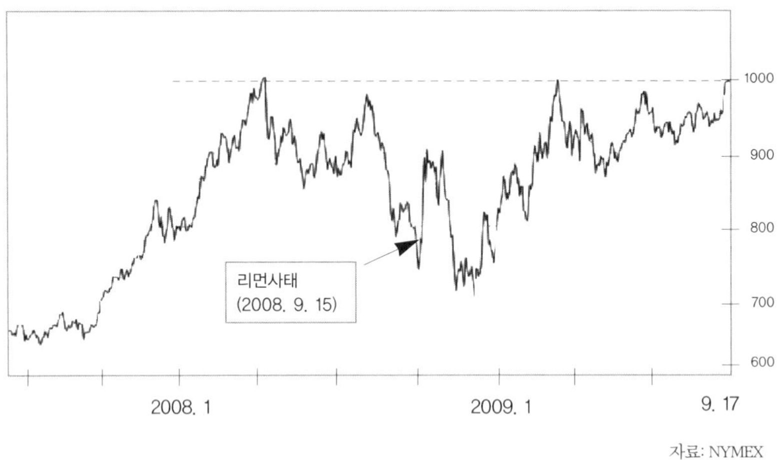

금융위기가 서서히 목을 죄어오면서 글로벌 금융시장이 요동치자 금은 안정성을 지킬 수 있는 유일한 상품으로 여겨졌다. 이러한 현상은 글로벌 기축통화인 달러가 지속적인 약세를 보이면서 한층 강화되었다.

국제 금값은 달러 약세와 유가 급등, 지정학적 불안 요인 등이 겹치면서 2007년에만 32% 가까이 올랐다. 그러나 2008년 들어서면서부터 세계 경제에 대한 불안감이 높아지자 상승 속도가 더욱 빨라졌다.

2008년 1월 4일 뉴욕상업거래소에서 2월 인도분 금값은 온스당 865.70달러에 거래되었다. 이것은 2007년 12월 20일 799.20달러에서 보름 만에 무려 65달러(8.32%)나 오른 가격이다. 하지만 금값 상승세는 여기서 멈추지 않았다. 14일에는 사상 처음으로 900달러를 넘어섰다. 이날 뉴욕상업거래소에서 거래된 2월 인도분 금 가격은 전주 종가보다 5.70달러(0.6%)가 올라 온스당 903.4달러에 거래를 마쳤다. 이날 시간외 거래에서는 온스당 915.9달러까지 치솟았다.

제임스 스틸 HSBC 애널리스트는 "신용시장의 경색과 이에 따른 금융시장의 광범위한 충격이 투자자들의 불안감을 키우며 금값을 끌어올리고 있다"고 말했다. CMP그룹의 애널리스트인 카를로스 산체스도 "금은 불확실한 시장에 대한 위험 회피 수단으로 가장 좋은 투자처"라며 "현재 금보다 더 좋은 투자처는 없는 것 같다"고 평가했다.

월가의 대형 투자은행들도 금값 상승을 예상하는 보고서를 쏟아냈다. 골드만삭스는 국제 금값의 3개월 전망치를 기존 온스당 795달러에서 885달러, 12개월 전망을 기존 온스당 785달러에서 900달러로 상향 조정하는 상승 흐름을 예상했다. JP모건도 2008년 상품시장에서 금을 가장 유망한 투자대상으로 보면서 경기침체의 골이 깊어지고 중동의 정정政情 불안이 지속될 경우 1/4분기 내에 온스당 1,000달러까지 치솟을 것이라고 전망했다. 하지만 온스당 1,000달러도 결코 높은 수준이 아니라는 분석이 나왔다. 사상 최고가인 1980년의 온스당 2,200달러(인플레이션을 감안한 가격)에 비하면 절반 수준에 불과하다는 것이다.

시티그룹의 애널리스트인 존 힐은 "미국의 신용위기와 경기침체, 파생상품의 수급불일치, 부정적인 방향으로 움직이고 있는 환율과 인플레이션 등이 금값 상승을 부추기고 있다. 금값은 미국의 경기 후퇴가 완전하게 드러나면 더욱 폭발적으로 상승할 것이다"라고 주장했다.

결과적으로 이 예상은 적중했고 그 시기도 JP모건의 예상보다 빨랐다. 3월 14일 국제 금값은 장중 온스당 1,009달러로 치솟으며 마침내 1,000달러 선을 돌파했다. 또 17일에는 1,033.90달러로 역대 최고가 기록을

---

* 국제 금값이 다시 1,000달러 시대를 연 것은 해가 바뀐 2009년 2월 20일이었다. 이날 금값은 1,002.20달러를 기록했다. 이어 동유럽 위기로 잠시 주춤하다가 4월 이후 재반등하며 9월 17일 1,016.8달러에 도달했다. 금은 불확실성의 시대에 가장 믿을만한 투자처이긴 하지만 같은 안전자산으로 분류되는 달러나 미국 재무부 채권과는 조금 다르게 움직인다는 분석이다. 극단적인 패닉이 발생하면 달러와 이의 등가물等價物인 미국 국채에 우선순위가 밀린다는 게 전문가들의 설명이다. 2008년 9월 리먼발 금융위기가 닥쳤을 때 달러 가치가 폭등하면서 달러와 미국 국채는 없어서 못 살 정도로 극심한 쏠림현상을 빚었지만 금은 9월에 온스당 930달러에서 11월에는 750달러로 오히려 떨어졌다. 반면 2년 미만의 단기물 미국 국채 수익률은 제로까지 떨어지며 '국채 거품론' 까지 일었다. 반대로 2009년 4월부터 세계 경기 회복 조짐이 일자 미국 국채와 달러 가치는 떨어졌지만 금값은 8월 말까지 16% 가량 상승했다. 당시 주가 상승률 50%에 비해서는 낮지만 국채 가격이 떨어진 것과는 분명히 대조된다. 결과적으로 현재까지 투자 선호도에 따른 안전성을 순위로 매긴다면 달러-미국 국채-금-우량 채권-주식-투기등급채권 등의 순이다.

갈아치웠다.

4월 들어 원유 등 상품시장의 광풍에 밀려 잠시 하락세로 돌아선 국제 금 값은 7월이 되면서 미국 금융시장이 요동치자 다시 반등하기 시작했다. 8월 7일에는 957.30달러를 기록하며 다시 1,000달러를 눈앞에 두기도 했다. 그러나 3월의 최고치를 경신하지는 못했다.[*]

꼬리가 몸통을 흔들다 … 석유거래의 실체

금융자본에 넘어간 가격결정권

경제 · 에너지 전문가인 윌리엄 엥달William Engdahl은 2008년 5월 자신의 홈페이지에 "현재 국제 유가의 60%는 투기 때문"이라고 규정했다. 엥달은 특히 원유시장에 투기 수요가 유입된 계기를 미국의 '상품선물현대화법 (Commodity Futures Modernization Act)'때문으로 지적했다. 2000년 1월 이 법이 시행되면서 골드만삭스 같은 투자은행들이 마음 놓고 가격 조작과 투기를 할 수 있는 환경이 만들어졌다는 것이다.

2006년 1월 미국 부시 행정부의 선물거래위원회CFTC는 이 법에 따라 에너지 전자상거래를 가장 많이 하는 런던 국제거래소ICE로 하여금 미국 서부텍사스산 중질유를 선물로 사고 팔 수 있도록 허용했다. 또 미국에 있는 국제거래소 단말기를 이용해 런던 거래소에서 서부텍사스산 중질유 거래도 가능하도록 허용했다.

이들 거래는 미국 선물거래위원회의 감시가 면제되어 거래를 기록하거나 미결제 약정 등을 보고할 의무가 없었다. 선물거래위원회는 국제거래소에 대규모 에너지 거래에 대한 일일보고서를 요구하지 않기 때문에 가격 조작을 적발하거나 막을 수 없었다.

이는 투기 감독기관이 투기의 문을 활짝 열어준 꼴이 되었다. 특히 서브프라임 모기지 부실로 인한 주식시장 침체와 미국 달러화 하락으로 마땅히

갈 곳을 찾지 못한 투자자금에게 원유 선물시장은 오아시스나 다름없었다. 수익을 얻는데 다급해진 미국과 유럽연합의 덩치 큰 연금펀드나 은행들은 도박이나 다름없는 원유거래 시장에 뛰어들었다.

이들은 '피크 오일Peak oil'을 이론적 배경으로 중동·아프리카·남아시아 등지의 지정학적 리스크, 기상이변, 신흥국가의 석유 수요 증가 등 유리한 이슈를 확대 재생산하며 국제 유가를 끌어올렸다. 이들은 '사실Fact'보다는 '루머'를 더 선호했다. 특히 아무런 제재도 받지 않는 장외시장과 런던 국제거래소 선물 에너지시장은 투기세력의 주 활동무대가 되었다. 이 시장에 얼마의 자금이 몰렸는지는 정확히 알 수 없지만 족히 수백억 달러는 된다는 것이 업계의 시각이다.

현재 원유 가격은 고전적인 수요와 공급의 법칙에 의해서만 결정되지 않는다는 것은 잘 알려져 있다. 바로 복잡한 금융시스템과 여기에 가세한 국제 투기자본의 움직임이 국제 유가에 결정적 영향을 끼친다. 석유 선물 거래가 런던과 뉴욕의 거래소에 등장한 이후 유가결정권은 석유수출국기구 OPEC에서 뉴욕 월가로 넘어갔다. 실체도 없이 종이쪽지에 쓴 주문서의 내용에 기재된 양과 가격, 즉 '페이퍼 오일Paper oil'이 실제 유가를 결정하게 된 것이다. 이 때문에 유가 결정 구조는 '꼬리가 몸통을 흔드는(wag the dog)' 전형적인 사례로 꼽힌다.

뉴욕상업거래소와 런던 석유거래소 선물시장은 국제 석유거래의 벤치마크 역할을 한다. 브렌트유는 현물Spot과 장기 계약을 통해 전 세계에서 생산되는 대부분의 원유에 대해 값을 매기는 기준으로 활용된다. 러시아, 나이지리아 등 주요 산유국들은 브렌트유를 기준으로 자신들이 생산한 석유 가격을 결정한다. 서부텍사스산 중질유 역시 역사적으로 미국산 원유 가격을 형성하는 것 이상의 의미를 가진다. 미국에서 거래되는 석유 선물가의 토대가 될 뿐만 아니라, 미국 내 원유 생산량의 중요한 기준이기도 하다.

문제는 오늘날의 유가 결정 과정이 매우 불투명하다는 점이다. 런던과 뉴욕의 거래소가 민영화된 오늘날에는 이들이 구축한 첨단 전자거래 시스템에도 불구하고 그 안에서 일어나는 모든 원유 매매에 대한 주문의 종류

와 수량, 내용이 공개되지 않는다. 엥달은 누가 석유 선물이나 파생상품을
사고파는지 알고 있는 것은 골드만삭스나 모건스탠리 같은 몇몇 투자은행
뿐이라고 주장했다.

'피크 오일Peak Oil' 론의 진실

유가 급등을 이끈 논리적 배경은 '피크 오일(Peak oil)' 이론이다. 이는 전
세계 석유 생산량이 이미 정점에 도달했고, 유전을 더 발견하고 기술 발전
을 이루더라도 더 이상 석유 생산량을 늘릴 수 없다는 것이 핵심 내용이다.
여기서 매장량이 얼마나 더 남았는지는 그다지 중요하지 않다. 석유 고갈
이 아니라 소비가 늘어날 때 공급이 이를 따라주지 못하면 가격은 오를 수
밖에 없다는 것이다.

'피크 오일 이론' 은 1956년에 미국의 지질학자 마리온 킹 허버트Marion
King Hubbert가 처음 주장했다. 허버트는 미국의 석유 생산이 1970년대 중
반에 정점에 이를 것이라고 예측했다. 허버트는 석유 생산량이 종 모양의
곡선을 그릴 거라고 전망했는데, 그의 이름을 따서 이것을 '허버트의 곡
선'이라고 부른다.

'피크 오일 이론'의 추종자인 포스트 카본연구소의 수석연구원 리처드
하인버그는 "원유 생산이 이미 2005년 5월에 고점을 지났을 수 있다"고 경
고한다. 하인버그는 48개 주요 산유국 중 33개국의 생산량이 감소하고 있
고 신규로 발견되는 유정은 이미 1964년부터 줄어들고 있다고 주장한다.
또 그는 전 세계 원유 생산량은 하루 1억 1,800만 배럴을 정점으로 2010년
부터 서서히 감소한다고 했다. 2015년 일부 유전이 바닥을 드러내고 이를
대체할 신규 유전이 발견되지 않아 감소세가 빨라져서 2030년이면 원유 생
산량이 하루 3,000만 배럴 수준까지 떨어진다는 것이다.

석유 생산량 고갈에 대한 우려는 조그마한 충격만 발생해도 유가를 끌어
올릴 빌미가 되고 있다. 상품투자의 귀재 짐 로저스는 "사람들이 많은 유정

을 한꺼번에 발견하지 않는 이상 유가는 배럴당 150~200달러도 넘어설 것”이라며 불안감을 조성하는 데 앞장서고 있다.

하지만 ‘피크 오일 이론’이 등장한 이후 50년이 지나도록 실제로는 전 세계 석유 생산량이 꾸준히 증가해 왔다. 브리티시 페트롤리엄BP은 2007년 발표한 에너지 통계에서 1980년 이후 확인된 원유 매장량만으로도 앞으로 40년은 현 추세대로 생산하는 데 충분하다고 지적했다.

세계 최대의 석유회사인 아람코의 달라 주마 회장도 “지구상에는 모두 5조 7,000억 배럴의 원유가 매장되어 있으며 이 중에 18%인 약 1조 배럴이 지금까지 채굴되었다. 남아 있는 석유는 지금의 생산 속도를 유지하더라도 앞으로 140년 이상을 공급할 수 있다”고 말했다. 미국 에너지정보청EIA은 하루 8,500만 배럴인 석유 생산이 2030년이면 1억 1,800만 배럴까지 증가하므로 수요를 충분히 감당할 수 있을 것으로 예측했다.

2008년의 유가 급등은 석유가 언젠가는 고갈될 것이라는 점만을 부각시킨 나머지 위험을 과장한 측면이 크다. ‘피크 오일 이론’이 득세하던 2008년 상반기에 이미 미국을 비롯한 세계 각국이 경기침체에 진입했지만 경기침체 여파로 석유 수요가 줄어들 것이란 전망은 제대로 주목받지 못했다.

〈뉴욕타임스〉는 8월 19일 전문가의 말을 인용하여 “지구상에 원유는 고갈되고 있지 않다. 경험이 많은 이 석유업체들에게 원유를 시추할 유전이 주어지지 않는 것이 더 큰 문제이다”라고 강조했다. 골드만삭스의 에너지 분석가인 아르잔 무르티 역시 “지구상에는 지질학적geological으로 베네수엘라, 러시아 등 원유를 뽑아 올릴 유전이 수없이 많다. 하지만 지정학적geo-political 차원에서는 석유업체들이 더 이상 개발할 유전이 많지 않다”고 진단했다

세계 석유 생산의 40%를 차지하는 석유수출국기구도 2008년 당시 고유가는 수급이 아닌 투기에 의한 것이라고 주장했다. 이를 근거로 OPEC는 미국 등 각국의 거듭된 증산 요구를 거부했다.

6월 22일 차킵 켈릴 OPEC 의장은 사우디아라비아 제다에서 열린 석유 생산·소비국 각료급 대표자 회의에서 “배럴당 140달러에 근접한 고유가의 원인이 수급과는 관계가 없다. 우리는 원유시장의 수요와 공급이 균형

상태에 있다고 믿는다"고 강조했다.

오하메드 알 올라임 쿠웨이트 석유장관도 "국제 유가의 급등은 투기적 요소에 의한 것이다. 시장 수요가 있다면 석유 증산에 주저하지 않을 것이다"라고 밝혔다. 실제 OPEC의 하루 평균 원유 생산량은 2008년 6월 당시 2,993만 배럴로 목표치인 2,967만 배럴을 초과하고 있었다. 이후 OPEC는 사우디아라비아가 앞장서서 7월 생산량을 30만 배럴 늘렸고, 이와 동시에 국제 석유 가격은 급락으로 방향을 틀었다.

황금알을 낳는 거위

미국 뉴욕상업거래소에서 첫 원유거래가 시작된 것은 1983년 3월 30일이었다. 첫날에는 1,700계약에 170만 배럴이 거래되는 데 그쳤다. 하지만 4반세기가 지난 2008년에는 하루 평균 5억 배럴, 한때 13억 6,000만 배럴(50만 계약)이 거래될 정도로 폭발적으로 성장했다.

뉴욕상업거래소에서 전 세계 하루 원유 수요량(8,700만 배럴)의 15배가 거래될 수 있었던 것은 시장이 지닌 투기적 속성 때문이다. 석유를 마치 주식처럼 사고 팔 수 있게 되자 글로벌 투자자금이 물밀 듯 쏟아져 들어온 것이다. 돈의 힘에 의해 가격이 결정되는 구조가 형성됐고 석유는 글로벌 금융상품이 되었다.

대표적인 석유 투자자본은 월가의 거대 투자은행들이다. 골드만삭스와 모건스탠리 등이 대표적이며 HSBC, 도이치방크, 스위스 UBS 등 유럽계 대형 금융자본과 투자사들도 참가하고 있다. 최근에는 아시아 등 신흥국의 금융자본들도 이들 대형 투자은행들을 통해 간접적으로 원유거래에 참가하고 있다.

투자은행들은 원유시장에서 상상을 초월하는 수익을 올리고 있다. 골드만삭스는 2008년 들어 리먼브라더스 · 메릴린치 · 시티그룹 등이 막대한 적자를 내는 가운데서도 2분기(3~5월)에 20억 9,000만 달러(주당 4.58달리)의 순이익을 냈다. 상품투자에서 얻은 막대한 이익이 서브프라임 모기지 등 채권 부문에서 발생한 투자 손실을 능히 커버하고도 남았기 때문이다. 골드만삭스는 상품투자에서 최소 32억 달러의 이익을 낸 것으로 추산되고 있다. 모건스탠리 역시 상품투자 이익이 19억 달러를 넘는다는 분석이다. 이 두 회사는 2007년도에도 에너지 부문에서 15조 원의 순익을 냈다. 2008년 9월 이후 리먼브라더스와 메릴린치 같은 경쟁사가 역사 속으로 사라지는 와중에도 두 회사가 살아남을 수 있었던 것은 유가 폭등 때 벌어들인 막대한 수익이 서브프라임 투자로 입은 엄청난 손실을 완충시켰기 때문이라는 분석이다.

그러나 이들은 투기 의혹으로부터 자유롭지 않았다. 골드만삭스는 2008년 상반기 '슈퍼 스파이크super spike'이론을 내세워 국제 유가가 2010년까지 배럴당 200달러 수준에 이를 수 있다는 내용의 보고서를 줄기차게 냈고, 그 이후 국제 유가는 줄곧 상승세를 이어왔다. 모건스탠리도 2008년 7월 4일 국제 유가가 150달러에 다다를 수 있다며 맞장구를 쳤다. 이와 관련하여 〈월스트리트저널〉은 골드만삭스와 모건스탠리가 불투명한 스와프 거래 등으로 투기 의혹을 받고 있다고 보도했다.

물론 연기금과 헤지펀드도 투기 대열에 합류했다. 몇 년 전까지만 해도 연금펀드는 석유투자를 꺼렸다. 기대 수익은 높지만 변동성이 심하고 리스크가 커서 장기적으로 꾸준한 수익을 추구하는 경향과 맞지 않았기 때문이다. 하지만 2001년 증시가 폭락한 이후 투자처 다양화의 필요성을 느껴 상품투자 비중을 늘리기 시작했다.

때맞춰 골드만삭스와 모건스탠리 등도 연기금이 투자하기 좋은 상품들을 내놓으며 유인했다. 그 결과 2008년까지 석유부문 투자에 가담한 헤지펀드와 연기금은 640개에 달했다. 대형 전주가 가세하면서 석유를 비롯한 상품시장 규모가 2003년 130억 달러에서 최근 2,600억 달러로 20배 이상 폭발적으로 성장했다.

연기금펀드도 석유 등 상품에 투자해 높은 수익을 올렸다. 〈워싱턴포스트〉에 따르면 세계 최대 규모의 연기금인 캘퍼스는 2007년 11억 달러를 석유 등의 상품에 투자해 2008년 7월까지 68%의 투자수익을 냈다. 버지니아 주 페어팩스의 연금펀드도 1년 수익률이 61%에 달했다. 이 연금펀드를 운용하는 로버트 미어스는 "수익을 내는 데 상품투자가 큰 도움이 됐다. 그렇지 않았다면 올해 성적은 매우 악화됐을 것"이라고 말했다.

석유 메이저들 역시 고유가로 풍년가를 불렀다. 엑슨 모빌, 브리티시 페트롤리엄 등 5개 메이저 석유회사들은 2008년 2분기에만 440억 달러의 이익을 냈다. 반면 하루 원유 생산량은 오히려 61만 4,000배럴이 줄었다. 덜 생산했는데도 더 많은 이익을 올릴 수 있었던 것은 이 5개 메이저 회사들이 미국시장의 55%를 차지하는 등 독점적 입지를 구축하고 있기 때문이다. 이들은 시설투자는 거의 하지 않았으므로 엑슨 모빌의 2007년 설비투자는 43억 달러에 불과했다.

치솟는 국제 곡물 가격

현실화된 애그플레이션

원유, 금속 등 현물시장의 투기 광풍은 국제 곡물시장으로도 이어졌다. 2008년 들어 밀·옥수수·콩 등 주요 곡물 가격이 연일 급등해 '초강력 폭풍perfect storm'에 휩쓸리기 시작했다. 국제 유가가 급등하자 화석연료를 대체하기 위한 바이오연료로 전용되는 곡물의 양이 늘었기 때문이다. 여기에 경제성장에 따른 중국, 인도 등 신흥국들의 곡물 수요가 크게 급증한 것도 국제 곡물 가격 급등에 가세했다.

2008년 1월 14일 미국 시카고상품거래소CBOT에서 옥수수 1개월 선물 가격은 부셸(27.2kg)당 5.12달러를 기록하며 심리적 저항선인 5달러 선을 돌파했다. 이는 지난 1996년 7월 이후 12년 만에 최고치였다.

콩은 이날 부셸당 12.94달러를 기록해 1972년 선물거래가 시작된 후 사상 최고치 행진을 이어갔다. 밀 가격도 천정부지로 치솟았다. 고급 밀은 2월 15일 부셸당 19.88달러에 거래되었다. 이것은 1년 전에 비해 3배나 오른 것으로 사상 최고가였다.

국제기구는 농산물 가격 고공행진이 장기간 이어질 것이라고 분석했다. 신흥시장의 수요 증가와 바이오연료에 따른 공급량 감소 영향 때문이라는 것이다. 유엔식량농업기구FAO는 2008년 1월 발표한 '농업전망 2016'에서 "애그플레이션(Agflation: 곡물 가격이 상승하면 일반 물가도 상승하는 현상)이 향후

10년은 계속될 것"이라며 "이는 신흥시장의 수요 급증, 바이오연료 개발 붐 등의 구조적 요인들이 단번에 해결되기 어렵기 때문"이라고 설명했다.

미국에서 생산되는 옥수수 중 에탄올을 만드는 데 사용되는 비중은 2007년 25%에서 2008년에는 31%로 증가할 것으로 전망되었다. 2008년 9월이 되면 미국의 에탄올 생산량이 119억 갤런(1갤런은 37.85리터)에 달해 1년 전의 두 배 규모로 커질 것으로 관측되었다. 조셉 글라우버 미국 농무부 수석이코노미스트는 "에탄올 생산에 사용되는 옥수수를 재배하기 위한 토지 수요가 늘어 밀 등의 농산물을 경작할 수 있는 토지가 줄고 있다"고 지적했다.

농산물 수요 증가도 농산물 가격을 떠받치는 주요 요인으로 지목되었다. 중국과 인도 같은 인구 대국의 경제가 급성장하면서 곡물 수요가 급증한 것이다. 경제성장은 육류의 소비량도 늘리면서 곡물 소비에 더욱 가속도를 붙이고 있다. 전문가들에 따르면 쇠고기와 돼지고기 1kg를 생산하는 데 곡물은 각각 8kg과 3kg이 필요하다는 분석이다.

아시아 국가의 주식인 쌀값 역시 천정부지로 치솟았다. 2008년 4월 19일 〈파이낸셜타임스〉에 따르면 국제 가격의 기준이 되는 고품질 태국산 쌀 가격이 640달러까지 급등하여 1974년 1차 오일쇼크 이후 최고를 기록했다.

〈그래프 4-3〉 국제 옥수수 가격 추이(단위: 부셸당 센트)

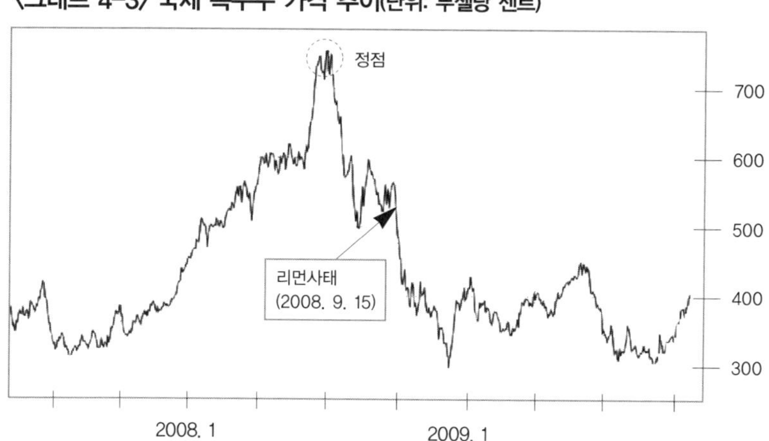

자료: NYMEX

2007년 초만 해도 톤당 334달러에 불과했던 점을 감안하면 1년여 만에 두 배로 뛴 것이다.

달걀 가격도 천정부지로 급등했다. 4월 30일 마켓워치는 미국 주요 도시에서 12개들이 달걀 가격이 최근 8개월 동안 45%이상 올라 2달러를 돌파했다고 전했다. 2006년까지만 해도 달걀 가격은 1달러에도 미치지 못했다. 달걀 가격이 급등한 원인은 옥수수와 콩 등 사료로 쓰이는 곡물의 값이 치솟았기 때문이다. 사료 가격은 달걀 생산 원가의 50%를 차지한다. 미국 양계협회는 사료 가격이 전 분기 대비 15~20센트 올랐다고 밝혔다.

식량대란, 지구촌 곳곳 신음

곡물 가격 상승으로 식량난이 심각해지자 전 세계가 몸살을 앓았다.

카리브 해의 섬나라 아이티에서는 식료품 가격 인상에 항의하는 폭동이 일어나서 이를 잠재우기 위해 총리가 물러났다. 2008년 4월 12일 아이티 상원은 총리에 대한 해임안을 17명의 출석의원 중 16명의 찬성으로 가결시켰다. 아이티에서는 식료품 가격 폭등에 분노한 빈민들이 수도 포르토프랭스 등지에서 항의시위를 벌였으며, 이 과정에서 유엔평화유지군 1명을 비롯해 10명가량의 사망자가 발생했다.

앞서 2월 카메룬에서도 폭동으로 40명이 사망했다. 이집트에서도 식료품 등 생필품 가격이 폭등하자 공무원, 산업체 근로자, 심지어 대학 강사들까지 임금을 인상하라며 시위에 나섰고, 이 과정에서 4명이 숨졌다. 필리핀 · 모리타니아 · 모잠비크 · 세네갈 · 예멘 · 인도 · 아르헨티나 · 멕시코 등지에서도 치솟는 식료품 가격에 항의하는 시위가 잇따랐다.

로버트 졸릭 세계은행WB 총재는 "지난 3년간 국제 식량 가격이 80%가량 급등했다. 이로 인해 적어도 33개국 이상이 사회적 불안에 직면해 있다"고 말했다. 졸릭 총재는 식량 문제를 해결하기 위해 '식량판 뉴딜정책'이 필요하다고 선진국들에 호소하기도 했다.

세계 각국은 곡물 가격 급등이 사회 불안으로 번지는 것을 막기 위해 필사적으로 식량 확보에 매달렸다. 특히 아시아 지역에서의 쌀은 국가 안보나 마찬가지여서 쌀 확보경쟁은 전쟁을 방불케 했다.

중국은 곡물 증산을 유도하기 위해 쌀·밀의 수매 가격 하한선을 높였고 쌀 수출을 억제하기 위해 관세를 부과했다. 세계 2위의 쌀 수출국인 베트남도 쌀 수출 통제조치를 연장했으며, 캄보디아도 2개월간 쌀 수출을 중단시켰다. 인도도 향료쌀인 바스마티 이외의 쌀 수출은 전면 중단했다. 필리핀은 해외에서 180~210만 톤의 쌀을 사와야 할 형편이지만 쌀 수출국들이 수출 물량을 대폭 줄여 식량 확보에 애를 먹자 쌀 소비를 줄이는 운동을 펼쳤다.

곡물 가격 상승으로 유엔의 식량 원조도 위기에 처했다. 조셋 쉬런 세계식량계획WFP 사무총장은 "식량을 필요로 하는 사람은 늘고 있지만 원조 능력은 떨어지고 있다. 식량 원조 규모 자체를 줄이거나 지원 대상을 축소하는 방안을 검토 중이다"라고 사태의 심각성을 전했다.

유엔에 따르면 국제 곡물 가격이 급등하는 바람에 개발도상국의 중산층까지 식량을 사지 못할 형편이 되면서 새로운 기아층으로 전락하여 식량 원조 수요가 더욱 급증했다고 한다. 유엔의 식량농업기구FAO는 오는 7월까지 세계 빈국들의 곡물 구매량이 2% 줄더라도 곡물 수입 비용은 오히려 35% 이상 증가한 331억 달러에 이를 것이라고 전망했다. 급기야 세계 80개국 7,300만 명에게 식량을 지원하는 세계식량계획WFP은 2008년 부활절에 보낸 서신에서 "오는 5월 1일까지 5억 달러가 모금되지 않으면 치솟고 있는 곡물 가격을 감당하기 어려워 개도국들에 대한 지원 규모를 축소할 수밖에 없다"며 각국 정부에 지원을 호소했다.

곡물업체 대호황

곡물 대란으로 지구촌에서 1억 명 이상이 심각한 기아에 직면한 위기 상황에서 다국적 곡물 메이저들은 유례없는 대호황을 누렸다. 가격 기준 판매량이 몇 갑절씩 증가하면서 수십억 달러의 이익이 생긴 것이다.

영국 일간지 〈인디펜던트〉에 따르면 종자 업체인 몬산토사는 2008년 2월까지 3개월 동안의 순이익이 11억 2,000만 달러에 달해 1년 전 같은 기간의 5억 4,300만 달러에 비해 2배 이상 증가했다. 다국적 곡물 메이저인 카길사도 같은 기간 순이익이 5억 5,300만 달러에서 10억 3,000만 달러로 크게 늘었다.

세계 최대 기초식량 가공회사인 아처 다니얼 미드랜드도 2008년 1/4분기 순이익이 5억 1,700만 달러를 기록하여 2007년(3억 6,300만 달러)보다 42% 증가했다. 영업이익은 2,100만 달러에서 3억 4,100만 달러로 16배나 증가했다. 미국 최대 달걀 생산업체인 칼 메인 푸드도 2007년 4/4분기 주당 순이익이 전년 대비 6배나 급등했다.

다국적 곡물 메이저가 막대한 이익을 챙긴 것으로 드러나자 이들의 투기에 대한 비난이 높아졌다. 장기적으로 전 세계 식량 수급에 불균형이 발생하고 있지만 단기간에 몇 배씩 가격이 폭등하여 전 세계를 식량위기로 몰아넣는 것은 다름 아닌 곡물유통업자의 사재기와 국제자금 유입 등 투기에서 비롯됐다는 것이다.

당시의 곡물 가격 급등 역시 다른 원자재시장과 마찬가지로 시장경제 원리인 수요·공급의 법칙으로는 해석하기 어려운 측면이 많았다. 한 해 사이에 쌀·밀 등의 가격이 두 배 가까이 치솟을 정도로 식량 생산이 감소하거나 인구가 급증하지 않았기 때문이다. 오히려 투기적인 요인이 크다는 게 설득력이 있었다. 신흥국 수요 증가와 바이오에탄올 등 다른 용도로의 전용에 따른 공급 부족으로 세계 곡물 재고량이 감소하자, 투기자본이 대거 유입돼 곡물 가격 상승에 불을 질렀다는 주장이었다.

시카고 선물거래소CBOT에서의 비상업거래 매수포지션이 3년 전에 비해 밀은 3배, 콩과 옥수수는 5배 이상 증가했다는 점은 투기세력이 얼마나 많이 유입됐는지를 잘 보여준다. 삼성경제연구소가 2007년 국제 밀 가격 급등 요인을 분석한 결과, 밀 가격 상승 기여율(100%)에서 투기 요인은 48.1%에 달했다.

과거에도 곡물 가격은 사실상 곡물 메이저에 의해 결정돼 왔다. 가격 담합 등 불공정 행위는 공공연한 비밀이다. 곡물 메이저들은 또 막대한 자금력을 바탕으로 시카고 선물거래소CBOT 등 선물시장에 개입해 가격을 조작해 왔다. 세계 곡물시장은 미국계 카길, ADM, 콘아그라 등 '7대 메이저'가 장악하고 있다. 이들은 또 곡물의 생산, 가공, 저장, 수송 등 전 과정을 완전히 통제하고 있다. 7대 곡물 메이저는 세계 곡물 교역량의 80%를 지배하고 있으며, 저장 능력은 75%, 수출 능력 56%, 밀 제분에서 69%를 각각 차지하고 있다.

예를 들어 카길의 경우, 67개국 1,100개 사업장에서 16만 명을 고용하여 세계 곡물시장의 40%를 지배하고 있다. 이들은 인공위성을 통해 전 세계 곡물의 작황을 분석하고 거미줄 같은 정보망을 이용해 획득한 정보로 이익을 극대화하고 있다.

또한 곡물 메이저들은 이익단체를 결성하여, 로비 등을 통해 규제를 피해가면서 세계 농업정책에 입김을 행사했다. 영국 사회단체 세계발전운동WDM의 베네딕트 사우스워스 대표는 "곡물 가격 상승으로 증가한 이익이 다국적 기업들에게 돌아갈 뿐 농부들에게는 흘러 들어가지 않고 있다"면서 "다국적 기업들의 행태가 매우 비도덕적"이라고 비난했다.

최고의 안전자산 미국 국채로의 쏠림 심화

안전자산을 잡아라

미국 국채TB는 대표적인 안전자산이다. 세계 제1위의 경제대국인 미국 재무부가 발행한 것이므로 가장 믿을 수 있는 금융상품이다. 2008년 들어 서브프라임 위기가 심화될 조짐을 보이자 미국 국채로의 쏠림현상이 심화되었다. 최후 보루인 미국 정부가 파산하는 일은 없을 것이라는 확신 때문이었다.

2007년도만 해도 국제 투자자본이 도피처로 삼은 것은 최고의 안전자산으로 꼽히는 미국 재무부 채권, 즉 국채國債였다. 2008년 초까지 미국 국채는 국제 투자자금이 쇄도하면서 큰 폭의 상승세를 보였다.

미국 경제에 대한 비관적인 신호가 많아질수록 미국 국채 가격은 올랐다. 2008년 새해가 밝기 무섭게 뉴욕 채권시장에서 미국 국채 가격은 수직 상승(수익률 하락)했다. 1월 4일 국채 2년물 수익률은 2.74%를 기록했다. 장중 한때 2.65%까지 떨어져 지난 2004년 후반 이후 최저 수준을 기록하기도 했다. 미국 국채 2년물 수익률은 2007년 12월 26일 3.10%에서 7거래일 만에 무려 0.36% 급락했다. 또 10년물 수익률도 연초 4%대가 깨진 데 이어 이날 3.86%포인트까지 떨어졌다.

전문가들은 주식 등 위험자산의 가치가 급락하고 있어서 안전자산인 국채에 대한 선호는 지속될 것이라고 전망했다. 채권 트레이더인 스튜어트 테일

러는 "경기둔화가 빠르게 진행되고 있다. 미국 국채 등 채권에 대한 선호 현상은 계속 높아질 것으로 전망된다"고 말했다. 일본 후코쿠 뮤추얼 생명보험의 오쿠모토 사토시 펀드매니저도 "미국 국채는 대표적인 안전자산이다. 채권 투자를 통해 리스크를 피하려는 것은 옳은 생각이다"라고 덧붙였다.

미국 재무부 채권의 선호 현상은 연방준비제도이사회의 전격적인 금리 인하로 더욱 빠른 속도로 진행되었다. 1월 22일 미국 국채 2년물의 수익률은 2.148%를 기록하며, 지난 2004년 4월 이후 가장 낮은 수준으로 떨어졌다. 이것은 이날 오전 연방준비제도이사회가 전격적으로 기준금리를 0.75%포인트 낮춘 데 따른 것으로 통화정책에 민감하게 반응하는 2년물 채권의 가격이 급등했다. 그 결과 국채 2년물 수익률과 10년물 수익률의 금리 차이스프레드는 1.38%포인트로 2004년 11월 이후 가장 크게 벌어졌다.

미국 국채의 가격 상승세는 2월에도 이어졌다. 연방준비제도이사회가 불과 8일 만인 1월 30일 기준금리를 추가로 0.5%포인트 인하해 3.0%로 결정한 데다 경기침체가 지속될 것이라는 전망이 더욱 힘을 얻었기 때문이다. 2월 3일 미국 국채 2년물 수익률은 7주 연속 하락하며 2.07%까지 떨어졌다. 전문가들은 이런 추세는 앞으로도 더 계속될 것으로 분석했다. 보스턴 소재 루미세일즈 본드사에서 168억 달러 규모의 채권펀드를 운용중인 캐서린 가프니

〈그래프 4-4〉 미국 국채 2년물 수익률 추이(단위: %, 일간)

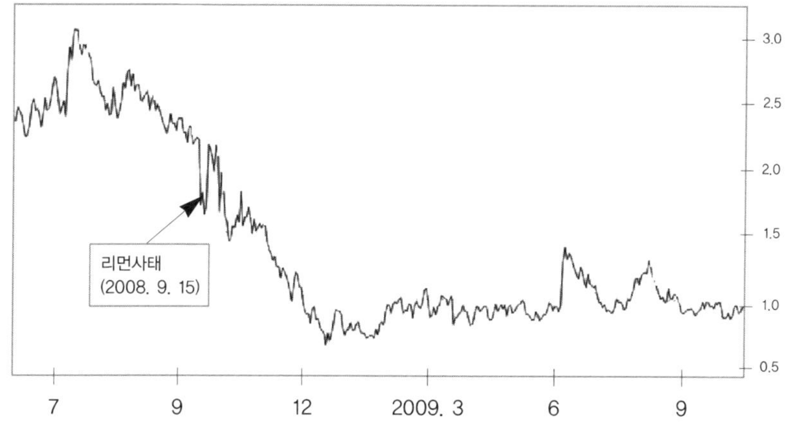

는 "FRB의 기준금리가 2.5%까지 떨어지면 TB 2년물 수익률도 1.9%대로 낮아질 것"이라고 예상했다.

2월 한 달 간 미국 국채 수익률은 2% 안팎에서 움직이며 안정상태를 보였다. 하지만 3월 들어 베어스턴스 사태가 불거지면서 금융시장이 요동치자 안전자산으로의 쏠림현상이 극에 달했고, 채권 가치는 더욱 폭등했다. 2년 만기 미국 국채 수익률은 3월 14일 0.19%포인트 하락한 1.43%를 나타냈다. 이 하락폭은 지난 1월 22일 연방준비제도이사회가 전격적으로 금리를 인하한 이후 최대치였다. 이로 인해 10년 만기 국채와 2년 만기 국채의 수익률 격차는 최근 4년래 최대치인 2.01%포인트까지 벌어졌다.

3월 14일 연방준비제도이사회가 베어스턴스에 대한 긴급구제금융을 지원하기로 결정한 데 이어 3일 뒤 재할인율을 0.25%포인트 인하하자 금융시장은 잠시 진정되는 듯 보였다. 하지만 헤지펀드의 줄도산 위기설이 부각되면서 국채시장이 다시 요동쳤다. 3월 19일 2년 만기 미국 국채 수익률은 1.46%까지 떨어졌고, 3개월 만기 수익률은 전날보다 무려 0.32%포인트 하락하여 0.56%를 기록했다. 이는 1958년 5월 이후 최저치였다.

채권시장 양극화

미국 국채에 대한 과도한 쏠림의 반대편에는 어두운 그림자가 짙게 드리웠다. 한때 고수익 투자상품으로 각광받던 정크본드junk bond는 말 그대로 허접 쓰레기Junk 취급을 받았다. 찾는 이가 사라지면서 시장은 개점휴업 상황을 맞았다.

2008년 1월 정크본드 발행액은 18년 만에 최저 수준으로 떨어졌다. 금융정보업체 톰슨파이낸셜에 따르면 1월 미국에서 발행된 정크본드는 8억 5,000만 달러로 1년 전의 10분의 1에 그쳤다. 유럽은 상황이 더욱 심각했다. 2007년 7월 이후 정크본드 발행이 단 한 건도 없었다.

정크본드와 미국 재무부 채권의 금리 격차도 벌어졌다. 미국 국채 10년물과 정크본드의 스프레드는 2007년 10월 4%포인트에서 7%포인트로 확대되었다. 2008년 1월 한 달에만 1.1%포인트가 추가로 벌어졌다. 스프레드는 2월에 8.6%포인트까지 높아졌다. 2007년 5월 2.5%였던 것에 비해 무려 6%포인트나 치솟은 것이다. 채권운용사인 TCW그룹의 마이클 팍스 펀드매니저는 "금리 수익을 노리는 투자자들은 TB와 정크본드의 가산금리를 기존 7%포인트에서 평균 10%포인트 이상 요구하고 있다"고 밝혔다.

정크본드는 신용등급이 낮아 회사채 발행이 불가능한 기업들이 발행하는 BBB등급 이하의 고위험 채권을 말한다. 정크본드의 추락은 채권시장의 양극화 심화로 기업들의 자금사정이 악화되고 부도 가능성도 그만큼 높아지고 있다는 것을 의미한다. 스위스계 대형은행 UBS에 따르면 2008년 들어 정크본드의 부도율은 8% 이상 치솟아서 지난 2002년 엔론 사태 때 11.2%까지 상승한 이후 가장 큰 폭으로 높아졌다. 부도율이 당시에는 미치지 못하지만 2007년 11월 당시 미국에서 발행되는 회사채의 51%가 정크등급 채권이라는 점에서 향후 파장에 대한 공포가 커졌다.

우려대로 정크본드의 부실 비율이 급등했다. 스탠더드앤드푸어스S&P는 2월 미국 정크본드의 부실 비율이 16.9%로, 1월의 11.1%에 비해 5%포인트 이상 상승했다고 발표했다. 이는 2003년 6월 이래 최고치였다. 부실채권 규모도 1,040억 달러로 늘어났다.

대출채권담보부증권CLO시장은 폐업이나 다름없었다. CLO는 은행의 대출채권을 한데 묶은 뒤 이를 자산유동화전문회사SPC에 매각하고 SPC는 이를 담보로 유동화증권을 매각하는 방식이다. 이로 인해 월가는 2,500억 달러 규모의 은행 대출과 고수익 채권을 신규 대출과 채권으로 갈아타지 못해 자금 압박이 심화되었다. 미국 지방 채권시장도 극심한 신용경색에 빠졌다. 연방준비제도이사회가 2008년 1월에만 두 차례 모두 1.25%포인트 기준금리를 인하했음에도 불구하고 지방채 수익률은 7%대로 치솟으며 혼란이 가중되었다. 안정하다고 사정은 다르지 않았다. 2월 29일 AAA 등급의 30년물 미국 지방채 수익률은 5.14%까지 치솟았다.

이처럼 지방채 수익률이 치솟으면서 지방 자치단체들의 자금조달 비용은 크게 증가하게 될 것으로 보이며, 일부에선 이미 채권 발행을 취소하는 사태가 발생하고 있었다.

　그동안 지방채 시장은 면세 채권이라는 점에서 헤지펀드, 외국인 투자자, 개인 투자자들을 대거 끌어 모았다. 그렇지만 2008년에는 무디스가 지방채의 부실(디폴트) 가능성은 0.1%에 그친다고 밝혔는데도 투자자들은 관심조차 두지 않았다.

　정크본드와 지방채 시장의 위축으로 신용등급이 낮은 기업, 지방 정부, 학자금 대출기관 등은 자본 조달 코스트가 급등하는데다 이자율까지 상승하는 이중고에 시달리게 되었다.

　지방채 가격이 폭락하면서 투자자들이 큰 손해를 입었다. 콜로라도의 지방채 전문 헤지펀드 블루 리버 애셋 매니지먼트는 운용 중이던 1억 1,000만 달러 규모의 펀드가 80%의 손실을 입자 펀드 폐쇄를 결정했다. 그룹 산하 6개 지방채 헤지펀드가 최대 90%의 손실을 기록하자 시티그룹은 2008년 3월 두 차례에 걸쳐 10억 달러의 유동성을 지원했다. 시티그룹의 스미스바니 부문 대변인인 알렉스 사무엘슨은 "일부 펀드들의 가치가 크게 하락하여 큰 손실이 발생했다. 최악의 신용시장 위기가 이러한 결과를 낳았다"고 설명했다.

엔화 강세 … 달러 약세의 역설

　미국 국채 TB와 함께 엔화 수요도 급증했다. 글로벌 금융시장이 혼란에 빠져 들면서 투자자들이 선호하는 통화 가운데 하나로 엔화가 부각된 것이다. 이는 지난 수년간 낮은 금리의 엔화를 빌려 금리가 높은 국가의 자산에 투자했던 캐리트레이드 물량이 청산되고 있음을 의미했다. 그러나 미국 국채와 일본 엔화가 강세를 보인 것과는 반대로 미국 달러화는 약세를 벗어나지 못했다. 2007년 7월 월가발 서브프라임 위기가 불거진 이래 2008년 3월말까지 달러화는 지속적인 하락세를 나타냈다. 이후 잠시 강세를 띠던 달러화는 9월 리먼브라더스 파산 사태를 계기로 다시 엔화에 대해 약세로 전환했다.

2008년 1월 16일 도쿄 외환시장에서 엔화는 미국 달러화에 대해 지난 2005년 5월 이후 가장 높은 수준인 달러당 105.97엔에 거래되었다. 연초 달러당 111.65엔에 출발했던 엔화가 불과 보름 만에 5%이상 급등한 것이다.

1월 22일 연방준비제도이사회가 큰 폭으로 미국 내 기준금리를 내리자 엔화는 더욱 가치가 상승했다. 22일 엔화는 달러당 105.63엔까지 치솟았다. 일본은행이 기준금리를 0.5%에서 동결한 가운데 연방준비제도이사회가 기준금리를 0.75%포인트 내린 영향으로 두 나라 간의 금리차가 확대되면서 엔화에 매수세가 몰린 것이다.

2월 말에 엔화는 달러당 103.74엔에 거래되었다. 그러나 3월 13일 엔-달러 환율은 1995년 11월 이후 처음으로 1달러당 100엔 선이 무너져 장중 99.78엔까지 떨어진 데 이어 3월 14일에는 98.90엔까지 떨어졌다.

엔화의 상승세는 여기에서 그치지 않았다. 3월 17일 베어스턴스 위기로 뉴욕 금융시장이 극심한 혼란에 빠지자 장중 95엔 선까지 상승했다. 엔화가 가파르게 상승하자 일본 외환당국이 개입하지 않을 경우 1달러당 90엔까지 치솟을 것이라는 우려가 나왔다.

〈그래프 4-5〉 미국 달러-엔 환율 추이(단위: 달러당 엔)

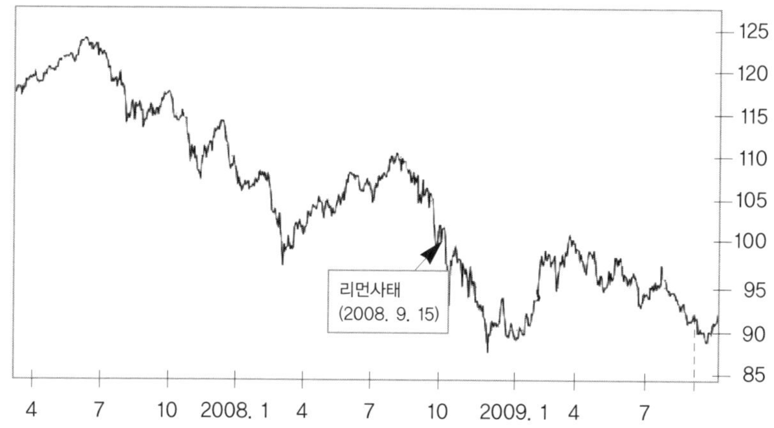

　당시 세계 경제에 대한 위기감이 심화되면서 최고의 안전자산으로 꼽히는 미국 국채에 대한 수요의 증가에도 불구하고 달러가 약세를 보였던 이유는 무엇일까. 미국 국채를 사기 위해서는 이에 필요한 달러에 대한 수요가 늘고 따라서 달러는 다른 통화에 대해 강세를 띠기 마련인데 반대 현상이 나타난 것이다.

　독불장군 같은 달러화의 행보는 당시 투자자들 사이에 금융위기의 파괴력이 어느 정도인지 가늠할 수 없었기 때문으로 분석된다. 2008년 상반기만 하더라도 서브프라임 부실로 비롯된 금융위기가 대공황 이후 최악의 상황으로 치달을 거라고는 아무도 생각하지 못하고 있었다. 일부 비관론자들을 제외하고는 아직 국제 금융시장과 상품시장은 미국 국채 이상의 투자수익률을 보장해 줄 것이란 기대가 있었다.

　외환시장에서 각국 통화 간 환율을 결정하는 요인은 다양하다. 미국 국채 수요가 늘었다고 해서 반드시 달러화가 강세를 유지할 것이라고는 단정지을 수는 없는 것이다. 때문에 기조적 달러화 약세 흐름이 금융위기 초기 단계까지 이어진 것으로 해석할 수 있다. 2008년 초 미국 뉴욕 증시의 주가 폭락으로 국제 투자자금이 대거 미국시장을 벗어나는 엑소더스가 벌어졌고 이는 달러화의 약세와 엔화의 상대적인 강세로 나타난 것이다.

　아울러 미국 국채가 아니더라도 국제 투자자본의 입장에서는 금, 원유 등 국제 원자재시장은 아직 유망한 투자처로 건재해 있었다. 다시 말해 국제 외환시장에서 전반적인 달러 강세가 나타나기에는 아직 투자처가 분산돼 있었던 것이다. 미국 국채 수익률이 겨우 연간 1~2% 수준(1년물 기준)에 그치고 있는 상황에서 단 한 번의 거래로 수십~수백%의 수익률을 보장해주는 국제 원유시장과 곡물시장 등 원자재시장은 폭락하는 주식시장에서 빠져나온 국제 투기자본들에게 안성맞춤의 '놀이터'였던 셈이다. 최소한 그해 9월 15일 리먼브라더스 파산과 메릴린치 매각으로 미증유의 금융대공황이 터져 국제 원자재시장마저 완전히 마비되기 전까지는 국제 금융시장에 아직 '먹을 것'이 남아있었던 것이다.

5장

대 파국

패니메이, 프레디맥의 붕괴

대공황의 결정적 계기

역사적인 금융대공황의 시작은 2008년 가을 찾아왔다. 9월 14일 밤(현지시간) 월가 굴지의 투자은행 메릴린치가 뱅크오브아메리카에 전격 매각되었다. 그 다음날인 15일 리먼브라더스가 파산보호를 요청했고 그 이후에 절차를 거쳐 공중분해되었다. 전문가들은 9월 15일을 월가의 금융시스템이 붕괴한 날, 즉 금융위기의 출발일로 꼽는데 주저하지 않는다.

1년 전부터 서브프라임 사태로 균열이 가기 시작한 세계금융 체제는 곧 바로 파국을 맞지는 않았다. 몇 번의 조정과정을 거치며 부침을 거듭하다 가 결국 2008년 9월 더 이상 손을 쓸 수 없는 대파국으로 접어들었다. 그 파국의 바로 직전에는 패니메이와 프레디맥이라고 하는 모기지대출의 최 후 방어벽이 한 순간에 무너져 내리는 경악스런 사태가 연출되었다. 무한 대의 욕망을 추구해 온 거대한 바벨탑이 붕괴되기 위해서는 기왓장이 날 아가고 한 쪽 벽이 금가는 정도가 아니라 주춧돌과 기둥이 송두리째 뽑혀 져 나가고 들보가 무너져 내리는 보다 결정적인 계기가 필요했던 것이다.

2008년 9월 7일 미국 재무부는 국책 모기지업체인 패니메이와 프레디맥 에 대해 역사상 최대 규모의 긴급지원자금을 투입한다고 발표했다. 그리고 이들 두 회사를 정부 관리체제로 전환한다고 발표했다. 사실상의 구제금융 제공이었고 국유화 조치였다.

이날 미국 재무부가 밝힌 두 업체에 대한 '정상화 계획'은 재무구조 개선을 위해 각 1,000억 달러씩, 최대 2,000억 달러를 투입해 선순위 우선주를 매입하는 한편 시장에서 이들이 발행한 모기지유동화증권을 직접 매입해 시장 안정에 나선다는 내용이었다. 또한 당시까지 민간기업이었던 두 모기지 회사의 경영은 앞으로 연방주택금융지원국FHFA이 직접 맡아서 관리하고 기존 경영진은 모두 교체하기로 결정했다.

이날 기자회견에서 헨리 폴슨 재무장관은 "두 회사의 규모가 워낙 크고 금융시스템과 밀접하게 얽혀 있어 둘 중 하나라도 무너지면 미국은 물론 세계적인 금융시장에 심각한 혼란을 야기할 수 있다"며 비상대책의 배경을 밝혔다. 그는 이어 "이번 대책은 현재 금융시장에서 두 업체가 직면한 구조적 위험으로부터 시장과 납세자들을 보호하기 위한 최선의 조치"라며 "두 공기업은 정부의 관리감독 아래 들어가므로 더 이상 주주의 이익을 극대화하는 방향으로 경영할 필요가 없어졌다"고 설명했다.

미국 재무부의 정상화 계획에 따르면 우선 1차로 며칠 안에 각 10억 달러씩, 20억 달러를 투입해 기존의 우선주보다 우월한 권리가 보장되는 '선순위 우선주'를 매입하고 이 주식에 대해서는 연 10%의 금리를 적용해 배당을 받기로 했다. 기존의 보통주와 우선주에 대해서는 배당이 중단되므로 기존 주식은 휴지조각이 될 공산이 커졌다.

이와 함께 재무부는 패니메이와 프레디맥의 자산포트폴리오 구성에서 주택대출을 담보로 한 채권 규모를 2009년 말까지 8,500억 달러로 낮추고, 이 규모가 2,500억 달러가 될 때까지 매년 10%씩 추가 감축하기로 했다. 또 이들 모기지업체와 12개 연방 주택대출은행의 단기자금을 지원하고 채권시장에 직접 개입해 모기지담보증권을 사들이기로 했다. 이 당시 패니메이와 프레디맥의 부채는 1조 5,000억 달러에 이르고, 보유하거나 보증한 모기지 규모는 5조 달러, 모기지 관련 리스크 헤지를 위해 다른 기관들과 맺은 계약은 2조 달러가 넘는다는 분석이 나왔다.

이날 벤 버냉키 연방준비제도이사회 의장도 성명을 통해 "패니메이와 프레디맥의 경영권을 정부가 직접 통제하기로 한 재무부의 조치를 강력히

지지한다"고 밝혔다. 물론 그는 이 조치가 나오기 전에 워싱턴에서 폴슨 재무장관과 록하트 FHFA 국장을 만나 두 모기지업체의 정상화 방안에 대해 미리 논의했었다.

빗나간 폴슨의 '바주카포'

당시 패니메이와 프레디맥의 국유화는 사실상 모기지대출의 최후 보루가 무너진 것을 의미했다. 두 업체가 국유화된 것은 두말 할 필요도 없이 2008년 상반기 서브프라임 사태로 인한 부실이 지속적으로 누적되었기 때문이다.

2006년 7월 이후 집값이 곤두박질치면서 두 업체의 손실은 눈덩이처럼 불어나서 2008년 상반기에만 200억 달러의 손실이 쌓였다. 장부에 올리지 않은 것까지 합하면 손실 규모는 이보다 몇 배 더 많다는 게 월가의 시각이었다. 일부에서는 손실이 1조 달러에 달할 것이라는 분석도 나왔다.

처음에 미국 정부는 두 업체를 국유화하는 대신 비상자금을 빌려주는 쪽을 선택했다. 국유화하면 이 회사의 주식을 대량으로 보유하고 있는 월가 금융회사들과 지방은행들의 연쇄적인 부실이 우려되고, 그냥 방치하면 모기지시장의 붕괴를 가져올 수 있기 때문에 어중간한 미봉책을 선택한 것이다. 패니메이와 프레디맥의 부실이 확대되던 7월 중순 미국 의회는 재무부가 두 회사에 비상시 지원할 수 있는 크레디트 한도를 22억 달러에서 200억 달러로 늘려주었다. 그러나 이 1차 대책만으로는 부실의 늪에 빠진 두 회사를 구할 수 없었다.

패니메이와 프레디맥의 운명을 불안하게 지켜보던 외국 금융회사들이 먼저 동요하기 시작했다. 민영업체인 두 회사를 국유화하면 기존 주식은 감자로 헐값이 되거나 휴지조각이 될 것이라는 우려가 강하게 작용했기 때문이다.

1차 대책이 나온 지 얼마 지나지 않아 1년 전부터 중국은행BOC이 패니메이와 프레디맥의 채권을 대량으로 처분한 사실이 드러났다. 중국은행은

2008년 8월 말까지 근 한 달간 보유물량 61억 달러 가운데 75%인 46억 달러어치를 팔아치웠다. 다른 외국 금융회사들도 비슷한 시기에 패니메이와 프레디맥의 채권 147억 달러를 처분한 것으로 파악되었다. 그 결과 8월 18, 19일 단 이틀 동안 프레디맥과 패니메이의 주가는 각각 20% 이상 폭락했다. 연초부터 계산하면 각각 69%, 74% 폭락한 것이다. 8월 29일 또 두 회사의 주가가 폭락해 프레디맥은 14.5%, 패니메이는 13.96% 빠졌다.

미국 정부가 처음에 두 회사의 국유화를 미적거렸던 것은 헨리 폴슨 재무장관의 입김이 강하게 작용했다는 후문이다. 그는 7월 1차 구제책 발표를 앞두고 의원들에게 "필요하면 언제라도 쓸 수 있는 바주카포로 무장할 수 있게 해 달라"며 두 모기지 기관에 대한 지원책의 법제화를 촉구했다. 그는 자본 투입 대신 급전을 빌려주는 방안을 제시하며 "내가 물총이 아니라 바주카포(대규모 공적자금 투입)를 갖고 있다는 것을 시장이 알면 그것을 굳이 쓸 일이 생기지도 않을 것"이라고 장담했다. 비상 시 패니메이와 프레디맥이 끌어 쓸 수 있는 자금 한도를 늘려주면 시장의 신뢰가 높아져서 굳이 대규모 자금 투입이 필요 없게 된다는 논리였다.

그러나 외국 투자자들이 주식·채권을 가리지 않고 대규모 투매를 벌이는 상황에서 폴슨의 바주카포 한두 방으로는 역부족임이 곧 증명되었다. 신용 확대책과 함께 두 달 후인 9월 7일에 패니메이와 프레디맥에 대해 2,000억 달러의 구제금융을 발표했지만 월가의 금융 혼란은 진정되지 않았으니 말이다.

이와 관련하여 세계 최대 채권투자회사 핌코의 모하메드 엘−에리언 공동 최고경영자는 금융위기가 한창 진행되던 9월 18일 폴슨의 바주카포 발언에 빗대어 "미국의 금융시스템이 정상화되려면 동시에 발사할 수 있는 바주카포 4개가 필요하다"고 언급했다. 그가 말한 '4개의 바주카포'는 금융권의 유동성 확대, 주요 금융사에 대한 자본 투입, 과도한 디레버리지(부채 축소 또는 자산 매각)의 중단, 감독정책의 개혁 등이었다. 그는 이 같은 4가지 바주카포가 동시에 발사되지 않으면 문제는 해결되지 않을 것이라고 강조했다.

중산층 최후의 보루

패니메이와 프레디맥은 모기지대출업체들과 은행들이 주택 구입자들에게 빌려 준 채권을 다시 사들이는 방식으로 주택시장에 자금을 공급하는 역할을 해왔다. 모든 대출증권을 구매한 것은 아니지만 그 증권이 2차 시장에서 안정적으로 유통될 수 있게 함으로써 모기지대출이 쉽게 이루어지도록 촉진시키는 기능을 한 것이다. 한 마디로 주택자금 공급의 최후 병참 기지 역할을 한 셈이다. 한국으로 치면 외환위기 이후 2004년 3월에 설립된 주택금융공사가 여기에 해당한다.

그러나 두 기관은 한국의 주택금융공사와는 소유 구조가 근본적으로 달랐다. 한국의 주택금융공사는 정부 소유지만 패니메이와 프레디맥은 뉴욕증권거래소에 상장된 민간기업이다.[*] 그럼에도 불구하고 두 회사 모두 공기업으로 분류되어 왔다. 이는 미국 정부가 직접적으로 보증하지는 않지만 암묵적인 보증이 있다고 여겼기 때문이다. 미국의 주택금융법에는 '패니메이 등의 채권은 미국 정부가 보증하지 않는다'고 명시되어 있다. 하지만 미국 정부는 민영화 이후에도 두 회사에 이사를 선임해 왔고, 채권 발행 때 재무부의 승인을 받게 하는 등 운영에 깊숙이 관여해 왔다. 이로 인해 두 회사는 다른 업체들과 달리 명칭 앞에 항상 '국책 모기지업체' 라는 수식어가 붙었다. 사실 이 두 회사와 관련된 주택저당채권은 당시 미국시장(12조 달러)의 절반에 가까운 약 5조 3,000억 달러(한국의 5년 치 GDP에 해당)에 달했다. 당연히 위기 시에는 미국 정부가 반드시 공적자금을 투입해서라도 살

---

[*] 패니메이(Fannie Mae: FNMA)는 1938년 2월 대공황의 여진이 채 가시지 않은 시점에서 주택경기를 부양하기 위해 미국 의회에 의해 설립되었다. 설립 초기 미국 연방주택국(FHA: Federal Housing Administration)이 보증하는 대출증서를 매입하면서 30년간 주택모기지 유동화시장을 독점하다가 1968년에 민영화되었다. 패니메이는 2000년 현재 총자산 6,750억 7,200만 달러, 매출액 440억 8,890만 달러이며 본사는 워싱턴 D. C.에 있다. 프레디맥(Freddie Mac) 역시 1970년에 미국 의회의 설립 허가를 받아 패니메이에 맞서는 경쟁회사로 설립된 연방주택담보대출공사(FHLMC: Federal Home Loan Mortgage Corporation)가 전신이다. 프레디맥은 버지니아 주 매클린에 본사를 두고 있으며 2000년 현재 총자산이 4,592억 9,700만 달러, 매출액은 299억 6,900만 달러였다.

릴 수밖에 없는 회사라는 인식이 일반에 널리 자리 잡았다.

두 회사는 설립 이후 경제 상황이 나빠져 모기지대출 연체가 늘면 순이익이 일시적으로 줄기도 하고, 2002년엔 회계 부정 사건이 발생하기도 했으나 40여 년 동안 그럭저럭 순항해 온 것으로 평가된다. 특히 호황기에는 주택 소유를 통해 미국 중산층을 늘리는 놀라운 장치이자 중산층 최후의 보루라는 찬사를 받기도 하였다. 서브프라임 사태가 터지기 전에도 미국 중산층 이하 서민들은 수년간 20년이나 30년짜리 장기 주택담보대출을 받아 내집을 마련할 수 있었다.

그러나 두 회사는 2008년 들어 급속히 부실화되면서 세계적인 골칫거리로 부상했다. 2008년 상반기 동안 두 회사에 투자하고 있던 각국 중앙은행이나 금융회사들은 점차 불안감이 커지자 이 회사들이 발행한 채권 보유량을 줄이거나 미국 국채로 바꾸었다. 〈로이터통신〉이 전한 바에 따르면 러시아도 이 회사들의 채권을 처분한 것으로 알려졌다. 2008년 초 보유 외환의 6분의 1이 넘는 1,000억 달러 이상을 페니메이와 프레디맥 및 미국 연방주택대출은행 채권으로 보유하다가 상반기 동안에 40% 가량을 처분했다는 것이다. 당시 한 조사에 따르면 패니메이와 프레디맥에 투자한 전 세계 기관 투자자는 각각 563개사와 460개사로 파악되었다. 투자액도 한국은행의 380억 달러 등 전 세계 기관 투자가들이 모두 1조 5,000억 달러어치의 채권을 갖고 있는 것으로 드러났다. 이는 두 회사가 '국책 모기지 회사'여서 이들의 채권도 미국 국채처럼 떼일 염려가 없을뿐더러 수익률이 국채보다도 높았기 때문이다.

하지만 2008년 9월 두 업체가 국유화되자 이들 회사의 채권을 보유하고 있던 아시아 등 일부 국가들은 '믿는 도끼에 발등을 찍힌 격'이 되었다. 미국 정부의 부정에도 불구하고 보유 채권이 디폴트 될 수 있다는 우려가 커졌기 때문이다. 이로 인해 일각에서는 패니메이와 프레디맥의 급작스런 국유화는 '제2의 서브프라임 사태'로 비화될 수 있다는 우려가 나오기 시작했다. 모기지대출 최후의 보루가 붕괴된 상태에서 글로벌 금융위기의 시한폭탄은 째깍째깍 마지막 임계점을 향해 치닫고 있었다.

리먼브라더스 파산, 메릴린치 매각

메릴린치 '역사 속으로'… 48시간 만에 팔렸다

대공황 이후 80년 만에 금융대공황이 발발한 2008년 9월 14~15일 주말은 역사의 한 페이지를 장식할 날이라고 할 수 있다. 위기의 정점에서 월가 굴지의 투자은행들이 줄줄이 무너졌기 때문이다. 94년의 역사를 가진 월가 3위의 투자은행(혹은 증권사) 메릴린치가 전격 매각됐고, 그 몇 시간 후에는 4위 투자은행 리먼브라더스도 파산을 선언하는 비운을 맞았다.

또 그 다음날에는 미국 최대 보험사인 AIG마저 대규모 공적자금을 받아 사실상 국유화되었다. 이것은 패니메이와 프레디맥에 대한 구제금융 조치가 나온 지 딱 일 주일만의 일이었다. 이로 인해 월가뿐 아니라 전 세계 금융시장이 아연 충격과 공포에 휩싸였다. 그 동안 설마설마했던 시스템 위기가 정말 현실화된 것이다.

2008년 9월 14일 일요일 밤(현지시간), 〈월스트리트저널〉과 〈블룸버그통신〉 등 외신들은 일제히 미국 3위 투자은행인 메릴린치가 상업은행인 뱅크오브아메리카에 주당 29달러, 총 500억 달러(나중에 440억 달러로 수정)에 전격 매각됐다고 보도했다. 그 이튿날 아침 유동성 위기에 몰린 리먼브라더스도 새 주인을 찾지 못하고 연방파산법원에 파산보호(Chapter 11)를 신청했다는 소식이 전해졌다.

〈월스트리트저널〉에 따르면 9월 14일 저녁 메릴린치와 뱅크오브아메리카는 긴급이사회를 열고 두 회사 간의 합병안을 최종 승인했다. 협상 시작 48시간만의 초고속 결정이었다. 이에 따라 94년 역사의 메릴린치는 하루아침에 문을 닫게 되었다. 메릴린치는 월요일인 15일 오전 8~9시 사이 출근중인 직원들에게 이 사실을 알리고 언론에도 공식 발표했다.

메릴린치의 매각 가격인 주당 29달러는 전거래일 마감가인 17.05달러에 70%의 프리미엄을 붙인 가격이지만, 2007년 초에 기록한 최고가에 비해서는 절반 수준에 불과했다. 이날 역사의 뒤안길로 사라진 메릴린치는 간신히 파산 위험에서 벗어났으나 6만여 명에 이르는 직원들은 대규모 감원이 불가피해졌다. 존 테인 회장도 회사 합병작업이 끝나면 물러나기로 했다. 2007년 10월 서브프라임 모기지 손실의 책임을 지고 물러난 스탠리 오닐 회장의 뒤를 이어 취임한 테인 회장은 그동안 싱가포르 국부펀드인 테마섹과 한국투자공사KIC 등으로부터 60억 달러 이상의 자금을 수혈 받고 2008년에도 306억 달러의 자산담보부증권을 론스타에 매각하는 등 자구책을 추진해왔다. 그러나 손실이 지속되고 주가가 폭락하자 더 이상 버티지 못하고 두 손을 들 수밖에 없었던 것이다.

이와 관련하여 미국 연방준비제도이사회는 9월 15일 악화하고 있는 신용경색을 막기 위해 투자은행 등 금융회사에 대한 대출 프로그램을 2,000억 달러로 긴급 증액하기로 결정했다.

이날 세계 최대의 보험그룹인 AIG도 브리지론 방식으로 연방준비제도이사회에 400억 달러의 긴급 대출을 요청했다.

메릴린치와 뱅크오브아메리카의 합병은 리먼브라더스가 매수자를 찾는 과정에서 전격적으로 이루어진 것으로 알려졌다. 당초 파산 위험이 더 높게 평가된 것은 리먼브라더스였다. 메릴린치 경영진은 리먼이 파산하면 가장 심각한 타격을 입을 것으로 전해지자 금요일부터 끌어 온 뱅크오브아메리카와의 매각 협상을 48시간 만에 전격적으로 타결 지은 것이다. 어차피 쓰러질 것이라면 하루라도 빨리 좋은 조건으로 회사를 처분하는 편이 낫다는 판단이었다. 메릴린치는 3분기 중에 68억 7,000만 달러의 손실을 볼 것이라는 전망이 나오면서 합병 발표 전 일주일 사이에 주가가 35%나 폭락했다. 경쟁자

이자 동업자이기도 한 리먼브라더스가 생사의 갈림길에 서자 남의 일이 아닌 것처럼 다급해진 메릴린치가 재빨리 인수자를 가로챈 것이다. 이러한 가로채기와 짝 바꾸기는 자본주의 정글에서 빈번이 일어나는 일이었다.

그동안 리먼브라더스와 인수 협상을 벌여 온 뱅크오브아메리카도 협상이 무산되자 메릴린치를 인수하는 쪽으로 전격 방향을 틀었다. 연방준비제도이사회의 자금 지원이 없는 조건이라면 리먼브라더스보다는 메릴린치가 더 구미가 당겼던 것이다. 협상 막바지에 모건스탠리도 메릴린치의 인수자로 검토됐으나 메릴린치가 빠른 결정을 압박하자 충분한 시간을 갖지 못한 것으로 전해졌다. 티모시 가이트너 재무부장관 등 정부 당국자들도 금융시장의 붕괴를 막기 위해 메릴린치에게 회사 매각을 적극 권유했던 것으로 전해졌다.

'월가의 왕따' 리먼브라더스의 운명

리먼브라더스는 2008년 3월 베어스턴스 파산 이후 가장 먼저 타격을 입을 월가 투자은행 1순위로 꼽혔다. 리먼브라더스는 7월 11일 인디맥 방코프 파산 이후 모기지 관련 부실이 누적되어 3분기 손실이 40억 달러에 가까웠다. 이를 감지한 리먼 경영진이 매수자를 찾아 나섰으나 아무런 성과 없이 결국 '월가의 왕따'로 전락해 버렸다.

리먼브라더스의 파산은 9월 들어 인수 협상을 벌여온 뱅크오브아메리카와 영국 3위 은행인 바클레이즈, 그리고 한국산업은행이 협상 막판에 인수를 포기해버린 것이 결정타였다. 파산 직전 금요일까지만 해도 뱅크오브아메리카는 리먼의 가장 유력한 인수자로 지목됐다. 그러나 미국 정부는 패니메이와 프레디맥의 국유화 이후 더 이상 민간업체를 살리는 데 공적자금을 투입할 수 없다는 입장을 고수했다. 뱅크오브아메리카와 바클레이즈는 미국 정부가 리먼의 잠재 부실채권에 대한 보상을 보장하지 않으면 이사회 승인을 받을 수 없다고 버텼다. 리먼의 잠재 부실 규모는 베어스턴스와 비숫한 300억 달러 정도로 추정됐다. 협상에 실패한 리먼브라더스 홀딩스 이사회는 9월 15일 월요일 마침내 백기를 들고 파산보호를 신청했다. 158년 역사의 리먼브라더스가 무너지는 역사적인 순간이었다.

리먼브라더스 파산 사태는 금융위기에 대한 시장의 인식을 '정말 그렇게 되지 않을까'하는 반신반의의 우려가 실제로 현실화한self-fulfilling 사건이었다. 지금까지 영국 노던록은행 파산(2007. 9)과 컨트리와이드 파이낸셜 매각(2008. 1), 베어스턴스 파산(2008. 3), 인디맥 뱅코프 파산(2008. 7), 미국 연방준비제도이사회의 패니메이 · 프레디맥 공적자금 투입(2008. 9) 등의 사건이 도미노 무너지듯 터졌지만 그 충격은 리먼브라더스 사태 때만 못했다.[*]

리먼의 파산 원인에 대해서는 여러 가지 이유가 제시되었다. 영국 런던 그리섬칼리지의 석좌교수인 애비나시 퍼소드는 9월 16일자 〈파이낸셜타임스〉 기고문에서 "미국 정부가 금융시스템을 구하기 위해 리먼브라더스를 포기했다"고 분석했다. 베어스턴스의 경우 일시적 유동성 위기가 문제였던 데 비해 리먼은 부채가 자산을 초과하는 '지급 불능 상태'였다는 것이다.

또 리먼에 대한 자금 지원이 법적으로 불가능했다는 얘기도 나왔다. 한마디로 자금 지원을 받을 만한 담보가 거의 없었다는 것이다. 헨리 폴슨 미국 재무장관은 나중에 언론과의 인터뷰에서 "리먼의 파산 효과를 과소평가했다"고 시인하면서도 당시 리먼을 지원하지 않은 것은 "자산 구조에 큰 구멍이 나 있었고 자금을 지원해서라도 리먼과 바클레이즈의 거래를 성사시키려고 했지만 법적으로 불가능했다"고 언급했다. 또한 리처드 풀드 CEO의 대처가 너무 늦게 이루어져서 정부도 손을 쓸 수 없게 됐다

---

* 2009년 5월 미국 경제전문지 〈포춘〉의 집계에 따르면 리먼브라더스의 파산은 당시 자산 규모 6,910억 달러에 달하는 미국 역사상 최대 규모의 파산이었다. 이 조사에서 역대 2위 파산 기업으로는 그해 9월에 리먼과 같이 파산한 워싱턴뮤추얼(3,279억 달러), 3위로는 2005년 76억 달러에 버라이즌커뮤니케이션스(미국 최대의 정보통신회사)로 넘어간 통신업체 월드컴, 4위에는 정부의 막대한 구제금융에도 불구하고 2009년 6월 결국 파산을 선언한 미국 최대 자동차업체 GM 등이 꼽혔다. 이밖에도 2001년 미국 역사상 최대 회계 부정 사건으로 유명한 엔론이 5위, 2002년 파산한 생명보험회사 콘세코가 6위, 금융위기 와중에서 2009년 5월에 쓰러진 미국 제3위 자동차업체 크라이슬러가 7위, 2008년 4월에 쓰러진 모기지업체 손버그모기지가 8위, 2001년 파산한 에너지 기업 퍼시픽가스앤드일렉트릭(PG&E)이 9위, 1987년 무너진 정유사 텍사코가 10위에 각각 이름을 올렸다.

는 지적도 나왔다. 무리한 사업 확장으로 서브프라임 사태 이후 신용위기로 큰 타격을 입고도 신속한 대처를 하지 않은 것이 원죄라는 것이다. 리먼브라더스 상장 후 14년 만에 처음 분기 적자를 기록한 6월 이후 그는 한국산업은행, 뱅크오브아메리카 등 국내외 투자자들로부터 자금조달에 매진했지만 소기의 성과를 거두지 못했다.

〈파이낸셜타임스〉는 특히 리먼 경영진의 독단과 탐욕이 침몰을 자초했다는 평가를 내놓았다. 1994년 회사가 아메리칸익스프레스로부터 분리되면서 최고경영자로 선임된 리처드 풀드는 사업 영역을 투자은행과 주식 중개 사업으로 확장해 승승장구했지만 위기 막판에 리먼의 운명을 너무 과신했다는 것이다.

1969년에 입사하여 오랫동안 '리먼 맨'으로 일해 온 풀드는 초기 성공에 너무 도취한 나머지 2005년 이후 무리하게 차입금을 늘려 파생상품 등 위험자산에 대한 투자와 외연 확장에 주력했다. 위기 직전 3년 동안 2억 4,000만 달러를 보수로 챙기며 '행운의 사나이'로 통했던 그는 〈월스트리트저널〉이 '리먼 부도설'을 전한 8월 이후에도 투자자들에게 "금융시장의 최악은 지나갔다고 본다. 지금으로선 망할 수 없다"고 호언장담했다.

또한 부하 직원들에 대해 강한 충성심을 요구하는 군대식 리더십이 잘못된 것이었다는 비판도 나왔다. 결국 그는 회사가 파산하면서 헨리 폴슨 미국 재무장관, 앨런 그린스펀 전 연방준비제도이사회 의장 등과 함께 나

＊＊ 리먼의 파산에 대해서는 아직도 미국 정부가 그렇게 처리하지 않았어야 했다는 평가가 나온다. 그랬더라면 금세기 최악의 금융위기도 없었을 것이라는 해석이다. 2008년 3월 리먼보다 작았던 베어스턴스는 연방준비제도이사회의 자금 지원을 통해 JP모건체이스에 매각돼 살았고, 부실이 천문학적 규모였던 AIG와 시티그룹 역시 불과 며칠 뒤에 정부의 지원을 받아 숨을 돌렸으니 말이다. 그러나 장 클로드 트리셰 유럽중앙은행 총재는 2009년 9월 14일에 "1년 전 리먼브라더스를 구제했더라도 금융위기가 심화되는 것을 막을 수 없었을 것"이라고 말했다. 그는 CNBC와의 회견에서 "금융위기의 방아쇠였던 리먼을 구제했더라도 또 다른 방아쇠가 나올 수밖에 없었다. 설사 리먼을 구제했더라도 당시 문제를 가진 또 다른 금융사가 나왔을 것"이라고 강조했다. 리먼 사태 막판 대책회의에 참석했던 한 인사는 리먼이 연계된 100만 건의 역외 파생상품 거래의 충격을 어떻게 최소화할 수 있느냐가 초점이었다고 회상했다. 당시의 충격은 3조 6,000억 달러에 달하는 머니마켓에 지각 변동을 일으키는 엄청난 것이었다고 그는 덧붙였다.

중에 〈타임〉이 꼽은 '금융위기를 불러 온 10명의 장본인' 가운데 1위로 꼽혔다. 10년 전 롱텀캐피털 매니지먼트 사태 때 회사를 구한 영웅으로 칭송받았던 그가 결과적으로 회사를 멸망의 구렁텅이로 빠뜨린 것은 일종의 아이러니였다.**

월가를 휩쓴 '파산 도미노' 공포

메릴린치가 매각되고 리먼이 해체되는 비운을 맞자 뉴욕 월스트리트에는 1930년대 대공황 이후 최악의 공포가 엄습해 왔다. 두 회사와 거래했던 금융사들은 물론 다른 한계 금융사들까지 도미노 파산이 우려되면서 월가는 최악의 혼란 속으로 빠져 들었다. 특히 신용등급 강등 위기에 몰린 미국 최대 보험회사 AIG가 14일 밤 연방준비은행에 400억 달러의 '브리지론'을 요청했다는 소식이 전해지면서 파산에 대한 공포는 금융권 전체로 확산되었다. '리먼이 인수자를 못 찾고 파산될 정도인데, 그보다 자본구조가 약한 중소금융회사나 지방은행들은 얼마나 더 버틸 수 있을지' 하는 불안감이 월가를 휩쓸었다.

〈로이터통신〉은 15일(현지시간) "이번 사태로 다른 은행들에 대한 불안감이 증폭되고 있다"는 제목을 통해 월가를 강타한 금융위기의 공포를 대대적으로 다루었다. 1930년대 대공황 당시 프랭클린 D. 루즈벨트 전 대통령이 했다는 "우리가 정말 두려워해야 할 것은 위기가 아니라 공포panic 그 자체"란 말은 귀에 들어오지도 않았다.

앨런 그린스펀 전 연방준비제도이사회 의장은 이날 ABC 방송에 출연해 "현재의 금융위기는 100년에 한번 올까 말까한 사건"이라며 "다른 대형은행들이 망하는 것을 곧 보게 될 것"이라고 경고했다. 그린스펀은 "아무리 중앙은행과 정부라 하더라도 위기를 겪는 모든 개별 은행들을 다 보호할 수는 없을 것"이라고 덧붙였다.

월가의 비관론자로 통하는 누리엘 루비니 뉴욕대학 교수도 "지금 미국 정부는 대형은행들의 실패를 모두 구제할 만한 돈이 없다. 지금의 금융시장 혼란을 해결할 단순명쾌한 해법은 없다"고 잘라 말했다.

파산의 공포가 월가를 휩쓸면서 우선 투자은행들이 대거 시험대에 올랐다. 보유하고 있는 막대한 모기지 자산의 부실이 시간이 갈수록 부풀고 있는데다 신용경색으로 자금조달 창구가 막혀 유동성이 고갈되고 있었기 때문이다. 2008년 들어 극도의 증시 침체가 계속됨에 따라 투자은행들의 최대 돈줄인 기업들의 주식공개IPO가 1년 전에 비해 82%나 급감한 것도 이들의 수익 흐름을 어둡게 하고 있었다. 리먼 사태의 다음 희생양이 모건스탠리나 골드만삭스가 될 수 있다는 지적도 나왔다.

〈CNN머니〉는 모건스탠리나 골드만삭스 등 남아있는 대형 투자은행들이 실적을 통해 다시 한 번 '건강함'을 보여줘야 한다고 촉구했다. 그러나 두 은행 모두 이익은 내고 있었으나 순이익은 크게 줄고 있어 점점 허약해져 가고 있었다. 〈톰슨로이터〉에 따르면 골드만삭스는 9월 18일 실적 발표에서 1년 전에 비해 69% 줄어든 주당 1.87달러의 이익을 밝혔다. 모건스탠리도 17일 역시 주당 78센트, 1년 전에 비해 43% 줄어든 순이익을 공개했다.

투자은행 뿐 아니라 서브프라임 손실이 큰 미국 최대 보험사 AIG, 역시 미국 최대 저축은행인 워싱턴뮤추얼(와뮤), 미국 4위 상업은행 와코비아도 의심의 도마 위에 올랐다. 월가에서는 상반기 동안 131억 달러의 손실을 기록한 보험그룹 AIG와 자금조달이 어려워진 주택대부조합S&L인 와뮤가 자본 확충에 실패할 경우 파산 위험에 처할 수 있다는 경보를 냈다. 이에 앞서 스탠더드앤드푸어스S&P도 AIG의 신용등급을 하향 조정할 수 있다고 경고했으며, 이로 인해 AIG 주가는 1주일 간 연속 폭락했다.

미국 전체로 약 5,000개에 달하는 저축은행 및 중소 지방은행들의 자금 압박도 한층 가중됐다. 저축은행은 특히 전체 대출의 65% 이상을 모기지 대출 등 소비자 대출에 할당해야 한다는 법 규정 때문에 주택 가격 하락에 더욱 취약했다. 그해 들어 11개의 중소은행들이 이미 문을 닫았는데도 앞으로 500개의 저축은행 및 지방은행들의 파산이 꼬리를 물고 이어질 것이란 흉흉한 소문이 이어졌다.

금융대공황 … 돈줄이 마르다

월가 최후의 날

리먼브라더스의 파산과 메릴린치의 매각은 월스트리트에 거대한 후폭풍을 몰고 왔다. 전 세계 금융시장 역시 무섭게 밀려오는 미국발 금융위기의 쓰나미에 속수무책으로 무너져 내렸다. 세계 각국의 증시는 폭락했고, 자금시장은 철저히 마비되어 버렸다. 주식·채권·펀드 등의 유가증권과 각종 투자상품은 하루아침에 휴지조각이 됐고, 시중금리는 천정부지로 치솟아 돈을 주고도 돈을 구할 수 없는 공황 상태가 빚어졌다. 미국의 실제 은행 간 거래 금리는 한때 6%까지 치솟는 등 국제 금융시장이 일대 혼돈 양상에 빠져 들었다. 와델 앤 리드 파이낸셜사의 CEO인 헨리 헤르만은 "시장에 공포가 지배하고 있다(Fear is in charge)"면서 "금융시스템에 펑크가 나 신뢰의 불안이 확산되고 있다"고 말했다. 가히 월스트리트로 대표되는 미국식 금융자본주의가 '최후의 날'을 맞았다 해도 과언이 아니었다.

2008년 9월 15일 두 투자은행의 몰락 소식이 전해지자 세계 주요 증시는 무섭게 추락했다. 이날 하루 뉴욕 증시는 2001년 9·11 테러 이후 최대 낙폭을 기록하며 폭락했고, 유럽과 아시아 증시도 급락했다.

뉴욕증권거래소NYSE에서 다우존스산업평균지수는 지난주 종가보다 504.48포인트(4.42%) 내린 10,917.51을 기록했다. 4.42% 하락은 2002년 7월 19일 이후 하루 최대 낙폭이며, 500포인트가 넘는 하락폭은 9·11 사태로 증시가 폐쇄됐다가 1주일 만에 재개장한 2001년 9월 17일 이후 최대치였다.

파산보호 신청을 한 리먼브라더스의 주가는 개장 초 93%나 추락해 휴지 조각으로 변했다. AIG도 '다음 차례는 AIG'라는 얘기가 나돌면서 이날 하루에만 주가가 70% 가까이 폭락했다. 시티그룹도 15.14%, 워싱턴뮤추얼은 26.74% 각각 하락하면서 금융주들은 최악의 철퇴를 맞았다. 나스닥종합지수도 81.36포인트(3.60%) 내렸고, S&P 500지수도 58.17포인트(4.65%) 급락했다. 유럽시장에서도 범유럽 다우존스 스톡스 600지수가 지난 주말보다 3.5%나 떨어진 270.69에 마감되었다. 특히 보험업종과 은행업종이 각각 6% 이상 추락했다.

이에 앞서 12시간가량 먼저 문을 연 아시아 증시도 직격탄을 맞았다. 대만의 가권지수는 4.1%(258.23포인트) 폭락한 6,052.45로 장을 마쳤고, 싱가포르의 ST지수도 3.27%(84.12포인트) 급락한 2,486.55로 마감했다. 인도 뭄바이 증시의 센섹스지수도 3.35%(469.54포인트) 떨어진 13,531.27을 기록했다.

추석 연휴를 맞아 16일 개장한 한국 증시에도 사상 최악의 쓰나미가 닥쳤다. 이날 코스피지수는 96.68포인트(6.54%) 폭락한 1,381.24로 개장한 뒤 일시 1,400선을 회복했으나 결국 90.17포인트 내린 1,387.75로 마감하여 하락률이 6.10%에 달했다. 코스닥 역시 31.78포인트(6.81%) 추락한 435.13으로 출발한 뒤 37.62포인트(8.06%) 추락한 429.29로 마감했다. 두 시장 모두 개장 1시간을 넘기지 못한 채 선물가가 급락하면서 프로그램 매매가 일시 정지되는 '사이드카'가 발동되었다. 연휴 뒤 한국 증시와 함께 개장한 다른 아시아 시장도 폭락세를 면치 못했다. 일본 도쿄 주식시장에서 닛케이 평균 주가는 650.04엔(4.95%) 내린 11,609.72엔에 마감했고, 홍콩 증시의 항셍지수도 18,210.49로 마감해 하락률이 5.90%에 달했다.

월가의 위기는 미국 자본주의 자체에 대한 위협으로도 이어졌다. 나중에 알려진 일이지만, 리먼 사태가 일어나고 며칠 후 미국 금융권에서 대규모 자금이 유출되면서 미국도 사실상의 지급 불능 상태에 빠질 수도 있었다는 지적이 나왔다.

2009년 초 영국 동영상 사이트 〈라이브리크닷컴〉에 올라온 미국 폴 칸조

스키 하원의원은 2008년 12월 C-SPAN과의 인터뷰에서 "2008년 9월 18일 미국은 망할 뻔했다. 만약 미국 정부가 서둘러 조치를 취하지 않았다면 그 날 오후 2시경 5조 5,000억 달러가 유출돼 미국 경제 전체는 붕괴되고 24시간 내에 전 세계 경제 역시 마비됐을 것"이라고 회고했다. 그는 "그날 오전 11시 전자거래에 의해 2시간 동안 미국 내에서 5,500억 달러에 이르는 대규모 자금이 유출되고 있는 사실을 연방준비제도이사회가 인지했다"면서 "이 보고를 받은 재무부는 1,050억 달러를 시장에 긴급 투입하고 자금이 유출되고 있는 각 계좌마다 25만 달러씩을 보증하는 조치를 취했다"고 설명했다.

폭풍의 일주일

역사적인 금융대공황의 서막이 열린 2008년 9월 15일은 월요일이었다. 이로부터 1주일 동안 미국의 금융 중심지, 아니 세계의 금융 중심지 월스트리트는 생사를 가르는 사상 유례가 없는 긴박한 하루하루를 보내게 된다. 이는 지금까지와는 달리 단순히 한때의 발작이 아니라 죽느냐 사느냐, 다시 말해 체제 붕괴까지도 의식한 치명적인 중병과의 사투를 벌인 시간이었다.

금융대공황의 폭풍우가 몰아닥치자 미국 재무부와 연방준비제도이사회는 발 빠르게 리먼브라더스의 청산 방침을 확정한 후, 최악의 사태를 막기 위한 굵직굵직한 진화책을 숨 가쁘게 쏟아냈다. AIG에 공적자금 850억 달러 투입(16일), 선진국 6개 중앙은행 공조로 3,000억 달러 유동성 공급(18일), 7,000억 달러 구제금융방안TARP 발의(20일), 골드만삭스와 모건스탠리의 은행지주회사 전환 발표(22일) 등이 그것이다.

위기 발생 당일, 연방준비제도이사회는 금융권에 긴급 대출 프로그램의 담보허용 범위를 늘리고, 투자은행에 대해 신용등급이 낮은 유가증권을 국채로 바꿔주는 기간증권대출TSLF 창구의 공급 규모를 2,000억 달러로 확대한다고 발표했다. 이날 유럽중앙은행도 시장 안정을 위해 하루 300억 유로(427억 달러)의 단기자금을 시장에 공급하기로 했고, 영국 중앙은행인 영란은행도 하루 50억 파운드(90억 달러)를 투입하기로 했다. JP모건체이스 등 주요 은행 10곳도 위기의 강도를 감지하고 지금까지의 입장을 바꿔 70억 달러씩의 출연금을 내 모두 700억 달러 규모의 시장안정기금을 조성하기로 했다.

중국의 중앙은행인 인민은행도 9월 15일 미국발 금융위기의 파장을 막기 위해 6년 만에 대출금리와 지급준비율을 인하했다. 이날 인민은행은 성명을 통해 대출금리와 지급준비율을 각각 0.27%포인트, 1%포인트 인하한다고 발표했다. 이에 따라 1년 만기 대출금리는 16일부터 7.20%, 지급준비율은 25일부터 16.5%로 조정되었다. 중국의 금리 인하는 미국발 금융위기로 세계 경제가 요동치는 상황에서 중국 경제의 동반 추락을 막기 위한 불가피한 조치였다.

다음날인 16일에도 연방준비제도이사회는 또 다시 하루에 500억 달러의 단기 유동성을 시장에 공급하기로 했다고 선언했다. 하루 500억 달러는 이전까지와 비교하면 거의 1주일 동안의 유동성 공급량에 해당했다. 유럽과 영국의 두 중앙은행도 각각 700억 유로, 200억 파운드를 추가 공급하기로 했고, 일본은행도 2조 5,000억 엔의 자금을 투입하여 중앙은행들의 글로벌 공조에 참여했다.

이날 밤 연방준비제도이사회는 또 부도 위험에 직면한 AIG에 850억 달러의 구제금융을 제공하고 이 회사 지분 79.9%를 인수한다고 긴급 발표했다. 사실상의 국유화 조치였다. 그 한편으로 이날 연방공개시장위원회FOMC에서 기준금리를 동결키로 결정했다. 아직 기준금리가 2%여서 인하 여력은 충분했지만 시장에 대한 포괄적 유동성 공급이라는 간접 지원방식으로는 직면한 금융위기를 타개하기에 역부족이라는 판단이 작용한 결과였다. 당시 상황에서 무너져 내리는 대형 금융회사들을 어떻게든 떠받치는 강력한 조치가 필요했지 소프트한 시장 운용 방식이 필요한 것이 아니었다.

위기 발생 사흘 후인 18일, 미국 등 6개 중앙은행은 다시 공조체제를 구축하여 시장에 총 3,000억 달러에 이르는 긴급 유동성을 지원했다. 일본은행 600억 달러, 유럽중앙은행 550억 달러, 영란은행 400억 달러, 스위스 내셔널은행 150억 달러, 캐나다 중앙은행 100억 달러 등이다. 이날 조지

W. 부시 미국 대통령은 남부 지역 순방 일정을 취소하고 "금융시장 안정을 위해 최선을 다하겠다"는 긴급 담화를 발표했다.

부시 대통령의 담화는 19일에도 이어졌다. 이틀 연속 대국민 담화에 나선 부시는 "사상 최악의 경제위기에 대처하기 위해 전례 없는unprecidental 조치를 취하겠다"고 발언 수위를 높였다. 또 "사태 진정을 위해 구제자금 투입이 불가피하다"는 점을 재차 강조해 대규모 공적자금 투입이 임박했음을 시사했다. 이날 미국 증권거래위원회SEC도 공매도 금지 방안을 발표하여, 뉴욕 증시에 상장된 799개 종목의 공매도를 전면 금지시켰다. 재무부는 별도의 자금시장 안정책으로 머니마켓펀드MMF의 지불 보장을 위해 환율안정기금에서 빼낸 500억 달러를 투입하기로 했다.

리먼 사태가 터지고 5일 후인 20일(금요일), 미국 재무부가 내놓은 7,000억 달러의 구제금융법안은 위기 진화 대책의 최대 하이라이트였다. 이는 금융권 구조를 위해 각 금융사들이 안고 있는 부실채권이나 자산을 정부가 나서서 직접 매입해준다는 내용이 핵심이었다.(자세한 내용은 6장 참조.)

글로벌 자금시장 마비되다

글로벌 자금시장에도 한파가 밀어닥쳤다. 각국 중앙은행들의 필사적인 유동성 공급 대책에도 불구하고 위기에 처한 금융사들과 펀드들은 그 어디에서도 필요한 돈을 구할 수 없었다. 닥치는 대로 SOS를 쳤지만 누가 언제 파산할지 모르는 상황이라 은행들이 서로 불신하면서 돈 빌려주기를 꺼렸기 때문이다. 그 많고 많던 돈들이 하루아침에 썰물처럼 사라져버린 것이다.

이런 현상은 화폐유통속도v라는 개념으로 풀이할 수 있다. 정상적인 상황에서 시중에 풀린 돈은 통상의 화폐유통속도에 따라 순환하지만 신용경색이 초래되는 비정상적인 상황에서는 그 속도가 갑자기 줄어버린다. 이 경우 경제 주체 간의 신용이 회복되기 전까지는 화폐유통속도가 개선될 수 없으므로 대규모 유동성 공급을 통한 강제 밀어내기가 불가피해진다. 실제 미국 연방준비제도이사회는 금융위기 이후 긴급구제금융과 기준금리를 제로 수준으로 낮추는 조치를 통해 시중에 엄청난 유동성을 공급해주었다.

2008년 9월 15일 미국 금융시장에서 은행들이 빌려 쓰는 하루짜리 오버나이트 단기금리가 천정부지로 폭등했다. 신용경색이 극에 달하자 시중금리는 단기자금 수요가 몰려 중앙은행이 설정해 놓은 가이드라인을 훨씬 벗어나 미친 듯이 치솟았다. 마켓워치에 따르면 당시 2%가 목표였던 연방준비제도이사회의 기준금리(연방기금금리)는 실제 은행 간 거래에서는 한때 6%로 치솟아 20년 만에 목표치와 가장 큰 괴리를 보였다.

월가의 은행 간 거래에 적용되는 달러표시 리보LIBOR금리도 며칠 사이에 2%에서 3%대로 급등했다. 3개월물 기준 달러-리보금리는 9월 15일 2.81%에서 17일 3.06%로 치솟았고, 이후 급등세를 지속해 10월 10일 최고치인 4.82%에 도달했다. 반면 안전자산 선호 경향이 극에 달하면서 미국 국채에 대한 수요가 폭증하여, 9월 15일 2년 만기 국채 수익률은 전날 대비 0.4%포인트 떨어진 1.82%까지 밀렸다. 이는 9·11 테러 직후인 2001년 9월 17일 이후 최대 하락률이었다.

이로 인해 단기 자금시장의 경색 정도를 보여주는 TED 스프레드(3개월 리보와 미국 국채 금리 차이)는 17일 3.02%를 나타내 지난 4월 베어스턴스 파산 직후보다 1%포인트나 더 높아졌다. 그러나 최악의 자금 경색은 10월 10일 발생했다. TED 스프레드는 이날 사상 최고치인 4.63%로 치솟았다. 이는 신용경색이 악화되던 2007년 8월과 12월에 비해서도 무려 2.5%포인트 이상 더 높은 것으로, 시중 자금시장이 꽁꽁 얼어붙었다고 해도 과언이 아니었다. 통상 TED 스프레드는 1%대에서 움직이지만 5%대까지 올랐다는 것은 바야흐로 신용경색이 최악으로 치닫고 있음을 의미했다.

은행 예금처럼 안전한 것으로 인식됐던 머니마켓펀드에서도 대규모 환매사태가 빚어졌다. 금융시장의 불안이 증폭되자 또 다른 안전자산으로 여겨지는 금 가격이 폭등했고 한때 급락했던 국제 유가도 이날 100달

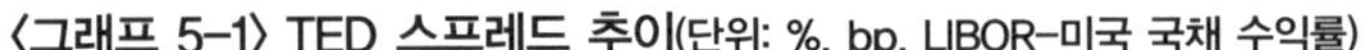

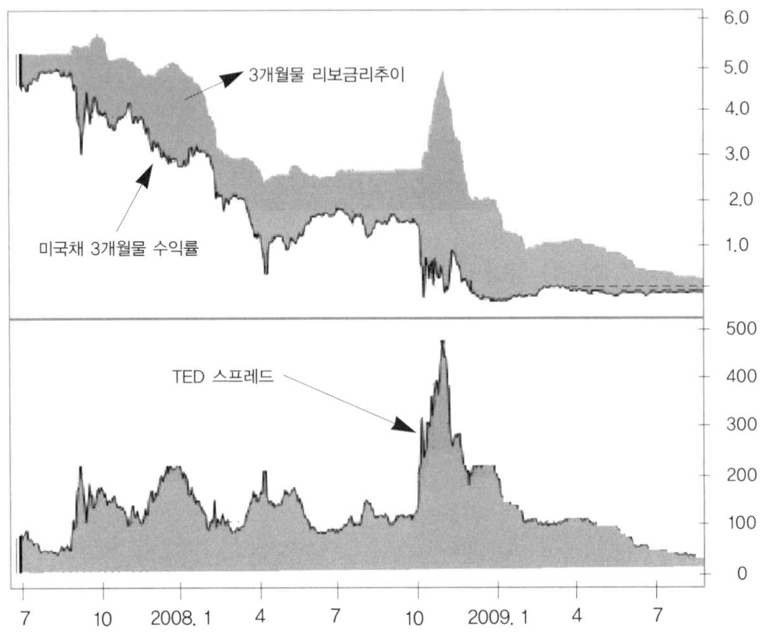

러 선을 훌쩍 넘어버렸다. 미국 달러화 가치도 폭락했다. 9월 15일 뉴욕 외환시장에서 달러화는 엔화에 대해 104.92엔으로 2.8% 하락해 1999년 9월 9일(2.81% 하락) 이후 9년 만에 최대 낙폭을 나타냈다. 이날 달러화는 유로화에 대해서도 1.4280달러를 기록해 1주일 전의 1.4224달러에 비해 0.4% 하락했다.

그러나 신흥국시장에서 달러는 오히려 강세를 보였다. 이는 선진국 투자 자금이 일제히 신흥국을 빠져나가며 현지 통화에 대한 강한 매도세를 쏟아 냈기 때문이다. 9월 16일 한국 외환시장에서 원화는 달러화에 비해 급격한 폭락세를 나타내며 불안한 상황이 벌어졌다. 이날 서울 외환시장에서 달러 화에 대한 원화 환율은 전거래일 대비 18.90원이나 오른 1,128.00원에 거 래를 시작한 뒤 한때 1,241.80원까지 치솟았다. 정부가 나서서 환율 안정 을 위해 사투를 벌였으나 원-달러 환율은 50.9원이나 폭등하며 4년 1개월 만에 가장 높은 1,160.00원에 마감했다. 이날 원화 폭락은 뮤추얼펀드나 헤지펀드 등 선진국 투자자금이 대거 빠져나가며 달러 수요를 높인 탓이었다. 글로벌한 관점에서 보면 한국 금융시장은 여전히 구조적으로 취약하고 독립 변수가 아닌 종속 변수란 점이 새삼 증명된 셈이다.

반 토막 난 글로벌 주가

리먼브라더스 사태 이후 금융위기는 세계 곳곳으로 들불처럼 번져나갔다. 미국 정부와 연방준비제도이사회, 그리고 주요 선진국 중앙은행들이 나서서 신속히 위기 진화책을 발표했지만 시장은 믿지 않았다. 정부의 정책 효과에 대한 의문뿐만 아니라 금융시스템 자체에 대한 불안감이 증폭되면서 글로벌 금융시장 전체가 앞날을 알 수 없는 불확실성의 미궁으로 빠져 버렸다.

9월 17일 뉴욕 증시는 AIG에 대한 구제금융 조치에도 불구하고 개장과 함께 폭락했다. 15일에 비해 하락폭은 작았지만 충격파는 더 컸다. 세계 금융시장이 공멸할 것이라는 우려감이 확산되면서 각국 주식시장도 연쇄 폭락했다. 이날 뉴욕 증시는 4.06% 폭락한 10,609.66포인트를 기록했고, 영국 FTSE지수도 2005년 6월 이래 처음으로 5,000선 밑으로 주저앉았다.

18일 〈BBC〉 등 영국 언론은 영국 로이즈 TSB 은행이 파산 위기설이 나도는 영국 최대 모기지은행 핼리팩스뱅크오브스코틀랜드HBOS를 주당 2.32파운드, 총 120억 파운드(약 24조 원)에 인수하기로 합의했다고 보도했다. 영국판 서브프라임 사태로 불린 HBOS은행의 몰락은 2차, 3차 피해에 대한 우려가 커지면서 유럽 전역이 촉각을 곤두세웠다. 이날 영국 〈파이낸셜타임스〉는 러시아 경제에 유가 · 원자재 값 급락, 그루지야 사태 등 대내외 악재가 맞물리면서 지난 1998년에 닥친 유동성 위기가 재연될 수 있다고 보도했다. 러시아 당국은 주가가 연초 대비 60% 가까이 추락하자 황급히 이틀간 증권거래를 중단시켰다.

미국시장에서도 파산설에 휩싸였던 워싱턴뮤추얼와뮤이 결국 9월 25일 파산보호를 선언하고 JP모건체이스에 19억 달러에 긴급 매각되었다. 6월 말 기준 2,270억 달러 상당의 부동산 대출과 1,819억 달러의 예금을 보유했던 와뮤는 서브프라임 관련 대출(161억 달러)은 크지 않았으나 상반기부터 지속된 고객들의 예금 이탈로 극심한 유동성 부족을 겪어왔다.

이로 인해 뉴욕 증시의 다우지수는 9월 29일 6.98% 폭락하며 '블랙 먼데이'를 연출했다. 이후 다우지수는 10월 1일부터 줄곧 8일간 하락했다. 다우지수는 10월 6일 전거래일 대비 3.58% 하락해 4년 만에 처음으로 1만 포인트가 붕괴되었다.

이날 한국도 4.29%, 일본 4.25%, 홍콩 4.97% 각각 하락했으며, 특히 영국 7.29%, 프랑스 9.04%, 러시아 19.1% 등 유럽시장의 주가 하락폭이 컸다. 불과 이틀 후인 8일에는 미국 다우존스지수가 9,000선마저 힘없이 무너졌다. 이어 15일 다우존스지수는 또 다시 7.87% 폭락하여 8,577.91포인트를 기록했다. 금융위기 발생 이후 정확히 한 달 후인 이날의 주가 하락은 하루 낙폭으로는 사상 최대치였다.

최악의 주가 폭락 속에서 미국 4위 상업은행인 와코비아도 마침내 10월 3일 라이벌 은행인 웰스파고Wells Fargo은행에 151억 달러에 팔려버렸다. 서브프라임 모기지 부실로 2008년 상반기에만 97억 달러의 순손실을 기록한 와코비아는 이미 시가총액이 74%나 폭락한 상태였다. 주당 인수 가격은 전날 마감가인 3.91달러에 80% 프리미엄이 더해진 7달러 수준으로, 와코비아 주주들은 1주당 0.1991주의 웰스파고 주식을 받기로 했다.

이즈음 월가 투자자들의 공포감을 반영한다고 하는 VIX(Volatility Index) 변동성지수도 80% 이상으로 높아져 사상 최고치를 넘나들었다. 리먼 사태 이후 간단히 40%를 넘어선 VIX지수는 10월 27일 80.06%에 달했고, 11월 20일에는 사상 최고치인 80.86%에 도달했다. 이는 앞으로 한 달간 주가가 80% 이상의 등락을 보일 것이란 예측으로 리먼 사태 이전 통상 30%에 비하면 엄청난 변동성의 증가였다.

극심한 공포 속에서 주식시장의 혼란은 연말까지 이어졌다. 2008년 한해 주가는 대부분의 나라에서 거의 반 토막이 났다. 선진국은 물론 신흥 경제

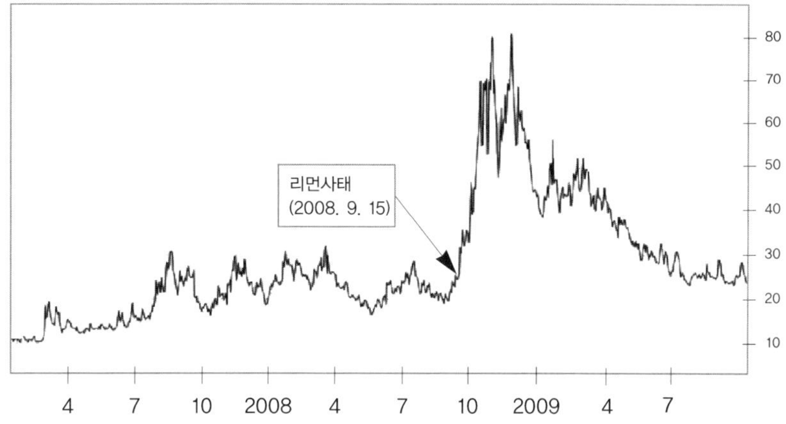

<그래프 5-2> 미국 뉴욕 증시 공포지수 추이(단위: %, 일간)

국 대부분의 주가가 연초 대비 30~60%이상 폭락했으며, 특히 선진국들은 1930년대 대공황 이후 최악의 폭락세를 연출했다. 세계거래소연맹WEF이 집계한 52개 회원 거래소의 시가총액 역시 12월 말 기준 30조 달러 이하로 떨어져 1년 전에 비해 절반 이하로 감소했다.

2008년 12월 31일 마감한 뉴욕 증시는 8,776.39포인트를 기록하여, 연초 대비 33.84% 폭락해 지난 37년 이후 최악의 해를 기록했다. S&P 500지수도 903.25로 마감, 1년간 38.5%나 폭락했고, 나스닥 역시 1,577.03로 40.5% 추락했다. 뉴욕 증시의 폭락세는 해가 바뀌고도 계속 이어져 마침내 2009년 3월 9일 최저점인 6,547.05포인트에 도달했다. 이는 2007년 10월 9일 달성한 전고점 14,164.53에 비하면 53.7% 하락한 것으로, 지난 1931년 이후 77년 만의 최대 낙폭이었다.

이 밖에 다른 주요 나라들의 증시도 일제히 폭락세를 나타냈다. 일본 도쿄 증시는 12월 30일 1년간 42.1%의 하락률을 기록해, 지난 1990년 38.7%의 내림폭을 웃돌았다. 중국의 상하이종합지수도 1,820.81로 마감하며 한 해 65.39%의 하락률로 18년래 최대 낙폭을 기록했다.

한국의 코스피지수 역시 이날 1,124.47로 마감, 40.7%의 하락률을 나타냈다. 유럽 증시에서도 런던증권거래소의 FTSE 100이 한 해 31.3%의 하락률로 24년래 최대의 낙폭을 기록했으며, 파리증권거래소의 CAC 40지수 역시 42.7%의 하락률을 나타냈다. 러시아의 RTS지수도 70.85% 폭락했으며, 30일 하루 일찍 폐장한 독일 프랑크푸르트 증권거래소의 DAX지수의 연간 하락률도 40.4%나 되었다.

대마불사 … 시티은행과 AIG는 살려라

너무 커서 죽이기 어렵다

대마불사大馬不死란 말이 있다. '너무 커서 죽이기 어렵다(too big to fail)'는 뜻인데, 한국 등 동양권뿐만 아니라 영미권에서도 많이 쓰는 용어인 듯하다. 리먼브라더스 파산과 메릴린치 매각 조치가 나온 때만 해도 '이제 월가에 대마불사란 없다'는 말이 신문의 머리기사를 장식했다. 아무리 커도, 아무리 영향력이 있어도 시장 안정이란 대의를 위해서는 죽어야 할 기업은 죽어야 한다는 주장이었다. 리먼브라더스의 파산 보름 전 미국 캔자스 연방준비은행의 토머스 훼닉 총재는 "부실난 금융기관은 망하게 그냥 놔둬야 한다"고 입버릇처럼 말했었다.

월가의 이런 분위기를 전하듯 미국 최대 저축은행 워싱턴뮤추얼이 9월 25일 파산했고, 주요 상업은행 중 하나였던 와코비아도 10월 3일 웰스파고 Wells Fargo은행에 인수되었다. 이 밖에도 중소 지방은행들이 줄줄이 무너졌다. 10월 중순 월가에는 미국 최대 은행인 시티그룹, 뱅크오브아메리카, JP모건, 골드만삭스, 모건스탠리 등 5대 은행마저 사실상 파산상태나 다름없다는 진단을 내렸다.

하지만 대마불사론은 오래가지 못했다. 월가에 금융위기의 폭풍우가 덮쳐 결정적인 시스템 위기가 닥쳤을 때 이런 주장은 한낱 이상론이자 공리공담에 불과하다는 것이 곧 드러났다. 리먼이나 메릴린치는 물론 다른 어떤 은행보다도 거대한, 그래서 미국뿐만 아니라 세계 금융시스템 전체를 일거에 파탄 낼 수 있는 진짜 대마들이 등장했기 때문이다. AIG와 시티은 행이 바로 그들이었다.

AIG는 세계 최대의 보험회사였고, 시티은행 역시 미국 내 첫 손가락에 꼽히지 않으면 서러워 할 세계 최대 규모의 상업은행이었다. 결과적으로 미국 정부는 다른 금융회사들과는 달리 AIG와 시티은행은 살리는 쪽을 선택했다. AIG가 파산하면 전 세계적으로 수천만이나 되는 보험가입자들이 평생 쌓아온 보험금을 떼이게 돼 그 충격파는 상상을 초월할 것이라는 우려가 미국 정부를 압박했던 것이다. 일반 예금자들의 예금과 결제, 대출 업무를 맡고 있는 초대형 상업은행의 파산 역시 그 파장의 규모나 강도를 가늠조차 할 수 없다는 것도 미국 정부를 핀치로 내몰았다. AIG와 시티은행은 진짜 대마중의 대마, 한 마디로 왕대마였던 셈이다.

그러나 결과적으로 미국 정부가 이 두 초대형 금융회사를 살렸을 때 10년 전 아시아의 외환위기 당시 미국이 국제통화기금IMF 등을 통해 요구했던 원칙이 무너졌다는 비판이 즉각 제기됐다. 도덕적 해이를 거론하며 '대마불사론'의 폐기를 요구했던 미국 정부가 불과 10년 만에 자국 내 금융 중심지 월가의 위기 앞에서는 180도 입장을 바꿨다는 것이었다. 죽느냐 사느냐 하는 복마전 같은 국제 금융계에 사실 똑 부러지게 단순한 하나의 원칙은 없다는 점이 재확인되는 순간이었다.

위기에 몰린 AIG와 시티은행이 미국 정부의 구제금융으로 간신히 살았을 때 월가에서는 "역시 엮인 게 많으면 죽지 않는다"는 말이 유행했다. 또 "빚지는 것도 능력이다"라는 말도 나돌았다. 둘 다 도덕적 해이를 용납해야 하는 현실론에 대한 냉소적인 표현이기도 하지만 금융위기 이후 대마불사는 월가의 철칙이 돼버리다시피 했다.

금융가에서는 실제로 돈은 꿔주기 전에는 빌리는 사람이 을이고 빌려주는 사람이 갑이지만, 꿔주고 나면 상황이 정반대로 바뀐다는 말이 있다. 고대 로마시대의 시저와 크라수스의 관계가 대표적인 사례이다. 시저는 40살 이전까지 놀고먹고 빚만 엄청나게 많이 졌지만 크게 개의치 않았다고 한다. 시저에게 가장 많은 돈을 빌려준 이는 크라수스였는데, 아이러니컬하게도 크라수스는 꿔준 돈을 받기 위해서는 계속 시저를 도와줄 수밖에 없게 돼 본의 아니게 그의 정치적 후원자가 되고 말았다. 결국 두 사람의 채권-채무 관계는 3두정치의 형태로 발전돼 시저가 정치적으로 두각을 나타내는 계기가 되었고, 시저의 빚은 크라수스가 전쟁에서 죽었을 때 모두 청산되었다.

미국 최대 보험사 AIG의 몰락

리먼브라더스 파산의 후폭풍은 즉각 월가의 약한 고리를 덮쳤다. 가장 먼저 떠오른 약한 고리는 AIG 보험사였다. 두 회사 모두 유대계 회사라는 점은 우연의 일치였을까. 위기 발생 다음 날인 9월 16일 연방준비제도이사회는 AIG에 최장 6년 기한으로 850억 달러의 구제금융을 제공해 지분 79.9%를 인수하는 방법으로 '대마'를 살렸다. 사실상의 국유화조치였다.

그러나 AIG는 '밑 빠진 독에 물 붓기' 식으로 미국 국민들의 혈세를 빨아들였다. AIG는 10월 8일과 31일 각각 두 차례에 걸쳐 378억 달러와 210억 달러를 추가로 지원받았다. 그것도 모자라 미국 정부는 11월 기존의 구제금융 조건을 철회하고 총 1,500억 달러 규모의 신규 지원 조건을 마련했다. 이 중 700억 달러는 미국 정부가 추후 확정한 총 7,000억 달러 규모의 부실자산구제프로그램TARP에서 나왔다. AIG에 대한 첫 자금 지원이 이뤄질 때만 해도 이는 단기에 그칠 것으로 예상됐고, 자금 지원의 대가로 AIG는 정부에 높은 금리를 지불해야 했다. 그러나 AIG의 부실이 예상보다 심각함이 드러남에 따라 단기대출은 장기대출로 전환됐고, 기존 대출에 대한 금리도 낮아졌으며, 400억 달러에 달하는 우선주 투자 조건도 완화됐다.

그러나 AIG는 2008년 4분기 617억 달러 적자로 미국 기업 사상 최대 분기 손실을 내면서 좀체 회생의 엄두를 내지 못했다. 이는 불과 1년 사이에 손실이 열 배 이상 불어난 셈이다. 2008년 1년간 AIG의 적자 규모는 무려

<그래프 5-3> 세계 파생금융상품 시장 규모(단위: 조 달러)

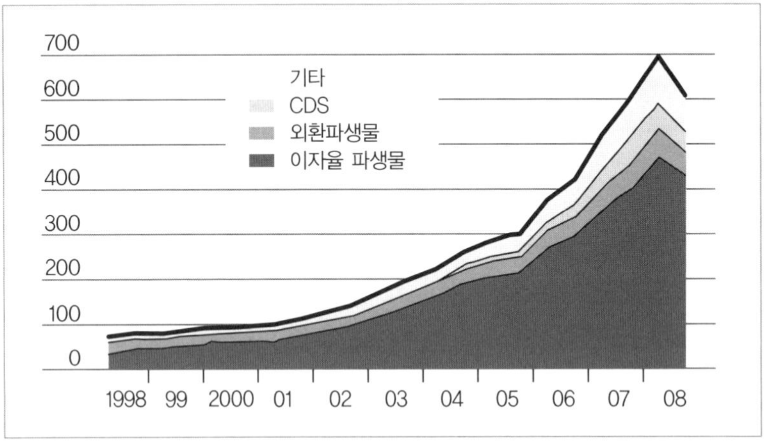

자료: BIS

993억 달러에 달해 일반인들의 상상을 초월했다. 이에 따라 주가도 금융위기 이후 폭락을 거듭해 2009년 2월 3일 0.43달러로 주저앉았다. 아울러 AGI의 시장 가치는 2007년 1,800억 달러에서 2008년 말 고작 50억 달러로 쪼그라들었다.

다음해인 2009년 2월 28일 미국 정부는 AIG에 대한 장기 분할 대책을 마련하는 동시에 300억 달러를 더 공급했다. 이때까지 AIG가 정부로부터 지원받은 금액은 총 1,800억 달러로 시티그룹, 뱅크오브아메리카 등의 지원금을 훌쩍 넘어섰다. 3월초 미국 정부가 마련한 장기 대책에 따라 AIG는 향후 수년 내 여러 개 회사로 분리되는 수순을 밟게 되었다.

미국 정부가 리먼과는 달리 AIG 지원에 나선 것은 당연히 AIG의 실패가 금융시장에 미칠 엄청난 파괴력 때문이었다. 당시 AIG는 신용부도스와프 CDS 등 위험도가 높은 파생금융상품시장에서 상당한 비중을 차지하고 있었다. 머니마켓펀도 AIG 대출의 주요 투자자들이었고, 본업인 생명보험회사마저 흔들릴 경우 돌이킬 수 없는 현금 인출 사태가 벌어질 것은 불을 보듯 빤한 일이었다.

1919년 중국 상하이에서 창업한 AIG는 당시 세계 최대의 보험회사로서 130개 국가에 진출해 있었다. 그리고 미국 내 보험 계약 건수만 3억 7,500만 건에다 수백만 명의 시민들이 맡겨둔 은퇴 자금을 관리하고 있었다. AIG는 한때 세계 최대의 보험회사로서 2008년 초 〈포브스〉 선정 글로벌 기업 18위에 랭크되기도 했다.

파생상품* 거래를 주도해 사실상 AIG 붕괴의 원인이 됐던 것은 금융계열사인 AIG 파이낸셜 프로덕트(이하 FP)였다. 이 회사는 대출자산담보부증권CDO과 신용부도스와프CDS 등 파생상품 거래를 주도하여 거래 상대만 해도 미국에서만 25개 금융기관에 달했고, 해외에도 최소 7개 기관이 연계되어 있었다. AIG가 1990년대 후반부터 FP를 통해 유럽계 은행에 판 CDS 규모만도 2조 달러가량인 것으로 추산됐다. FP는 특히 복잡한 장기 계약이 많았는데, 2008년 말 현재 FP의 파생 계약에는 2080년까지 운용돼야 하는 장기스와프 및 옵션 거래가 4~5만 건이나 포함돼 있었다. 여기에 200억 달러 규모의 지방정부 투자 계약을 보증하는 업무도 담당해 미국 주 정부나 시 기금과도 실타래처럼 엮여 있었다. 크레디트사이츠의 로버트 하인즈 보험분석가는 "리먼을 섣불리 죽였다가 엄청난 후폭풍을 경험한 미국 정부로서는 AIG에 대한 지원 말고는 다른 대안이 없었을 것"이라고 분석했다.

---

* 당시 세계 파생금융상품의 규모는 600조 달러를 넘었고 이 중에 채권이나 대출의 부도위험만을 따로 떼어내 거래하는 신용부도스와프(CDS) 거래만도 60조 달러에 달하는 것으로 파악되었다. 국제결제은행(BIS)에 따르면 파생상품시장 규모는 1998년 6월 말 72조 달러였던 것이 10년이 지난 2008년 6월 말에는 684조 달러로 무려 10배 가까이 폭증했다. 이러한 파생금융상품은 금융위기 국면에서 모기지담보부증권(MBS), 자산담보부증권(ABS) 등과 함께 당시 금융기관 손실의 핵심 축이었다. 파생상품시장의 급성장 배경에는 2000년대 이후로 규제가 전혀 이뤄지지 않았다는 점이 지적된다. 이와 관련해 월가에는 유명한 에피소드가 전한다. 미국의 헤지펀드 롱텀캐피털 매니지먼트(LTCM)가 파산 위기에 직면했던 1998년 당시, 주무부처인 미국 상품선물거래위원회(CFTC)의 브룩슬리 본 위원장이 더 이상 파생상품 거래를 방치했다가는 미국 경제가 중대 위기에 직면할 가능성이 높다면서 이에 대한 규제 도입을 주장했지만, 앨런 그린스펀 연방준비제도이사회 의장을 비롯해 로버트 루빈 재무장관, 레빗 증권거래소 위원장 등은 한목소리로 파생상품 규제 도입에 강력히 반대했다는 것이다. 그린스펀 전 의장은 2006년 초 퇴임하자마자 곧바로 헤지펀드 회장으로 자리를 옮겼으며 루빈 재무장관도 퇴임 후 시티그룹 회장으로 옮겨가 이들이 재임 시절 월가와 얼마나 깊은 유착관계를 맺고 있었는지를 단적으로 드러낸 바 있다.

월가 최대의 부실공룡 '시티'

월가의 진짜 더 큰 우환은 어쩌면 AIG보다 시티그룹이었다. 당시 미국의 최대 상업은행이던 시티는 서브프라임 사태가 터지던 1년 전부터 이미 글로벌 금융시장의 최대 골칫거리였다.

2008년 9월 리먼 사태가 터진 후에도 시티는 그럭저럭 체면을 유지하고 있었다. 금융위기가 한창 진행 중이던 9월 말에도 미국 4대 상업은행인 와코비아은행을 인수할 유력 은행으로 꼽히기도 했다.

하지만 시티의 '빛 좋은 개살구'로서의 면모는 오래가지 못했다. 미국 재무부가 7,000억 달러의 구제금융법안을 마련해, 의회 승인을 받아 9개 시중 은행에 대한 자금 투입을 확정할 때까지(재무부는 이때 시티에 250억 달러를 투입했다)도 잘 버틸 것 같았던 시티그룹은 10월 중순 갑자기 난조에 빠졌다.

11월 12일 폴슨 재무장관이 구제자금 중 일부를 집행하다가 갑자기 부실채권을 더 이상 매입하지 않겠다고 발언하자 상황은 더욱 악화되었다. 11월 21일 시티그룹의 주가는 20% 하락하며 3.77달러까지 떨어지는 등 불과 일주일 만에 60%가 폭락했다. 사우디아라비아의 알 와리드 빈 타랄 왕자가 "4% 미만의 지분을 5% 이상으로 끌어 올리겠다"며 3억~3억 5000만 달러의 투자 의지를 밝혔지만 유동성 위기에 처한 시티의 주가는 15년래 최저 수준으로 맥없이 내려앉았다.

마침내 미국 연방정부는 2008년 11월 23일(현지시간) 밤 시티그룹에 대한 대규모 구제대책을 발표했다. 미국 정부로서는 어쩔 수 없이 시티의 생존 가능성을 둘러싸고 증폭되고 있는 불확실성과 '제2의 리먼 사태'가 올지 모른다는 월가의 불안감을 잠재워야 했던 것이다.

미국 재무부와 연방준비제도이사회, 연방예금보험공사가 이날 합동 성명을 통해 밝힌 구제 내용은 200억 달러의 추가 현금 지원과 3,060억 달러에 이르는 부실채권에 대한 지급보증이었다. 또한 추가 부실이 발생할 경우 370억~400억 달러를 넘는 손실에 대해서는 재무부와 연방예금보험공사가 차례로 50억 달러와 100억 달러를, 그 이상은 연방준비제도이사회가 부담하기로 했으므로 새로 발생할 부실에 대해서도 방어막을 켜켜이 쌓아줬다. 새로 제공되는 3,060억 달러의 지급보증은 모기지 관련 자산 등 부실 가능성이 있는 시티그룹의 거의 모든 자산을 망라했다. 보증기간은 주택담보 자산에 대해서는 10년, 비주택담보 자산에 대해서는 5년으로 정해졌다.

반면 시티는 재무부의 긴급구제금융안에서 받게 될 200억 달러의 현금 지원의 대가로 8%의 배당이 붙는 우선주(의결권이 없는 주식) 7.8%와 차후에 주식을 더 매입할 수 있는 권리(워런트)를 제공하기로 했다. 시티그룹은 또 구제 조건으로 임원의 급여를 제한하고 주택 소유자들을 차압으로부터 보호하는 연방예금보험공사의 모기지 상환 조건 변경 프로그램에도 참여하기로 했다. 또 보통주에 대해 주당 1센트 이상의 배당은 3년간 재무부와 연방예금보험공사, 그리고 연방준비제도이사회의 동의 없이는 지급하지 않기로 했다.

그러나 이듬해에도 시티의 경영 악화는 계속되었다. 한 마디로 아무리 돈을 쏟아부어도 소용없는 '밑 빠진 독'이었던 셈이다. 결국 2009년 1월 16일 미국 재무부는 시티그룹을 굿뱅크와 배드뱅크인 시티코프와 시티홀딩스로 분할한다고 전격 발표했다. 이로써 시티그룹은 그룹으로 통합한 지 10년 만에 기존의 백화점식 확장 모델을 포기하고 다시 원위치로 돌아가게 되었다. 2007년 여름부터 시작된 서브프라임 사태로 거대 금융왕국이 순식간에 무너지는 순간이었다.[*]

---

[*] 시티그룹의 몰락은 문어발식 확장에서 비롯됐다는 것이 주지(周知)의 평가이다. 1998년 트레블러스그룹(보험증권)과 시티코프(은행)의 합병으로 탄생한 시티그룹은 출범 초기부터 '금융계의 월마트'를 꿈꿨다. 당시 CEO였던 스탠퍼드 웨일은 공격적 인수·합병(M&A)을 통해 사업을 확장시키면서 회사의 엠블럼처럼 한 우산 아래 모든 금융기관을 모으는 '금융 슈퍼마켓'을 경영의 목표로 삼았다. 투자은행들이 많이 관여했던 부동산 파생상품인 채권담보부증권 분야에도 공격적으로 진출해 2006년 400억 달러, 2007년 493억 달러를 발행하여 시장점유율 11.1%로 업계 1위에 올랐다. 2008년 당시 시티는 106개 국가에서 2억 명 이상의 고객을 보유한 세계 최대 은행으로서 '시티=미국'이라고 할 만큼 국제 금융업계에서 최고의 상징성을 보유했다.

음악이 끝날 때 … 막장 회사의 보너스 파티

서브프라임 유탄을 맞고 비틀거리던 시티그룹에서 2007년 11월에 쫓겨난 찰스 프린스 전 CEO는 재임 시절 〈파이낸셜타임스〉와의 인터뷰에서 "음악이 계속 나오는 한 일어서서 춤을 출 수밖에 없다"는 경영철학을 밝혔었다. 빚이 많든 부실이 많든 어쨌든 회사 경영은 계속돼야 한다는 지론이었다.

시티그룹이 2008년 11월 정부로부터 대규모 구제금융을 받고 사실상 국유화 수순을 밟게 되자 언론들은 일제히 "이제 음악은 끝났다"고 냉소적인 반응을 보였다. 더 이상 대규모 레버리지를 기반으로 한 상업은행의 기능과 투자은행의 역할을 결합한 '유니버설 뱅킹Universal Banking'의 시대가 끝났다는 의미였다.

정부의 고단위 구제금융 처방을 받고도 시티그룹은 '날개 없는 추락'을 거듭했다. 시티그룹에 대한 투자자들의 불신이 제거되지 않았기 때문이다. 오히려 투자자들은 이 조치로 시티은행의 주식이 휴지조각이 될지 모른다며 너도나도 보유 주식의 '팔자'에 나섰다.

해가 바뀌어 2009년 3월까지 전혀 회생 기미를 보이지 않던 시티그룹의 주가는 3월 5일(현지시간) 마침내 '페니 스톡(1달러 미만 주식)'으로 전락하는 수모를 당했다. 이날 뉴욕 증시에서 시티그룹 주가는 사상 처음으로 장중 97센트까지 내려갔다가 간신히 1.02달러로 마감했다. 1년 전 40달러 선에 비하면 상전벽해桑田碧海였다. 시가총액은 56억 달러로 2006년 말 2,772억 달러에 비하면 50분의 1 수준으로 오그라들었다. 이날 〈로이터통신〉은 "1달러로 살 수 있는 품목에 커피 한 잔, 껌 한 통, 화장실 휴지 한 다발과 함께 시티그룹 주식 한 주도 들어갔다"고 비꼬았다. 다행히 시티그룹의 주식은 상장 폐지되지는 않았다. 뉴욕 증권거래소가 '거래일 기준 30일 연속 1달러 이하 종목의 경우 상장 폐지'하는 조치를 오는 6월 말까지 유예하기로 한 덕분이었다.

AIG와 시티그룹의 구제는 대마불사의 전형이 됐다는 비판과 함께 국민 혈세를 담보로 한 구제가 과연 지속성을 가질 수 있을지 의구심을 불러 일으켰다. 또한 다른 중소형 은행들과의 형평성 논란과 함께 도덕적 해이 (Moral Hazard)라는 비판 역시 꼬리를 물고 이어졌다.

2008년 말 AIG는 미국 정부로부터 추가 구제자금을 받자마자 이 중에 500억 달러 이상을 자사가 발행한 신용부도스와프CDS의 가치 하락에 대한 추가 증거금으로 골드만삭스·멜린린치·뱅크오브아메리카 등 여러 금융 회사들에게 물어줬다. 당시 AIG가 시급히 증거금을 넣어야 할 CDS 규모는 2,000억 달러 이상인 것으로 추정됐다. 이 소식이 전해지자 같은 유대인 출신인 벤 버냉키 연방준비제도이사회 의장조차 "AIG가 마치 헤지펀드처럼 운영되었다"며 격한 비난을 쏟아냈다. 이에 더하여 월가 일각에서는 "미국 정부가 AIG라는 빨대로 국제 유대계 금융회사들에게 구제금융을 공급하는 글로벌 호구로 전락했다"면서 '음모론'까지 제기하기도 했다.

이러한 비난은 두 회사의 경영진들에 대한 보너스 파티로 극에 달했다. 2009년 초 두 회사는 임직원들에게 거액의 보너스를 지급하여 미국 국민들의 공분을 샀다. 1,800억 달러의 구제금융을 받은 AIG는 2억 달러 이상을 임직원들의 보너스로 지급했다. AIG가 73명의 임직원들에게 지급한 보너스는 최소 100만 달러 이상으로, 상위 7명은 1인당 400만 달러 이상을 받은 것으로 드러났다. 회사 측은 당사자들의 자발적인 반납이 있으면 모를까 비록 회사가 어렵지만 전년도 고용계약에 따른 성과급 지급이라 취소가 어렵다는 변명이었다. 당연히 '막가는 회사의 막가파식 도덕과 윤리의 해이'라는 비판이 이어졌다. 새로 취임한 버락 오바마 대통령도 "회사를 연명시켜주고 있는 납세자들에게 이런 극악무도한 짓을 어떻게 납득시킬 수 있나"며 개탄했다. 비난 여론이 들끓자 미국 의회(하원)에서는 3월 20일 부실자산구제계획TARP으로부터 최소 50억 달러 이상의 구제금융을 받은 회사의 임직원들에게 지급된 보너스의 최대 90%를 환수하는 특별 법안을 통과시켰다. 그러나 살아남은 투자은행들은 재빨리 구제금융을 상환하는 방법으로 법망을 빠져나갔다.

이런 사정은 정도의 차이만 있을 뿐 시티는 물론 뱅크오브아메리카에 매각된 메릴린치나 모건스탠리 등도 마찬가지였다. 나중에 밝혀진 사실이지만 파산한 리먼브라더스의 리처드 풀드 CEO가 챙긴 보수도 2007년 4,770만 달러 등 1998년 이후 2억 5,590만 달러에 달했다. JP모건 등 수탁은행들도 리먼의 무계획적이고 급박했던 파산보호 신청 과정에서 최대 750억 달러나 되는 자산을 가로챘다는 혐의를 받아 주주들과의 대규모 소송전에 휘말려 들었다.

투자은행의 몰락과 금융질서의 재편

골드만삭스, 모건스탠리의 지주회사 전환

2008년 3월부터 월가의 대형 투자은행 5개 중에 3개가 부서지고 망가지는 상황에서도 1, 2위라 자부하는 골드만삭스와 모건스탠리는 간신히 목숨을 부지했다. 그러나 이들 역시 근원적인 체질 개선을 하지 않고서는 더 이상 버틸 수 없는 처지였다.

연방준비제도이사회는 9월 21일 리먼 사태 이후 처음 찾아온 일요일, 투자은행 골드만삭스와 모건스탠리의 은행지주회사로의 기업 구조 변경 신청을 승인했다고 발표했다.

연방준비제도이사회는 이날 "5일간 반독점법 여부를 검토한 결과 골드만삭스와 모건스탠리가 제출한 은행지주회사 전환 신청을 승인키로 결정했다"고 밝혔다. 이에 따라 두 회사는 미국 중앙은행인 연방준비제도이사회로부터 긴급 유동성 지원을 받을 수 있게 되어 유동성 위기에 내몰리는 최악의 사태를 모면할 수 있게 되었다. 이들은 일반 상업은행들과 동일한 조건으로 유사시 언제든지 연방준비제도이사회의 재할인 대출 창구인 뉴욕 연방준비은행으로부터 자금을 지원받을 수 있게 된 것이다.

연방준비제도이사회는 골드만삭스와 모건스탠리가 금융지주회사로 전환함에 따라 이들의 자회사인 증권사들에게도 프라이머리 딜러 대출PDCF 기준을 적용해 유동성을 공급할 수 있도록 허용했다고 밝혔다. PDCF는 일

명 '재할인 제도의 사촌'이라고 불리는 것으로 지난 3월 16일 베어스턴스 파산 이후 연방 공개시장 활동에 참여하고 있는 투자은행과 증권사들에게 중앙은행의 재할인 창구를 통해 자금을 융통할 수 있는 길을 열어준 제도이다. 그때까지 재할인 창구는 일반 상업은행에 한해서만 개방돼 왔다. 연방준비제도이사회는 나아가 이 같은 유동성 지원 범위를 뱅크오브아메리카에 매각된 메릴린치의 자회사인 증권사들에 대해서도 가능하도록 확대했다. 아울러 영국 런던에 소재한 골드만삭스와 모건스탠리, 메릴린치의 자회사들까지도 뉴욕 연방준비은행의 재할인 창구에 유가증권을 담보로 내고 대출받을 수 있도록 했다고 덧붙였다.

이날 조치는 투자은행의 붕괴가 잇따르고 있는 가운데 마지막 남은 2개의 대형 투자은행만은 살리겠다는 연방준비제도이사회의 의지가 반영된 것으로 풀이되었다. 골드만삭스와 모건스탠리가 은행지주회사로 전환되면 상업은행을 자회사로 새로 만들거나 기존 상업은행과의 합병을 통해 이를 자회사로 거느릴 수 있게 되므로 궁극적으로 파산 위험이 현저히 줄어들게 된다. 당시 규제당국이 투자은행을 적절하게 감독하지 못해서 위기를 키웠다는 비난도 두 투자은행의 지주회사 전환에 긍정적인 여론을 조성했다.

연방준비제도이사회의 조치는 일단 시장의 긍정적인 평가를 받았다. 지주회사 전환을 통해 두 거대 투자은행을 모기지 부실과 유동성 압박으로부터 해방시켜 대공황 이후 최악의 위기에 처해있는 월가의 금융시스템을 구하는 데 기여할 것이라는 기대가 싹텄다. 스위스계 은행인 UBS의 애널리스트인 글렌 쇼는 "두 회사는 다른 IB(Investment Bank: 투자은행)에 비해 위험이 상대적으로 잘 분산돼 있으며 믿을 만한 자금조달 능력을 갖추고 있다. 지주회사 전환으로 두 투자은행은 확실한 생존의 길을 찾게 됐다"고 평가했다.

하지만 이 조치에 따라 골드만삭스와 모건스탠리는 다른 상업은행과 마찬가지로 연방준비제도이사회의 관리 감독을 받아야 하는 입장이 되었다. 그 동안 증권거래위원회의 감독 아래서 훨씬 약한 규제를 받았던 두 은행에 대해 금융감독의 족쇄가 한층 강화된 셈이다. 다시 말해 두 회사

의 지주회사 전환은 금융위기의 쓰나미에 휩쓸릴 뻔했던 두 투자은행에
게 구명줄을 던져주는 대신 방만했던 은행 경영을 공식적인 규제 감독의
틀 안으로 끌어들이겠다는 취지이기도 했다. 1년 전만 해도 창사 이래 최
대 수익을 올렸다며 보너스 잔치를 벌인 두 회사에게는 사실 모욕적인 순
간이었다.*

사라져버린 IB(투자은행) 시대

2008년 9월 15일 금융대공황이 발생한 이후 세상은 크게 달라졌다. 월가
의 중심가에 하늘을 찌를 듯 바벨탑을 쌓던 대형 투자은행들의 간판이 하루
아침에 사라졌고 '하이 리스크-하이 리턴(고위험-고수익)'을 찬양하던 웅장
한 행진곡도 더 이상 들을 수 없었다. 투기와 거품의 검은 광풍을 몰고 왔던
위대한(?) 금융 선지자들은 아무런 말도 없이 떠나버렸고, 바벨탑 건설에 동
원됐던 능력 있는 금융 일꾼들도 줄줄이 짐을 꾸려서 건물을 빠져나갔다.

한때 세상을 호령하던 월가의 5대 투자은행 가운데 금융위기 이후 살아
남은 회사는 골드만삭스와 모건스탠리뿐이었다. 그러나 이들도 결국 독립
투자은행으로서의 체면을 잃고 은행지주회사로 변신하여, 자율을 내버리
고 기꺼이 은행 감독 체제 안으로 흡수되었다.

금융위기를 촉발시킨 주범으로 간주된 월가 4위 투자은행 리먼브라더
스는 파산보호 신청 이후 해체 수순을 밟았다. 리먼의 뉴욕 본사 건물은

---

* 본래 투자은행(IB: Investment Bank)과 상업은행(CB: Commercial Bank)의 가장 큰 차이점은 상업은행이
돈을 맡긴 고객들에게 정해진 이자를 지급하는 반면, 투자은행은 투자 수익에 따라 수익률에 차등을 둔
다는 점이다. 투자은행 투자자들의 입장에서는 투자가 성공적일 경우 상업은행보다 훨씬 많은 수익을
돌려받지만, 그렇지 않을 경우에는 이자는 고사이고 원금의 일부도 돌려받지 못하게 된다. 또한 상업은
행은 투자금뿐만 아니라 고객들의 예금을 바탕으로 안정적인 자금 운용이 가능한 것이 최대 장점이다. 1
년 이상 지속된 신용경색으로 투자은행은 자금조달과 운용에 어려움을 겪어왔지만 상업은행은 상대적
으로 안정적인 경영을 유지했던 것도 바로 이 때문이었다. 당시 금융위기로 인해 모기지 관련 투자와 파
생상품투자로 심각한 트라우마(trauma)를 입은 투자은행들로서는 상업은행을 닮아가는 것 외에는 별다
른 방도가 없었다.

영국계 투자은행 바클레이즈로 간판이 바뀌었다. 맨해튼 미드타운에 있는 38층짜리 이 빌딩은 바클레이즈가 9억 6,000만 달러를 주고 사들였다. 누버거 버만을 포함한 자산운용 사업부는 2008년 말 별도로 설립된 누버거 버만 투자운용이 인수키로 했다. 일본의 노무라 홀딩스는 잽싸게 일본과 호주를 포함한 리먼의 아시아 태평양 사업부를 인수한 데 이어 유럽과 중동 및 주식 사업부도 사겠다고 나섰다. 자산 규모 6,910억 달러에 이르는 리먼의 파산과 함께 사라진 자회사만도 80여개에 이른 것으로 집계됐다.

투자은행의 역사는 1930년대 미국의 '글래스-스티걸법(Glass-Steagall Act)'의 제정 당시까지 거슬러 올라간다. 이 법이 등장한 이래 투자은행은 상업은행과 엄격한 영업 구분이 이루어지면서 전 세계적인 금융시장의 팽창과 함께 비약적인 성장을 해왔다. 투자은행은 고객들의 예금을 받아 대출과 유가증권 투자로만 수익을 내는 상업은행과 달리 발행시장에서 M&A 중개, 회사채 발행 주간사 역할, 파생상품 거래 중개 등의 역할을 통해 투자자 사이의 거래를 연계해주고 거액의 수수료를 챙기는 방식으로 엄청난 이익을 올렸다. 한 조사에 따르면 20여 년 전 미국 투자은행의 자산 규모는 미국 GDP의 3%에 불과했으나 2008년 현재 20%를 넘는 수준까지 확대되었다.

이에 따라 투자은행들은 금융업 종사자들에게는 항상 선망의 대상이었다. 이른바 '아이비리거'라고 하는 미국 명문 경영대학원 졸업생의 취업 희망 1순위도 항상 투자은행들이 독차지했다. 1980년대 들어 금융상품을 수학적으로 분석하는 금융공학자들을 일컫는 '퀀트Quant'가 등장하면서 이들이 월가 투자은행의 핵심 보직으로 자리 잡았다. 이들은 당시 발달하기 시작한 컴퓨터를 이용한 첨단금융공학을 도입하여 모기지 채권의 증권화와 복잡한 파생금융상품의 탄생을 주도했다. 과거 수많은 수학자와 경제학자들이 1주일 걸려 만들던 금융상품을 이들은 1주일이면 100여 개씩 만들어냈다.

1999년 클린턴 행정부가 금융시장 규제 완화 추세에 따라 '글래스-스티걸법'을 폐지하고 대신 '그램-리치-브릴리법(Gramm-Leach-Billey Act)', 일명 '금융시장현대화법'을 제정하여, 투자은행과 상업은행의 칸막이를 완전히 허물어버리자 투자은행들의 성장세는 더욱 날개를 달았다. 규제의 틀 안에서 완전히 벗어난 투자은행들은 상업은행과 투자은행의 경계를 넘나들며 위험도가 높은 돈벌이에 몰두했고, 내부 통제에도 전혀 신경 쓰지 않았다. 2000년대 초반 부동산시장이 유망해지자 투자은행들은 최고 자기자금의 35배까지 돈을 빌려 서브프라임 등 부동산 증권이나 이를 보증하는 파생상품 등에 대거 투자했다. 그러나 고객이 맡긴 예금에 의존하는 상업은행과 달리 투자은행은 직접 시장에서 레버리지를 일으켜 자금을 조달하는 구조여서 서브프라임 쓰나미가 몰려올 때 가장 먼저 유동성 위기에 휩쓸리는 치명적 약점을 안고 있었다.

투자은행의 몰락은 내부 통제시스템 부재와 당국의 느슨한 규제에도 원인이 있었다. 미국 금융당국은 투자은행들이 금융시스템을 위협할 만한 대규모 위험 거래를 벌이고 있는데도 불구하고 사실상 눈을 감고 감독 기능을 방치하고 있었다. 투자은행들과 이들이 내놓는 금융상품에 대해 엄격한 평가를 해야 할 신용평가사들도 이들로부터 대가로 받는 수수료에 취해 자의적인 등급평가로 일관하며 부실의 거품을 키웠다. 오래전부터 각인된 월가의 탐욕과 파멸의 DNA는 서브프라임 사태와 2008년 9월 터진 리먼브라더스 파산 사태를 계기로 최고 수준의 자기 치부를 드러내고 있었던 것이다.[*]

---

[*] 투자은행이 줄줄이 무너지자 그간 투자은행이 추구하던 고위험-고수익의 수익 모델이 더 이상 유효하지 않다는 지적이 쏟아졌다. 영국의 〈파이낸셜타임스〉는 당시 "최근의 금융위기는 자기자본이 적고 외부자금에 대한 의존도가 큰 투자은행 수익 모델의 취약성을 잘 보여준다"면서 "리먼브라더스의 몰락과 메릴린치의 매각 이후 독립 투자은행 모델의 생존 능력에 의문이 제기되고 있다"고 보도했다. 그러나 투자은행 시대가 아직 끝난 것은 아니라는 반론도 만만치 않았다. 위기를 넘기고 살아남은 회사들에게는 오히려 기회가 될 수도 있다는 것이었다. 특히 이제 막 투자은행을 키우기 위해 팔을 걷어붙인 한국에서는 메릴린치, 리먼브라더스 등 월가 투자은행의 잇단 몰락을 받아들이기 어려웠다. 정부 당국자나 시장 관계자들은 한결같이 "아직 투자은행 모델이 틀렸다고 말할 수는 없다. 부동산 부문에 대한 과도한 투자가 문제였지 리스크 관리만 제대로 이루어진다면 투자은행 고유의 모델 자체에는 문제가 없다"고 주장했다.

상처뿐인 영광, 상업은행의 승리

투자은행들이 대거 몰락함에 따라 상업은행이 금융시장을 선도할 새 강자로 떠올랐다. 이제 투자은행들의 고수익-고위험 모델보다는 대출과 자산운용으로 안정적인 수익을 내는 상업은행이 더 주목을 받게 된 것이다.

그도 그럴 것이 뱅크오브아메리카는 2008년 초 미국 최대 모기지업체인 컨트리와이드파이낸셜을 40억 달러에 인수한 데 이어 9월에는 메릴린치까지 인수했다. JP모건체이스도 3월에 베어스턴스를 흡수한 데 이어 9월에는 미국 최대 저축은행인 워싱턴뮤추얼WaMu을 19억 달러에 사들였다. 웰스파고도 2008년 초까지 6개월 동안 소형은행 3개사를 인수해 몸집을 불렸다.

특히 뱅크오브아메리카는 메릴린치 인수로 신용카드, 오토론 등 소매 금융 부문부터 주식, 채권 발행, 인수·합병M&A 자문, 자산운용 등 투자은행 업무를 아우르는 초대형 종합금융그룹으로 거듭나게 되었다. 신용위기가 월가를 강타한 이후 뱅크오브아메리카는 위기를 기회로 삼아 공격적인 확장전략을 구사해 몸집을 불리는 데는 일단 성공한 셈이다.

그러나 뱅크오브아메리카는 독이 든 사과를 베어 문 것이 화근이었을까. 메릴린치를 인수해 승승장구하다가 이후에 자금난에 시달리며 미국 정부의 공적자금을 지원받는 처지로 전락하게 되었다.

2009년 1월 16일 오바마 행정부의 미국 재무부는 이미 250억 달러를 지원받은 뱅크오브아메리카에 공적자금 200억 달러를 추가 투입하고 1,180억 달러의 자산에 대한 지급보증을 결정했다고 발표했다. 현금 투입분 200억 달러는 메릴린치를 인수할 때 떠안은 불량자산이 함께 고려된 것인데, 이것은 재무부가 2008년 10월에 마련한 긴급구제금융기금TARP에서 나왔다. 이 날 뱅크오브아메리카는 1991년 이후 처음으로 2007년 4분기에 17억 9,000만 달러의 손실을 기록했다고 밝혔다. 〈블룸버그통신〉은 이에 따라 케네스 루이스 뱅크오브아메리카 최고경영자가 물러날 위기에 처했다고 지적했다. 〈월스트리트저널〉은 미국 내 자산 규모 1위 은행인 뱅크오브아메리카의 이런 상황은 "정부가 대규모 자금을 지원했음에도 금융시스템이 여전히 취약하고 자본이 더 필요하다는 것을 보여주는 증거"라고 설명했다.

금융위기 이후 상업은행 간에 인수·합병을 통한 판도 변화도 치열하게 전개되었다. 당초 시티그룹에 매각될 예정이었던 미국 4위 은행 와코비아는 웰스파고은행으로 넘어갔다. 웰스파고는 2008년 10월 3일 라이벌 은행인 와코비아를 151억 달러에 인수하기로 했다고 밝혔다. 당시 시티그룹은 와코비아의 대출손실 3,120억 달러 중 최대 420억 달러를 부담하고 나머지는 연방예금보험공사가 책임진다는 조건으로 인수 협상을 진행했지만 합의에 실패했다. 점차 알려지게 되지만 시티그룹은 당시 와코비아를 살만한 능력은커녕

〈그래프 5-4〉 주요 상업은행 시가총액 감소(단위: 10억 달러)

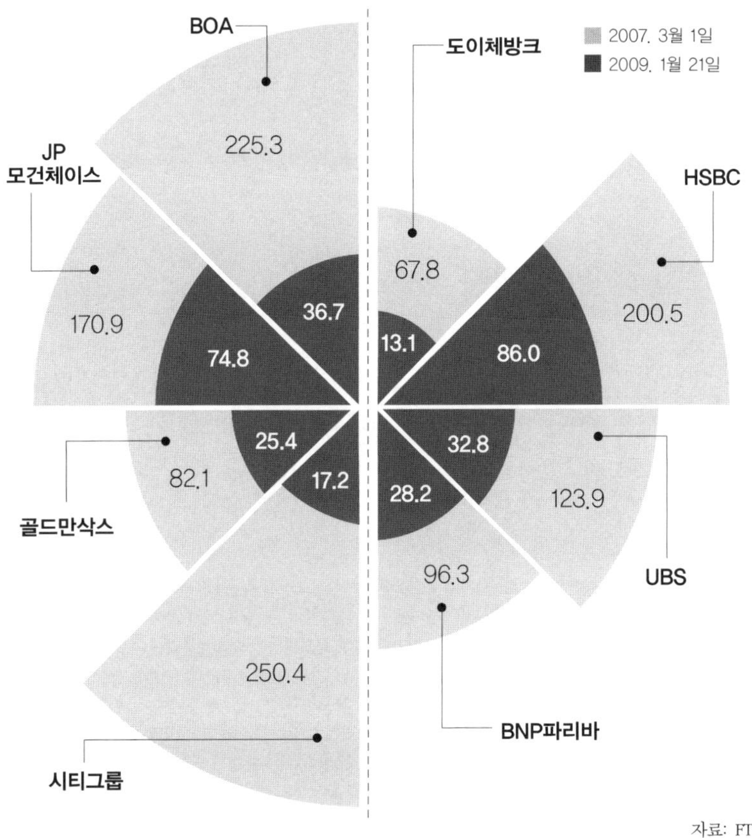

자료: FT

제 몸조차 가누기 힘든 중병 상태였다.

어쨌든 와코비아의 인수로 웰스파고는 LA, 샌프란시스코 등 미국 서부 지역을 중심으로 영업하는 중견급 지방은행에서 일약 월가의 주역으로 떠올랐다. 웰스파고는 시티은행, JP모건체이스, 뱅크오브아메리카에 이어 자산 규모 1조 4,000억 달러로 단숨에 월가 4위 은행으로 도약했다. 웰스파고는 와코비아의 것까지 합해 미국 내 39개 주에 걸쳐 1만 1,000개 지점, 현금자동입출금기ATM 1만 2,260대를 보유한 대형은행으로 성장했다.

2008년 웰스파고는 매출액 422억 3,000만 달러로 전년(394억 달러) 대비 7.1%의 성장률을 기록했다. 또 2008년 11월에 시행된 주식 공모에서도 어렵지 않게 126억 달러의 자금을 조달하는 저력을 보였다. 당시 웰스파고의 CEO인 존 스텀프는 "최초 주식 공모IPO를 제외하면 이번 공모는 미국 역사상 최대 규모의 보통주 발행"이라면서 "이는 웰스파고의 장기적인 성장 잠재력과 비전, 다각화된 비즈니스 모델에 대한 투자가들의 신뢰를 입증하는 것"이라고 자랑했다.[*]

'영원한 월가의 구원투수' JP모건체이스

투자은행들이 대거 몰락한 황량한 폐허 위에서 단연 두각을 보이며 떠오른 상업은행은 200여년 전통의 JP모건체이스였다. JP모건체이스는 금융위기가 가장 극심했던 2008년 4분기에도 7억 200만 달러의 순이익을 내서 월

---

[*] 와코비아은행 파산 원인은 과도한 모기지대출과 이로 인한 모기지유동화증권(MBS) 상각에 따른 막대한 손실 때문이었다. 와코비아는 2008년 3분기에 239억 달러의 순손실을 내서 2008년 3분기 연속 누적적자만 965억 달러에 달했다. 웰스파고에 인수되기 전까지 와코비아는 노스캐롤라이나 주 최대 도시인 샬럿(Charlotte)에 본사를 두고 수십 년간 뱅크오브아메리카와 팽팽한 라이벌 관계를 유지해왔다. 자산 8,124억 달러로 뱅크오브아메리카에 이어 미국 내 4위 규모였다. 그러나 두 은행은 모두 예금을 받아 대출하는 상업은행인데다 미국 동부 중심의 영업망까지 겹쳐 양립하기 어려운 사이였다. 1980년대 말 와코비아가 샬럿의 월가 격인 트라이온가 남쪽 끝에 노스캐롤라이나 주에서 가장 높은 42층짜리 사옥을 짓기로 하자, 뱅크오브아메리카도 북쪽 끝에 한 층 더 높은 43층짜리 본사 건물을 짓겠다고 발표하는 등 두 회사는 수십 년간 뜨거운 경쟁을 벌였다.

가에서 유일하게 흑자를 낸 대형 금융회사였다. 이 시기에 시티그룹은 83억 달러의 적자를 냈고, 뱅크오브아메리카도 17년 만에 처음으로 18억 달러의 적자를 내는 등 대부분의 월가 은행들이 줄줄이 마이너스 실적을 기록했다. 독일 최대 은행인 도이체방크 역시 63억 달러의 적자를 냈다.

2009년 JP모건체이스는 이를 발판으로 삼아 자산 규모에서 단연 월가 1위 은행으로 뛰어올랐다. 2008년 말 기준으로 JP모건의 총자산은 2조 1,750억 달러로 2위 시티그룹(1조 9,470억 달러), 3위 뱅크오브아메리카(1조 8,220억 달러), 4위 웰스파고(1조 3,100억 달러)를 모두 제쳤다. 1년 전 3위에 머무르던 것에 비하면 괄목할 만한 성장이었다. 가장 보수적인 은행평가 지표인 단순자기자본비율TCE도 3.8%로 나타나 1~2%에 머문 다른 경쟁 은행들을 앞질렀다.

흔히 '월가의 역사'로 통하는 JP모건의 진가는 이미 2008년 3월 베어스턴스를 인수하면서 드러나기 시작했다. 당시 월가에서는 '월가의 구원투수가 다시 나타났'면서 'JP모건이 옛 명성을 되찾을 절호의 기회를 잡았다'고 평가했다. 그리고 그것은 곧 현실이 되었다.

2008년 9월 25일 JP모건이 미국 최대 저축은행인 워싱턴뮤추얼을 19억 달러에 인수한다는 소식이 터졌다. 당시 와뮤는 지난 10일간 167억 달러에 이르는 예금이 인출되면서 극심한 '뱅크런' 사태에 내몰렸다. JP모건은 와뮤의 예금자산(1,880억 달러)을 흡수하고, 지점망을 19억 달러에 사들이는 한편 영업 책임의 일부를 떠맡기로 했다. 그동안 와뮤는 '제2의 리먼브라더스'로 불리며 미국 금융권을 초긴장 상태로 몰아넣었던 시한폭탄이었다. 파산 직전까지 주가는 무려 98%나 폭락했다. 119년 역사에 2,300개 지점과 1,820억 달러의 수신을 보유한 미국 최대의 서민금융기관이었지만 서브프라임 모기지 부실이 누적되면서 파산위기를 피해갈 수 없었던 것이다. 그래서 당시 와뮤의 처리 방향은 리먼-메릴린치-AIG 사태 이후 월스트리트의 최대 관심사였다.

JP모건의 개입으로 와뮤 문제가 '연착륙'에 성공하면서 세계 금융계의 관심은 일제히 JP모건으로 쏠렸다. 위기 때마다 월가의 '특급 구원투수'로

맹활약하면서 영역을 넓혀가고 있었기 때문이다. 당시까지 JP모건은 정부나 대기업, 대형 금융기관 등 '도매 금융'에 주력했으며, 소비자 금융 역시 백인 부유층을 위주로 한 '귀족주의' 영업 스타일을 갖고 있었다. 그러나 베어스턴스 인수를 통해 투자은행 부문을 강화하게 됐고, 서민금융기관인 와뮤까지 흡수함으로써 투자은행, 기업금융, PB(프라이빗 뱅킹), 일반 소매금융을 망라하는 종합금융그룹으로 기반을 다지게 되었다. 실제로 JP모건은 와뮤 인수를 통해 전 세계 60여 개국에 걸쳐 영업망 5,400개, 예금 잔액 9,000억 달러, 직원 수 20만여 명을 거느린 미국 최대 예금기관으로 거듭나게 되었다.

JP모건체이스의 경쟁력은 단기적인 성과에 급급하지 않고 동시에 위험요인들을 철저히 관리하는 데서 나온다는 평가를 받았다. 투자은행 부문, 자산운용 부문, 소매금융 부문, 신용카드 부문 등에서 경쟁자들과 피 말리는 접전을 벌이면서도 각 사업 부문에서 전체 매출과 이익의 15~20%를 각각 창출하면서 최적의 포트폴리오를 만들어내고 있다는 것이다. 실제로 JP모건은 2007년 기준 주택담보대출이 767억 달러로 미국 내 시장점유율 1위(15%)였지만 철저한 위험 관리로 서브프라임 충격에서 벗어났다. 이는 서

브프라임 위기가 본격화되기 전인 2007년 5월 제임스 디몬 회장을 비롯한 핵심 수뇌부들이 모기지 관련 파생상품 시장에서 전격적으로 손을 뗐기 때문이었다. JP모건 관계자는 "우리는 그때 시장이 과열됐다고 판단해서 빠져나오기로 결정했고 그 결과 위험을 피할 수 있었다"고 설명했다.[*]

'그림자 금융 체제'의 붕괴

투자은행의 시대가 가고 상업은행 시대가 왔다지만 모든 상업은행이 문제가 없는 것은 아니었다. 금융위기 이후 상대적으로 상업은행이 투자은행에 비해 생존능력이 낫다는 평가를 받았지만 그 자체도 새로운 변신을 요구받고 있었다. 대부분의 상업은행들 역시 정부로부터 구제금융을 받거나 심각한 구조조정을 겪어야 했기 때문에 제대로 생존했다고 보기도 어려웠다.

상업은행들이 안고 있는 가장 큰 문제 중의 하나는 '구조화투자회사(SIV: Structured Investment Vehicles)'였다. 통상적으로 '그림자 금융Shadow Finance'이라 불리는 구조화투자회사SIV는 은행 겸업주의Universal Banking가 만들어 낸 유산이라 할 수 있다. 영미계 금융당국은 1980년대 중반 상업은행들도 공격적인 금융상품 투자를 할 수 있도록 부외거래 단위(off-balance sheet)의 설립을 허용했다. 이에 따라 1988년 시티은행이 처음 구조화투자회사를 개발한 이래 총 시장 규모가 2008년 말 기준 4,000억 달러까지 성장했다.

일반적으로 상업은행에 대한 규제는 투자은행, 사모펀드, 헤지펀드 등에 비해 엄격한데, 금융시장의 안정을 위하여 자기자본비율, 지급준비율 등 여러 가지 자본건전성 규제를 가하는 것이 대표적이다. 예를 들어 장부상에 주택담보대출을 안고 있으면 위험 가중 자산이 높아져 BIS 비율이 낮아지고 그에 상응하는 자기자본을 충당해야 하므로 은행들의 자기자본 수익률ROE은 떨어지게 된다. 이를 감안해 규제당국이 사실상 모기업인 은행의 자회사로서 유한 책임 형태(혹은 트러스트)로 운영되는 구조화투자회사를 허가하자 상업은행들은 1990년대 이후 규제와 세금 회피를 동시에 추구할 수 있는 역외시장(텍스 헤븐)에서 이러한 페이퍼회사를 급격히 확대해 왔다.

구조화투자회사는 낮은 금리로 단기예금을 받아서 높은 금리로 대출을 하여 이득을 얻는 은행의 전통적인 영업 구조를 자본시장으로 확장시킨 구조이다. 부채 측면에서는 주택담보대출 등을 담보로 채권시장에서 자산담보부기업어음ABCP이나 환매조건부채권RP 등 단기채권을 발행하여 자금을 조달하고, 자산 측면에서는 주택저당증권MBS, 자산담보부증권ABS 등 수익률이 높은 장기 부동산 파생상품에 투자하여 수익을 얻는 구조이다. 따라서 구조화투자회사의 수익은 장단기채권의 수익률 차이에서 나오며, 다만 단기로 차입하여 장기에 투자하므로 만기불일치 혹은 유동성 위험에 항시 노출되어 있다는 점, 투자한 장기채권의 가치가 자금조달에 사용한 단기채권의 가치보다 낮을 경우 지급 불능 위험에 빠질 수 있다는 점에서 항상 위험이 존재해 왔다.

상업은행들은 2000년대 중반 이후 장단기채권의 수익률 차이가 겨우 0.25% 밖에 안 되자 이를 높이기 위해 '부채담보부증권' 같은 부동산 파생상품이 자산의 70% 정도를 차지할 정도로 공격적으로 투자하여 위험을 가중시켰다. 2007년 이후 주요 자금조달 창구였던 자산담보부기업어음 시장의 규모가 5,000억 달러 이상 축소되고 리보금리가 폭등한 데다 투자한 장기채권의 가치가 폭락하자 구조화투자회사를 운용해 온 상업은행들은 유동성 고갈과 지급 불능 위험을 동시에 갖게 되었다. 더구나 구조화투자회사는 자산담보부기업어음ABCP을 발행할 때 높은 신용등급을 얻기 위해 수수료를 지불하고 모회사와 '신용공여보증back-up' 계약을 체결하는데, 이 때문에 자회사의 부실이 모회사로 전가되면서 상업은행 자체도 흔들리게 되었다.

2007년 8월 서브프라임 사태가 터지자 20년 이상 은행의 배후에서 은밀하게 활동하던 구조화투자회사의 부실이 수면 위로 급부상했다. 영국의 노던록은행이 대규모 뱅크런을 맞게 된 것도 구조화투자회사의 부실 때문이었다. 이를 계기로 영국에서만 30여 개 이상의 구조화투자회사가 파산했으며, 2008년 10월에는 마지막 구조화투자회사로 간주됐던 시그마Sigma Finance마저 해체되었다. 그러나 이것으로 끝은 아니었다. 당시 미국의 최대 은행이던 시티그룹의 부실에도 구조화투자회사가 깊숙이 관여돼 있던 것으로 알려졌다. 시티그룹이 미국 정부로부터 구제금융을 받게 된 2008년 11월 24일 직전 시티는 구조화투자회사의 부실 자산 174억 달러를 인수한다고 발표하면서 시장의 불안은 최고조에 달했다. 시티그룹은 당시 7개의 구조화투자회사를 설립하여 전체 시장 규모의 25%인 1,000억 달러를 운영해 온 것으로 드러났다.

2008년 말 금융위기의 와중에서 상업은행 부실의 주요 원인으로 지목됐던 구조화투자회사는 대량으로 정리돼 이제 구조화투자회사 시대는 종말을 고하는 듯 보인다. 그러나 넓게 보면 은행시스템의 규제 감독망을 피해 광범위하게 존재하고 있는 금융거래 주체들이 사실상 '그림자 금융체제(Shadow Banking System)'에 포함되기 때문에 아직 부외거래가 완전히 종식됐다고 보기는 어렵다. 투자은행, 사모펀드, 헤지펀드, 채권보증업체들의 일부 기능과 역할도 사실상 광의의 그림자 금융체제에 포함된다고 볼 수 있다.

6장

시장을 구하라
… 월가의 생존 몸부림

원칙을 버린 중앙은행들

돈의 홍수를 일으켜라

미국 초대 재무장관인 알렉산더 해밀턴은 "위기의 순간 월스트리트의 예상을 뛰어 넘는 돈의 홍수를 일으켜야 사태가 진정된다"고 말했다고 한다. 시장 참가자들은 나름대로 많은 정보를 가지고 온갖 잔머리를 굴리며 반응하기 때문에 위기 시 이들의 예상이나 기대를 충족하고도 남을만한 획기적인 대응책을 내놓아야 불안을 잠재울 수 있다는 주장이다. 그리고 이는 200년이나 지나 자본주의가 고도로 발전한 오늘날에도 설득력을 갖게 되었다.

각국 정부와 중앙은행들이 이 같은 유훈을 충실히 따르기로 맹세라도 한 걸까. 2008년 9월 금융위기가 대공황으로 치닫기 전까지만 해도 별의별 핑계를 대며 미적거리던 선진국 중앙은행들이 갑자기 태도를 바꿔 무차별적인 유동성 살포 작전에 돌입한다.

무너져버린 금융시스템을 살리기 위한 각국 정부와 중앙은행들의 몸부림은 가히 필사적이었다. 아니 어쩌면 처절하다시피까지 했다. 위기의 진원지인 미국의 통화정책을 책임지고 있는 연방준비제도이사회는 2008년 9월 15일 리먼 사태가 터지자 즉각 유동성 확대 조치에 돌입했다. 기존에 도입했던 기간경매제TAF, 기간증권대여제TSLF, 프라이머리 딜러 크레디트PDCF 등의 대출 창구를 통한 무차별적인 통화량 공급 확대가 그것이다. 이 창구를 통해 연방준비제도이사회는 유동성 공급 한도를 단숨에 2,000억 달러로 넓혔다. 필요하면 언제든 돈을 빌려가라는 뜻이었다. 이와 함께 유럽 중앙은행, 영란은행 등 각국 중앙은행들과 공조해 최대 3,000억 달러에 이르는 긴급 유동성을 시장에 지원했다. 16일에 일본은행도 2조 5,000억 엔을 시장에 풀었다.

미국 재무부는 금융위기 발생 1주일 만에 속전속결의 절차를 밟아 총 7,000억 달러에 이르는 공적자금 투입안을 서둘러 입안했다. 이것은 금융권의 부실자산 구제를 위해 정부가 직접 나서서 국민의 세금을 투입하겠다는 취지였다. 의회에서 뜨거운 논란을 거친 이 계획은 10월 3일 마침내 상·하원을 모두 통과해 긴급경제안정화법안EESA으로 확정된다. 이때부터 미국 재무부는 금융사별 상세 자금 투입 계획을 마련하여 10월 14일에 월가의 대형은행 9개의 우선주를 매입하는 방식으로 공적자금을 투입했다.

미국 정부와 연방준비제도이사회가 취한 정책은 이것만이 아니었다. 연방준비제도이사회는 11월에 또 다시 재무당국과 공조하여 8,000억 달러에 이르는 대규모 소비자금융지원대책TALF을 발표하기에 이른다. 이번에는 월가의 금융회사뿐 아니라 모기지대출을 받은 주택 소비자를 비롯하여, 연체율이 높아지고 있는 신용카드회사 및 자금난에 직면한 중소기업들을 두루 지원 대상에 포함했다. 이듬해 연방준비제도이사회는 이 계획에 따른 부실채권 매입 규모를 총 1조 달러어치로 늘리고 매입 대상 채권의 범위도 회사채 및 기업어음 등으로 대거 확대했다.

2009년 1월 새로 들어선 오바마 행정부는 실물경기 구제를 위해 8,000억 달러의 경기부양책까지 새로 마련했다. 이쯤 되면 그야말로 '유동성의 홍수'를 일으켰다고 해도 과언이 아니었다. 이제 월가는 유동성이 넘쳐나서 물기가 전혀 없이 흙먼지가 풀풀 날리던 사막에서 갑자기 대홍수를 만난 격이 되었다. 어쩌면 유동성에 젖어 익사할 지경에 이르렀다고 해도 과언이 아니었다.

그럼에도 불구하고 미국 정부는 2월에 또다시 월가 은행들과 공동으로 민관공동의 부실자산투자펀드PPIP를 만들어 마지막 남은 월가의 부실

자산을 완전히 싹쓸이하겠다는 계획을 내놓았다. 그러나 이 조치는 이미 유동성의 홍수를 맞고 있는 월가에서 더 이상 필요한 조치가 아니었다.

막 오른 제로금리 시대

무너져 가는 금융시장을 지탱하기 위한 급박한 유동성 공급 조치를 완료한 연방준비제도이사회는 2008년 10월 그동안 유보해 놨던 금리 인하 조치에도 착수했다.

4월에 연방 기준금리를 2.0%로 인하한 이후 한 동안 손대지 않던 연방준비제도이사회는 10월 초에 긴급구제금융안의 의회 통과로 한숨 돌리게 되자 8일 임시 연방공개시장위원회 회의를 열어 기준금리를 0.5%포인트 낮췄다. 이로써 뉴욕 은행 간의 단기(오버나이트) 대출금리는 1.5%로 떨어졌다. 이날 유럽중앙은행과 영란은행도 연방준비제도이사회와 보조를 맞춰 기준금리를 0.5%포인트씩 내려 각각 3.75%, 4.5%로 맞췄다. 캐나다와 스웨덴 중앙은행도 각각 0.5%포인트씩 금리를 내렸으며, 스위스 중앙은행도 2.75%에서 2.25%로 0.5%포인트 인하했다. 중국 인민은행도 금리를 0.27%포인트 내렸다. 전날 금리를 동결한 일본 중앙은행도 선진국 중앙은행들의 금리 인하 공조를 지지한다고 밝혔다. 각국 중앙은행들 간의 금리 인하 공조는 국가 간의 상대적 금리구조를 그대로 유지함으로써 금리차 발생에 따른 아비트리지Arbitrage 수요를 사전에 차단하는 효과가 있었다.

그러나 이것만으로 금리 인하조치가 끝난 것은 아니었다. 10월 29일 연방준비제도이사회는 정기 연방공개시장위원회에서 또 다시 기준금리를 0.5%포인트 인하해 1.0%로 낮췄다. 나아가 12월 16일에 마지막으로 남은 최소한의 금리 인하 여력마저 모두 털어내서 기준금리를 제로0 수준으로 끌어내리는 극약처방을 단행했다. 이날 기준금리인 연방기금금리를 0.75~1%포인트 내려 연 0~0.25% 수준에서 운용되도록 유도하고, 동시

<그래프 6-1> 선진국 제로금리시대(단위: %, 각국의 기준금리)

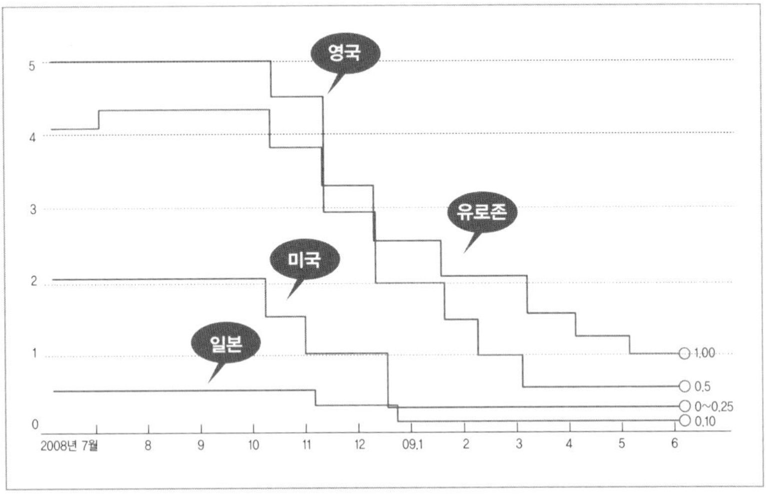

자료: 블룸버그

에 재할인율도 0.75%포인트 내린 0.5%로 낮춘다고 발표했다. 아울러 이 같은 낮은 금리 수준을 앞으로 상당기간 유지하기로 결정했다고 덧붙였다. 이로써 미국의 기준금리는 2007년 8월(5.25%) 이후 무려 10차례 연속 인하되면서 바야흐로 '제로금리시대'로 진입했다.

이날 조치는 당초 시장의 예상치(0.5%포인트)를 훨씬 웃도는 것으로 제로금리의 허용은 연방준비제도이사회 역사상 사상 초유의 일이었다. 그만큼 미국 경제가 통상적인 수단에 의존해서는 회복할 수 없을 만큼 심각한 중병상태에 처해 있음을 의미했다. 당시 미국은 금융대공황 이후 금융시스템이 마비되어 더 이상 작동하지 않는 상황에서 실물경기의 침체가 가속화돼 자칫 구조적인 불황을 불러올 수 있다는 우려가 커지고 있었다.

연방준비제도이사회의 조치 이후 유럽중앙은행과 영란은행 등 주요 선진국 중앙은행들도 일제히 이를 따랐다. 이들은 2009년 초까지 대부분 기준금리를 1~2% 수준에 맞춤으로써 사실상의 '제로금리시대'에 동참하게 된다. 유럽중앙은행은 2009년 4월까지 기준금리를 6차례에 걸쳐 3%포인

트 연속적으로 인하하여 1.25%로 낮춘 뒤 5월 정례 금융통화정책회의에서
또다시 0.25%포인트 더 내려 1%수준으로 끌어 맞췄다. 이는 유럽중앙은행
창설 10년 만에 최저 수준이었다. 대륙보다 금융위기의 타격을 심하게 입은
영국 역시 10월 이후 불과 4개월 만에 4.5%포인트의 금리 인하를 단행하여
일찌감치 기준금리를 0.5%로 끌어 내렸다. 일본 역시 이미 바닥에 근접한
기존 0.3%의 기준금리를 2008년 말에 또다시 0.1%로 낮췄다.

　연방준비제도이사회는 2008년 12월 '제로금리'를 선언하면서 중대한 발표
하나를 덧붙였다. 앞으로 시중 실질금리를 더 낮출 필요가 있을 때는 중앙은
행의 발권력을 동원해 금융권의 장기국채 및 자산담보부증권ABS 등을 대거
매입하는 이른바 '양적완화Quantitative Easing' 정책을 적극 활용하기로 했다
고 밝힌 것이다. 기준금리 인하를 통해 더 이상 시중 실세금리에 영향을 끼
칠 수 없게 됨에 따라 앞으로는 공개시장조작을 통한 직접적 유동성 공급 방
식으로 전환하겠다는 얘기였다.

　연방준비제도이사회가 제로금리 카드와 함께 양적완화 카드까지 꺼내든
까닭은 경기부양을 위한 금리 인하 카드가 제대로 작동하지 않고 있다는
판단에 따른 것이었다. 금리 인하 카드는 서브프라임 사태가 터진 2007년
말부터 연방준비제도이사회가 줄곧 사용해 왔지만 사실상의 '유동성 함정
Liquidity Trap'에 빠져 시중 실세금리를 움직이는 지렛대로서의 역할을 하지
못하고 있었다. 이런 상황에서 이제 연방준비제도이사회가 취할 수 있는
정책은 보유한 달러든 새로 찍은 달러든 무제한 동원해 시장에 푸는 일밖
에 남지 않게 되었다.

　따라서 연방준비제도이사회의 제로금리 선언은 시장에 유동성을 무제한
공급하겠다는 뜻인 동시에 더 이상 정책수단으로서 한계를 맞이한 기준금
리 카드도 버리겠다는 의미였다. 연방준비제도이사회의 양적완화 정책은
이듬해 봄까지 유럽중앙은행, 영란은행, 일본중앙은행 등 주요 선진국 은
행들도 일제히 이를 따름으로써 제로금리시대의 가장 유력한 통화 조절 수
단으로 떠올랐다.

양적완화 … 최종 대부자에서 최초 대부자로

제로금리와 함께 '양적완화'를 선언할 무렵 연방준비제도이사회의 위상에 중대한 변화가 감지되었다. 평상시 같으면 '은행의 은행' 혹은 '최종 금융기관Lender of last resort'으로써 금융 안정의 최후 보루 역할을 해야 할 중앙은행이 시장의 전면에 나서서 직접 유동성을 공급하는 이른바 '최초 대부자Lender of first Resort'로서의 역할이 부각된 것이다.

금융시스템이 더 이상 정상적으로 작동하지 않는 상황에서 연방준비제도이사회는 모기지 부실로 심각한 타격을 입은 상업은행들을 제치고 투자은행이나 증권사 등 비은행 금융회사, 나아가 일반 기업이나 소비자 등 최종 자금 수요자에게 직접 유동성을 공급하는 조치를 확대하기 시작했다. 이는 확실히 기준금리 결정과 공개시장조작 등 위기 이전의 연방준비제도이사회의 통상적인 활동을 훨씬 넘어서는 것이었다.

이 같은 위상 변화는 금융대공황을 맞아 연방준비제도이사회의 개입 없이는 금융시스템, 특히 비은행 금융시장의 붕괴를 막을 수 없다는 위기의식에서 비롯된 것이다. 당시에는 연방준비제도이사회가 아무리 유동성을 풀어도 자금이 반드시 최종 수요자에게 전달된다는 보장이 없었다. 대형 금융기관이나 시중은행들은 제 코가 석자라 연방준비제도이사회가 풀어준 자금으로 부실을 메우고 상황이 더 나빠질 것에 대비해 쌓아두기만 할 뿐 시장에 공급하지 않았다.

최초 대부자로서의 연방준비제도이사회의 위상 변화는 이미 2008년 초부터 나타나기 시작했다. 당시 월가에 심각한 신용경색 기미가 보이자 3월 16일 도입한 프라이머리딜러 크레디트PDCF 제도가 그것이다. 이 제도는 그 이전에 도입했던 특별 유동성 공급 창구인 기간경매제TAF나 국채담보 대출창구인 기간증권대여제TSLF와는 달리 통상의 재할인 대상이 아닌 투자은행이나 증권사 등 비은행 금융회사들을 대상으로 한 것이었다. 사실 이 제도는 중앙은행의 전통적 역할을 수행하기 위한 공개시장조작Open Market Operation의 응용 판이었으나 비은행 금융회사들을 대상으로 한다는 점에서 상당히 이례적인 조치로 평가되었다.

비은행 금융기관에 대한 유동성 공급 창구는 또 있었다. 리먼브라더스 사태 이후인 2008년 9월 도입된 '자산담보부기업어음머니마켓펀드지원창구AMLF'와 10월에 도입된 '기업어음매입용기금창구CPFF', 11월에 도입된 '머니마켓투자펀드기금창구MMIFF' 등이 그것이다. AMLF는 일반은행이나 은행지주회사가 투자회사의 머니마켓펀드에서 매입한 자산담보부기업어음을 담보로 연방준비은행들로부터 대출을 받는 제도다. 그것은 형식상으로는 은행에 대한 대출이지만 실제로는 비은행 금융회사가 운영하는 자산담보부기업어음시장에 대한 유동성 공급을 의도한 것이었다. 기업어음매입용기금창구는 연방준비은행이 특수목적회사SPV를 세우고 이 회사에 돈을 빌려줘 그 돈으로 기업들이 발행하는 기업어음과 자산담보부기업어음을 사도록 하는 것으로 실질적으로 중앙은행이 자금난에 처한 기업들을 직접 지원하는 효과를 내기 위한 것이었다. 머니마켓투자펀드기금창구 역시 5개 민간 특수목적회사가 연방준비은행에서 자금을 공급받아 은행이나 기업들이 발행하는 양도성예금증서CD, 기업어음, 은행수표 등을 해당 금융상품 투자자로부터 직접 매입하는 것이었다. 벤 버냉키 연방준비제도이사회 의장도 이러한 신규 대출제도가 '건전한 금융회사에 단기 유동성을 제공하는 중앙은행의 전통적 역할을 수행하기 위한 특수한 조치'라고 설명했다.

최초 대부자로서의 연방준비제도이사회의 역할은 여기서 그치지 않았다. 금융위기의 정점에서 상업은행들 외에 기업과 소비자들에게도 직접적인 유동성 공급을 꾀한 것이다. 2008년 11월 25일 도입된 8,000억 달러 규모의 '기간자산담보부증권대출창구TALF' 이른바 '소비자금융지원대책'이 그것이다. 이는 각 비은행 금융회사들이 일으킨 학자금대출, 자동차대출, 신용카드대출, 중소기업청대출을 기초로 발행된 자산담보부증권을 담보로 연방준비제도이사회가 직접 해당 금융회사들에게 3년 만기 대출을 제공하는 것이다.

이 밖에도 연방준비제도이사회는 금융대공황 기간 내내 국책 모기지 기

관인 패니메이, 프레디맥과 12개 연방주택대출은행FHLB 등이 발행한 주택
담보부증권 등 정부보증 채권을 대규모로 사들였다. 특히 2009년 3월에는
향후 6개월간 미국 재무부가 발행하는 장기국채를 3,000억 달러어치나 매
입한다는 새로운 계획도 발표했다. 이러한 조치 역시 전통적인 연방준비제
도이사회의 영역인 공개시장조작 기능을 무한대로 확대해 은행 등 금융회
사들을 제치고 최초 대부자로서의 기능을 강화한 것으로 평가된다.

미국 정부의 긴급구제금융안TARP

긴급경제안정화법안EESA

흔히 '부실자산구제프로그램(Troubled Asset Relief Program)'이라고 부르는 TARP는 긴급구제금융안, 금융시장안정화대책, 경제안정화대책 등 여러 가지 이름으로 불리지만 정식 명칭은 '긴급경제안정화법안(Emergency Economic Stabilization Act of 2008. EESA)'이다.

이 법안은 헨리 폴슨 미국 재무장관이 금융위기 발발 5일 뒤인 2008년 9월 20일 처음으로 구상을 밝힌 후 15일 만인 10월 3일 미국 의회에서 최종 승인되었다. 금융권의 부실자산 구제를 위해 정부가 직접 나서서 2년간 국민의 세금으로 조성된 7,000억 달러의 공적자금을 투입하겠다는 것이 핵심 내용이었다. 폴슨 장관은 당시 성명에서 "금융회사들을 압박하고 미국 경제를 위협하는 비유동성 부실자산을 제거하기 위해 긴급구제금융안이 불가피하다. 다만 납세자인 국민들을 보호할 수 있는 장치도 포함시켰다"고 밝혔다. 벤 버냉키 연방준비제도이사회 의장도 구제금융투입안을 적극 지지하며 "정부의 행동은 빠를수록 좋고 늑장을 부릴수록 구제를 통한 정상화는 더 어려워진다"고 맞장구쳤다.

미국 정부가 의회에 제출한 총 7,000억 달러의 구제금융안은 조지 W. 부시 미국 대통령과 민주·공화 양당 지도부의 합의 속에 쉽게 통과되는 듯 보였다. 하지만 예기치 못한 공화당 의원들의 반란표가 나오면서 하원에서 한 차례 부결되는 등 우여곡절을 겪었다. 법안이 제출된 후 9일 동안 워싱턴의 미국 의회에서 민주·공화 양당의 줄다리기 협상 끝에 28일 합의안이 도출됐으며, 결국 달이 바뀐 10월 1일 상원에서 먼저 통과되고 3일 하원에서 가결됨으로써 역사상 최대 규모의 구제금융법안이 최종 확정되었다. 아울러 14일 부시 행정부가 구체적인 사용 계획을 발표하면서 곧바로 시행에 들어갔다.

총 106쪽 분량의 이 법안은 양당의 논의 속에 여러 차례 수정작업을 거쳤다. 우선 미국 정부가 제시한 총 7,000억 달러의 자금 사용에 여러 가지 제약장치가 붙었다. 3,500억 달러는 대통령이 요청하는 즉시 사용할 수 있지만 나머지 3,500억 달러는 의회가 구제금융의 효과를 지켜보면서 추가로 승인할 수 있도록 수정했다. 그 뒤 재수정 작업을 거치며 3,500억 달러의 1차 지원금 중 1,000억 달러는 대통령이 필요성을 입증할 경우 추가로 승인하도록 했다. 이에 따라 최초 지원금은 2,500억 달러로 줄었다. 합의안에는 금융권 구제를 위해 대규모 재정이 투입됨에 따라 연방정부의 채무 한도를 10조 6,150억 달러에서 11조 3,150억 달러로 늘리는 내용도 포함되었다. 또 정부가 인수하는 부실자산은 2008년 9월 17일 이전에 발행된 모기지 관련 증권으로 한정됐으며, 재무부는 이러한 인수자산을 관리하는 전담 운용매니저를 고용할 수 있도록 했다.

아울러 도덕적 해이 논란에 비판적인 민심을 의식해 공적자금이 투입되는 회사의 경영진에 대해서는 퇴직보너스를 받을 수 없도록 했다. 특히 3억 달러 이상의 공적자금이 투입되는 회사에서 50만 달러 이상의 보수를 지급하면 중과세 처분을 받도록 했다.

정부의 구제금융 계획 이행 과정에 대해서는 연방준비제도이사회 의장과 재무장관, 증권거래위원장 등이 포함된 별도기구의 감독을 받도록 했다. 구제금융 시행 5년 후 공적자금 투입에 따른 손실보전 방법을 의회에 제출토록 하는 방안도 추가되었다. 이 밖에도 은행 연쇄 도산에 따른 예금자 불안 심리를 진정시키기 위해 예금보호 한도를 기존 10만 달러에서 25만 달러로 일시적으로 늘렸다. 또 중산층에 대한 세금 감면, 기업 연구개발비와 대체에너지 사용 등에 따른 세금 혜택도 부여했다.

당시 월가에서는 자금의 사용 계획을 놓고도 우선주 매입이냐 정리신탁공사(RTC: Resolution Trust Corporation) 설립이냐를 놓고 여러 관측이 있었지만 결국 우선주 매입으로 방향을 잡았다. 의결권이 없는 우선주 취득으로 해당은행의 경영 간섭을 최소화하면서도 유사시엔 언제든 보통주 전환이 가능토록 하여 필요시 즉각적인 국유화를 실현할 수 있도록 한 것이었다. 결국 죽어가는 금융시스템을 살리기 위해 그동안 금기시되어 온 은행 국유화라는 사회주의적인 조치를 선택하고 만 것이다.[*]

미국 정부가 부실채권을 매입하는 정리신탁공사RTC 방식 대신 은행의 자본 구조에 영향을 주는 우선주 매입 방식을 택한 것은 당시의 금융위기가 이전보다 훨씬 광범위하고 파장이 깊어서 추가적인 파국이 올지도 모른다는 우려 때문이었다. 위기의 형태가 작아 구제 대상 부실자산의 규모가 명확할 때는 정리신탁공사 방식이 유력하지만 만약 그 방식으로 해결하지 못할 경우 그 파장은 걷잡을 수 없이 커지고 연쇄적인 추가조치가 불가피하게 된다. 이런 경우 차라리 해당 금융회사를 언제든지 국유화할 수 있는 잠정적인 조치로 주식을 확보해 두는 것이 안정적인 구제 방식이 될 수 있었다. 당시 월가의 서브프라임 모기지 사태로 인한 부실자산의 규모나 범위는 그 누구도 정확히 파악할 수 없을 정도로 상처가 깊고 불확실했다.^{**}

---

* 논자에 따라서는 이를 사회주의적인 것이 아니라 관치주의적이라고 해석한다. 하지만 경제사상 개발도상국들이 흔히 취한 관치주의는 미성숙한 사회주의라는 점에서 본질상 별로 다른 것이 없다. 혹자는 또 이를 좌파정권들이 취하는 항구적인 기간산업 국유화 조치와 구분하여 '레몬 사회주의(Lemon Socialism)'라고 부르기도 한다.

** 정리신탁공사(RTC)는 금융회사의 부실자산이나 부실채권을 매입하여 처리하는 배드뱅크(bad bank)의 한 종류로 경제위기 때마다 각국에서 흔히 도입하던 방식이다. 1930년대 미국에서 설립된 부흥금융공사(RFC: Reconstruction Finance Corporation)와 주택소유자대부공사(HOLC: Home Owners' Loan Corporation)가 이와 비슷하며, 1989년 미국의 저축대부조합(S&L) 사태 때도 이 방식이 도입돼 미국 정부가 약 4,000억 달러를 투입하여, 700여개 예금기관의 부실채권을 매입 처리한 뒤 1995년에 해산하였다. 한국에서도 1990년대 후반 외환위기 때 한국자산관리공사(KAMCO)가 이 역할을 담당하였다.

월가 633개 금융회사들이 줄을 서다

2008년 10월 14일(현지시간), 미국 재무부는 1차 구제금융 지원 대상으로 월가의 대형은행 9개사를 발표했다. 여기에는 JP모건체이스와 시티그룹, 메릴린치와 합병한 뱅크오브아메리카, 웰스파고, 골드만삭스, 모건스탠리, 뱅크오브뉴욕멜론, 스테이트스트리트 등이 포함되었다. 이들 금융사들에 대한 세부 지원 계획에 따르면, JP모건체이스와 시티그룹·뱅크오브아메리카·웰스파고 등 4개사에 각각 250억 달러, 골드만삭스와 모건스탠리에 각각 100억 달러씩이 우선주 매입 방식으로 투입되었다. 이 밖에 뱅크오브뉴욕멜론, 스테이트스트리트 등 5개사도 지분 매입 대상 은행으로 선정돼 30~50억 달러가 각각 투입되었다.

이날 재무부가 발표한 지원 대상 은행의 지분 매입 규모는 1차 구제금융 실행 가능 금액인 2,500억 달러의 절반 수준인 1,250억 달러였다. 지난 3일 구제금융법안이 발효된 지 11일만이었다.

그 전날인 10월 13일 헨리 폴슨 재무장관은 주요 은행업계 최고경영자 회의를 열고 구제금융법 세부 실행안에 대해 의견을 나누었다. 회의에는 재무부와 연방준비제도이사회 관계자들 외에 켄 루이스 뱅크오브아메리카 회장, 제이미 다이먼 JP모건체이스 회장, 로이드 블랭크페인 골드만삭스 회장, 존 맥 모건스탠리 회장, 비크람 팬디트 시티그룹 회장, 로버트 켈리 뱅크오브뉴욕멜론 회장 등이 참석했다.

재무부는 당초 7,000억 달러 규모의 구제금융법이 발효된 후 금융기관들이 보유한 부실채권을 매입하는 방안을 검토했다. 그러나 신용경색이 심각해지자 영국식 모델을 본떠 자본투입 대가로 은행의 우선주를 확보해 부분 국유화하는 쪽으로 방향을 튼 것으로 전해졌다.

1차 지원 대상인 9개 은행에 대한 자금 투입이 결정된 후 구제금융을 받을 금융회사들이 속속 몰려들었다. 재무부가 정한 1차 구제금융 신청 마감일인 11월 14일까지 최소 110개의 은행들이 총 1,700억 달러 이상의 자금 지원을 요청했다. 이에 따라 미국 재무부는 62개 은행들에 대해 1,730억 달러의 긴급구제금융안 구제자금을 지원하기로 예비 또는 최종 승인했다. 이에 앞서 10월 13일 미국 유수의 카드회사인 아메리칸익스프레스(아멕스)도 35억 달러의 구제금융 지원을 신청했다. 아멕스는 이미 사업부문 중 하나가 연방저축기관감독청OTS의 감독을 받아왔기 때문에 긴급구제금융안을 적용받을 수 있었지만 보다 신속하고 확실한 지원을 받기 위해 은행지주회사 전환을 신청해 승인받았다. 신용카드 발급업체인 캐피털원파이낸셜도 35억 5,000만 달러를 신청해 예비 승인을 받았다.

2009년 3월에는 보험회사들이 대거 구제금융을 신청했다. 새해 들어서도 주가가 폭락하여 자금조달이 어렵게 된 12개 보험회사들이 3월 13일에 줄줄이 긴급구제금융안 자금을 신청했다. 금융위기 이후 2008년 말까지 1,500억 달러를 수혈 받은 AIG도 추가로 300억 달러의 구제금융을 신청했다. 2009년 들어 새로 자금을 요청한 보험사들은 AIG가 파생금융상품, 특히 신용부도스와프 투자 손실이 컸던 것과는 달리 주로 투자등급 회사채, 상업용 부동산, 모기지 등에 투자해 손실을 본 경우가 많았다.

당시 보험회사들의 주가 추이를 가늠할 수 있는 '다우존스윌셔미국생명보험지수'는 2009년 들어서만 59%나 빠졌다. 이는 다우존스산업평균지수의 하락폭인 21%의 두 배가 넘는 수준이었다. 독일 보험사인 알리안츠에서 자본 수혈을 받은 하트포드파이낸셜서비스그룹의 주가는 1년 사이에 93%나 폭락했다. 생명보험회사들의 부실에 대한 우려는 신용등급 강등으로도 이어졌다. 국제신용평가사인 S&P는 2월말 메트라이프·푸르덴셜·하트포드 등 미국의 10개 생명보험사의 신용등급을 하향 조정했고, 무디스와 AM베스트도 생명보험사 10곳 이상의 신용등급을 내렸다. 월가의 보험사들은 당시 발행된 회사채의 18%(약 1조 달러)를 보유하고 있었기 때문에 이들의 부실은 자금시장의 경색을 가중시키는 원흉으로 작용했다.

〈월스트리트저널〉에 따르면 2009년 6월 30일 현재 미국 전역에서 긴급구제금융안을 통해 자금을 지원받은 금융회사는 은행, 보험사, 카드사 등을 합쳐 총 633개였다. 전체 금융회사들 가운데 10% 이상이 구제자금을 통해 생명을 연장 받은 것이다.

각국의 금융시장 살리기

미국이 구제금융에 착수하자 영국을 비롯한 유럽 각국도 부실 위험에 처한 자국 금융회사들의 구제조치에 나섰다. 초기에는 미적거려 일부 비판을 받았지만 일단 발을 들여놓고 난 뒤에는 남에게 뒤질세라 전격적인 조치들을 쏟아냈다. 2008년 말까지 나온 선진국들의 금융위기 대응책의 주요 내용은 1)은행 간의 채무보증, 2) 예금 보장 한도 확대, 3) 은행에 대한 직접적인 자본 투입, 4) 은행 유동성 공급 확대, 5) 기준금리 인하, 6) 증시안정 대책 등으로 요약된다.

은행 간의 채무보증은 2008년 9월 말에 아일랜드가 처음 실시한 이후 각국으로 확산되었다. 10월 8일 영국이 은행 외화 차입 등에 대한 2,500억 파운드 규모의 지급보증 조치를 발표했고, 13일에는 독일(4,000억 유로)·프랑스(3,200억 유로)·스페인(1,000억 유로) 등도 은행 간의 거래에 대한 지급보증 계획을 밝혔다. 미국 정부도 7,000억 달러 긴급구제금융안 계획 외에 연방예금보험공사가 나서서 은행 등 금융회사들이 발행한 총 3,390억 달러 규모의 선순위 무담보채권과 회사채, 당좌거래에 대해 지급보증을 해주는 '한시적 유동성 보장프로그램(TLGP: The Temporary Liquidity Guarantee Program)'을 도입했다.

예금자 보호를 위한 긴급조치도 잇따랐다. 10월 3일 영국 정부는 개인 예금 보장 한도를 종전 3만 파운드에서 5만파운드로 상향 조정한다고 발표했다. 이에 앞서 아일랜드도 자국 은행계좌에 대해 향후 2년간 무제한으로 지급을 보증하겠다고 선언했다. 며칠 후 미국 정부도 1년간 한시적으로 예금 보장 한도를 현행 10만 달러에서 25만 달러로 높이겠다고 발표했다.

독일 정부도 5일 금융위기 확산에 따른 예금주들의 불안을 조기 차단하기 위해 모든 은행 예금의 지급을 연방정부가 보증한다고 밝혔다. 이때까지 독일의 개인 예금에 대한 지급 보장 한도는 2만 유로였으며, 새로운 조치 발표로 정부의 보증 부담은 5,000억 유로로 확대되었다. 아울러 독일 최대의 모기지 은행인 히포레얼에스테이트HRE에 대해 500억 유로의 구제자금을 투입하기로 했다.

이날 벨기에 정부도 파산 위기에 처한 포르티스은행에 구제금융을 투입하고 지분 75%를 취득해 프랑스 BNP 파리바은행에 넘기면서 이 회사의 지분 11.7%를 확보하기로 했다고 밝혔다. 같은 날 이탈리아 정부도 최대 은행인 유니크레디트에 대해 66억 유로의 자금조달 계획을 밝히면서 우선 30억 유로 규모의 우선주 매각을 통해 긴급자금을 공급하겠다고 발표했다. 오스트리아 정부도 같은 날 예금 보장을 확대하는 방안을 검토하고 있다고 밝혔다. 10월 6일에는 네덜란드도 국내 모든 은행 예금을 보장하겠다고 밝히고, 대신 정부로부터 지급 보장을 받는 은행들은 2년에 걸쳐 350억 크라운에 이르는 유동성 기금 조성에 참여해야 한다고 선언했다. 이날 덴마크 정부도 64억 달러 규모의 국내 예금 전액에 대한 지급보장을 선언했다. 이렇듯 한 달 사이에 유럽에서 은행들에 대한 구제금융 조치가 내려진 나라는 독일, 베네룩스 3국, 이탈리아를 비롯하여 영국, 아일랜드, 아이슬란드, 덴마크 등 9개국으로 늘어났다.

증권시장 안정을 위한 대책들도 줄줄이 발표되었다. 리먼브라더스 사태 직후인 9월 18일, 영국 금융청FSA이 2009년 1월까지 4달 동안 공매도Short-selling를 금지한다는 대책을 내놓은 데 이어 19일에는 미국증권거래위원회SEC도 한시적으로 공매도를 금지한다는 조치를 내놓았다.* '네이키드 공매도Nakid-short selling'는 전 종목에 대해 금지되며, '커버드 공매도Covered-short selling'는 799개 금융주에 대해서만 금지되었다. 프랑스 · 캐나다 · 아일랜드 · 포르투갈 등도 비슷한 조치를 취한데 이어 20일에는 독일 재무부와 금융감독위원회BaFin도 도이체방크 · 코메르츠방크 · 알리안

---

* 공매도는 주식이나 채권을 보유하지 않은 상태에서 매도 주문을 내는 것으로 실물을 전혀 갖지 않고 하는 '네이키드 공매도'와 추후 실물을 빌리거나 매입할 것을 예약하고 하는 '커버드 공매도'로 구분된다. 금융 위기 당시 각국은 주가 하락의 원인이 상당부분 투기세력들에 의한 공매도에 있다고 보고 이를 규제하지 않을 경우 파국적인 결과를 초래할 것으로 우려하고 있었다. 당시 공매도에 대한 수사를 강화하고 있던 미국 뉴욕 검찰은 "공매도 세력은 허리케인이 지난 뒤의 약탈자"라며 "공매도 자체는 불법이 아니지만 일부 악성 루머와 결합된 공매도는 수사 대상"이라고 밝혔다.

츠그룹 등 11개 금융사에 대한 공매도를 연말까지 금지한다고 발표했다. 호주 정부도 21일에 주식시장 교란을 막기 위해 22일부터 연말까지 공매도를 금지한다고 밝혔다. 그동안 호주 정부는 공매도 주식의 매도호가를 시세보다 높게 하는 '업틱룰Up-tick Rule' 규제만 가해 왔으나 이것만으로는 자국 기업들의 주가 하락을 막기 어렵다고 보고 네이키드 공매도를 전면 금지했다.

국가, 시장을 대체하다

금융권 구제를 위한 미국 정부의 7,000억 달러 구제금융 투입은 사실 일찌감치 예고된 일이었다. 2008년 9월 7일 부실 위험에 처한 국책 모기지업체인 패니메이와 프레디맥에 대한 2,000억 달러의 구제자금 투입이 그것이다. 이날 미국 재무부는 패니메이와 프레디맥에 대한 구제금융의 대가로 국가관리체제국유화로 전환시켜 버렸다.

이 구제금융은 9월 15일의 금융대공황을 막지 못했다는 점에서 실패로 끝났지만, 이후로 미국 정부의 시장 개입을 정당화시키고 상시적인 것으로 만드는 '물꼬'를 텄다는 점에서 의의를 가진다. 이 조치로 말미암아 그때까지 신자유주의 경제노선 속에서 시장 개입을 망설였던 미국 정부의 후속 조치에는 더 이상 아무런 걸림돌도 남지 않게 되었다.

막대한 구제금융 투입에 대한 대가는 국유화였다. 미국 정부는 긴급구제금융안에 따라 월가에 구제금융을 투입하면서 해당 금융사들의 우선주를 취득하는 것으로 사실상 국유화시켰다. 물론 이것은 평상시 경영 간섭을 최소화하고 나중에 금융시장이 안정되면 다시 지분을 되팔아 민영화를 보장한다는 시나리오를 가정한 조치였다. 하지만 국가가 맘만 먹으면 언제든 은행의 최대주주가 될 수 있다는 점은 분명했다. 이에 따라 은행 국유화 전략은 제2차 세계대전 이후 최악의 경제위기라 불린 2008년 금융대공황을 극복하는 가장 강력하고 특징적인 정책이 되었다.

미국의 은행 국유화 조치의 예는 리먼 사태 직후 세계 최대 보험회사 AIG에 대한 구제금융의 대가로 지분 80%를 확보(2008년 9월 16일)한 것이나 뱅크오브아메리카의 지분 6%(2009년 1월)를 획득한 것, 그리고 시티은행의 우선주를 보통주로 전환해 36%의 지분을 획득하고 추후 40%까지 늘리기로 합의(2009년 2월)한 것 등이 대표적이다. 이는 물론 부실채권 매입이나 유동성 공급만으로는 시장의 불안을 잠재울 수 없다는 판단 하에 은행 국유화를 통해 시장의 신뢰를 회복하겠다는 의지가 반영된 것이었다.

사실 금융대공황 시기에 맨 먼저 은행 국유화를 선보인 것은 영국이었다. 영국 정부는 금융위기가 한창 진행되던 2008년 10월 8일 500억 파운드를 투입하여 HSBC · 바클레이스 · 로이드TSB · 로열뱅크오브스코틀랜드RBS · 스탠더드차타드SCB 등 8개 은행의 우선주를 매입하는 방식으로 부분적인 국유화 방침을 확정했다. 사실 영국 정부는 1년 전에도 펀드런에 내몰린 영국 5위 모기지 은행 노던록을 국유화했고, 금융위기 초기인 9월 28일에도 모기지업체 브랜드포드앤드빙글리B&B를 국유화시킨 전례가 있었다. 이처럼 발빠른 국유화 조치로 당시 고든 브라운 영국 총리는 금융위기에 가장 적극적이고 선도적으로 대처한다고 해서 한때 세계에서 가장 인기 있는 정치인으로 부각되기도 했다.

그 이후로 은행 국유화 조치는 아이슬란드, 독일 등 유럽 각국으로 빠르게 확산되었다. 10월 9일 아이슬란드가 카우프싱 · 란드방키 · 글리트니르 등 3개 대형은행을 국유화시켰고, 10일에는 우크라이나가 프로민베스트은행을 국유화했다. 이즈음 벨기에–네덜란드 정부도 파산 위기에 처한 역내域內 1위 포르티스은행의 자국 내 은행 사업 부문을 각각 분리해 국유화시켰다. 보험 등 일부 사업 부문만 남긴 채 포르티스홀딩스로 간판을 바꾼 포르티스은행은 이듬해 4월 프랑스의 BNP 파리바에 흡수되고 그 대신 벨기에 정부는 BNP 파리바 지분 11.6%를 획득했다.

2009년 4월 11일 독일 정부도 마침내 그동안 골칫거리였던 최대 모기지은행 히포레알에스테이트HRE의 주식을 정부 산하 금융시장안정화기금SoFFin을 통해 국유화시켰다. 이 조치는 1930년대 대공황 이후 독일에서 처음 취해진 국유화로 기록되었다. 독일 정부는 금융위기가 한창이던 2008 10월 초에 500억 유로의 구제자금을 히포레알에 긴급 투입했으나 경영이 개선되지 않아 결국 국유화를 선택한 것이었다. 이와는 달리 2008년 말까지 유럽 어느 나라에도 뒤지지 않는 총 3,600억 유로의 막대한 공적자금을 투입한 프랑스 정부는 애써 은행 국유화 조치를 자제하는 데 성공(?)했다.

FRB의 소비자금융지원대책TALF

두 번째 바주카포

헨리 폴슨 미국 재무장관은 2008년 7월 국회에서 패니메이와 프레디맥의 신용지원 확대 승인을 요청할 때 '나에게 바주카포를 달라'고 의원들에게 요구한 일이 있었다. 이 말에 빗대어 세계 최대 채권투자회사 핌코의 모하메드 엘 에리언 공동 CEO는 금융위기가 한창 진행되던 9월 18일 "미국의 금융시스템이 정상화되려면 동시에 발사할 수 있는 바주카포 4개가 필요하다"고 비꼬았다.

실제로 금융대공황이 터지자마자 미국 재무부가 밝힌 공적자금 투입계획, 즉 긴급구제금융안TARP은 무너져 가는 금융시스템을 구하기 위한 첫 번째 바주카포였다고 볼 수 있다.

이 계획은 해당 금융사의 국유화를 전제로 한 국민 혈세 투입으로 발표 이전부터 상당한 진정 효과를 낼 것으로 기대되었다. 그러나 이것만으로 자본주의 역사상 대공황에 버금간다는 금융대공황의 거센 충격을 이겨낼 수 있을지는 의문이었다.

오랜 경험과 동물적인 감각으로 이런 사실을 잘 알고 있던 미국 재무부와 금융당국은 곧바로 두 번째 바주카포 준비에 착수했다. 그것은 바로 '소비자금융지원대책(TALF: Term Asset-Backed Securities Loan Facility)'이었다. 2008년 11월 25일, 미국 연방준비제도이사회는 기업 및 소비자들의 신용경색 완화

를 위해 1년 동안 8,000억 달러에 달하는 대규모 자금을 투입하는 '소비자
금융지원대책'을 시행하겠다고 발표했다.

정식 명칭이 '기간자산담보부증권대출창구TALF'인 이 계획은 재무부의
긴급구제금융안과는 별개로 광범위한 소비자금융 구제를 목적으로 한 것이
다. 주로 일반 은행이 아닌 비은행 금융회사들이 보유한 기업과 소비자
들의 주택 및 상업용 모기지대출MBS뿐 아니라 신용카드대출, 오토론, 학
자금대출, 중소기업청대출 등 광범위한 자산담보부증권ABS을 담보로 최
장 3년간 연방준비제도이사회가 자금을 제공한다는 것이 핵심 내용이었
다. 재무부가 입안한 긴급구제금융안이 월가의 대형은행들을 구하기 위한
것이라면 연방준비제도이사회가 마련한 소비자금융지원대책은 국가 경제
의 70%를 차지하는 소비 주체인 납세자들을 구하기 위한 것이었다. 금융
위기 발생 전 미국의 개인대출관련 자산담보부증권 발행 규모는 연간 1조
달러에 달했지만 2008년 4분기 중에는 그 발행 규모가 80억 달러로 급격히
줄어서 붕괴 직전에 이르고 있었다.

이날 연방준비제도이사회는 성명을 통해 "주택 보유자들에 대한 대출 지
원을 원활하게 하기 위해 정부보증 모기지업체GSE부터 6,000억 달러 규모의
채권과 모기지담보부증권을 매입하고, 중소기업 및 소비자 대출을 지원하
기 위해 2,000억 달러 규모의 대출프로그램을 시행할 계획"이라고 밝혔다.

패니메이와 프레디맥, 연방주택금융공사 등 정부보증 모기지업체에
대한 6,000억 달러 지원은 연방준비제도이사회가 직접 1,000억 달러의
모기지 채권을 매입하고 나머지는 연방주택대출은행FHLB이 나서서 두
기관의 보증채권 5,000억 달러를 해소해주는 방식으로 구성되었다. 이는
지난 9월 초 2,000억 달러의 대규모 구제금융에도 불구하고 모기지(주택
담보대출)시장의 불안이 지속되면서 주택 보유자들의 연쇄 파산이 줄을 잇
고 있었기 때문이다.

연방준비제도이사회는 또 소비자 신용경색 완화를 위해 교육, 자동차,
신용카드대출과 관련된 자산담보부증권 시장에도 2,000억 달러를 투입하
기로 했다. 여기에는 연방중소기업청이 보증하는 학자금과 자동차, 신용

카드 등의 소비자대출을 담보로 한 자산담보부증권 발행 지원과 가계 및 중소기업의 만기 연장 및 이자율 조정 등 전반적인 채무재조정이 포함되었다. 재무부도 7,000억 달러의 긴급구제금융안 자금 가운데 200억 달러를 소비자 신용대출을 위한 지원프로그램에 제공하겠다고 밝혔다.

이날 연방준비제도이사회가 8,000억 달러를 새로 투입하기로 한 것은 긴급구제금융안의 1차 재원 3,500억 달러가 급속히 고갈돼 별도 재원이 필요했던 것도 또 하나의 이유였다. 재무부는 당초 긴급구제금융안의 지원 대상을 일반 금융사들 외에 소비자 및 기업들의 신용경색 해소에도 쓰겠다고 밝혔다. 하지만 2차분 3,500억 달러를 집행하기 위해서는 의회의 승인을 새로 받아야 하는 등의 번거로움이 있었다. 게다가 당시 미국 의회에서는 긴급구제금융안의 나머지 자금을 쓰기 위해서는 차기 대통령으로 당선된 오바마 행정부의 출범을 기다려보자는 분위기가 지배적이었다.[*]

소비자금융지원대책TALF과 긴급구제금융안TARP의 차이

연방준비제도이사회의 소비자금융지원대책TALF 프로그램은 당초 8,000억 달러로 계획되었다. 그러나 모기지증권MBS과 자산담보부증권ABS은 물론 기업어음CP으로까지 매입 대상이 확대되면서 12월에는 그 규모가 1조 달러까지 증액되었다. 나아가 신용경색이 나아질 조짐을 보이지 않자 2009년 3월에 최대 1조 2,500억 달러까지 불어났다. 이로 인해 연방준비제도이사회의 소비자금융지원대책을 포함한 채권 매입자금 한도는 최대 2조 4,000억 달러까지 폭발적으로 확대되었다. 이것은 부실이 드러난 월가 금융회사들의 채권은 물론 부실 우려가 있는 채권까지도 모조리

싹쓸이하겠다는 의도였다.

　소비자금융지원대책TALF은 국민의 세금을 재원으로 하는 재무부의 예산이 아니라 중앙은행의 발권력을 동원한다는 점에서 기존의 7,000억 달러 긴급구제금융안TARP과는 본질적인 차이가 있다. 한 마디로 소비자금융지원대책은 추가적인 통화 공급 여력이 바닥난 상태에서 앞으로는 돈(달러)을 찍어서라도 기업 및 소비자대출의 부실을 완전히 구제하겠다는 의미였다. 이는 연방준비제도이사회가 12월 16일 기준금리를 제로 수준으로 떨어뜨린 후 '양적완화Quantitative Easing' 정책으로의 돌입을 선언한 배경이기도 했다.

　일반적으로 유동성 공급은 중앙은행 고유의 통화정책 영역으로서 의회 승인을 받아야하는 정부 예산과 달리 공개시장위원회FOMC의 승인을 통해 이루어진다. 중앙은행의 통화 공급에는 사실상 법적인 제한이 없다. 연방준비제도이사회를 비롯한 각국의 중앙은행들은 비상시에 시장 붕괴를 막기 위해 금융권뿐만 아니라 기업채권 매입 등에 무제한 자금을 투입할 수 있는 특권을 부여받고 있다.

　물론 이 과정에서 정부의 요청 내지는 두 기관의 협의가 전제될 수밖에 없다. 헨리 폴슨 재무장관이 연방준비제도이사회의 소비자금융지원대책이 나오자마자 "이 프로그램은 은행과 금융회사들이 소비자나 기업들의 대출을 늘리는데 충분한 도움을 줄 것"이라고 밝힌 것도 두 기관의 사전협의가 이루어졌다는 것을 시사하는 대목이다. 이날 재무부가 긴급구제금융안 자금 가운데 200억 달러를 소비자금융지원대책에 기꺼이(?) 갹출醵出하기로 한 것도 두 기관의 공조를 확인할 수 있는 조치였다. 이것은 1년 전 서브프라임 사태 이후 줄곧 재무부의 구제금융 발표가 나올 때마다 연방준비제도이사회의 지지성명이 뒤따랐던 것과 마찬가지였다.

　연방준비제도이사회의 TALF 지원책 발표로 재무부와의 협조 체제는 한층 체계화되었다. 재무부가 국가예산을 투입해 이미 부실난 금융기관의 악성채권을 제거하는 '부실 청소'에 주력한다면, 연방준비제도이사회는 위기의 진원지인 모기지시장이나 소비자금융시장의 잠재적 부실을 제거해 더 이상의 추가부실이 발생하지 않도록 한다는 양자 간의 역할 분담이 뚜렷해진 것이다. 한 쪽에서 아무리 금융안정화를 위해 고군분투해도 다른 쪽에서 부실이 계속 발생한다면 말짱 도루묵이 될 것은 자명했다.

중앙은행의 달러 공급에는 또 다른 제약도 따른다. 연방준비제도이사회는 이론적으로 얼마든지 달러를 찍어내서 재무부의 신용정책을 지원할 수 있지만, 통화정책 최종 결정권자로서의 책임을 의식하지 않을 수 없다. 무제한적인 유동성 공급은 자칫 통화증발을 일으켜 인플레이션과 달러가치 하락을 유발하여, 기업과 소비자들은 물론 대외적으로도 큰 부작용을 일으킬 수 있는 위험이 뒤따른다. 따라서 중앙은행의 신용완화 정책은 특별한 위기상황이 아닌 한 기준금리나 재할인율 인하를 통해 점진적으로 이루어지는 것이 보통이다. 이런 점에서 볼 때 당시에 나온 연방준비제도이사회의 소비자금융지원대책은 기준금리가 1.0%였음에도 불구하고 시중 자금이 돌지 않을 정도로 심각한 신용경색 상황에서 직접 약물을 '환부'에 투여하겠다는 비상조치로 간주될 수 있다.

연방준비제도이사회의 화폐 발행을 통한 대규모 유동성 투입은 중앙은행의 자산(또는 부채) 증가로 이어졌다. 기업어음 매입 등 기존의 금융시장 지

〈그래프 6-2〉 미국 FRB 대차대조표 자산 변화(단위: 조 달러)

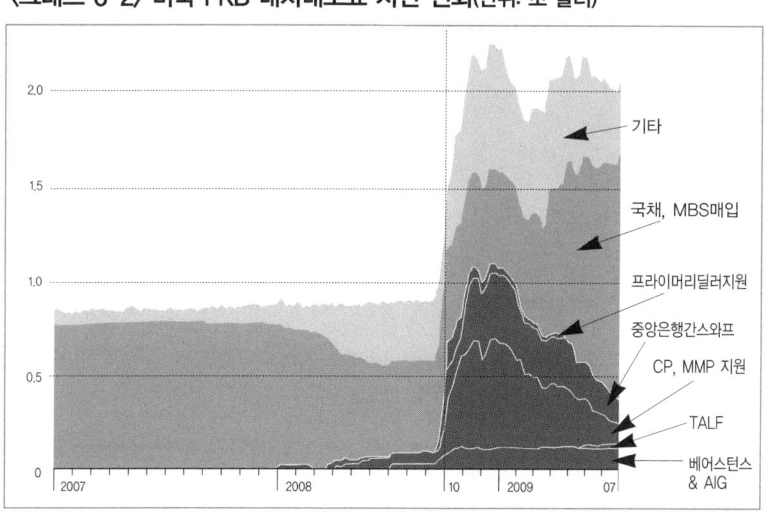

자료: FRB

원책을 통해 연방준비제도이사회의 자산은 2008년 들어 크게 증가한 상태였다. 2008년 12월 18일 연방준비제도이사회가 의회에 제출한 재무보고서에 따르면, 자산 규모는 전년 대비 2.6배나 증가한 2조 3,118억 달러에 이르렀다. 이 상태에서 계획된 소비자금융지원대책자금이 모두 집행되면 연방준비제도이사회의 자산 규모는 3조 달러 이상으로 급증하게 될 터였다.

한편 소비자금융지원대책이 확정되기 하루 전인 11월 24일, 버락 오바마 대통령 당선인은 차기 행정부의 경제팀 인선 결과를 발표하고, 대규모 경기부양 및 감세정책을 통한 경제 살리기를 계속 이어갈 뜻을 확실히 했다. 이날 차기 재무장관으로는 티머시 가이스너 뉴욕 연방준비은행(FRB: Federal Reserve Bank) 총재, 대통령 직속 국가경제위원회NEC 위원장에는 로런스 서머스 전 재무장관, 백악관 예산실장에는 피터 오르작 등이 각각 내정되었다.[*]

미국 구제금융의 역사

공적자금(구제금융) 투입은 현대 금융자본주의가 위기를 맞을 때마다 채택하는 상투적인 수법이라서 이제 더 이상 새로울 것도 없을지 모른다. 1930년대 대공황이 지나고 미국식 자본주의가 자리를 잡은 이후 각국 정부는 시장이 위기에 처할 때마다 개입하여 복원하는 일을 도맡아왔다. 하지

---

[*] 언론들은 오바마 행정부의 새로운 경제팀을 '루빈 사단(Rubinist)'의 귀환이라고 보도했다. 이들이 모두 빌 클린턴 행정부 시절 재무장관(1995~1998)을 지낸 로버트 루빈과 호흡을 맞추던 측근들이었기 때문이다. 가이스너는 루빈의 밑에서 차관보를 지내며 아시아 외환위기 수습에 깊이 관여했다. 로런스 서머스는 루빈에 이어 클린턴 행정부 마지막 재무장관을 맡아 균형재정론으로 대표되는 '루비노믹스'를 계승했다는 평을 들었다. 피터 오르작은 진보성향의 브루킹스 연구소 선임연구원 시절 루빈 전 장관이 사재를 털어 추진한 '해밀턴프로젝트' 국장을 맡았다. 이 프로젝트는 양극화 해소, 자유무역 옹호, 균형재정 등을 골격으로 하는 민주당 재집권 경제전략으로 참여정부 때 청와대가 분배·성장을 동시에 추구하는 균형 성장모델로 삼기도 했다. 루빈은 재직 시절에 은행과 증권 겸영을 허용하는 '금융시장현대화법'을 적극 추진하여 '글래스-스티걸법'의 폐지를 사실상 주도했다. 그는 1999년 10월 시티그룹 공동회장으로 부임하여, 시티그룹의 숙원을 해결해 준 대가가 아니냐는 의혹을 받기도 했다.

만 보는 시각에 따라서 그것이 작게는 도덕적 해이를 낳고, 크게는 사회주의적, 국가자본주의적 개입정책의 일환으로 여겨지면서 뜨거운 논란을 불러 일으켰다.

2008년 금융대공황 당시 국가 개입의 폭은 상상을 초월했다. 미국 재무부는 중앙은행인 연방준비제도이사회와 호흡을 맞춰가며 금융권 구제와 시스템 안정, 나아가 세계 경제를 구하기 위해 '특급 소방수'를 자처하며 대대적인 시장 개입 정책을 폈다. 금융대공황이 발생한 며칠 후인 2008년 9월 19일, 조지 W. 부시 미국 대통령은 금융위기를 잠재우기 위해 사실상 전방위 시장 개입과 공적자금 투입을 선언했다. 지난 30년 동안 미국 경제를 지배해왔던 '작은 정부, 큰 시장'이라는 신자유적인 정신이 종말을 맞는 순간이었다. 시대가 바뀌어도 여전히 시장과 자율을 전면에 내세운 자본주의의 최후 보루는 역시 '국가' 임이 여실히 증명된 셈이었다. 당시 〈월스트리트저널〉은 이를 전적으로 민간 부분의 정책 실패 때문이라고 분석하고, "이제 월가街의 운명은 엉클 샘(연방정부)의 손으로 넘어갔다"고 보도했다.

월가의 이런 관측은 금융대공황의 전개 과정 속에서 점차 구체화되었다. 이 시기 가장 대표적인 구제금융프로그램인 긴급구제금융안TARP은 사실 엄청난 규모였다. 7,000억 달러의 구제자금은 미국 GDP(약 14조 달러)의 5% 수준이자 연간 예산(2009년 6,340억 달러)에 해당하는 규모였고, 1998년 외한위기 당시 한국 정부가 조성한 공적자금 160조원(1,500억 달러)의 5배에 가까운 금액이었다.

미국은 사실 경제시스템 내에 위험이 초래될 경우 정부가 민간에 개입해 자금을 투입하는 기나긴 역사를 가지고 있다. 기업에 대한 지원은 국유화에서부터 공적자금 투입, 협조융자, 대출보증, 금리인하에 이르기까지 다양하게 전개되어 왔다. 〈뉴욕타임스〉에 따르면 미국 정부는 제1차 세계대전 동안 철도, 전선, 무기제조회사 스미스앤드웨슨 등을 국유화했다. 제2차 세계대전 중에도 철도와 광산, 소매업 전문인 몽고메리 워드사 등을 손에 넣었다. 1952년에는 해리 트루먼 전 대통령이 한국전쟁을 이유로 파업을 막고자 철강업 국유화를 꾀했으나 대법원 결정으로 좌절되기도 했다. 대부분의 국유화는 임시조치에 머물렀으나 승객철도인 암트랙은 여전히 미국 정부가 운영하고 있다. 1976년에는 6개의 도산한 철도회사들을 연방정부가 인수하면서 콘레일(화물철도)이 만들어졌고 1987년에야 민영화되었다.

1970년대 닉슨 대통령은 자금난을 겪던 록히드항공사에 공적자금을 대출해주고, 펜센트럴 철도의 투자자와 경영진에도 자금을 지원했다. 지미 카터 행정부 시절에는 크라이슬러 자동차에 15억 달러 규모의 대출보증을 지원했다. 당시 자동차 업체가 위치한 지역의 의원들은 스스로 구제방안을 마련해 정부의 대출보증을 압박하기도 했다. 금융 분야에서도 망해가던 컨티넨탈일리노이은행과 트러스트를 구제하여 1994년까지 운영하다가 지금의 뱅크오브아메리카에 넘겼다.

미국 정부는 1980년대 말 주택시장 침체로 인해 발생한 저축대부조합S&L의 대규모 부실 사태를 막기 위해 다시 총대를 멨다. 당시 1,000개가 넘는 부실조합들을 인수하기 위해 총 1,250억 달러를 투입했다. 1998년에 터진 롱텀캐피털매니지먼트LTCM 사태 때도 대형 금융사들의 협조융자로 35억 달러의 긴급자금을 조성해 위기를 넘겼다. 이때 연방준비제도이사회도 기준금리를 인하하여 경색된 자금시장에 숨통을 터줬다. 2001년 알카에다에 의해 세계무역센터가 무너진 9·11 테러 직후에도 미국 정부는 공항보안업체를 국유화하고 어려움을 겪는 항공업계에 150억 달러의 보조금과 대출보증을 지원했다. 이와 관련하여 〈뉴욕타임스〉는 "연방정부의 잇따른 금융기관 지원은 자유주의라는 미국식 자본주의의 이데올로기를 도외시한 처사"라면서 "우리가 순수한 시장경제 금융시스템을 갖고 있는지 다시 한 번 생각해 봐야 할 일"이라고 지적했다.

오바마 정부의 대규모 경기부양안

2차 금융위기의 위협

미국 제44대 대통령으로 민주당의 오바마 후보가 승리를 거두자 2008년 말 미국 뉴욕 증시의 다우존스지수는 다소 강세를 보이며 더 이상의 하락을 멈춘 듯 했다. 새로 취임할 대통령의 금융안정과 경기회복에 대한 일종의 기대감이었다.

그러나 2009년 해가 바뀌면서 주가가 다시 급락하기 시작했다. 월가발 금융위기가 실물경제에 옮겨 붙고 다시 이것이 금융권의 손실로 이어지는 악순환이 계속되었다. 2008년 12월에 전미경제조사국NBER이 밝힌 대로 2007년 말부터 시작된 미국의 경기침체는 1년 넘게 지속되고 있었고, 금융 대공황의 혼란 속에서 긴급구제조치를 받아 간신히 연명한 대형 상업은행들의 부실 우려가 다시 커지고 있었다.

2009년 1월 2일 9,034.69포인트로 출발한 다우존스지수는 두 달 연속 하락세를 보이다가 급기야 3월 9일에는 금융대공황 이후 최저점인 6,547.05포인트까지 추락했다. 연초의 주가 하락은 시티그룹은 물론 뱅크오브아메리카, HSBC, 도이체방크 등 구미 상업은행 전체를 덮쳤다.

이 기간 중에 월가에는 '2차 금융위기'가 도래할지 모른다는 불안감이 싹트기 시작했다. 2008년 9월 리먼브라더스 파산 이후 닥친 금융혼란이 '1파'라면 시티그룹 등 대형은행들의 부실이 '2파'의 원인이 될 것이라는 우려가 팽배했다. 먼저 정부로부터 두 차례에 걸쳐 450억 달러의 현금 지원과 3,060억 달러의 지급보증을 받은 시티그룹이 심하게 흔들리기 시작했다. 1년 전만 해도 50달러에 육박하던 시티그룹의 주가는 연초부터 하락세를 거듭해 마침내 1월 14일에는 5달러 밑으로 대폭락했다. 이날 〈AP통신〉은 시티그룹의 2008년 4분기 실적이 82억 9,000달러의 손실을 기록했다고 보도했다. 이 타격으로 시티그룹은 결국 1월 16일 회사를 굿뱅크와 배드뱅크인 시티코프와 시티홀딩스로 분할하고 대대적인 구조조정에 착수한다고 발표했다.

뱅크오브아메리카도 결국 추가 지원의 경보SOS를 울려야만 했다. 1월 16일 미국 재무부는 이미 250억 달러를 투입한 뱅크오브아메리카에 긴급 구제금융안 자금에서 추가로 200억 달러를 지원하고 1,180억 달러의 부실자산에 대한 지급보증을 결정한다고 발표했다. 뱅크오브아메리카에 대한 현금 지원은 2008년 9월 메릴린치를 인수할 때 떠안은 불량자산이 문제가 된 것으로 알려졌다. 여기에 지난해 4분기 순이익이 73%나 줄어 17년 만에 첫 손실을 기록한 것도 추가 자금 지원을 불가피하게 한 요인이 되었다. 이로 인해 케네스 루이스 뱅크오브아메리카 최고경영자에 대한 비난이 일기 시작했고, 그는 결국 4월 29일 주주총회에서 이사회 의장직을 박탈당하고 CEO직만 유지하는 수모를 당한다. 〈월스트리트저널〉은 월가에서 가장 건실한 은행으로 평가되는 JP모건조차 2008년 4분기 순이익이 76% 하락했다고 보도했다. 경기침체의 장기화에 따라 기업과 가계의 파산이 이어지면서 대형은행들의 추가 부실이 커지고 있었던 것이다. 당시 신용경색으로 인한 미국 은행들의 총 손실액은 예상치의 3배인 3조 달러를 넘을 것으로 추정되었다.

일부 전문가들은 미국발 금융위기가 2009년 들어 그 규모와 범위를 확장, 월가뿐만 아니라 전 세계 금융시장을 강타할 것이라는 우려를 내놓기 시작했다. 이 과정에서 부실 규모가 큰 일부 은행들은 결국 파산하게 될 것이라는 경고도 나왔다. 우울한 전망의 전도사는 역시 누리엘 루비니 뉴욕대학 교수였다. 〈블룸버그통신〉에 따르면 루비니 교수는 1월 20일 두바이에서 열린 콘퍼런스에서 "글로벌 은행들의 신용위기 손실이 현재의 3배로 늘어난 3조 6,000억 달러에 달할 것"이라면서 "이는 자기자본이 1조 4,000억 달러인 미국 은행권이 실제 지급 불능에 빠질 수도 있는 시스템적 위기 가능성을 의미한다"고 지적했다. 또 루비니 교수는 "메릴린치를 인수한 뱅크오브아메리카가 정부에서 추가 자금 지원을 받는 상황은 시장에 더 많은 자금이 필요하다는 것을 보여준다. 이미 지방 은행들과 커뮤니티뱅크 수백 개가 파산 위기에 처한 것도 추가 지원의 필요성을 증명한다"고 강조했다.

7,870억 달러 경기부양법안

버락 오바마 대통령이 새로운 미국의 건설을 약속하며 워싱턴에서 화려하게 취임식을 연 1월 20일(현지시각) 뉴욕 증시는 오히려 금융주를 중심으로 폭락했다. 이날 다우존스산업평균지수는 332.13(4.0%)포인트 하락한 7949.09를 기록하면서 2008년 11월 21일 이후 다시 8,000선 아래로 떨어졌다. 뱅크오브아메리카가 29% 하락했고, JP모건체이스 21%, 시티그룹 20%, 웰스파고도 24% 하락하는 등 미국 최대 은행들의 '검은 화요일'이 전개되었다. 금융시장을 엄습하는 '제2의 금융위기' 가능성은 오바마의 최우선 과제가 금융위기 재발 방지란 점을 다시 한 번 일깨워주었다.

무엇보다 제2차 금융위기를 막는 최대 관건은 경기침체의 악화로 실물경기가 붕괴해 그 여파가 다시 은행으로 미치는 것을 차단하는 것이었다. 오바마 행정부는 집권하자마자 선거 공약대로 대규모 경기부양책 마련에 착수했다. 이것은 금융대공황의 전개 과정에서 볼 때 미국 정부가 취한 세 번째 대증요법이었다. 폴슨에게 필요했던 바로 그 세 번째 바주카포가 터진 것이다.

버락 오바마 행정부는 1월 20일 취임하자마자 곧바로 경기부양을 위한 법안 작성에 들어갔다. 당초 오바마 대통령은 1조 달러의 경기부양계획을 준비했지만 반대하는 공화당의 입장을 반영해 8,250억 달러로 다소 축소한 법안을 내놓았다. 그러나 이마저 의회 심의과정에서 축소되어 두 차례의 표결과정을 거치면서 7,870억 달러로 최종 확정되었다. 이것은 곧 2년 동안 미국 GDP의 약 2.8%씩을 매년 지출한다는 의미였다.

2009년 1월 28일(현지시간) 경기부양안에 대한 1차 표결이 실시되었다. 미국 연방 하원은 이날 오바마 행정부가 제출한 긴급재정지출과 감세 등이 포함된 8,190억 달러짜리 경기부양법안을 찬성 244표, 반대 188표로 의결했다. 하지만 공화당 소속 의원들은 모두 반대표를 던짐으로써 오바마가 원하던 초당적 합의는 철저히 실패했다. 더욱이 이 법안은 별도 상정된 상원에서는 부결되어 수 주간의 추가 조정작업을 거치는 진통을 겪어야 했다.

2월 13일 당초 안보다 380억 달러 축소된 7,870억 달러 규모의 수정 경기부양법안이 다시 상정되었다. 다행히 이날 2차 표결에서는 수정법안이 상·하원 모두를 통과했다. 이 법안은 오바마 대통령이 2월 16일 서명함으로써 공식 발효되었다. 최종안의 표결결과는 하원에서 찬성 246표 대 반대 183표, 상원에서는 공화당 3명을 포함한 찬성 60표 대 반대 38표였다. 하원에서는 공화당 의원들이 전원 반대표를 던졌고 민주당 의원 7명도 반대의사를 표시해 초당적 합의는 역시 이루어지지 않았다. 공화당 의원들은 여전히 이번 경기부양법안이 낭비성 지출로 가득 차 있고 세금감면이 너무 적다고 비판했다.

오바바의 경기부양법안은 모두 1,000 페이지가 넘는 방대한 규모로 1930년대 대공황 당시 프랭클린 루스벨트 대통령의 '뉴딜정책'에 견주어 '신 뉴딜New New Deal정책'으로 불렸다. 이 법안은 35.6%가 교육, 의료보험 등 사회안전망 관련 지출이고, 에너지, 과학기술투자 등 사회간접자본투자가 31.0%, 나머지 33.3%는 개인과 기업에 대한 감세로 짜여졌다. 주요 내용을 보면, 연방정부의 재정지출로 이루어지는 5,000억 달러 가량은 1) 실직자 보험수당과 무료식권 제공, 2) 대학 학자금 지원, 3) 퇴직자와 상이·전역 군인 등에 대한 보조금(월 250달러)지원, 4) 재생 가능한 에너지사업 투자와 고속도로 및 고속철도 건설, 5) 광대역통신망 확충사업 등에 투입된다. 나머지 2,000억 달러 이상은 1) 연봉 7만5,000달러 이하의 원천징수대상 개인

소득자에 대한 세금환급(개인당 400달러, 부부당 800달러), 2) 적자 기업들의 세금 공제 혜택 등으로 제공된다. 이 법안은 또 부실자산구제법TARP에 따라 5억 달러 이상 구제금융을 받은 회사의 고위경영자와 연봉 상위 20위 이내 회사의 직원들에 대한 보너스 지급을 제한하는 규정도 포함되었다.

오바마 대통령은 경기부양안을 서명하고 나서 이틀 후인 1월 18일 총 2,750억 원을 투입해 주택압류 위기에 처해 있는 소유주들을 구제하기 위한 주택소유주안정대책HSI을 별도로 내놓았다. 당시 미국에는 주택담보대출 부채로 연체 위기에 있는 가구가 400~500만, 주택압류 위기에 처해 있는 가구가 300~400만에 달할 것으로 추산되었다. 주택소유주안정대책의 핵심은 첫째, 연체위기에 있는 가구에 대해 패니메이, 프레디맥 등 정부보증 주택담보대출회사가 재융자를 제공하고, 둘째, 차압위기에 있는 가구에 대해서는 주택소유주의 주택담보대출 월납부액을 월 소득의 31%를 넘지 않도록 재조정한다는 것이었다. 상환조건을 완화하는 주택담보대출회사에는 건당 1,000달러, 압류하지 않으면 3년 동안 매년 1,000달러씩의 인센티브를 제공하기로 했다.

꺼지지 않은 비관적 경제전망

오바마 행정부는 경기부양법안이 의회를 통과하면 실물경기 침체 속도를 늦추고 350만 명의 일자리를 지키거나 창출할 수 있을 것으로 기대했다. 그러나 법안 통과 이후에도 민간부문의 경기하강 속도는 정부의 경기부양 속도를 압도하고 있었다. 심지어 오바마 경제팀 내부에서 나온 '로머-번스타인 보고서'조차 경기부양책을 시행하더라도 오바마 행정부 집권 초기 3년 동안 미국의 실업률이 평균 7.3%에 달할 것이란 예측을 내놓아 논란을 일으켰다. 실제 미국의 실업률은 2009년 상반기 동안 지속적으로 악화되어 3월에 8.5%로 올랐고 6월에는 9.5%까지 치솟아 25년 만에 최악의 수준을 기록했다. 이는 실업률 지표가 경기에 후행하는 성격을 지녀 부양책이 효과를 내기 이전까지 지속적으로 상승하는 경향이 있는 것을 고려하면 당연한 결과였다.

미국 정부가 2월 초에 발표한 2008년 4분기 성장률 지표도 이러한 실물경기의 지속적인 악화를 확인시켜주고 있었다. 4분기 성장률은 전 분기 대비 연간 기준으로 −6.3%로 떨어져서 1982년 이래 분기 성장률로는 최저치를 기록했다. 세계 경기침체로 4분기 수출(실질기준)도 10.2% 감소했고, 소비자 지출 역시 1980년 이래 최저치인 4.3%나 감소했다. 이에 따라 국제통화기금 IMF은 3월 19일에 2009년 미국 경제성장률 예측치를 두 달 전의 −1.6%에서 −2.6%로 하향 조정하여 발표했다.

이에 대해 2008년 대표적인 케인지언Neo-Keynesian으로서 노벨경제학상 수상자이자였던 폴 크루그먼 프린스턴대학 교수는 2월 12일 〈뉴욕타임스〉 기고에서 "최근 경기지표의 악화는 미국 경제가 일본식 디플레이션 늪에 빠질 실제적 위험을 보여주기에 충분한 수준"이라 경고하고 더욱 적극적인 재정지출을 중심으로 신속하고도 과감한 경기부양책을 주문했다.

그러나 지금까지의 재정투입만으로도 엄청난 재정적자를 감내해야 하는 오바마 행정부로서는 난감한 일이 아닐 수 없었다. 의회예산국CBO은 이미 1월 6일에 9월 말로 끝나는 2009회계연도 재정적자에 대한 추계보고에서 만성적인 재정적자가 초래할 장기적인 위험을 경고했다. 정부의 재정적자 는 잘 알려진 대로 민간 경제부문에 '구축효과Crowding−out effect'를 일으켜

〈그래프 6−3〉 미국의 실업률 추이(단위: %, 월간)

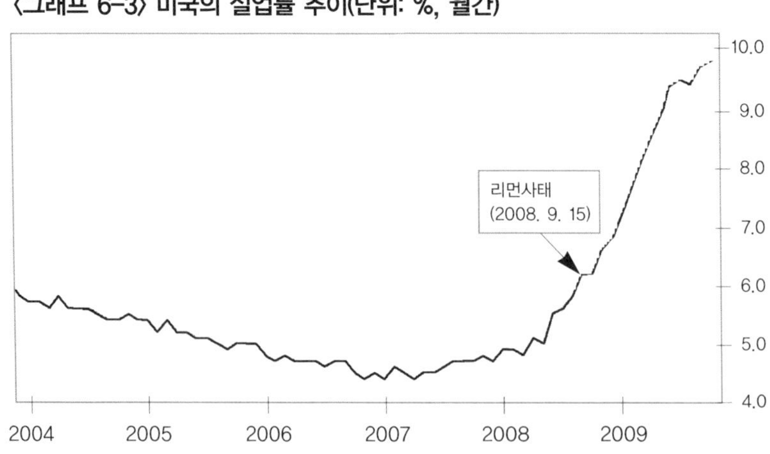

시중금리의 상승과 민간투자의 위축을 불러 지속적인 세수 감소를 가져온다. 오바마 대통령도 1월 7일 "1조 달러에 달하는 재정적자가 몇 년간 이어질 수 있다"고 털어놓았다.

이즈음 미국과 세계 경기 악화에 대한 최악의 시나리오는 『화폐 전쟁』의 저자 쑹홍빙宋鴻兵으로부터 나왔다. 그는 2월 22일 홍콩 〈문회보文匯報〉와의 인터뷰에서 제2차 세계 금융위기가 이미 시작되었다고 주장했다. 당시 중국 훙위안宏源증권 파생상품부 총경리로 있던 그는 "세계 각국이 내놓은 시장구제정책이 금융위기 확산을 막지 못했으며 갈수록 위기의 속도가 빨라지고 있다. 미국의 경기침체는 앞으로 10~15년간 지속될 것이며 적어도 5년 안에 침체에서 벗어나기는 어려울 것"이라고 호언했다. 계속해서 그는 "회사채와 지방채 시장이 급속도로 악화되고 있어서 오는 9월 정크본드시장에서부터 문제가 생길 것"이라며 "앞으로 시티그룹이나 뱅크오브아메리카가 살 수 있는 길은 국유화 밖에 없다"고 장담했다. 특히 그는 "시티그룹의 기초신용자산인 정크본드나 지방채, 신용카드대출, 자동차대출 등이 전방위적으로 악화되고 있다. 1차 금융위기 당시 리먼브라더스가 파산보호를 신청한 것처럼 시티그룹이 국유화되거나 파산보호를 신청하는 것이 제2차 금융위기를 상징하는 사건이 될 것이다"라고 강조했다.

그러나 그의 호언장담은 오래가지 못했다. 그 동안 긴급구제금융안, 소비자금융지원대책, 경기부양책 등 세 차례의 대형 유동성 주사를 맞은 미국 월가의 불안감이 4월 이후로 점차 가시기 시작했던 것이다. 추락을 거듭하던 미국의 실물경기도 2009년 1분기 이후로 서서히 회복세로 접어들었다. 일부에서는 미국 경제의 7월 바닥론, 또는 2009년 하반기 바닥론이 고개를 들었으며 이런 전망은 시간이 갈수록 더욱 더 힘을 얻어가고 있었다. 쑹홍빙의 예측과 달리 미국식 자본주의는 아직 제기할 수 있는 충분한 저력을 갖고 있었다. 제2차 세계대전 이후 등장한 미국식 자본주의가 벌써 수명을 다하기에는 50여 년이란 시간은 너무 짧았던 셈이다.

확인 사살 ··· 추가적인 조치들

투투투 헬리콥터 벤

2008년 9월 금융대공황이 터진 후 그해 연말까지 미국 정부는 위기를 잠재우기 위해 사상 유례없는 총력전을 펼쳤다. 이미 연방준비제도이사회는 기준금리 인하와 재할인율 인하, 공개시장조작 및 시중 현금 대출 등 전통적인 중앙은행의 유동성 확대책을 총동원했다.

그러나 이 네 가지 조치는 리먼 사태 이전에도 필요할 때마다 수시로 도입됐던 것들이었다. 더구나 기준금리와 재할인율 인하는 12월 16일 사실상 '제로금리'를 선언하면서 더 이상 쓸 수 없는 상태가 되었다. 금융대공황과 함께 새로 등장한 특별조치로는 미국 재무부의 7,000억 달러 구제금융 투입안TARP, 연방준비제도이사회의 8,000억 달러 소비자금융지원대책TALF, 그리고 이듬해에 오바마 행정부가 마련한 7,870억 달러의 경기부양안Stimulus Plan, 아울러 마지막 남은 부실자산 처리를 위해 민관 공동으로 만든 투자펀드PPIP를 꼽을 수 있다. 이 네 가지 특별조치는 그야말로 금융대공황에 맞서 싸우기 위해 고안된 특단의 비상조치였다. 위기 직전 헨리 폴슨 재무장관이 그토록 목마르게 찾던 네 발의 바주카포에 해당했다.

시장을 살리기 위한 연방준비제도이사회와 미국 재무부의 공동 노력이 이것으로 모두 끝난 것은 아니었다. 비록 두 기관이 연합해 '4(전통적 대응조치)＋4(특별 대응조치)'의 아주 비상한 조치를 총동원하는 방식으로 금융대공황의 위협에 대항했지만 그것으로 안심할 수는 없는 노릇이었다. 월가의 공포가 사라지고 실물경기의 자유낙하가 멈추는 것을 확인하는 순간까지 연방준비제도이사회와 재무부는 '4+4'로 상징되는 방어막을 수시로 점검하고 강화하는 조치를 게을리 할 수 없었다.

금융대공황에 맞서 싸우는 총사령관이 미국 재무부장관이라면 야전사령관은 다름 아닌 연방준비제도이사회의 벤 버냉키 의장이었다. 총사령관은 금융대공황의 와중인 2009년 1월부터 정권교체로 인하여 바뀌게 되지만 야전사령관은 정해진 임기에 따라 그해 말까지 자리를 지키며 위기와의 싸움을 총지휘했다.

금융대공황의 위기 속에서 '월가 구하기'의 총대를 멘 벤 버냉키Ben Shalom Bernanke FRB 의장은 하버드대학을 졸업하고 매사추세츠공과대학MIT에서 대공황 연구로 박사 학위를 받은 조지아 주 출신의 경제학자였다. 그는 2006년 2월부터 앨런 그린스펀Alan Greenspan의 뒤를 이어 연방준비제도이사회 의장을 맡으면서 전임자들이 뿌려 놓은 금융거품의 유산 속에서 전후 최악이라는 금융위기에 맞서 싸운 '현대 자본주의 수호의 투사'라 할만 했다.

사실 그는 2002년 연방준비제도이사회 이사로 선임되기 전까지 별로 알려지지 않았다. 그가 확실히 대중에게 어필하게 된 것은 그해 있었던 한 연설에서였다. 당시 그는 물가 하락으로 대변되는 디플레이션을 막기 위해서는 '정부가 헬기에서 돈을 뿌릴 수도 있다'는 경제학자 밀턴 프리드먼Milton Friedmann의 말을 자주 인용했다. 그는 경제가 불황에 직면할 경우 헬리콥터로 돈다발을 뿌려서라도 디플레이션과 싸우고 경기를 부양할 수 있다는 강한 의지를 내비치며 이후 월가로부터 '헬리콥터 벤Helicopter Ben'이란 별명을 얻었다. 현대 자본주의에서 통화량의 중요성과 통화주의자들의 기본 사상을 표현한 이 경구를 벤 버냉키 의장 역시 통화정책 운용의 기본 원리로 삼고자 한 것이다.

그러나 의장 취임 직후 그는 금융위기의 가능성과 이에 따른 경기침체보다는 물가상승을 경계하며 스스로 '인플레이션 파이터'가 되겠다고 고집했다. 2007년 여름 서브프라임 위기가 커가는 와중에도 금리 인하에 미온적인 태도를 취하다가 2008년 초가 되어서야 부랴부랴 금리 인하를 서두른 것은 그가 바로 인플레이션 압력을 무엇보다 가장 큰 정책적 변수로 설정하고 있었음을 잘 보여준다. 어쨌든 이로 인해 그는 금융계 안팎에서 서브프라임 사태를 글로벌 금융위기로 번져가게 하는 정책적 오류를 범했다고 극심한 비난을 받았다. 위기로 번지기 전에 선제적인 조치를 취했더라면 주택시장에서 생긴 서브프라임 부실이 금융시스템 전체로, 나아가 전 세계 금융시장의 붕괴 위협으로까지 번지지는 않았을 것이라는 지적이었다.

그렇지만 사실 서브프라임 위기는 이미 모기지증권MBS 등으로 유동화되거나 CDS신용부도스와프, CDO부채담보부증권 등 파생상품으로 전환해 금융업계 전체로 광범위하게 확산되어 있었기 때문에 주택시장의 부실을 틀어막는 것만으로는 역부족이었다. 따라서 버냉키의 실수는 서브프라임 사태의 확산을 막지 못했다는 것보다는 서브프라임 부실의 본질을 제대로 파악하지 못하고 과소평가하여 초기 대응에 실패했다는 데 모아져야 할 것이다. 같은 주택시장에서 비롯된 위기라 할지라도 서브프라임 사태는 1980년대 저축대부조합S&L 사태와는 본질적으로 그 내용이 달랐기 때문이다.

버냉키 의장은 2008년 상반기 이후 글로벌 주가 폭락, 자금시장 마비, 월가의 도미노 파산 등으로 이어지는 금융대공황의 징후가 나타나자 재빨리 '헬리콥터 벤'으로서의 면모로 돌변한다. 이제 그에게는 인플레이션이 아니라 금융위기와 불황이라는 전후 최악의 위기에 처한 미국 경제를 수렁에서 구해내는 것이 유일의 정책목표가 된 것이다. 리먼 사태 이후 그가 보여준 대규모 유동성 공급, 기준금리 제로 상태로의 인하 등의 극단적인 조치는 평소 입버릇처럼 말해왔던 경제가 위기에 처하면 '헬리콥터에서 돈을 뿌리는' 상황을 연출해야 한다는 입장과 크게 다르지 않았다. 버냉키 의장의 이런 필사적인 노력은 오바마 행정부로부터 인정을 받아 임기 만료(2010년 1월) 훨씬 이전인 2009년 8월에 임기 4년의 차기 FRB 의장으로 재신임 받게 되었다.

FRB의 3,000억 달러 국채 매입 선언

2009년 초까지 미국 정부와 연방준비제도이사회는 금융대공황을 막기 위해 특단의 네 가지 대책을 내놓았지만 예상치 못한 문제에 직면하게 되었다. 연방정부의 재정 부담이 커지면서 재원 조달에 한계가 드러나기 시작한 것이다. 재정적자는 중앙은행으로부터 돈을 빌리거나 국채를 발행해 조달할 수밖에 없는데 당시 미국 정부는 후자를 선택했다. 연방준비제도이사회로부터의 유동성 차입은 이자를 내야할 뿐만 아니라 시중의 유동성 과잉을 심화시킬 수 있기 때문이었다.

2009년 3월 18일, 연방준비제도이사회는 정례 공개시장위원회FOMC에서 3,000억 달러에 이르는 미국 국채를 매입하겠다고 선언했다. 이 조치는 대규모 경기부양을 추진 중인 연방정부의 재원 조달을 측면 지원하는 것이 1차적 목표였고, 국제시장에서 공급 과잉으로 흔들리고 있는 기축통화로서의 달러의 지위를 지탱하기 위한 비상수단이기도 했다.

이날 발표한 성명에서 연방준비제도이사회는 기준금리를 0~0.25%로 동결하며, 향후 6개월 동안(2009년 9월 말까지) 3,000억 달러의 미국 재무부 채권(TB, 국채)을 매입하겠다는 의사를 밝혔다. 뉴욕 연방준비은행도 별도 성명에서 "2~10년물 국채를 다음 주부터 매주 한두 차례 정도 사들일 계획"이라고 발표했다.

이날 연방준비제도이사회는 국채 매입과 더불어 주택시장 안정을 위해 모기지유동화증권MBS을 포함한 각종 채권의 매입 규모도 최대 1조 2,500억 달러까지 확대한다는 계획도 덧붙였다. 이에 따라 국책 모기지업체인 패니메이와 프레디맥이 발행한 채권 매입에도 종전보다 1,000억 달러 더 많은 2,000억 달러를 투입하기로 했다. 소비자 금융 지원을 위해서 개시한 소비자금융지원대책TALF도 매입 가능한 담보 범위를 기존의 모기지유동화증권과 자산담보부증권에서 기업어음으로까지 확대하기로 했다. 이로써 연방준비제도이사회의 양적완화를 통한 실탄 투입 규모는 1조 달러 규모로 확대된 소비자금융지원대책을 포함해 총 2조 4,000억 달러에 이르게 되었다.

　이날 연방준비제도이사회의 국채 매입 발표는 사실상 '제2차 양적완화 Quantitative Easing' 선언으로 평가되었다. 연방준비제도이사회가 장기국채를 매입하기로 한 것은 48년 만에 처음 있는 조치였다. 이러한 공격적인 조치는 물론 장기국채 금리의 하락을 통해 금융시스템의 안정을 도모하고 이와 연계된 모기지 금리 하락을 유도해 주택경기 등 실물경기 회복을 안정적으로 뒷받침하기 위한 것이었다. 이날 연방준비제도이사회의 발표가 나오자 시장은 민감하게 반응했다. 10년 만기 미국 국채 수익률은 0.47%포인트 하락한 연 2.54%로 떨어졌다. 이는 1962년 이후 하루 기준 낙폭으로는 가장 큰 폭이었다.[*]

　그러나 이날 연방준비제도이사회의 국채 매입 선언은 시중 실세금리를 인위적으로 끌어내려 달러가치 하락을 용인함으로써 글로벌 통화전쟁의 기폭제가 될 것이라는 우려도 제기되었다. 세계 각국이 자국 경기를 살리기 위해 경쟁적으로 자국 통화가치 절하에 나설 경우 자칫 기축통화로서의 달러 가치가 흔들릴 것이라는 지적이었다. 〈뉴욕타임스〉는 "이번 조치로 미국 재무부 등 정부의 구제금융자금은 9조 9,000억 달러에 이른다. 금리를 내려 경기를 자극하는 데는 도움이 되겠지만 국제금융시장에서 달러 가치를 훼손시킬 것이다"라고 지적했다. 〈월스트리트저널〉도 "FRB의 도박"이라는 제목의 분석기사에서 연방준비제도이사회의 국채 매입 조치가 지난 1985년 미국이 국내 경제를 구하기 위해 달러 가치 하락을 국제적으로 압박했던 '플라자 합의'에 준하는 효과를 낳을 것이라는 극단적인 분석까지 내놓았다.

　실제로 이날 일본은행은 금융정책결정회의를 열고 현행 연 0.1%의 정책금리를 그대로 유지하는 대신 금융시장에 대한 자금공급을 확대하기 위해 장기국채 매입금액을 1조 4,000억 엔에서 1조 8,000억 엔으로 상향 조정한다고 발표했다. 이에 따라 달러의 신뢰성 추락 우려가 증폭되면서 이날 뉴

---

[*] 경기침체기인 1961년 연방준비제도이사회는 장기국채를 매입하면서 단기국채를 매도하는 '오퍼레이션 트위스트(Operation Twist)'라는 정책을 쓴 적이 있었다. 그러나 이 정책은 본원통화의 증감이 없는 불태환정책(sterilization policy)으로서, 통화량 공급이 크게 늘어나는 이번 조치와는 본질적으로 달랐다.

욕시장에서 달러화 가치는 유로화에 대해 3.6%, 엔화에 대해 2.4% 급락했다. 반면에 국제 금값은 강세로 돌아서 전날보다 26.60달러 오른 942달러에 거래되었다.

가이트너의 민관공동투자 프로그램(PPIP)

월가발 금융위기를 잠재우기 위한 미국 정부의 최후 카드는 민관공동투자프로그램(PPIP: Public Private Investment Program)이었다. 2009년 3월 23일 미국 재무부가 최종 확정한 이 프로그램은 정부와 민간이 공동으로 출연하는 투자펀드PPIF를 통해 은행권의 부실자산을 최대 1조 달러까지 매입한다는 계획이었다. 1차적으로 5,000억 달러 선에서 펀드를 조성하고 상황을 봐가며 최대 1조 달러까지 확대한다는 구상이었다.

미국 재무부가 마련한 PPIP는 이미 2009년 초부터 그 윤곽이 드러나고 있었다. 연초부터 미국 뉴욕 증시가 지속적으로 추락하고 불황의 공포가 가중되자 오바마 행정부의 첫 재무장관으로 임명된 팀 가이트너는 2월 10일 '2차 부실자산구제계획TARP2'으로 '금융안정계획FSP'을 발표했다. 이날 가이트너 장관은 금융위기에 대응한 이 정책이 상원에서 통과된 8,000억 달러의 경기부양책을 보충하는 역할을 할 것이라고 설명했다.

가이트너가 제시한 금융안정계획의 요지는 첫째, 은행권의 부실자산을 매입하기 위해 우선 5,000억 달러 규모의 민관공동투자펀드PPIF를 설립하고, 재무부는 기존의 긴급구제금융안 자금에서 750~1,000억 달러를 출연한다. 둘째, 자산 100억 달러 이상의 금융회사들에 대한 자본 확충을 지원하기 위해 해당은행의 우선주를 사들이는 금융안정신탁FST 기구를 설립한다. 셋째, 소비자 및 중소기업 신용지원프로그램인 기존의 소비자금융지원대책을 최대 1조 달러 규모로 확대한다는 등의 내용이었다. 가이트너 장관은 이 계획에 따라 향후 최대 2조 달러의 자금이 시장에 투입될 수 있을 것이라고 장담했다.

그러나 이 계획은 기존에 제시됐던 긴급구제금융안이나 소비자금융지원 대책 등의 계획을 확장하거나 연계한 것이 많아 순수한 신규 계획은 아니었다. 시장도 이 사실을 알아채고 실망했다는 듯 급작스런 주가 하락으로 반응했다. 이날 뉴욕 증시의 주가는 오바마 대통령 취임 후 4%대의 최대 낙폭을 보여 2008년 11월 이후 최저치로 떨어졌다.

미국 재무부는 3월 23일 민관공동투자프로그램의 세부 시행 방안을 발표했다. 주요 내용을 보면, ▲ 구제가 필요한 금융회사의 부실자산을 부실대출과 부실증권으로 나눠서, 전자는 레거시대출프로그램Legacy Loans Program으로, 후자는 레거시증권프로그램Legacy Securities Program으로 운영한다. 레거시대출프로그램LLP은 연방예금보험공사가 부실대출을 경매 입찰에 부쳐 매각하는 방식이며, 레거시증권프로그램LSP은 민관이 공동으로 설립한 민관공동투자펀드를 통해 부실채권을 매입해 주는 방식이다. ▲ 개인투자자, 연금, 보험회사는 독립적인 PPIF를 설립·운영할 수 있으며, 이 펀드는 민간 펀드매니저가 선임돼 연방예금보험공사의 감독 하에 개별적으로 관리한다. ▲ 연방예금보험공사는 투자자들이 부실대출 인수자금을 마련하기 위해 채권을 발행할 경우 펀드자본금의 최대 6배까지 보증하고, 민관투자펀드는 자본금의 7배의 금액만큼 부실대출을 인수한다는 등이었다.

이 계획이 발표되자 가이트너의 진정성이 제대로 이해가 되었는지 월가 금융시장은 대체로 긍정적으로 반응했다. 뉴욕 증시의 주가는 큰 폭으로 상승했고, 미국 최대 채권투자업체인 핌코와 대형 자상운용사 블랙록까지 민관공동투자펀드의 참여 의사를 밝혔다. 그러나 이 프로그램이 7월초 본격적인 가동에 들어가자 시장은 다시 시큰둥한 반응을 보였다. 7월 3일 재무부가 마련한 최초의 민관공동투자펀드는 겨우 200억 달러로 출범하는 초라한 모습을 보였다. 이날 민간 투자자인 핌코, 블랙록 등 총 9개의 금융회사들은 각각 11억 달러씩 자금을 출연해 해당 펀드의 초기 자본금을 만들고, 여기에 미국 재무부가 100억 달러의 대출보증을 제공해 겨우 200억 달러의 펀드를 출범시켰다.

　최대 1조 달러 투자를 호언했던 민관공동투자펀드가 이처럼 쪼그라든 것
은 6월 들어 월가의 자금사정이 급속히 호전되면서 해당 금융회사들이 더 이
상 민관공동투자펀드에 참여할 필요가 없어졌기 때문이다. 전문가들은 "은
행들이 자신들의 자산(부실)을 터무니없이 낮은 가격에 처분하게 될 것을 우
려했고, 이미 자체 역량으로 사채 발행이나 증자들을 통해 자본을 확충할 수
있을 정도로 월가의 자금시장 여건이 크게 개선되었다"고 설명했다. 그러나
일부에서는 "자체 자본 조달이 가능한 것은 상위 15~20개 정도의 대형은행
에 국한된 얘기이며, 중소은행들을 포함한 모든 금융회사들이 부실자산을
완전히 처분할 때까지는 금융시스템이 안정을 되찾았다고 보기 어렵다"는
경계론도 제기되었다.

7장

세계 금융시장 붕괴의 도미노

금융 세계화 원죄론

하나의 불씨가 세계를 불사르다

미국 정부가 미증유의 금융위기를 맞아 자본주의의 심장(?)을 구하기 위해 안간힘을 쓰는 동안 월가발 금융위기는 빠르게 전 세계로 확산되었다. 세계 각국의 주식시장은 뉴욕 증시가 폭락하는 동안 덩달아 경련을 일으켰고 자금시장도 미국의 신용경색 소식이 전해질 때마다 꽁꽁 얼어붙었다. 월가의 내로라하는 금융기관들이 속속 스러져갈 때마다 세계 각국의 금융회사들도 연달아 파산의 공포에 휩싸였다.

이런 양상은 이미 2007년 초 서브프라임 사태가 폭발하면서부터 감지되고 있었다. 미국의 서브프라임 대출에 부실이 쌓이고 있다는 소식이 전해질 때마다 세계 각국의 금융시장은 불안감으로 심하게 요동쳤다.

시간이 지나면서 '서브프라임 악령'은 서서히 실물부문까지 침투하기 시작했다. 2008년 들어 미국의 실물경기가 악화되기 시작하자 미국에 대한 수출의존도가 높은 독일과 일본 등 선진국들의 경제활동도 수축되기 시작했다. 나아가 미국 수출을 동력 삼아 급격한 경제성장을 이루어온 '세계의 공장' 중국도 산업 생산이 급속히 위축되었다. 이로 인해 중국 동남부 해안에 자리 잡은 수많은 중소제조업체들이 대거 연쇄 파산의 늪으로 빠져들었다. 이러한 상황은 다소 차이는 있지만 한국을 비롯한 홍콩·싱가포르·대만 등 과거 '아시아의 네 마리 용'이라 불리던 나라들도 마찬가지였다. 더욱이 유럽연합 가입 후 급속한 시장개방을 통해 지난 5~6년간 고도성장을 이루어 온 동유럽의 소국들은 실물경기침체는 물론 급속한 외자유출로 국가부도 위기에 직면하고 있었다.

금융대공황의 확산 과정은 자본시장 개방에 의해 누구나 누릴 수 있다고 여겼던 편의성과 신속성의 전파 과정을 거꾸로 옮겨 놓은 것에 불과했다. 2000년대 이후로 각국의 자본시장 개방 과정에서 시장론자들은 컴퓨터 마우스 클릭 한번으로 지구 반대편에 있는 주식과 부동산을 소파에 앉은 채 사고 팔 수 있게 되었다며 IT기술과 금융의 결합이 이룩해 놓은 금융세계화의 '멋진 신세계'를 찬미하였다.

그러나 금융위기의 발발과 함께 '선진금융기법'이라고 찬양하던 금융 거래의 신속성과 편의성은 거꾸로 '파멸의 기계'로 돌변했다. 월가발 금융위기는 아무런 제동장치도 거치지 않고 거의 실시간으로 전 세계 투자자들을 한 순간에 공포와 충격으로 몰아넣었다. 2000년대 이후에 이루어진 신흥국들의 자본시장 개방은 미국 금융시장의 파동을 이튿날 곧바로 아시아시장에 전했고, 유럽 대륙은 5~6시간 후면 곧바로 영향을 받았다. 이 과정에서 증권화된 모기지 상품이나 이를 매개로 한 파생금융상품에 대한 투자가 각국의 금융회사들을 거미줄처럼 엮어내며 위기 확산의 증폭제가 되었다.

처음에는 서브프라임 모기지 부실이 가져온 충격에 반신반의하던 각국의 투자자들은 2008년 9월 15일 미국 투자은행 리먼브라더스 파산의 불덩어리가 세계 금융의 심장부 월가를 집어삼키고 전 세계로 확산되어 자신의 주식과 채권, 집과 직장을 한꺼번에 불태우고 있을 때 아무런 손도 쓰지 못하고 그저 발만 동동 굴러야 했다.

세계가 마치 한 몸뚱이라도 된 듯 월가가 경련을 일으킬 때마다 불안과 공포에 떨어야 했던 것은 그것이 이미 하나로 통합돼 있었기 때문이다. 그렇지 않다면 이처럼 미국의 경제위기에 한 방향으로 휩쓸리며 심한 패닉에 시달리지는 않았을 것이다. 실제로 북한이나 쿠바·리비아·미얀마처럼 세계 경제 체제에 편입되지 않은 나라들은 금융위기의 위협에서 완전히 비켜나 있었다. 세계 경제는 이미 1990년대와는 달리 2000년대 들어 무역(실물거래)

이외에 금융(자본거래)이라는 또 하나의 새로운 축에 의해 아주 단단하고도 밀접하게 결합돼 있었던 셈이다.

신흥국가들의 자본시장 개방

2008년 9월 월가발 금융대공황의 전이 과정은 금융부문에 크게 의존하고 있었다는 점에서 그 이전의 경제위기와는 판이하게 달랐다. 과거의 경제위기가 자본주의의 중심국인 미국의 생산과 소비 등 주로 실물부문의 팽창과 수축에 의존했다면 새로운 경제위기는 금융부문에서 먼저 시작되어 채권과 주식투자의 상호 연결고리를 타고 거의 실시간으로 전 세계로 빠르게 확산되었다.

2000년대 이후 급속히 이루어진 금융의 세계화는 유동성 호황으로 인해 미국으로 집중되어 월가발 금융위기를 촉발시켰을 뿐 아니라 리먼 파산 후 빠르게 각국에 전파시킨 주범이라 해도 과언이 아니다. 금융 활황기에 넘쳐나는 유동성이 어느 한 국가에 대거 몰려들어 버블을 키웠다가 위기가 시작되자 빠르게 회수되면서 각국의 신용을 급속히 수축시킨 것은 이번 금융위기의 전형적인 양상이었다.

제2차 세계대전 이후 세계 경제의 통합은 실물부문에서 무역시장 개방으로 시작되고 금융부문에서 자본시장 개방으로 완결되었다. 이미 국제통화기금과 '관세 및 무역에 관한 일반협정GATT' 체제를 통해 세계 경제에 깊숙이 편입돼 있던 아시아 각국의 시장 개방은 1990년대 이후 세계화의 물결을 타고 더욱 급속히 이루어졌다. 소련이 붕괴되고 동서냉전체제가 급격히 와해되자 1995년 1월 1일 세계무역기구WTO가 발족되어 기존의 GATT 체제를 대체하고 각국의 무역장벽을 대거 제거하면서 보다 광범위한 무역거래를 보장하게 되었다. 아시아 각국은 세계무역기구 가입에 이어 앞서거니 뒤서거니 주식시장을 개방하고 아울러 채권시장의 고삐도 하나 둘씩 열어젖혔다.

한국은 지난 1990년 초 OECD 가입, 금융시장 개방 협상으로 금융자유화가 추진되었고, 1997년 외환위기를 계기로 그마나 있던 빗장을 모두 풀어 주식시장 개방을 완성했다. 외환위기 직전까지만 해도 종목당 26% 미만이던 외국인 투자 허용 한도는 1997년 2월에 사라졌고, 1998년 5월 25일 마침내 외국인 투자와 관련한 모든 제한이 제거되었다. 이즈음 채권시장 개방도 이루어져 1997년 이후 회사채와 금융채 발행이 자유화되고 외국인 투자도 활성화되었다. 아울러 그동안 고정환율제에 가까웠던 환율제도도 IMF 등 국제기구의 요구에 따라 점차 시장원리에 기반을 둔 변동환율제로 고쳐졌다. 이에 따라 뮤추얼펀드든 헤지펀드든 사모펀드든 직접투자든 외국인 투자자금의 유출입은 한층 더 자유로워졌다.

2009년 초 대거 국가부도 사태에 직면하며 '2차 금융위기' 우려를 낳았던 동유럽 국가들의 세계시장 편입은 유럽연합 가입과 함께 이루어졌다. 2008년 당시 금융위기의 직격탄을 맞은 동유럽 소국들은 2004년 이후 유럽연합에 가입하면서 서구 자본주의 체제에 깊숙이 편입되었다. 2004년 5월 1일, 헝가리·폴란드·체코·슬로바키아·슬로베니아와 발트 3국인 리투아니아·에스토니아·라트비아 등이 유럽연합에 가입했고, 루마니아와 불가리아가 뒤를 따랐다. 이들 국가의 자본시장이 개방되자 외국자본, 특히 서유럽 은행자본이 물밀듯이 유입되었다. 이를 계기로 동유럽 국가들은 개방 이전보다 두 배 이상의 경제성장을 이루며 'EU의 새로운 성장 동력'이라는 찬사를 받았다.

그러나 아이러니하게도 글로벌 금융위기로 국가파탄 가능성이 먼저 제기된 것은 금융위기의 진원지인 미국이 아니라 동유럽 신흥국가들이었다. 1997년 아시아 외환위기 당시 한국을 비롯한 아시아 각국이 그랬던 것처럼 2008년 금융위기 국면의 동유럽 국가들 역시 외부 충격에 취약한 경제구조를 가지고 있었다. 선진국들의 요구에 의한 것이든, 내재적인 필요에 따른 것이든 금융시장의 대외 개방과 자유화는 필연적으로 대외 충격에 민감한 (그것이 긍정적이든 부정적이든) 경제구조를 만들게 된다. 미국이 필사적인 금융시장 안정화 대책을 펴던 10월께 대서양 건너 유럽의 소국들은 벌써 제2의 외환위기 가능성이 모락모락 피어나고 있었다. 유럽연합 가입과 함께 서유럽 자본이 대거 몰려들어 경제 발전의 달콤함을 맛봤던 이 나라들은 5년도 안 돼 선진국들의 위기 방어 과정에서 '자금 돌려 막기'의 첫 희생양이 되고 있었던 것이다.

디커플링Decoupling 주장의 허구

2008년 초까지만 해도 아시아 경제, 특히 주식시장에서는 미국의 주가에 따라 등락하는 시대가 가고 '디커플링Decoupling', 즉 탈동조화의 시대가 왔다는 낙관론이 지배하고 있었다. 아시아 지역에 중국과 인도라는 거대시장이 등장함에 따라 역내 무역과 자본시장의 비중이 커져 미국시장과는 독자적으로 경제 흐름과 주가가 결정되는 새로운 경향이 생겨나고 있다는 자신감이었다.

이런 주장은 특히 한국의 주식시장에서 심했다. 일부 애널리스트들은 이를 무분별하게 확산시키면서 (개미)투자자들을 유인하는 도구로 사용했다. 소위 '한 철 장사 마케팅'이었다. 그도 그럴 것이 미국 뉴욕 증시가 2007년 10월 9일 정점(14,163.53포인트)을 찍은 후 줄곧 내리막길을 가고 있는데도 그해 여름 2,000포인트에 도달한 한국의 코스피지수는 줄기차게 정상에 도전하며 10월 31일 마침내 2,064.85라는 전인미답의 사상 최고치를 기록했다.

그러나 아시아 증시, 혹은 한국 증시의 미국 증시와의 디커플링 주장은 오래 가지 못했다. 애초에 '이혼'은 불가능했던 것이다. 중국의 내수시장이 미국의 20% 수준에 불과하다는 것이 확인되면서 미국의 경기침체로 소비가 줄면 중국과 아시아의 내수시장이 뒷받침해줄 것이라는 기대는 산산조각 났다. 마침내 2008년 1월 구로다 하루히코黑田東彦 아시아개발은행ADB 총재는 "아시아 경제가 미국발 경기침체 영향에서 자유로울 것이라는 디커플링Decoupling의 논리는 오류"라고 쐐기를 박았다. 그는 특히 실물경제 부문에서 "서브프라임 모기지 부실로 촉발된 미국의 경기침체가 앞으로 아시아 지역으로 점차 확산될 것"이라고 경고했다.

이와 관련하여 〈파이낸셜타임스〉는 아시아 경제가 미국 경제와 상관없이 독자적인 움직임을 보이려면 "미국 소비시장의 영향을 받지 않을 만큼 견고한 역내 수요와 시장의 다변화가 뒷받침돼야 하고, 미국의 금리나 달러 가치와 상관없이 독자적인 통화정책과 외환정책을 추진할 수 있어야 한다"고 지적했다. 이른바 '글로벌라이제이션Globalization'을 통해 그 어느 때보다 세계 경제가 통합되고 있는 상황에서 디커플링이라는 논의 자체는 모순을 안고 있을 수밖에 없다는 분석이었다. 즉 아시아 경제는 미국 경제에 대한 의존도가 큰 만큼 '미국이 재채기를 하면 독감은 아니더라도 최소한 몸살에 걸릴 정도는 된다'는 얘기였다.

미국 연방준비제도이사회의 렌달 크로즈너 이사도 이러한 지적에 동조했다. 2008년 9월 그는 아르헨티나 부에노스아이레스에서 열린 '2008 통화 금융 콘퍼런스'에서 "미국 경제가 나머지 세계 경제와 탈동조화 해왔다는 주장은 잘못되었다. 미국 주택시장 침체와 신용경색에 따라 신흥국 증시가 급락한 데 이어 앞으로 신흥국 경제의 성장 둔화가 본격화할 것이다"라고 예측했다. 또 그는 "작년에 몇몇 전문가들이 미국의 주택경기 하강에도 불구하고 나머지 세계 경제는 상대적으로 영향을 받지 않을 것이라고 분석했다. 그러나 서브프라임 사태로 세계 금융시장에 혼란이 발생하면서 그런 주장이 맞지 않다는 것이 분명하게 드러났다"고 강조했다.

이 무렵 한국의 애널리스트들도 자신들의 기존 주장이 근거가 약했다며 잇단 고해성사를 발했다. 2008년 여의도의 애널리스트 중 '장을 가장 잘 짚는다'는 HMC투자증권의 L 리서치 센터장은 "솔직히 미국의 서브프라임 모기지가 어떤 구조로 이루어져 있고 얼마나 파장이 클지 몰랐다. 아니 생각해 보지도 않았다"고 고백했다. 1년 전 가을, 거품의 절정기에서 투자자금이 홍수처럼 몰려든 미래에셋 그룹의 C 부회장도 "서브프라임의 심각성은 인지했지만 손실이 이토록 클 줄은 몰랐다. 미국 금융시스템에 대한 신뢰가 약해질 수 있다는 점을 간과했다"고 털어놓았다. 자칭 거품 분석 전문가라고 하는 슈로더투신의 J 전무도 "결국 선진국과 신흥시장의 '일시적 별거'는 가능할지 몰라도 '이혼'은 불가능하다는 사실을 깨우쳤다"고 고백했다.

이에 앞서 2008년 1월 굿모닝신한증권은 이미 '디커플링 논리의 오만과 편견'이라는 보고서에서 "2002년 1분기에도 디커플링의 논리가 크게 부각된 적이 있었다. 미국의 경제와 주식시장이 괜찮을 때는 자취를 감추고 있다가 미국 쪽의 사정이 여의치 않으면 예외 없이 고개를 드는 것이 디커플링 논리이다"라며 탈동조화 주장의 허구성을 경계하고 있었다.

다시 찾아온 신흥시장의 위기

아이슬란드의 드라마

2008년 9월 미국발 금융위기가 월가를 불태우고 있을 때 아이슬란드가 첫 번째 '국가부도' 위기에 직면했다. 리먼브라더스의 파산 사태가 난지 한 달이 채 안된 10월 7일, 게이르 하르데 아이슬란드 총리는 "국가가 파산 위기에 직면해 있다. 지금은 나라를 구하기 위한 결정적인 비상행동을 취해야 할 때다"라고 밝혔다.

당시 아이슬란드는 대외 채무 관계로 인해 외환보유액이 바닥나 모든 국내 금융시스템이 붕괴되는 양상을 보였다. 주식시장이 폭락하고 은행의 예금 지급이 거부됐으며, 4개 대형은행의 해외 부채 규모는 1,000억 달러에 달했다. 이로 인해 화폐인 '크로나'의 가치는 연초 대비 절반 가까이 추락했다. 이날 아이슬란드 중앙은행은 환율을 1유로당 131크로나 수준으로 급히 조정해야만 했다.

아이슬란드 정부는 상황이 악화되자 우선 국내 최대 은행인 카우프싱에 6억 8,000만 달러를 지급했고, 7일에는 2위 은행인 란즈방키를 국유화시켰다. 이에 앞서 아이슬란드 정부는 3위 은행인 글리트니르를 인수한 바 있다. 추후 아이슬란드 정부는 카우프싱마저 흡수해 국내 3대 주요은행을 모두 국유화시켰다.

그러나 이 같은 정부의 비상대책에도 불구하고 아이슬란드의 상황은 나아질 기미를 보이지 않았다. 아이슬란드는 미국발 금융위기로 시달리고 있던 덴마크, 스웨덴 등 유럽권 은행들 대신 러시아에 구원을 요청해 54억 달러를 긴급 지원받았다. 아이슬란드의 위기는 결국 국제통화기금이 나서면서 가닥이 잡혔다. 10월 19일 국제통화기금은 아이슬란드 등 자금난에 빠진 신흥시장 국가들에게 무제한의 긴급융자를 실시하겠다고 발표했다. 그리하여 마침내 아이슬란드는 IMF로부터 100억 달러, 영국과 네덜란드로부터 57억 달러의 구제금융을 지원받고 간신히 국가부도 사태를 면했다.

인구 32만 명, 국내총생산GDP 140억 달러 규모의 아이슬란드는 원래 한적한 어업 국가였다. 그러나 1990년대 중반부터 증권시장 개설, 은행 산업 규제 완화 등을 통해 금융업 부문을 급속히 성장시켰다. 그 결과 2007년 1인당 국민소득이 5만 4,000달러(세계 8위)에 달했고, 한때는 '북유럽의 금융허브'라 칭송받으며 강소국이자 금융선진화의 대표적인 모델 국가로 손꼽혔다.

인구도 적고 자원도 거의 없던 아이슬란드가 금융허브로 발돋움하는 데 택했던 성장 전략은 매우 단순했다. 금융세계화의 추세에 맞춰 자본시장을 개방해 외국 돈을 끌어들이고 이 돈으로 장사를 한 것이다. 규제를 없애고 금리를 올리자 영국, 벨기에, 룩셈부르크 등에서 자금이 물밀듯이 흘러들어왔고, 아이슬란드 은행들은 이 돈으로 유럽의 부동산과 기업들을 대거 사들였다. 은행들은 구입할 예정인 자산을 담보로 대출받아 해당 자산을 매입하는 이른바 '레버리지 바이아웃LBO'에 몰두했다. 규제가 거의 없다시피 하자 러시아 및 유럽의 '검은 자금'도 상당 부분 아이슬란드로 흘러가 투기자금으로 변질되었다. 정부도 '금융 자유화'의 명분을 내세워 은행들의 투기를 용인했다.

미국 헤리티지재단 보고서에 따르면 당시 아이슬란드의 주요 경제자유지수는 세계 최상위권이었다. 기업자유지수는 94.5점(이하 100점 만점), 무역자유지수는 85점이었다. 이 때문에 아이슬란드는 각국 시장론자들에 의해 '기업하기 좋은 나라' 또는 '신자유주의 경제시대의 모범'으로 찬사를 받았다. 하지만 10년 전만 해도 수출의 40%가 어업에서 나올 만큼 개발이 덜된 어업 국가였던 아이슬란드는 금융업 외에 제조업 등 다른 분야

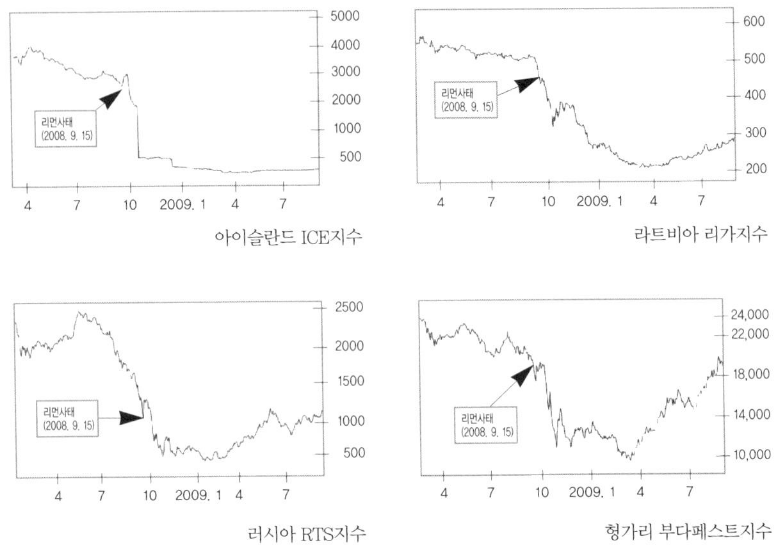

의 경쟁력이 극히 낮았고 식량 등 생필품 대부분을 수입에 의존했다. 결국 금융위기가 터지자 경제의 높은 해외 의존도는 부메랑으로 돌아와 아이슬란드 경제를 일순간에 허물어뜨렸다. 기업과 국민들은 환율이 급등하고 외국자본이 썰물처럼 빠져나간 뒤에야 허상을 깨달았으며, 크로나 가치의 급락과 높은 수입 물가는 서민들의 삶에 치명타를 안겼다. 당시 경제학자 가우티 크리스트만손은 〈뉴욕타임스〉 기고에서 "온 국민이 거대한 카지노에 들어갔다 나온 것 같다. 무비판적으로 자본주의 시스템을 받아들인 아이슬란드인들은 새로운 공산당선언이라도 내놓아야 할 처지다"라고 말했다. 실제 아이슬란드는 2009년 1월, 18년간 장기 집권했던 정부 여당이 총사퇴하고 4월 총선에서 좌파정당이 압승을 거두면서 금융위기로 정권이 교체되는 첫 국가가 되었다.

파키스탄과 러시아의 위기

금융위기에 따른 국가부도 위기는 비단 아이슬란드만의 문제가 아니었다. 미국발 금융위기의 충격이 전 세계로 파급되면서 자본주의의 약한 고리로 지목되는 신흥시장과 동유럽의 10여개 국가들이 잇달아 외환위기 선상에 올랐다. 여기에는 미국을 등에 업고 '테러와의 전쟁'을 수행중인 파키스탄을 비롯해 인도 · 베트남 · 러시아 · 루마니아 · 헝가리 · 불가리아 · 크로아티아와 발트 3국인 리투아니아 · 에스토니아 · 라트비아 등이 포함되었다. 전통적인 외환위기 빈발 국가로 꼽히는 아르헨티나 · 에콰도르 · 베네수엘라 등 남미국가들도 자금사정이 더욱 나빠졌다.

영국의 텔레그래프는 아이슬란드의 금융위기가 터진지 불과 하루 뒤인 10월 8일 파키스탄의 국가부도 가능성을 제기했다. 이에 앞서 국제신용평가기관인 S&P는 10월 6일 파키스탄 국채의 신용등급을 투자등급인 B에서 정크본드 수준인 CCC+로 낮추고 등급 전망도 부정적Negative으로 제시했다. 파키스탄의 당시 외채 규모는 30억 달러였으며, 외환보유액은 1년 전의 절반 수준인 81억 4,000만 달러로 파악되었다. 파키스탄의 외환보유액 고갈은 자국 통화인 루피화의 하락을 저지하고 석유 수입 자금을 결제하기 위해 달러를 대량으로 판 데서 비롯된 것으로 분석되었다.

이에 따라 파키스탄은 10월 22일 국제통화기금에 긴급구제금융을 요청했다. 그리하여 11월에 총 76억 달러 규모의 구제금융에 합의하고 1차로 31억 달러를 지원받았다. 나중에 파키스탄 정부는 당초 합의한 76억 달러 이외에 45억 달러의 추가 자금 지원을 요청했다.

외신들은 연일 주식시장이 폭락하고 있는 러시아, 브라질, 인도 등 자원부국에 대해서도 의혹의 눈초리를 보냈다. 외환보유액만으로는 러시아가 5,800억 달러로 세계 3위, 인도가 2,953억 달러로 세계 4위, 브라질이 2,051억 달러로 세계 7위지만, 금융시스템과 위기관리 능력이 취약해 위기에 빠질 가능성이 여전히 높았다. 특히 러시아의 경우는 미국발 금융위기 파장이 몰려오는 중인 2008년 8월 그루지야와 전쟁을 일으키면서 외국자본들이 대거 빠져나가 경제위기가 가속화되었다. 국제 유가도 70달러 밑으로 떨어져 원유 판매 대금이 격감하자 외환수급에 차질이 생겼다. S&P는 9월 들어 러시아의 국가신용등급을 하향 조정했다.

러시아의 위기는 해가 바뀌면서 더욱 증폭되었다. 특히 1월 경제성장률이 −8.8%를 기록한 것으로 전해지면서 러시아 경제 전체에 대한 불안감이 확산되었다. 2009년 2월 23일 〈파이낸셜타임스〉는 러시아 정부가 500억 달러 규모의 기업지원 조치를 중단함에 따라 기업들의 채무상환 능력에 우려가 더해지고 있다고 보도했다. 당시 러시아 기업들은 유럽 등 서구 은행에 최대 5,000억 달러의 민간 채무를 안고 있었는데, 2009년도에만 1,300억 달러 이상의 부채 만기가 돌아오는 것으로 파악되었다. 러시아 정부가 2월부터 외환 보유 감소를 이유로 개별 기업들에게 구제금융을 더 이상 지원하지 않기로 했다는 소식이 전해지자 서구 은행들은 돈을 빌려준 러시아 기업들의 정부보증 여부를 확인하기 위해 북새통을 이뤘다. 러시아의 보유 외환도 정점이었던 2008년 여름의 5,800억 달러에서 2009년 2월에는 3,860억 달러로 급감했다.

당시 러시아 기업들은 정부의 지원이 끊긴 상황에서 서구 은행들과 만기 채무의 상환을 유예하는 등 채무 구조조정을 해야만 하는 입장이었다. 세계 최대 알루미늄 기업인 UC루살의 경우 총 채무액 170억 달러 중 70억 달러가 외국 은행으로부터 빌린 금액으로, 채무 구조조정을 위해 정부 지원이 절실한 상황이었다. 하지만 이고르 세친 러시아 부총리는 "올리가르흐(러시아 독점 재벌)들은 아직 회사의 재정위기를 풀기 위한 모든 방법을 취하지 않고 있다"며 정부의 추가 지원을 거부했다. 〈파이낸셜타임스〉는 "회사 채무에 대한 정부 지원 수준이 향후 국제 금융시장에서 러시아의 위치를 결정하게 될 것"이라면서 "외국 은행들과의 채무 구조조정이 실패하게 되면 기업들 사이에 대규모 채무지불불능 사태가 일어나 지난 1998년에 이은 또 다른 통화위기를 불러일으킬 것"이라고 지적했다.

동유럽발 '2차 금융위기'

2009년 초 신흥국 시장의 연쇄 위기 국면에서 최대 하이라이트는 동유럽 국가들의 대규모 국가부도 가능성이었다. 금융위기가 빠르게 확산되면서 헝가리·우크라이나·라트비아·세르비아·루마니아 등 동유럽 국가들이 동시다발적으로 외환위기에 노출되며 결국 국제통화기금에 무더기로 구제금융을 요청해야만 했다.

동유럽 금융시장의 불안감은 10년 전 아시아 외환위기 당시와 비슷한 양상으로 전개되면서 전 세계 금융시장의 '태풍의 눈'으로 부상했다. 당시 상황의 심각성은 아시아 외환위기 때보다 심했으면 심했지 결코 덜하지는 않았다. 국내총생산 대비 해외 채무규모나 경상수지 적자규모가 외환위기 때의 아시아 국가들보다 훨씬 높았던 것이다. 이로 인해 이 나라들과 연계성이 높은 서유럽 은행들이 연쇄 붕괴 도미노에 휩싸일 수 있다는 진단이 나오면서 이른바 '2차 금융위기' 가능성이 제기되었다.

〈블룸버그통신〉에 따르면 국제신용평가사인 S&P는 2월 25일(현지시간) 우크라이나의 국가신용등급을 'B'에서 'CCC+'로 하향 조정했다. CCC+ 등급은 투자부적격 등급보다 7단계 낮은 등급으로 지급 불능 가능성이 있는 수준을 의미한다. 이에 앞서 S&P는 전날 라트비아 국채에 대한 신용등급도 종전의 'BBB-(장기)/A-3(단기)'에서 정크본드 수준인 'BB+/B'로 하향 조정했다. 국채등급 BB+ 역시 경제 여건이 악화될 경우 채무불이행 가능성이 충분히 고려된다는 의미로 이 등급부터 '투기적 요소'로 분류된다.

국제결제은행BIS에 따르면 당시 동유럽 지역의 전체 외채 규모는 1조 7,000억 달러 수준이며, 이 가운데 서유럽 은행이 빌려주거나 보증해 준 채무 비중은 90% 이상이었다. 미국, 일본 등 타 지역 은행들의 대출 비중이 각각 10.3%, 4.8%인 것에 비하면 수십 배에 달하는 규모였다. 또한 서유럽 은행들의 대출은 유럽연합 가입 전후인 지난 5년간 집중적으로 이루어졌는데, 오스트리아의 라이프아젠첸트랄방크, 프랑스의 소시에테제네랄, 스웨덴의 스웨드방크 등 서유럽 금융회사들은 동유럽 은행들을 포섭해 자회사 형태로 운영하기도 했다. 특히 오스트리아는 대표 상업은행인 라이프아젠첸트랄방크 등이 그동안 동유럽에 총 2,776억 달러를 대출해주면서 '동유럽의 금고' 역할을 자임해 왔지만 이 국가들이 지급 불능에 빠질 경우 가장 먼저 타격을 입을 '제 1의 위험국가'로 지목되고 있었다.

동유럽 국가들이 경제 붕괴 위기에 노출된 것은 서유럽 경제에 대한 지나치게 높은 의존도가 결정적인 약점으로 작용했다. 이들은 외환보유고 및 위기관리 능력 면에서도 취약했지만 중앙은행 등 자체 금융시장 감독시스템이 미비해 유럽 국가들이 금융위기를 맞아 대거 자금 회수에 나서자 별다른 대책을 세울 수 없었다. 유로화를 사용하지 않는 동유럽 일부 국가들의 경우 경제위기에 따른 통화가치 하락이 채무 상환 비용을 끌어올리며 위기를 심화시켰다. 이들은 또 단기유동성 부족 시 자국 통화를 달러로 교환할 수 있는 미국과 선진국들 간에 체결한 달러 통화스와프 협정에서도 배제되고 있었다.

각국 정부의 무능으로 위기 발발 이후 민심 달래기에 실패하며 정부가 흔들린 점 역시 위기를 가중시킨 요인 중 하나였다. 급격한 외화 유출로 통화가치가 떨어지자 동유럽 국가들은 자국 통화가치 방어를 위해 공공지출을 줄이며 긴축정책을 폈다. 하지만 이로 인해 사회적 안정망이 훼손되며 소요 사태가 빈번하게 발생했다. 우크라이나는 2008년 11월에 이미 국제통화기금으로부터 164억 달러의 구제금융을 약속 받았다. 그러나 빅토르 유셴코 대통령과 율리아 티모셴코 총리 간의 정쟁으로 인해 IMF의 대출 조건인 정부 지출 삭감 약속을 이행하지 않아 정치 · 사회적 긴장이 고조되고 있었다. 한때 '발트 해의 호랑이'로 통했던 라트비아 역시 새해부터 IMF 등의 권고에 따라 긴축정책을 펼치며 위기 극복에 나섰다. 그러나 2월 20일에 경제위기의 책임을 지고 내각이 총사퇴하면서 무정부 상태가 초래되었다. 유럽부흥개발은행EBRD은 대규모 부실을 낸 라트비아 최대 은행 파렉스은행에 대한 지원 협상에 나섰으나 대화 상대가 없어서 협상을 수차례 연기해야만 했다. 이러한 상황을 두고 2008년 노벨 경제학상 수상자인 폴 크루그먼 프린스턴대학 교수는 라트비아를 '제2의 아르헨티나'라고 부르기도 했다. 아르헨티나는 이미 지난 2001년 12월에 930억 달러에 대한 디폴트(지급 불능)를 선언하여 사실상 국제 자본시장에서 더 이상의 자금조달이 불가능해진 상태였다.

가까스로 잡은 불길

그 당시 돈줄이 마른 동구권 국가들이 앞 다퉈 국제통화기금IMF 등에 구제금융을 신청했지만 상황은 녹록치 않았다. IMF 등 국제기구의 재원은 고갈 위기로 치닫고 있었고 지원 자금을 공급할 수 있는 서유럽 국가들은 자체 위기로 더 이상 '구원투수' 역할을 맡으려 하지 않았다. 유럽연합 회원국 정상들은 동유럽 위기 타결을 위해 몇 차례 모여 머리를 맞댔지만 이견 차이로 이렇다 할 성과물을 내놓는 데 실패했다.

로버트 졸릭 세계은행 총재는 2월 25일자 〈파이낸셜타임스〉와의 인터뷰에서 "금융위기가 빠른 속도로 진행돼 인류의 위기Human crisis로 변하고 있다. 유럽은 지금 지난 20년간 진행된 유럽 통합의 성과를 확신시킬 수 있도록 적극 나서야 한다"고 유럽연합 각국의 실질적인 공동 해법을 촉구했다.

국제통화기금의 자금 고갈은 상당히 심각한 수준이었다. 〈타임스〉 온라인판은 2월 24일 IMF의 대출 가능 자금은 목표액인 5,000억 달러에 훨씬 못 미치는 3,204억 달러로 2008년부터 자금 지원 신청이 급증하면서 순가용자금은 1,920억 달러로 떨어졌다고 보도했다. 이마저도 일본이 출연키로 한 1,000억 달러의 지원금을 합한 액수였고, '제 코가 석자'인 미국이나 유럽연합 등은 더 이상 출연할 여유가 없었다.

실제 IMF가 2008년 말부터 2009년 초까지 구제자금을 지원한 나라는 라트비아 97억 달러, 벨라루스 25억 달러, 우크라이나 165억 달러, 보스니아 16억 달러, 그루지야 7억 5,000만 달러, 헝가리 157억 달러, 세르비아 5억 2,000만 달러, 스리랑카 26억 달러 등으로 파악되었다. 또 루마니아에 대해 3년 만기 대기성 차관 130억 유로, 역시 세르비아에 대한 대기성 차관

30억 유로 등의 합의가 이루어졌다.

이에 따라 유럽연합 등 선진국들은 IMF의 기금을 기존의 두 배로 증액하자는 데 합의했지만 중국, 브라질 등 신흥국가들이 반대급부로 의결권 추가 배정을 요구하는 바람에 본격적인 논의는 4월 G20 정상회담으로 미뤄졌다. IMF의 출자금 증액은 IMF 이사회의 의결권과 밀접히 연관되는 것으로 신흥국들의 의결권 확대 요구는 선진국들의 기득권을 위협할 수 있는 것으로 간주되었다.

IMF 내부에서는 제2차 세계대전 직후부터 사용해 왔던 특별인출권(SDR: IMF가 유동성 확보를 위해 자체 발행할 수 있는 달러 대용 화폐)을 증액하자는 제안도 나왔지만, 절차가 복잡하고 시간도 부족하다는 이유로 반대의 목소리가 더 컸다. 이에 따라 IMF는 창설 이래 처음으로 1,500억 달러 규모의 채권을 발행하는 방안을 검토하기로 했다. 도미니크 스트로스 칸 IMF 총재는 "기존의 회원국들 간의 깡통 돌리기(tin-cup Approach)만으로는 금융위기에 효과적으로 대처할 수 없다. 동시다발적으로 어려움을 겪는 국가들이 증가하고 있어 앞으로 3개월 내에 근본적인 문제 해결방안을 찾아야 한다"고 강조했다.

파국으로 치달은 동유럽의 금융위기는 2009년 2월 27일 세계은행(WB, 기존 IBRD)과 유럽부흥개발은행EBRD, 유럽투자은행EIB 등이 긴급회동해 3자 공동으로 동유럽에 2년간 245억 유로(312억 달러)를 지원하기로 하면서 일부 숨통을 돌리게 되었다. 세계은행은 동유럽과 중앙아시아 국가들에게 75억 유로를 지원하고, 비금융 분야에도 125억 유로를 확대 지원키로 했다. 구소련과 동유럽권의 경제개발 지원에 초점을 맞추고 있는 유럽부흥개발은행도 이 지역에 대한 투자와 대출을 60억 유로 확대하고, 유럽연합의 장기금융기관인 유럽투자은행도 110억 달러를 추가 제공하기로 방침을 정했다.

그렇지만 2009년 2월의 동유럽 외환위기가 잦아들 수 있었던 요인은 5월 이후로 선진국 시장의 금융위기가 급속히 진정되면서 세계 경제도 안정을 되찾기 시작했기 때문이라고 할 수 있다. 긴급구제금융안TARP과 소비자금융지원대책TALF으로 대표되는 미국의 대규모 금융안정책이 효력을 발휘하고 세계 각국이 금융시장 안정에 가세하면서 동유럽을 비롯한 신흥국시장도 차츰 안정을 되찾기 시작한 것이다. 연말연시 바닥으로 추락했던 국제유가가 3월 이후 회복세로 전환된 것도 러시아와 같은 산유국들의 외환사정을 호전시키는 요인으로 작용했다.

그러나 금융뿐 아니라 투자와 수출 등 실물경제 부문에서 서유럽 의존도가 너무 높은 동유럽의 소국들은 서유럽의 경기 회복이 본격화돼야만 어느 정도 시차를 두고 침체에서 빠져 나올 수 있을 것이라는 전망이 우세하다. 무제한의 유동성과 재정을 풀어 경기부양에 나선 선진국들과 달리 구제자금을 지원한 국제기구의 요구에 따라 재정지출을 억제하면서 경기를 살려야 하는 것도 자본주의 경험이 일천한 동유럽 국가들에게는 새로운 시련이라고 할 수 있다.

위기의 한국, 미국의 달러 우산 속으로

패닉에 빠진 한국 금융시장

월가의 금융위기가 세계 각국으로 전파되는 과정에서 한국의 금융시장도 여지없이 패닉에 노출되었다. 2008년 10월의 1차 위기에 이어 2009년 3월의 2차 위기가 바로 그것이다. 10년 전(정확히 11년 전) IMF 외환위기가 뇌리에 떠오르는 순간이었다.

2008년 9월 15일 월가에서 금융위기가 터지자 한국의 주가지수는 급속히 추락했다. 2007년 가을, 사상 처음으로 2,000선을 돌파하며 기염을 토했던 코스피지수는 2008년 들어 지속적인 하락을 거듭하다가 가을부터는 바닥을 알 수 없는 심연으로 굴러 떨어졌다. 특히 10월의 주가 하락은 드라마틱했다. 10월 한 달간 코스피지수는 1,400선에서 900대로 무려 35%이상 추락했다. 이는 2008년 한 해 하락률 40.7%와 맞먹는 것이었고 1년 전 전고점에 비하면 무려 50%이상 폭락한 것이었다. 종목별로는 80%나 떨어져 휴지조각으로 전락한 주식 수가 무려 20여 개에 달했다. 월중 등락률이 무려 38%에 달할 정도로 변동성도 최고조에 달했다. 10월 한 달간 지수는 역대 최고의 하루 변동률(15%)과 상승률(14.6%)을 기록하며 롤러코스터를 탔다. 사이드카와 서킷브레이커도 하루가 멀다고 울려댔다. 2008년 증시에서 울린 45차례의 사이드카(거래소 26번, 코스닥 19번) 중에 10월에만 19번(거래소 10번, 코스닥 9번)이 작동되었다. 이른바 '10월 위기설'이었다. 그해 10월

24일 한국 증시가 기록한 최저점은 938.75포인트였다.

그러나 이것이 끝이 아니었다. 해가 바뀐 2009년 일시 회복되는 듯하던 한국 증시는 또 다시 '3월 위기설'에 휩싸이며 주저앉았다. 이번에는 동유럽 국가들이 불안의 진원지였다. 동유럽 국가들이 국가부도에 직면할 경우 한국이 가장 먼저 타격을 입을 것이라는 예상이 나왔다. 연말연시 900~1,200선에서 횡보세를 나타내던 한국 증시는 3월 2일 간신히 1,000선에 턱걸이했다.

이 두 가지 국면은 한국 증시, 나아가 한국 경제의 취약성을 그대로 드러낸 사건이었다. 신흥시장의 전반적인 약세 속에서도 한국시장이 선진국의 금융 충격에 얼마나 더 직접적인 타격을 입을 수 있는지를 여실히 보여주었다. 당시 한국 증시의 추락 원인은 외국인의 대규모 매도공세, 즉 '셀 코리아Sell Korea' 때문이었다. 글로벌 신용경색 사태로 유동성 위기에 몰린 외국인 투자자들은 현금 확보가 최우선 과제로 떠오르자 위험자산의 하나인 신흥국 주식을 필사적으로 내다 팔기 시작했다. 특히 한국 증시는 홍콩, 싱가포르, 태국 등 다른 신흥국 증시가 뚜렷한 매수 주체가 없는 것과 달리 국민연금 등 기관이 나서서 외국인들의 매물을 모두 소화해주고 있던 터라 급할 때 가장 먼저 손을 털 수 있는 환금성이 아주 뛰어난 시장으로 꼽혔다.

미국의 금융위기로 인한 한국 자본시장의 충격이 가장 심했던 2008년 10월 한국 증시에서 외국인들이 취했던 포지션은 4조 9,000억 원 순매도, 채권시장 역시 4조 1,000억 원 순매도로 기록되었다. 외국인들의 매도공세가 극에 달했던 10월 17일부터 24일까지 이들은 1조 5,967억 원이나 보유 주식을 팔아치웠다. 인터내셔널펀드를 비롯해 한국에 투자하는 4대 해외 뮤추얼펀드에선 12주 연속 자금이 순유출되었다. 당시 코스피지수가 4년 전 수준인 1,100대로 떨어진 터라 외국인들은 손해를 보고도 팔고 있을 것이라는 분석까지 제기되었다. 이로서 연초부터 10월까지 한국 주식시장에서 외국인들이 주식을 팔고 빠져나간 자금은 총 41조 8,000억 원에 달했고, 외국인 주식투자 비중은 2000년 이후 8년 만에 30% 밑으로 주저앉았다. 그동안 주식 매도에도 불구하고 한국의 높은 금리를 이용한 재정거래Arbitrage 이익을 위해 꾸준히 매수세를 유지하던 채권시장마저 대규모 매도세로 전환되었다. 이즈음 외국인의 하루 순매도 채권 규모는 1,000억 원대에 달했다.

외국인들의 주식 투매와 더불어 외환시장도 요동쳤다. 달러 값은 치솟고 한국 원화는 폭락했다. 주식을 팔자마자 즉각 달러로 바꾸려는 수요가 증가한 반면 위기가 심화함에 따라 손에 쥔 달러는 시장에 내놓지 않으려는 경향이 커졌기 때문이다. 여기에 당장 달러가 필요 없는데도 미리 사두려는 사재기 수요도 가세했다. 원·달러 환율은 10월 초 1,180원에서 28일 1,400원대를 돌파했고, 11월 24일에는 1,513원까지 치솟았다. 한국 정부나 은행이 발행하는 외화채권의 신용위험도도 다시 높아졌다. 리먼 사태 이후 국제 금융시장에서 한국물 채권의 CDS(신용부도스와프) 프리미엄은 6%까지 치솟았고, 27일엔 사상 최고치인 7.91%를 기록했다.[*]

"베어스턴스 유령이 출몰했다"

한국은 언제부턴가 위기 때마다 '위기 가능성 1순위 국가'라는 오명이 늘 따라 다녔다. 일종의 '낙인 효과Stigma Effect'였다.

2008년 월가발 금융위기가 터지자 영국의 〈파이낸셜타임스〉와 미국의 〈월스트리트저널〉, 〈뉴욕타임스〉, 〈블룸버그통신〉 등 해외 유수의 경제 언론들은 앞 다투어 한국 경제의 위기론을 제기했다.

---

[*] 한국 증시의 취약성은 국제통화기금(IMF)의 자료를 통해서도 잘 확인된다. 2009년 7월 IMF가 내놓은 '선진국이 신흥국에 미치는 금융스트레스' 보고서를 보면 전 세계 주요 신흥 경제국 가운데 선진국에서 금융위기가 발생할 때 한국이 상대적으로 가장 큰 타격을 받는 것으로 분석되었다. 이 보고서에서 한국은 18개 주요 신흥 경제국 가운데 선진국 금융스트레스에 따른 동행성지수가 0.706으로 신흥 경제국 평균 0.4~0.5보다 훨씬 높게 나타났다. 동행성지수는 어떤 현상이나 대상에 대해 영향을 받는 정도를 0부터 1까지 측정하는 것으로 '1'이면 절대적인 영향을 받는 것이고 '0'이면 영향이 없음을 의미한다. 이 보고서에서 동행성지수가 가장 높은 국가는 멕시코(0.830)였으며, 페루(0.819), 남아프리카공화국(0.803), 파키스탄(0.771), 헝가리(0.761), 말레이시아(0.749), 태국과 필리핀(0.748), 한국(0.706), 이집트(0.703)가 뒤를 이었다. 반면 중국(0.662), 브라질(0.649), 폴란드(0.492) 등은 선진국의 금융위기에 따른 여파가 상대적으로 적은 것으로 평가되었다.

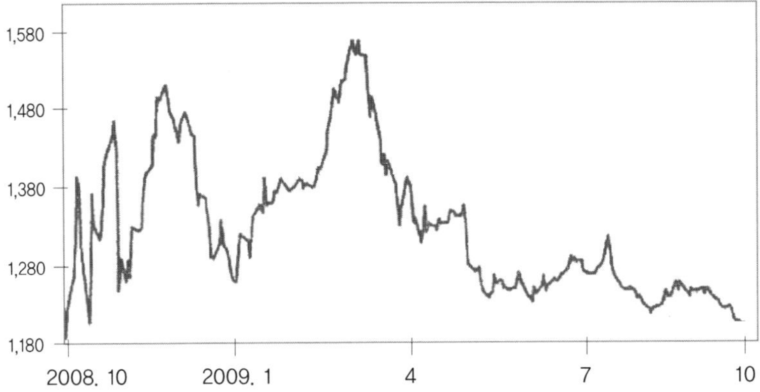

〈그래프 7-2〉 원-달러 환율 추이(단위: 달러 당 원)

한국의 경제위기설을 맨 처음 제기한 것은 〈월스트리트저널〉이었다. 〈월스트리트저널〉은 2008년 10월 아이슬란드가 금융위기의 첫 희생양이 되자 9일자에서 '한국은 아시아의 아이슬란드인가'라는 제목의 기사를 실었다. 기사 내용은 그렇지 않다는 것이지만 10년 전 외환위기의 기억에서 자유롭지 않다는 것을 보여주기에 충분했다.

외환위기 재발 가능성을 본격적으로 거론한 곳은 영국 〈파이낸셜타임스〉였다. 〈파이낸셜타임스〉는 10월 14일 거의 한 면을 할애하여 '가라앉는 느낌'이란 제목의 한국 경제 관련 기사를 내보냈다. 앞서 6일에도 "한국은 아시아에서 금융위기의 감염 가능성이 가장 높은 국가"라고 지목했다.

여기에 〈월스트리트저널〉은 10월 23일 국제통화기금이 새로운 긴급 지원 시스템인 단기유동성지원창구(SLF: Short-term Liquidity Facility)를 구상하고 있는데, 그 대상에 한국이 포함되어 있다는 기사를 내보냈다. IMF가 내놓은 SLF는 당시 한국 금융계에 파란을 불러왔다. 이는 재정 상황이 비교적 건실한 국가들을 우선 선정해 긴급자금을 지원한다는 내용이었지만 예정 대상국에 한국이 포함되자 도리어 '제2의 위기가 오는 것 아니냐'는 엉뚱한 오해가 불거졌다.[**]

이즈음 아시아 경제에 정통한 〈블룸버그통신〉의 칼럼리스트 윌리엄 페섹도 "금년 3월 베어스턴스를 파산시킨 악령이 한국을 휘감고 있다"고 경고했다. 그는 10월 24일 〈블룸버그통신〉에 쓴 칼럼에서 "아이슬란드를 쓰러뜨린 헤지펀드 등 국제 투기세력의 다음 목표는 한국이다. 베어스턴스에 대한 과장된 파산설이 실제 위기로 연결된 것처럼 한국 경제의 취약성을 부풀리는 부정적인 소문이 실제 파국으로 번질 수 있다"고 지적했다.

뉴욕대학 루비니 교수도 10월 22일 홈페이지에 올린 '신흥시장: 누가 위험한가?' 라는 제목의 글에서 "한국은 갑작스런 금융 흐름의 경색으로 아시아 국가들 가운데 가장 공격받기 쉬운 나라"라고 경고했다.

외국 언론들의 '한국 때리기'는 2009년 들어서도 계속되었다. 이른바 한국 경제의 '3월 위기설'은 동유럽 국가들의 부도 가능성이 제기되면서 다시 고개를 들었다. 동유럽 위기가 가속화되자 〈파이낸셜타임스〉는 한국이 아시아에서 금융위기 감염 가능성이 가장 높고 1997년 외환위기와 비슷한 상황을 맞고 있다는 분석을 또 내놓았다. 영국의 〈이코노미스트〉와 〈BBC〉방송도 이 같은 주장에 동조했다. 영국 〈파이낸셜타임스〉 등의 한국 때리기는 모종의 의도가 있는 것이 아니냐는 지적이 나올 만큼 심상찮은 수준이었다.

이들이 한국을 지목한 원인은 은행권의 과도한 단기외채와 가계부채, 은행의 비정상적인 예금 대비 대출비율 등이었다. 특히 동유럽발 금융위기로 인해 서유럽의 은행들이 자금부족 상태에 빠지면 한국 등 아시아시장에서

＊＊ 국제통화기금(IMF)이 10월 30일 공식 발표한 단기유동성지원창구(SLF)는 유동성을 필요로 하는 국가에 대출 승인을 신속히 처리하는 시스템으로 지난 1997년 아시아 외환위기 때 발동된 이후 11년 만에 처음 가동되었다. 재정 상황이 비교적 건실한 국가들을 우선 대상으로 하는데, 주요 선진국 중앙은행들은 서로 통화스와프 협정을 맺고 있어서 유사시 달러화 등 자금을 주고받을 수 있지만 대다수 신흥국들은 소외돼 있기에 IMF가 그 역할을 감당하겠다는 의사였다. 하지만 단기유동성지원창구는 성격상 미국 중앙은행의 달러 통화스와프 제도와 비슷한데도 이 창구를 개설한 주체가 IMF라는 이유 하나만으로 시장에 제2의 구제금융이라는 인상을 주기에 충분했다. 이 창구를 이용하게 되면 외환위기 국가로 낙인찍힐 수 있다는 우려가 작용하여 각국은 웬만하면 이용을 꺼렸다. 이에 따라 2009년 IMF는 단기 유동성 위기에 직면한 회원국들을 대상으로 사전 자격요건만 충족되면 특별한 조건을 붙이지 않고 사실상 무제한으로 외화자금을 빌려 쓸 수 있도록 하는 대출제도로 변경했다.

맨 먼저 자금을 빼내갈 것이므로 취약한 금융구조를 가진 한국은 직격탄을 맞을 수 있다는 분석이었다. 10년 전 외환위기의 원인이었던 대외의존도가 지나치게 높은 경제 구조, 즉 수출의존도가 높고 내수 비중이 적어 대외 위기에 대한 대응력이 떨어지는 문제점도 역시 해결되지 않고 있었다. 실물경기 침체도 가속화되어 2008년 4분기 경제성장률이 전년 동기 대비 −3.4%를 기록한 데 이어, 2009년 1분기에도 다시 −4.2%까지 급락하는 등 큰 타격을 입고 있었다.

그러나 당시 삼성경제연구소SERI 보고서에 따르면 한국 경제의 거시적인 경제지표나 금융감독시스템은 외환위기 때보다 한층 양호한 상태였다. 다른 국가에 비해 견조한 경제성장세를 유지하고 있었고, 외채 상환 능력도 훨씬 개선돼 있었다. 경상수지가 11년 만에 적자로 반전되었다고 하나, 이는 고유가에 따른 일시적 현상으로 그 규모도 금융 불안을 야기할 정도는 아니라는 것이 중론이었다. 일부 저축은행들의 부실화가 우려됐으나 시중은행의 건전성과 수익성은 글로벌 은행들에 비해 뒤지지 않는 것으로 판단되었다. 또 실물경제의 중추인 기업들의 재무건전성도 IMF 외환위기 당시와 비교하면 크게 개선돼 있었다.

그럼에도 불구하고 자본시장 개방에 따른 높은 외국인 주식투자 비중과 금융회사의 높은 단기외채 비중은 역시 문제가 있는 것으로 지적되었다. 2008년 9월 말 현재 총 대외 채무는 4,251억 달러였고, 이 중에 은행권의 단기 채무는 653억 달러로 2007년 말 대비 19.7% 급증한 상태였다. 아울러 1998년까지만 해도 20%를 밑돌던 국내 주식시장의 외국인 지분율이 40% 이상(2004년)으로 급증했다. 이로 인해 주가−환율간 역逆상관계수가 2008년 들어 −0.89나 돼 2000년 이후 가장 높은 수준이었다. 이는 국내 증시에서 외국인이 투자를 회수하면 주가하락·환율상승(원화가치 하락)이 동시에 발생하고 그 반대로 투자를 확대하면 주가상승·환율하락이 즉각 발생한다는 의미이다.

미네르바와 한국 경제

이러한 위기의 한복판에서 한국 금융당국의 행태는 매우 실망스러웠다. 정부 관료들은 "우리나라가 다시 국가부도 사태에 빠지는 일은 없을 것"이라는 말만 되풀이했다. 당시 한국의 외환보유액은 외환위기 당시 204억 달러의 12배인 2,397억 달러에 이르고 단기외채 비율도 외환위기 때의 718.8%에서 66%대로 떨어져 있다는 것이 그 근거였다.

그러나 짐짓 여유를 부리다가 뉴욕 월가에서 시행한 외국환 평형기금 채권 발행은 보기 좋게 딱지를 맞았다. 외국인들이 긴급히 주식자금을 털어내고 만기 도래하는 채권을 일제히 빼내가던 2008년 9~10월, 정책당국의 미숙한 대응은 지속되었다. 그로 인해 하루가 다르게 치솟는 환율, 시시각각 줄어드는 외환보유액, 그리고 점차 실물로 번져가는 위기 앞에서 하루하루 살얼음판을 걸어야 했다.

월가발 금융위기의 파장이 확대되던 2009년 1월 8일 인터넷 논객 '미네르바'가 검찰에 긴급 구속되는 사건이 발생했다. 그의 구속은 2008년 하반기 이후로 내내 불확실성에서 표류하던 한국 경제의 혼란과 당혹감을 그대로 반영해 준 사건이었다. 미네르바는 2008년 이후 미국발 금융위기가 확산되면서 인터넷에서 '사이버 경제대통령'이라는 별칭을 갖고 있을 정도로 당시 네티즌들 사이에서 유명한 경제 분야 논객이었다. 그는 20008년 9월 미국 투자은행 리먼브라더스의 파산을 예측했고, 또 정부의 환율정책에 비판적인 입장을 보임으로써 많은 네티즌들의 지지를 받았다.

미네르바로 지목된 P씨는 전기통신기본법상 허위사실 유포죄가 적용되었다. 검찰은 그가 인터넷에서 악의적인 허위사실 유포로 한국의 국제신인도와 외환시장에 악영향을 끼쳤다고 구속 이유를 밝혔다. 미네르바가 2008년 말쯤에 인터넷에 올린 "정부가 외환 환전 업무를 전면 중단했다"거나 "정부가 달러 매수를 중단토록 긴급명령을 내렸다"는 등의 글 내용이 명백한 허위사실 유포에 해당한다는 게 검찰의 설명이었다. 그러나 100여 일이 지난 1심 공판에서 재판부는 박 씨에게 무죄를 선고했다. 재판부는 판결문에서 "박 씨가 당시 올린 게시글의 내용이 허위라는 인식 하에서 게재했다고 보기 어렵고, 공익을 해할 목적이 있었다고 인정할만한 증거도 없다"고 밝혔다.

미네르바의 구속을 계기로 네티즌들은 체포된 사람이 정말 미네르바냐, 그렇다고 하더라도 인터넷에 올린 개인 의견을 처벌할 수 있느냐, 그의 주장이 실제 사실과 부합되는 것 아니냐를 두고 갑론을박을 벌였다. 월간 〈신동아〉는 1월 19일 "진짜 미네르바는 따로 있다. 진짜는 7명으로 구성된 경제클럽으로 서로 돌아가면서 글을 쓴다"고 보도해 미네르바 진위논란을 부채질했다.

미네르바는 2008년 8월 '2008 금융전쟁의 서막 – 지옥의 묵시록' 등 수십 편의 인터넷 글에서 한국이 아무리 애를 써도 2009년 3월을 넘기기 어렵다는 '제2의 외환위기설'을 강력히 주장했다. 그의 '3월 위기설'은 일본계 은행이 3월말 결산을 앞두고 자금을 일시에 철수하면서, 또 2월말 기업들의 4분기 결산감사보고서가 나오면서 한국 경제가 심각한 혼란으로 치닫는다는 시나리오였다. 여기에 기업들의 실적 하락이나 재무지표 악화 등이 발표되면 3월 들어서 신용평가사나 은행들의 기업평가 등급이 줄줄이 하락하게 될 것이라는 그럴듯한 이유도 덧붙였다. 이는 결국 은행권의 대출 회수, 회사채 발행 축소, 단기자금인 기업어음 발행 중단 등으로 이어져 기업들의 줄도산을 낳게 되고 주가 하락, 환율 상승 등의 악재가 겹쳐지면 위기설이 10년 전처럼 현실로 뒤바뀔 수 있다는 주장이었다.

그러나 실제로 3월에 한국의 금융 불안은 10월의 그것보다 훨씬 약해져 있었다. 이는 미네르바가 미리 구속되어 네티즌들의 불안 심리가 진정된 탓도 있겠지만 당시 정부의 대응이나 경제 주체들의 내성도 많이 단련돼 있었기 때문일 것이다. 무엇보다도 자본주의의 자기 치유력을 과소평가했다는 게 미네르바의 결정적인 약점이었다. 독일철학자 헤겔이 법철학 서문에서 밝힌 "미네르바의 부엉이(the Owl of Minerva)는 황혼이 찾아들면 비로소 날기 시작한다(Die Eule der Minerva beginnt erst mit der einbrechenden Dammerung ihren Flug)"는 명구에서 이름을 따왔다는 미네르바는 주식시장이나 채권시장 등 주변의 흐름에 대해서는 깊이 천착했겠지만 200여년의 역사를 지속해 온 자본주의의 무궁한 적응력에 대해서는 무지했던 것으로 보인다. 특히 국가가 필요하면 강제력을 동원해 민간경제에 깊이 개입해 유동성을 공급하는 것이 자본주의 최후의 보루라는 사실을 미처 깨닫지 못했다. 세계 금융위기의 진원지였던 미국은 이미 2008년 말에 시행한 긴급 구제금융안과 소비자금융지원대책으로 대표되는 대규모 금융구제책이 새해 들어 효과를 내면서 서서히 안정세로 접어들고 있었다. 비록 동유럽의 금융 불안이 계속되고 있었지만 그 충격은 2008년 말에 비해서는 매우 제한적이었다. 이는 그가 석방된 4월 20일 모 언론과의 인터뷰에서 "경제학을 좀더 공부해야겠다. 필요하면 유학도 준비하겠다"고 언급한 대목에서도 잘 나타난다.

문제는 한 소박한 네티즌이 독학으로 이룬 독자적인 경제관념에 대해 왜 수많은 네티즌들이 열광했고 그런 그를 처음엔 별 문제없을 것 같이 대하던 정부가 나중에 입장을 바꿔 전격적인 구속으로 이어갔느냐는 것이다. 그것은 극심한 금융 불안 속에서 정부의 뜨뜻미지근한 대응을 불신하던 네티즌들이 새로운 시각의 경제관에 목말라 있었다는 의미이고, 그러한 민심을 정확하게 파악하지 못하던 정부는 온라인상의 개인 의견 발표를 사회 불안 조장이라는 공안적 시각에서 접근하고야 말았다. 결국 금융위기를 진정시킬 가장 강력한 도구를 손에 쥔 정부가 스스로의 힘을 믿지 못하고 한 개인의 표현의 자유를 침해하고 만 것은 아직 한국 자본주의가 짧은 역사만큼이나 일천하다는 증거이다.

새로운 백신, 통화스와프 효과

한국 경제는 두 차례의 위기설에도 불구하고 10년 전 IMF 위기 때와는 달리 결국 이를 이겨냈다. 그렇다면 그 원동력은 무엇이었을까. 논란의 여지가 있겠지만 필자는 한국과 미국이 체결한 통화스와프가 가장 결정적이었다고 본다. 일부에서는 강만수 경제팀의 공격적인 재정·통화정책 등의 후속조치가 주효했다는 평가를 내리기도 하지만 한미 통화스와프 협정에 비하면 그것은 부차적인 것이었다. 한미 간의 통화스와프가 없었다면 다른 신흥국들과 더불어 외환위기는 계속됐을 것이고, 제2의 IMF가 정말 현실화됐을 수도 있었을 것이다. 따라서 이번 금융위기 극복 과정에서 한국이 얻은 최대 성과는 미국의 '핵우산'에 이어 '통화스와프 우산'을 하나 더 받은 것이라 할 수 있다.

한국 정부는 달러 유동성이 극도로 고갈돼 가던 2008년 10월 30일 미국 연방준비제도이사회FRB와 300억 달러 규모의 통화스와프를 체결했다고 발표했다. 한국은행과 기획재정부 등 한국 측이 적극 제안해 성사되었다는 이 협약은 '제2의 외환보유고'를 확보하는 효과를 내며 달러 유동성을 안정시키는 기반을 닦았다. 당시 원-달러 환율이 한때 1,500원대를 오가는 상황에서 한미통화스와프 체결은 한국이 미국의 '통화스와프 우산'에 있다는 시그널을 시장에 보내며 외국 투자자들을 안심시키는 심리적 안전판을 제공했다. 그때까지 금융위기 대처를 잘 못한다고 해서 정치권과 국민들로부터 끊임없이 비판을 받던 강만수 기획재정부 장관도 일단 한숨을 돌리게 되었다.

통화스와프는 상대국에 자국 통화를 맡기고 해당국 통화나 달러를 빌려오는 계약을 말한다. 당시 한미 간의 통화스와프 협정은 한국의 외환보유고 수준으로 볼 때 그 규모가 큰 것은 아니었지만 이것이 시장 심리에 미친 영향은 결코 간과하기 어렵다.

위기가 고조되던 2008년 10월 이후 한국 정부와 한국은행은 550억 달러의 외화유동성을 시장에 공급하기로 하는 등 130조 원이 넘는 천문학적인 대책을 쏟아냈다. 하지만 시중에는 돈이 돌지 않는 이른바 '돈맥경화' 현상이 심화되고 있었다. 특히 은행들은 연말결산을 앞두고 12월 말 기준 국제결제은행BIS 자기자본 비율을 높이기 위해 가급적 대출을 꺼리고, 주었던 대출도 회수하는 실정이어서 개인은 물론 기업들도 극심한 돈가뭄에 시달리고 있었다.

이런 상황에서 한미 간의 통화스와프 체결은 각종 악재에 시달리던 시장에 그나마 한줄기 희망의 햇살과도 같은 것이었다. 한국은행은 이 협정에 따라 12월 4일 미국 연방준비제도이사회에서 40억 달러를 차입하는 등 2009년 1월까지 다섯 차례에 걸쳐 모두 163억 5,000만 달러를 들여와 시중에 풀었고, 그해 3월부터 8월까지 63억 5,000만 달러를 회수해 남아있는 외화 대출 잔액은 100억 달러를 기록 중이다. 한미 간의 통화스와프 협정 기간은 1년으로 당초 2009년 10월 30일 만료될 예정이었으나 세계 금융 불안의 여진이 계속됨에 따라 그 시한을 2010년 2월 1일까지 3개월 더 연장하였다.

이와 함께 한국 정부는 2008년 12월 12일 한·중(기존 40억 달러) 및 한·일(기존 130억 달러)간에도 기존에 체결된 통화스와프 거래 규모를 각각 300억 달러로 확대하는데도 합의했다. 이는 한국의 대외결제 통화중 달러가 차지하는 비율이 워낙 커서 한미통화스와프에 비해서는 그 의미가 크게 떨어지나 시장에 외환 유동성의 공급원이 넓혀졌다는 상징적인 의미를 추가하는 데는 일단 기여했다고 볼 수 있다.

결과적으로 한미통화스와프 협정 체결은 당시 한국의 금융위기를 잠재우기 위한 일종의 새로 개발된 결정적인 특효약이었다. 당시에도 한미 간 통화스와프 협정 체결은 매우 이례적인 일로 평가되었다. 왜냐하면 그때까지 미국은 유럽이나 영국, 스위스, 일본 등 극히 제한적인 선진국들과만 통화스와프를 체결했으며, 당시 한국과의 통화스와프 체결은 신흥국들 중에서는 첫 사례였기 때문이다. 물론 미국은 곧이어 뉴질랜드·브라질·멕시코·싱가포르 등 4개 신흥국과도 달러스와프 협정을 체결해 대상국을 기존 9개국에서 14개국으로 확대했다. 통화스와프 자금은 특히 IMF의 구제금융과 달리 공여국(또는 기관)의 통제와 간섭을 받지 않고 자국의 경제운용의 독자성을 유지할 수 있다는 장점을 갖고 있다. 이런 점에서 달러 피공여국의 입장에서 볼 때 IMF의 구제금융은 후진국적 외환(달러) 확보 방식이라면 통화스와프는 선진국적 유동성 확보 전략이라 할 수 있다. 10년 전 아시아 외환위기 때 IMF 구제금융만 의존했다가 재정 축소, 금리 인상 등 혹독한 구조조정의 대가를 치른 한국으로서는 이번 금융위기를 계기로 훨씬 안전하면서도 새로운 달러 유동성 창구를 하나 더 확보한 셈이다. 한국은행 관계자는 훗날 "한국이 미국과 통화스와프 계약을 체결했다는 것은 국제 금융시장에서 한국의 위상과 한국 경제의 펀더멘털이 견고함을 입증한 것"이라고 평가했다.

금융대공황의 역사적 의의

금융시스템의 완전한 붕괴

2008년 9월 서브프라임 위기로 촉발된 글로벌 금융대공황은 과거의 소소한 위기들과는 그 규모나 파장 면에서 전혀 달랐다. 한 나라의 특정 분야에 국한된 위기가 아니라 국경을 넘어 전 세계로 확산돼 각국의 주식시장과 자금시장을 파탄내고 실물경제에까지 광범위하게 영향을 미침으로써 세계 경제를 사실상 패닉 상태로 몰아넣었기 때문이다.

이런 점에서 2008년의 금융위기는 1980년대 말의 주택대부조합사태S&L나 1990년대 헤지펀드 롱텀캐피털 매니지먼트LTCM 사태, 그리고 1997년 아시아 외환위기, 2003년 엔론 회계부정 사건 등의 국지적 경제위기와는 차원이 달랐다. 2008년 금융위기로 인한 미국 금융기관의 부실 규모는 그해 말까지 3조 달러로 추산되었다. 이는 IMF 외환위기 때 한국이 국제통화기금 등으로부터 빌려 메운 부실(583억 달러)이나 롱텀캐피털 매니지먼트 파산 때의 부실규모(1,000억 달러) 등과는 비교할 수 없는 것이었다.

2008년 9월 15일 미국의 투자은행 리먼브라더스가 파산하고 메릴린치가 매각되자 사람들은 즉각적으로 1929년 '대공황Great Depression'을 떠올렸다. 진원지인 월가뿐 아니라 빠르게 전 세계를 휩쓴 금융위기를 보면서 사람들은 또 하나의 파국이 다가오고 있음을 본능적으로 깨달았다. 그것은 금융시스템의 완전한 붕괴였다. 이것이 대공황 때처럼 장기적인 불황으로 이어질

지 아닐지는 모르지만 그때까지 세계를 지탱해왔던 금융시스템이 철저히 무너져 내리고 있다는 데는 이견이 없었다.

대공황은 주지하다시피 1929년 10월 24일 목요일 뉴욕 월가의 '뉴욕주식거래소'에서 주가가 대폭락한 데서 발단되었다. 10년간 지속된 이 공황은 자본주의 역사상 최대, 최장의 경제공황으로 파급 범위와 지속 기간, 충격의 강도 면에서 그 이전의 어떤 공황보다도 두드러졌다는 의미에서 '대공황'이라는 이름이 붙여졌다. 그러나 좁은 의미로는 미국 경제가 마이너스 성장을 기록했던 1929년부터 1933년까지 43개월간의 불황기만을 지칭하기도 하는데, 이 기간 동안 미국의 산업 생산은 40% 감소했고 실업률은 25%까지 상승했다.

2008년 금융위기 당시에도 뉴욕 증권거래소의 투자자들은 대공황이 닥친 1929년의 '검은 목요일Black Thursday'을 떠올리며 악몽에 치를 떨었다. 뉴욕 증시가 폭락을 거듭하던 2008년 9월 18일 〈월스트리트저널〉은 "현재의 상황은 1930년대 미국의 대공황 이후 최악의 사태이며 아직 끝이 안 보인다"고 보도했다. 신문은 "미국의 주택시장 침체에 따른 모기지 부실에서 비롯된 금융위기가 더 심각한 새로운 국면으로 접어들고 있다. 모기지에 잘못 투자한 금융기관들에게만 타격이 제한될 수 있다는 어설픈 희망은 사라져 버렸다"고 지적했다.

〈뉴욕타임스〉도 10월 10일자에서 "70년이 흐른 지금 대공황의 유령이 다시 세계를 배회하고 있다. 지금의 금융위기는 자본주의 경제사에서 가장 참혹했던 1930년대의 대공황과 유사하다"고 진단했다.

미국 시사주간지 〈타임〉도 10월 13일자에서 "현재의 경제위기는 최악의 경우 21세기판 대공황을 가져올 수 있다"고 보도했다. 경제사학자인 니올 퍼거슨 하버드대학 교수가 쓴 '번영의 종언(The end of prosperity)'이란 커버스토리에서 "금융권의 신용경색과 더불어 소비자 판매와 산업 생산이 감소하고 실업률이 5년 만에 최고치를 기록하면서 미국이 불황으로 가는 것은 확실하다. … 문제는 세계 경제가 2001년처럼 단기간의 비교적 가벼운 경기후퇴로 끝날 것인지, 아니면 1930년대와 같은 대공황으로 가고 있는지

여부"라고 말했다.

금융위기가 한창 진행되고 있던 2008년 12월 21일 미구엘 앙헬 페르난데스 오르도네스 스페인 중앙은행 총재는 마침내 "국제 금융시장의 신뢰가 완전히 무너졌다. 대공황 이후 처음으로 금융시스템의 완전한 붕괴가 초래되었다"고 선언했다. 그는 스페인 일간신문 〈엘 페스〉와의 회견에서 "은행 간의 거래가 거의 마비됐고 기업은 고용을 꺼리며 투자나 소비도 전혀 이루어지지 않고 있다. … 지금의 상황이 1929년 대공황 이후 최악의 금융위기라는 데 의심의 여지가 없다"고 강조했다.

79년 만에 다시 찾아온 위기

그러면 어떤 점에서 2008년의 금융대공황이 1930년대 대공황과 유사한 특징들을 갖고 있는지 그렇지 않은 점은 또 무엇인지 간략히 살펴보기로 하자.

우선 비슷한 점은 두 위기 모두 주가 폭락에 앞서 신용위기가 먼저 촉발되었다는 점을 들 수 있다. 대공황 당시 주가 폭락 몇 달 전인 1929년 8월 미국 연방준비제도이사회는 재할인율 인상 등 통화긴축을 단행했고, 이에 따라 상업은행들은 총 8,000만 달러의 예금 지급을 중단했다. 뒤이어 주가가 하루에 2% 폭락한 1929년 10월 24일 '검은 목요일'이 닥쳤다. 뉴욕 증시의 다우존스지수는 단 하루만에 11.72% 대폭락을 맞았고, 이후 3년간 내리막길을 거듭해 1929년의 전고점에서 무려 89%가 폭락했다. 시가총액의 90%가 허공으로 날아가 버렸으며, 공황 전의 주가는 1954년이 돼서야 비로소 이전 수준을 회복했다.

2008년의 금융대공황도 신용위기가 먼저 선행되었다. 2007년 8월 서브프라임 위기가 처음 시작된 뒤 은행들은 3,340억 달러의 손실을 기록했고, 뒤이은 신용경색으로 월가의 내로라하는 은행들이 줄줄이 쓰러졌다. 대공황 때처럼 현재도 실물부문에서 세계적인 경기침체가 동반되면서 각국이 마이너스 성장을 거듭하고 있다.

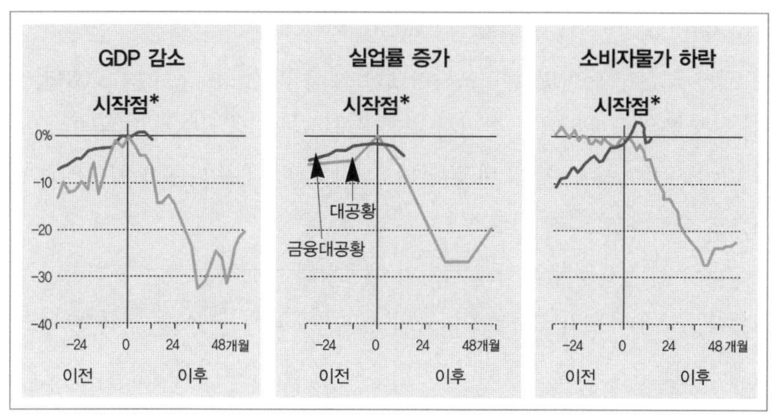

자료: WSJ(2009년 3월 31일 현재)
＊시작점(금융대공황=2007년 10월, 대공황=1929년 8월)

두 위기에 앞서 장기 호황의 여파로 인한 버블의 붕괴가 있었다는 점도 공통점이다. 1929년 대공황 직전 세계 경제는 저금리 기조 속에 '새로운 시대'라 불릴 정도로 경제 번영을 구가하고 있었다. 미국은 전후 부흥수요로 인해 전과 비교할 수 없는 풍요를 누렸고, 일반 서민도 자동차를 소유할 수 있을 정도로 부가 대중화되었다. 세계 투자자금도 미국으로 집중됐고, 주식시장에는 엄청난 투기 열풍이 나타났다. 이번 금융위기 역시 미국의 저금리 기조 하에 주택시장이 5년여의 호황을 누린 뒤 서브프라임 등급의 주택대출 지급 불능이 발생되며 시작됐음은 앞에서 살펴본 바와 같다.

위기 대처법에서도 두 위기 모두 각국 정부가 자기치유 능력을 잃은 시장을 구제하기 위해 공격적인 정책 개입을 실행하고 있다는 점도 흡사하다. 2008년 금융대공황 직후 미국 재무부가 대규모 공적자금을 투입해 은행들을 국유화하고 연방준비제도이사회가 기업들로부터 기업어음을 직접 매입하는 것 등의 조치는 이미 1930년대 초에 대공황을 겪던 미국 정부가 재건금융공사RFC를 설립하여 역사상 처음 사용했던 방식들이다. 또 정부가 보호대상이 아닌 고객 예금까지 모두 보증하겠다고 나선 것 등도 비록

사회주의적인 조치이긴 하지만 대공황 때 이미 선보였던 방식이다.

하지만 2008년의 금융위기는 1930년대와는 다르다는 주장도 만만치 않게 제기되었다. 어바인 캘리포니아대학 게리 리차드슨 교수는 2008년 말 "지금 상황은 금융위기일 뿐이지 경제위기는 아니다"라면서 "미국인 수백만 명이 하루아침에 '절대 빈곤' 상태로 돌변했던 대공황 때와 지금은 본질적으로 다르다"고 주장했다.

그는 우선 실물경제의 악화 정도가 대공황과 비교하는 것은 무리라고 주장했다. 그에 따르면, 1932년 미국의 경제성장률은 −13%를 기록했고, 이듬해 실업률은 25%를 기록했다. 반면 2008년 말 미국 경제성장률은 −0.2%를 기록했고, 2009년에도 마이너스 성장이 예상되지만, 아직 공황으로 치닫는 수준은 아니라는 것이다. 실업률도 2009년 상반기 9.5%로 높아졌지만, 대공황 때에 비할 건 아니다. 당시와는 달리 우려할 만큼 심각한 수준의 물가 하락, 즉 디플레이션 양상도 나타나지 않고 있다. 부동산 모기지 부실도 1930년대에는 도시 가구 절반 이상이 대출금을 갚지 못하는 상황이었고 20가구 중 1가구가 주택 담보물 유실 상태에 빠졌던 반면 지금은 서브프라임 모기지(비우량 주택담보대출) 위기가 닥쳤지만 이는 전체 가구의 14% 정도에 해당하는 것이고 전체 가구 3분의 1 이상은 주택 관련 대출이 전혀 없다.

아울러 대공황 당시 전 세계를 옥죄었던 극단적인 보호주의도 아직까지는 나타나지 않고 있다. 대공황 당시 각국은 공조체제를 구축하기보다는 자국 경제를 먼저 살리기 위해 보호무역주의를 확대해 실물경기침체를 가속화시켰다. 특히 미국이 1930년 '홀리−스무트 관세법'을 도입하여 수입품에 관세율을 인상하자 보호무역주의는 전 세계적으로 확산되며 국제 무역이 급감했다.

전 세계적인 부의 편중현상도 지금은 많이 완화되어 있다. 대공황 당시 전 세계의 국민총생산의 절반가량이 미국에 집중돼 있어서 미국이 흔들리자 별다른 해법을 내놓기 힘들었다. 그러나 이번 위기에서는 새로운 대체 세력이 부상하며 침체 효과를 감쇠시키는 역할을 감당하고 있다. 그 주역인 중국은 유럽연합을 제치고 급부상하며 미국과 세계를 양분할 'G2'라는 별칭을 얻으며 해결사 역할을 톡톡히 하고 있다. 중국 경제는 침체의 늪에 빠진 선진국들과는 달리 플러스 성장세를 유지하고 있으며, '세계의 공장'으로서 벌어들인 막대한 달러를 미국 국채 등에 재투자하면서 미국 경제를 지탱해주는 역할을 하고 있다.

세계 중앙은행으로서의 미국 연방준비제도이사회

무엇보다 대공황 당시와 지금의 금융위기가 다른 점은 시장에 대한 정부의 위상과 역할이라 할 수 있다. 대공황 당시 미국은 시장방임주의Laissez-faire 사상이 깊어서 정부의 시장 개입은 극히 제한돼 있었고 부정적인 인식이 강했다. 하지만 지금은 그렇게 하지 않으면 오히려 이상하게 여길 정도로 정부 개입의 폭과 깊이가 엄청나게 확대되어 있다.

대공황 초기 미국 정부는 제대로 대처하지 못했지만 2008년 위기에는 정부와 연방준비제도이사회가 긴밀한 협조체제를 구축하면서 즉각 부실 금융기관 구제에 착수했다. 또 대공황기에는 예금보험제도의 부재 등으로 은행에 대한 불신이 확산되면서 수차례의 뱅크런Bank-run이 나타났지만 현재는 연방예금보험공사 등 예금보험제도가 존재하면서 대규모 뱅크런은 발생하지 않고 있다. 은행이 망해도 시민들은 예금을 1인당 25만 달러까지 보장받고 있지만 대공황 때는 시민들이 한 푼도 건지지 못해 거리로 나앉았다.

또 당시에는 실업수당이나 사회안전망이 미비하여 사회불안이 가중됐으나 지금은 체제 내에서 통제가능한 수준이다. 당시 실업은 시민들에게 '절대 빈곤' 상황을 가져왔지만 지금은 직장을 잃는다 해도 실업연금으로 버틸 수 있고 '맞벌이' 비중이 크게 높아져 부부 중 한 명이 실업상태가 된다 해도 시민들이 느끼는 경제적 고통은 반감된다.

특히 미국의 중앙은행인 연방준비제도이사회의 위상과 역할에는 상상도 못할 정도의 커다란 차이가 생겼다. 1913년 설립된 연방준비제도이사회는 1929년 대공황 당시엔 여러 금융기관의 견제와 제약으로 시장에 개입할 충분한 권한과 능력을 갖추지 못한 상태였지만 지금은 시장에 유동성의 홍수를 일으킬 정도의 막중한 권한과 능력을 갖추고 있다. 이는 물론 제2차 세계대전 이후 케인즈안Keynesian적인 정책 개입이 정당화되면서 통화정책과 재정정책 양면에서 다양한 시장 개입 수단이 개발되었을 뿐더러 필요하면 언제든 은행과 비은행 금융기관 등 시스템 내 모든 신용기구에 대한 통제와 감시를 강화할 수 있다는 데서 비롯된다.

대공황 당시에는 달러와 금의 교환비율이 일정하게 유지되는 금본위제를 채택하고 있어서 중앙은행이 보유하고 있는 금보다 많은 화폐를 찍어낼 수 없었다. 따라서 아무리 심각한 신용경색이 발생해도 신규로 유동성을 공급할 만한 장치가 충분히 마련돼 있지 않았고, 단지 중앙은행이 채권을 발행해 시중의 유동성을 흡수한 뒤 금융기관에 재공급하는 방식 정도가 전부였다. 그러나 이 방식은 시장의 유동성을 도리어 감소시키는 효과를 낸다고 하여 오히려 시중 유동성 고갈의 주범으로 비난받았다.

2008년 금융위기 국면에서 또 다른 미국 연방준비제도이사회의 중요한 위상 변화는 한 국가의 영역을 뛰어 넘어 세계 중앙은행으로서의 모습을 처음 선보였다는 점이다. 연방준비제도이사회가 기준금리를 인하하거나 유동성을 공급할 때면 다른 나라의 중앙은행들도 일제히 뒤따라 비슷한 조치를 취했다. 이는 세계의 중앙은행으로서 미국 연방준비제도이사회가 '시장 선도자Market-leader' 역할을 했다면 나머지 중앙은행들은 '시장 추종자 Market-follower'로서의 역할을 떠맡아 일사불란한 공조체제를 수행한 것으로 평가할 수 있다. 이 역시 대공황 당시에는 찾아보기 어려웠던 점이다.

여기에다 미국 연방준비제도이사회는 기존의 몇몇 선진국 중앙은행들과 체결하고 있던 통화스와프Currency Swap 협정을 확대하여 달러를 필요로 하는 세계 모든 나라의 중앙은행들에게 원 없이 공급해주었다.[*] 또 유럽중앙은행과 함께 영국·스위스·일본 등 주요 선진국 중앙은행들과는 통화스와프 상한을 일시적으로 없애서 무제한으로 확대하고, 뉴질랜드·한국·브라질·멕시코·싱가포르 등 신흥국들과는 새롭게 통화스와프 협정을 맺으면서 세계 시장의 달러량 공급을 조절했다.

미국 연방준비제도이사회가 통화스와프 협정 대상을 기존 선진국에서 신

흥국으로까지 확대한 것은 당연히 달러에 대한 초과수요를 충족시켜 국제
금융시장을 안정시키기 위한 것이었다. 국제통화기금이 외환위기를 겪는
신흥국들에게 재정적자 축소, 기업 구조조정 등 여러 조건을 붙여 직접 필
요한 자금을 구제금융 형식으로 투입했다면, 연방준비제도이사회는 등가
거래 원칙에 기초한 통화스와프 협정으로 경제 펀드멘탈이나 재정 여건이
양호한 각국 중앙은행들의 달러 유동성 제약을 완화해주는 역할을 수행한
것이다. 결국 2008년 미국과 각국 간의 통화스와프 체결은 달러가 사실상
'세계 통화World currency'이고 연방준비제도이사회가 이의 유통과 공급량을
조절하는 세계의 중앙은행임을 다시 한 번 입증한 셈이다.

1930년대 세계 대공황의 원인

벤 버냉키 연방준비제도이사회 의장은 1930년대 대공황의 원인에 대한
완전한 이해를 '경제학의 성배Holy Grail'를 찾는 일에 비유했다. 그는 "은행
의 대량파산에 따른 신용채널 붕괴가 대공황의 진정한 원인"이었다면서
"시장에서 투자자들이 자리를 뜨면 정부가 나서서 은행 예금 지급을 보증
하고 자본금을 확충해줘야 한다는 교훈을 얻게 된다"고 강조했다.
버냉키의 주장대로 대공황의 직접적 원인은 제1차 세계대전 이후 경제
의 불안정성이 크게 증가한 상황에서 갑작스럽게 단행된 미국의 통화긴축

＊ 위기 전까지 미국 연방준비제도이사회는 유럽중앙은행, 스위스 중앙은행과만 통화스와프를 실시하고
있었지만 리먼 사태가 발생하자 이를 대폭 확대했다. 9월 18일에 대상 국가를 영국 · 일본 · 캐나다로 확
대했고, 24일에는 스웨덴 · 노르웨이 · 덴마크 등 북유럽과 호주 중앙은행과도 통화스와프를 체결한다.
이어 10월 13일에는 유럽중앙은행, 영란은행, 스위스 중앙은행과 통화스와프 규모를 무제한으로 확대
했고 이튿날인 14일에는 일본과도 똑같은 조치를 취했다. 나아가 10월 28~29일 이 같은 통화스와프를
선진국 뿐 아니라 아시아와 남미의 신흥국인 뉴질랜드 · 한국 · 싱가포르 · 브라질 · 멕시코 등 5개국과
도 체결하기에 이른다. 통화 교환 한도는 뉴질랜드 150억 달러, 한국 등 4개국은 각각 300억 달러였다.
이들 국가들은 달러 유동성이 부족할 경우 정해진 한도까지 달러를 즉각 빌려올 수 있게 되므로 위기 발
발 가능성이나 시장 불안요인이 그만큼 감소하게 되었다. 2009년 6월 현재 미국 연방준비제도이사회의
통화스와프 협정 체결 대상 국가는 선진국 9개국을 포함해 모두 14개국이다.

때문으로 알려져 있다. 제1차 세계대전이 끝나자 미국 경제는 전쟁으로 억압됐던 주택 및 건설 경기 호황이 지속되는 가운데 자동차 등 내구재 소비가 크게 증가했고, 부동산과 주식 등에 대한 투자도 활성화되었다. 이런 상황에서 1929년 8월 연방준비제도이사회는 은행들이 주식투기자금을 과잉 대출해 주가 거품이 커지고 있다고 판단하고 재할인율 인상 등의 통화긴축을 단행했다. 이 충격으로 주식시장이 붕괴되면서 금융시스템이 마비되고 1932년 1월까지 미국 내의 은행 1,860개가 파산했다. 이는 즉각 실물 부문에도 영향을 미쳐 공장이 문을 닫고 실업자가 넘치면서 자본주의 역사상 가장 길고 고통스런 불황이 이어졌다.

이와는 다른 각도에서 실물경제 부문의 비중을 높게 보는 사람들은 과잉생산이 대공황의 근본 원인이라고 주장한다. 찰스 킨들버거Charles P. Kindleberger에 따르면, 제1차 세계대전 후의 미국은 겉으로는 경제적 번영을 누리고 있는 것처럼 보였지만 그 배후에는 만성적 과잉생산이 있었다. 특히 미국의 산업 생산은 증권파동 이전부터 상당한 곤란을 겪고 있었다. 자동차 생산은 1929년 3월 62만 2,000대에서 9월에 41만 6,000대로 하락했고, 기계류 생산량도 6월 이후부터 하락하기 시작해 연말에는 신규 주문이 50%나 떨어졌다. 8월부터는 철과 강철의 생산량도 하락하여 4개월 만에 총 42%가 축소됐으며, 건설도 역시 연말까지 52%나 하락했다. 당시 국제연맹LN에서 출판한 24개국의 산업 생산 자료에 의하면 대부분의 국가에서 1929년에 그 지수가 정점에 올랐다가 1932년에 최저점에 이른다.

1928년 불경기가 처음 시작되었을 때만 해도 대다수의 미국인들은 이를 단기적 현상이라고 여겼다. 그러나 10월에 주가 대폭락이 일어나자 경제적 연쇄를 통하여 각 부문에 급속도로 파급되어 물가하락→생산의 축소→실업률 증가 등으로 이어졌다. 1932년 미국의 공업생산고는 1929년 공황발생 이전과 비교하여 44% 저락하여 대략 1908~1909년 수준으로 후퇴하였다. 이에 따라 기업 도산이 속출하면서 실업자가 급증하여, 1933년에는 그 수가 미국 내 전 근로자의 약 30%에 해당하는 1,500만 명 이상에 달하였다. 이 공황은 독일, 영국, 프랑스 등 전 유럽으로 파급되어 자본주의 각국의 공업생산고를 대폭 수축시켰으며, 그 여파는 1939년까지 계속되었다.

또한 대공황은 농업부문에도 영향을 미쳐서 미국을 비롯한 유럽, 남아메리카에서 농산물 가격의 폭락, 과잉생산물의 격증을 초래하여 각 지방에서 이를 참지 못한 농민들이 소맥, 커피, 가축 등을 대량으로 파기하는 사태까지 벌어졌다. 이러한 사태는 경제사상 유래가 없었던 현상으로 1870년대 및 1880년대의 대불황과도 비교할 수 없는 경제적 위기로 간주되었다.

대공황 기간 중에 각국은 금본위제를 폐기했는데 이 또한 경제의 '자동복원력Built-in Stabilizer'을 훼손시켜 불황의 만성화를 초래한 요인으로 지적된다. 금본위제 하에서는 불황이 발생하더라도 금융과 실물경제의 수축에 따라 일정 기간이 지나면 경제는 새로운 균형점을 찾게 된다. 그러나 금본위제를 폐기하면서 통화증발이 야기되어 화폐가치 하락과 이에 따른 경제신인도 저하로 실물경제 위축이 더욱 심화되었다. 1931년 오스트리아의 은행 도산을 계기로 유럽에 금융공황이 발생하자 영국은 그해 9월 금본위제를 정지시켰다. 이는 각국의 금본위제로부터의 잇따른 이탈을 야기했으며, 미국도 1933년 금본위제를 정지하였다. 이런 가운데 각국이 자국 산업 보호를 위해 통화증발과 보호주의를 강화하자 해외 교역이 급격히 위축돼 세계시장 수요는 연쇄적으로 감소하고 산업 생산은 더욱 수축되었다.

미국은 결국 루스벨트Franklin D. Roosevelt 대통령의 뉴딜정책 등 케인지안적인 유효수요 창출정책으로 대공황을 빠져 나오게 된다. 이는 자본주의의 정책기조를 그간의 자유방임에서 적극적인 시장 개입으로 완전히 전환시킨 것으로, 이를 계기로 세계 자본주의 체제는 국가의 시장 개입이 정당화되는 현대 자본주의 체제로 탈바꿈하게 되었다. 특히 대공황을 끝내게 된 데에는 유럽과 일본에서 파시즘과 군국주의가 등장하면서 제2차 세계대전이 발발한 것이 큰 기여를 한 것으로 평가된다. 10여 년 동안의 대불황에 허덕였던 미국은 제2차 세계대전으로 군수품 생산이 급증하면서 대공황 이전의 산업 생산 수준을 거의 회복하게 되었다. 전쟁 기간 중 실질소득이 거의 2배로 증가한 미국은 종전 직후에는 세계 전체 GDP의 거의 절반 정도를 차지하면서 영국을 대체하는 새로운 초강대국으로 자리매김하게 되었다.

8장

꺼지지 않은 여진

거위의 배를 가르다

수요층의 파괴, 국제 유가 하락

금세기 최악의 금융위기는 국제 원자재시장도 뒤흔들었다. 2008년 상반기 천정부지로 치솟던 국제 유가는 7월 중순 이후 급속히 하락세로 접어들었다. 금융위기가 심화되면서 원유 수요를 떠받쳤던 각국의 경제성장에 급제동이 걸렸기 때문이다. 그러나 무엇보다 원자재시장으로 뛰어들었던 국제 투기자금이 금융 부실에 따른 방어자금을 조달하기 위해 급작스럽게 원유 등 상품시장을 이탈한 탓이 컸다. 여기에는 미국 등 선진국들의 상품시장 내 투기세력에 대한 제재 방안 도입 등이 영향을 미쳤다.

2008년 7월 초 한때 배럴당 140달러 선을 웃돌던 서부텍사스산 중질유 WTI 8월 선물 가격은 17일에 전일보다 3.9% 급락한 129.29달러로 떨어졌다. 직전 사흘 동안 하락폭은 무려 15.89달러(11%)에 달했다. 국제 유가는 7월 22일 장중에는 배럴당 125달러까지 곤두박질쳤다.

8월 5일 서부텍사스산 중질유는 배럴당 119.17달러를 기록하며, 120달러 선마저 무너졌다. 트레이더들은 가격 하락에 베팅하기 시작했다. 원유 가격 하락에 대비해 풋옵션(계약만료일 이전에 매도할 수 있는 권리)을 대거 사들이기 시작한 것이다. 이날 뉴욕상품거래소NYMEX에서 배럴당 100달러인 12월 선물 풋옵션 거래는 4만 6,000계약으로 6월보다 135%나 급증했다.

미국에 이어 유럽·일본 등 세계 3대 경제 축이 모두 지난 2분기에 경기침체 국면에 진입한 것으로 확인되자 글로벌 자금시장에 대역류 현상이 발생하면서 유가 하락이 더욱 가속화되었다. 그루지야 전쟁에도 불구하고 국제 유가가 하락하고 달러화가 강세를 보이자 상품시장의 대세하락을 점치는 목소리가 높아졌다. 마르코 애넌지아타 유니크레디트 수석 이코노미스트는 "상품 가격 랠리가 줄을 잇던 황금기는 이제 끝났다"고 진단했다.

8월 중순이 되자 서부텍사스산 중질유는 6주 만에 22%가 하락하며 110달러 선까지 붕괴되었다. 9월 들어 국제 유가 폭락세는 더욱 빨라졌다. 세계 경제성장 침체가 장기화하면서 수요가 감소할 것으로 전망됨에 따라 서부텍사스산 중질유는 9월 12일 장중 배럴당 100달러 아래로 떨어졌다. 두바이유, 브렌트유 등 3대 원유가 모두 100달러 아래로 추락한 것은 지난 4월 2일 이후 5개월여 만에 처음이었다.

9월 16일 리먼브라더스의 파산보호 신청에 따른 충격으로 잠시 120달러 선으로 반등했던 국제 유가는 이후 본격적인 폭락세로 접어들었다. 10월 10일에는 80달러, 11월 7일에는 60달러가 붕괴되더니, 11월 20일에는 마침내 50달러 선마저 무너졌다. 11월 20일 거래된 12월 인도분 서부텍사스산 중질유는 배럴당 49.62달러에 장을 마감했다. 계속해서 12월 5일에는 40.81달러까지 하락했다. 12월 11일 국제 유가는 석유수출국기구OPEC의 감산 결정 전망에 10.2%가 올라 47.98달러를 기록했지만 불과 8일 만에 29.4%가 내려 배럴당 33.87달러까지 추락했다. 이는 금융위기가 시작된 이후 최저치로 기록되었다. 불과 5개월여 만에 140달러 이상에서 거래되던 국제 유가가 무려 3분의 1 수준인 40달러 이하로 쪼그라들었다. 가히 세계 원유시장이 초토화된 형국이었다.

2008년 연말 이후 이듬해 3월까지 국제 유가는 하루 10%를 넘는 불안한 급등락 속에서 배럴당 40달러 선을 맴돌았다. 2008년 마지막 날 러시아가 우크라이나에 가스 공급을 중단하면서 14.3%나 반등했던 국제 유가는 2009년 1월 6일까지 일시적인 상승세를 보였지만 각국의 경기침체가 지속되고 국제 투기자금이 썰물처럼 빠져나간 상황에서 수개월 전의 영광(?)을 되찾을 수는 없었다. 한 달여간 약세를 지속하던 국제 유가는 2월 12일 서부텍사스산 중질유가 배럴당 33.98달러를 기록하면서 다시 한 번 40달러 선 이하로 주저앉았다.

속속 드러나는 투기세력

국제 투기자금이 원유시장 상승세를 부추긴 주요 요인이었음은 2008년 6월 이후 미국 정부의 원유 투기세력에 대한 조사에서 속속 드러나기 시작했다.

2008년 5월 31일, 미국 상품선물거래위원회CFTC는 석유 트레이더들이 시장을 조종하고 있다는 증거 확보에 주력하고 있다고 발표했고, 6월 23일 에는 하원 에너지통상위원회에서 원유 선물시장의 투기세력에 관한 조사 를 위해 청문회를 개최했다.

2008년 7월 유가 급등에 투기세력이 개입했다는 정황이 확인된 가운데 원유시장에서 유가를 조작한 금융기관과 관련자들이 처음으로 적발되었 다. 이들은 빙산의 일각에 불과했지만 투기꾼들의 위법성이 확인되었다는 점에서 충격을 주었다.

7월 24일 미국 상품선물거래위원회는 뉴욕 상업거래소에서 원유거래 사 업을 하는 네덜란드계 옵티버 홀딩사와 두 개의 자회사, 그리고 관련자 3 명을 유가조작 등의 혐의로 고소했다. 옵티버사와 함께 기소된 관련자들은 바스티안 반 켐펜 옵티버사 회장을 비롯하여, 크리스토퍼 도슨 수석 트레 이더, 그리고 랜들 메이저 자회사 사장 등 3명이었다. 이들은 폐장 무렵에 트레이더들을 동원해 단시간 내에 가격을 치솟게 하거나 값을 떨어뜨려 차 익을 남기는 수법을 사용해온 것으로 드러났다. 이들은 2007년 3월 중에 총 11일에 걸쳐 19차례나 가격 조작을 시도하여 100만 달러 이상의 수익을 챙겼다. 또한 이들은 런던석유시장ICE에서도 비슷한 가격 조작을 시도한 것으로 밝혀졌다.

미국 상품선물거래위원회는 이들의 이메일과 전화 통화 내역을 공개했 다. 한 이메일에는 "비정상적인 고유가 상황이 언제까지 지속될지 알 수 없기 때문에 가격 조작을 통해서라도 지금 최대한 짜내야 한다"는 내용이 들어 있었다. 또 이들 사이에 "가격 조작이 가능하도록 충분한 양을 거래하되 너무 티를 내서는 안 된다"는 말도 오갔다.

월트 루켄 상품선물거래위원회 위원장 권한대행은 기자회견을 열어 "이번 건 외에도 전국에 걸쳐 수십 건의 조사가 이루어지고 있다"고 밝혀 가격 조작 의심사례가 적지 않음을 시사했다. 상품선물거래위원회의 조사결과 골드만삭스와 같은 대형 투자은행들, 엑슨모빌과 같은 거대 에너지 기업들도 부도덕한 거래 행위를 주도했음을 보여주는 정황들이 속속 드러났다. 이들은 주로 런던석유시장을 이용한 것으로 밝혀졌다.

정치권에서도 투기세력을 규제해야 한다는 목소리가 높아졌다. 존 딘젤 하원 에너지상업위원회 위원장은 2008년 6월 청문회에서 "에너지 거래에 대한 투기가 주요 성장산업이 될 정도로 극성이다. 이제 정부 차원의 대책을 마련할 때가 되었다"고 강조했다. 마스터스캐피털 매니지먼트 마이클 마스터스 대표도 "정부가 제도적으로 투기세력을 막는다면 원유 선물가격은 현재 135달러의 절반 수준인 배럴당 65~75달러, 즉 한계생산원가 수준으로 급락할 수 있다"고 주장했다. 투기세력을 근절하기 위한 제도적 장치 마련도 가속도가 붙었다. 6월 26일 미국 하원은 원유 투기세력을 견제하기 위해 비상사태에 준하는 막강한 권한을 상품선물거래위원회에 부여하는 법안을 찬성 402표, 반대 19표로 통과시켰다. 상품선물거래위원회에 부여될 권한에는 선물 거래에 필요한 증거금을 늘리는 것부터 원유 선물시장을 일시적으로 폐쇄하도록 하는 고강도 처방까지 포함되었다. 민주당의 크리스 밴 홀렌 하원의원은 "법안이 정식으로 발효되면 상품선물거래위원회는 전에는 사용하지 못했던 여러 수단을 강구하게 될 것"이라고 말했다.

하지만 오일카르텔과 투기세력들의 저항도 만만치 않았다. 이들은 투기가 유가에 미치는 영향이 크지 않다면서 투기 규제는 오히려 시장의 자율성을 해친다고 반발했다. 라이언오일 앤드 가스파트너스의 닐 라이언 매니저는 "의회가 투기 거래를 규제한다면 투기꾼은 전자거래나 장외시장 같은 곳에서 새 둥지를 틀 것"이라면서 심지어 "자본주의의 뿌리는 투기"라며 오히려 자신들의 행위를 정당화했다.

상원에서 공화당의 반대도 거셌다. 당시 민주당은 유리한 여론을 업고 15개에 이르는 법안을 상원에 제출하며 투기세력에 재갈을 물리려고 시도했다. 하지만 석유 메이저에 우호적인 조지 W. 부시 행정부의 정서와 상품선물거래위원회의 비협조, 유가 급락 등이 겹치면서 완전한 투기 규제 조치에는 실패했다. 월가의 대형 금융기관들이 관여하고 있는 국제 원자재시장의 투기 거래를 규제하기 위해서는 좀더 체계적이고 조직적인 접근이 필요했다. 그것은 2008년 말 이후 세 차례에 걸쳐 열린 G20 정상회담에서 각국이 금융시장 감독 강화와 함께 투기 거래에 대한 국가 간의 규제를 합의함으로써 비로소 윤곽을 드러냈다.

투기자본의 굴욕

금융위기가 본격화되면서 상품 가격의 하락세는 원유뿐 아니라 다른 원자재시장으로도 옮겨 붙었다. 이는 금융 불안을 틈타 초과이윤을 노리고 이 시장에 몰려왔던 투기세력들이 본격적인 규제 움직임과 경기 부진에 따른 수요 감소에 따라 급격히 위축되고 있음을 의미했다. 이런 경향은 2008년 하반기 이후 더욱 심화되었다.

2008년 9월 셋째 주 뉴욕상업거래소의 서부텍사스산 중질유 선물 순매수 포지션 규모는 7월 첫째 주 대비 23%나 감소했다. 귀금속과 곡물 등 기타 원자재도 투기수요가 급감하기는 마찬가지였다. 7월 첫째 주 대비 9월 셋째 주 선물 순매수 포지션은 옥수수가 57.3% 감소했고 금이 63.3%나 줄었다. 전기동은 순매도로 전환되었다. 19개 원자재 가격을 토대로 산출하는 다우존스―AIG 상품지수를 봐도 2008년 3분기에 28% 급락했고, 이 지수와 연동되는 펀드도 같은 기간 200억 달러가 빠져나가면서 36% 감소했다.

금융위기가 심화함에 따라 신용경색에 몰린 헤지펀드 매니저들과 기타 대형 투자가들도 상품 매수 포지션을 급속히 줄였다. 19개 상품에 대한 투기적 순매수 포지션은 10월 셋째 주에만 15만 5,947건으로, 지난 2월 말 133만 건에 비해 무려 88%가 감소했다. 이 같은 움직임은 투자자들이 상품시장에서 대거 철수하고 있다는 신호였다. 윌리엄 오닐 로직 어드바이저스 관계자는 "상품시장의 대폭락은 아마도 상당기간 계속될 것"이라고 말했다. 조디스 게인스체이스 상품 애널리스트도 "모든 시장에서 다량의 청산이 일어나고 있다. 투기물량이 한쪽으로 쏠린다 해도 놀라지 않을 것"이라고 말했다.

투기세력이 대거 빠져나가면서 7월 이후 하락세로 접어들었던 곡물과 원자재시장은 9월 이후로 더욱 폭락세를 보였다. 글로벌 금융위기의 실체가 드러나면서 수요가 급속히 감소한 것이다. 2008년 10월 로이터−제프리 CRB지수는 사상 최대 월간 하락폭(−22%)을 기록한 데 이어, 12월 9일 215.65로 6년 전 수준으로 되돌아갔다. 알루미늄은 고점 대비 54% 하락했고, 구리(−62%) 등 비철금속과 옥수수(−58%), 밀(−63%) 등 대부분이 반 토막 이하로 추락했다.

2009년 들어서도 구리 등 주요 원자재 가격의 폭락세는 지속되었다. 2009년 1월 11일 런던금속거래소LME에서 거래된 구리 3개월물은 톤당 150달러 내린 3,250달러로 직전 최고가 대비 68% 하락했다. 알루미늄도 톤당 54달러 하락해 1,516달러, 납은 톤당 35달러 떨어지며 1,170달러에 각각 거래되었다. 이런 추세는 밀 · 콩 · 옥수수 등 곡물시장도 마찬가지였다.

이런 가운데 국제 상품시장에 들어왔던 일부 투기자본이 막차를 탄 채 미처 빠져나가지 못하고 거액을 날리는 사건이 일어났다. 그 대표적인 인물이 억만장자 투자가 분 피켄스다. 그는 국제 유가가 사상 최고치를 기록하던 7월 조만간 "국제 유가가 200달러를 돌파할 것"이라고 주장하면서 이후에도 유가 급등에 대한 미련을 버리지 못하다가 결국 자산이 8분의 1로 줄어드는 수모를 당했다. 피켄스가 소유한 BP캐피털의 '에너지펀드'는 9월 이후 국제 유가의 폭락세 속에서 무려 98% 손실을 기록했고, '에너지에쿼티펀드'도 64%의 손실을 나타냈다. 이로 인해 40억 달러에 이르던 그의 자산규모는 5억 달러로 쪼그라들었다.

　원자재 투자 손실로 청산하는 펀드 수도 늘어났다. 원자재 투자에 나섰다가 큰 손실을 입고 뒤늦게 청산을 결정한 경우는 대표적으로 블랙록이 꼽힌다. 블랙록은 10월 들어 3,200만 달러 규모의 상품전략펀드를 그달 말까지 청산할 것이라고 밝혔다. 블랙록은 4년간 짭짤한 수익을 올리며 운용해온 펀드를 폐쇄한 이유에 대해 '현재 시장 상황 때문'이라고 밝혔다. 또 다른 원자재펀드인 오스프레이도 이즈음 원유와 광물, 천연자원 주식이 27% 하락하자 28억 달러 규모의 상품펀드를 갑자기 폐쇄했다. 헤지펀드 투자자인 찰스 그라단테는 "현재 시장은 투자하기에는 너무 위험하다. 투자자들의 시장이 아니라 트레이더들의 시장이다. 투자자들은 손절매를 해야만 할 것"이라고 지적했다.

카지노 자본주의의 운명

강도 자본주의의 유혹

"투기자본은 국경을 가리지 않는다. 돈이 되는 것이면 어디든 가고 무엇이든 한다. 수단과 방법을 가리지 않는다. 윤리란 기대할 것이 못 된다. 수십, 수백 명의 목숨을 빼앗는 테러사건도 투기자본에겐 단지 돈벌이 수단일 뿐이다."

수잔 스트레인지(Susan Strange, 1923~1998)는 1997년 내놓은 저서 『카지노 자본주의Casino Capitalism』에서 투기자본의 속성을 이렇게 파헤쳤다. 영국 언론인 출신으로 저명한 국제 경제학자였던 그는 아시아의 금융위기를 분석하고 국제 금융시장이 도박장이나 마찬가지라고 진단했다.

1981년 출범한 레이건 정부에서 '작은 정부, 시장 자율'로 대표되는 신자유주의가 완성되면서 자본에 대한 규제가 대폭 완화되자 투기자본은 아무런 방해도 받지 않고 활개를 쳤다. 투기자본이 활동 영역을 넓힐수록 세계 경제는 더 큰 혼란에 빠져들었다. 1992년 유럽의 통화위기, 1995년 멕시코의 금융위기, 1997년 아시아의 금융위기는 그 서막에 불과했다. 세계 경제를 뒤흔든 인류 최초의 금융위기인 2008년 금융대공황과 그 단초를 제공한 서브프라임 사태는 어쩌면 카지노 자본주의의 당연한 귀결일지도 모른다.

잊을 만하면 터지는 대형 금융사기는 카지노 자본주의 대표적인 폐해이다. 2008년 심각한 금융위기로 이미 혼란에 빠진 월가는 잇달아 터진 대형 금융사기 사건으로 쑥대밭이 되었다. 카지노 자본주의의 최후 종착역은 2008년 금융위기와 그 와중에서 생긴 사기 사건이 웅변으로 증언하고 있다고 해도 과언이 아니었다. 수잔 스트레인지가 이때까지 살아 있었다면 참극으로 만신창이가 된 국제 금융시장을 보고 어떤 평가를 내렸을까? 아마 그의 입을 빌릴 필요도 없이 그가 하려는 말이 무엇인지 알게 해주는 사례는 얼마든지 많다.

2008년 1월 회사 몰래 선물투자를 하여 프랑스 2위 은행인 소시에테 제네랄SG에 49억 유로의 막대한 손실을 입한 제롬 케르비엘은 카지노 자본주의의 단면을 잘 보여준다. 56명의 목숨을 앗아간 2005년 7·7 런던 지하철 테러마저 그에겐 돈벌이 수단일 뿐이었다. 그는 테러 며칠 전 독일 보험사 알리안츠의 주가 하락에 배팅했다가 테러로 주가가 폭락해 잭팟을 터뜨리자 "나는 너무 기뻤다"고 회고했다. 다만 "수많은 사람들이 목숨을 잃었는데 나 혼자 즐거워하는 것 같아 메스꺼움에 화장실로 달려갔지만 이내 돌아와 거래를 재개했다"며 일말의 양심이 남아 있음을 보였을 뿐이다.

카지노 자본주의는 시간이 흐르면서 '강도 자본주의Bandit Capitalism'로 탈바꿈했다. 200년대 들어 터진 엔론의 파산 사태, 월드콤, 타이콤 등의 기상천외한 경영 비리는 자본주의가 점차 무법천지로 변해가는 또 다른 증거였다.

월가는 명실 공히 카지노 자본주의의 심장이라 할 수 있다. 다만 몇 가지 규칙으로 그럴싸한 포장을 하고 있을 뿐이다. 합법의 테두리에서 이들은 투기를 일삼았고, 이렇게 얻은 수익은 철저히 그들이 나눠가졌다. 금융위기 와중에서 터진 버나드 메이도프의 다단계 금융사기로 월가는 다시 한번 '사기꾼의 천국'임이 확인되었다. 그 이후에도 FBI의 수사망에 다수의 사기 사건이 걸려들었다.

그러나 금융위기를 몰고 온 주범으로 지탄받는 월가는 반성을 몰랐다. 수천억 달러의 공적자금을 받아 파산을 모면한 AIG, 시티 등 금융사들이 200억 달러에 달하는 보너스 잔치를 벌인 데서 월가는 본색을 유감없이 드러냈다. 세금을 투입한 미국인들은 분노했지만 월가는 '관행'이라며 대수롭지 않게 대응했다. 비난이 집중된 몇몇 고위 임직원들만이 불과 수천만 달러를 토해냈을 뿐이다.

금융위기가 진정되는 기미를 보이자 월가는 곧바로 기억상실증에 걸렸
다. 고액연봉의 망령이 되살아난 것이다. 골드만삭스, 모건스탠리 등 선두
은행들은 2009년 들어 황금기인 2007년을 능가하는 사상 최대의 보너스 잔
치를 벌일 태세다. 공적자금을 모두 갚은 이들의 고액 연봉을 제지할 장치
는 없다. 수천억 달러의 공적자금을 투입한 미국 정부가 보수 규제를 강화
하고 있지만, 부실은행 역시 이를 비웃기라도 하듯 '경쟁력 확보'라는 허울
좋은 명분으로 수백만 달러의 당근을 제시하며 인재 사냥에 나서고 있다.

판치는 금융사기

장소와 방법을 가리지 않고 수익만을 쫓는 '카지노 자본주의'는 항상 금
융사기의 씨앗을 잉태하고 있다. 이 같은 체질 속에서 희대의 금융사기꾼
의 등장은 어쩌면 필연적 귀결이라고 할 수 있을 것이다. BNP 파리바 은행
에 이어 프랑스에서 두 번째로 규모가 큰 145년 역사의 소시에테제네랄SG
은행을 한 순간에 존폐의 기로에 세운 제롬 케르비엘의 금융사기 사건을
들여다보자.

이 사건은 서브프라임 위기가 악화일로를 걷던 2008년 1월 24일, 프랑스
의 소시에테제네랄은행이 "한 직원이 연루된 금융사기 사건으로 49억 유로
(약 70억 달러)의 손실을 입었다"고 발표하면서 세상에 알려졌다.

전 세계는 우선 규모에 놀랐다. 1995년 외환 파생상품 거래에서 14억 달
러의 손실을 기록하여 233년 역사의 영국 베어링은행을 하루아침에 파산으
로 몰고 간 '닉 리슨 사건'의 5배에 달했기 때문이다. '베어링 사태'의 주범
닉 리슨 조차 "금융사기 사건이 일어났다는 것 자체는 놀랍지 않다. 하지만
규모는 놀랐다"고 말했을 정도다.

사기범으로 지목된 케르비엘(당시 31세)은 SG은행에 입사한 지 8년차로
선물투자 경력은 3년도 되지 않은 주니어 트레이더였다. 하지만 케르비엘

의 금융사기는 혈기왕성한 30대 트레이더의 성공에 대한 욕망과 회사의 묵인 또는 암묵적 지원과 숭숭 뚫린 감독체계가 만들어낸 합작품이었다.

2000년 SG은행에 입사한 케르비엘은 선물거래의 위험을 관리하는 '미들오피스'에서 5년간 일하다가 2005년에 사고 당시 근무했던 선물거래팀으로 자리를 옮겼다. 그는 이미 이때부터 철저히 투기자본의 노예가 되었다. 점점 더 큰 이익을 좇다가 컴퓨터 게임에 중독되듯 이성을 잃고 점차 타락 속으로 빠져들었다. 그는 검찰 조사에서 "나는 매일 투자한도를 늘려가면서 천문학적인 이익을 거두었고 현실 감각도 상실했다. 그것은 마치 비디오 게임을 하는 것과 똑 같았다"고 털어놓았다.

케르비엘이 사기적인 선물투자의 유혹에 빠져든 것은 일차적으로 성공에 대한 욕심 때문이었다. 리옹Ⅱ대학에서 경제학 석사학위를 받은 그가 프랑스 최고의 엘리트 교육기관인 그랑제콜 출신의 수재들이 즐비한 SG은행 선물투자팀에서 능력을 입증해 보이려고 무리수를 두었다는 것이다. 그를 심문했던 검사는 "케르비엘이 주변에 있는 수재들만큼 자신도 재능이 있다는 것을 과시하고 싶어했다"고 밝혔다.

SG은행은 케르비엘의 단독 범행이라는 결론을 내렸다. 케르비엘이 2,000만 유로 이상을 다룰 수 없는 위치였으며 다른 트레이더의 명의까지 도용했다고 설명했다. 하지만 의문은 가시지 않았다. 우선 케르비엘은 불법 선물투자 과정에서 개인적인 이득을 취하지 않은 것으로 드러났다. 또 어떻게 새내기 트레이더가 상급자 몰래 천문학적인 규모의 범행을 했으며, 그것도 몇 달 동안이나 감시망을 벗어나는 것이 가능할 수 있었느냐는 것이다. 특히 선물거래는 상당한 위험이 따르기 때문에 엄격한 감시체계가 상시적으로 작동하고 있다는 점에서 의구심을 더했다. 다른 은행의 한 임원은 "일개 트레이더가 거액의 선물거래를 상사의 허가 없이 비밀리에 했다는 것은 믿기 어렵다"고 말했다.

케르비엘의 변호인은 "SG은행이 케르비엘을 희생양으로 만들기 위해 연막을 치고 있다"면서 무죄를 주장했다. 검찰 조사에서 케르비엘은 은행 경영진이 불법 선물거래 사실을 알고 있었으며 이익을 내는 동안에는 눈감아

주다가 막대한 손실이 발생하자 불법거래를 문제 삼아 자신의 신원을 공개한 것이라고 주장했다. 그러나 SG은행은 "케르비엘이 컴퓨터를 해킹하고 사기 수법을 동원해 거래 흔적을 감췄다"며 그의 주장을 일축했다. 진실게임 공방 속에 한 여론조사에서는 응답자의 65%가 케르비엘보다 은행 쪽에 책임이 더 크다고 응답하기도 했다. 사건 직후 구속된 케르비엘은 사익을 취하지 않았다는 이유로 2개월이 채 안 된 3월 18일 석방되었고, 이후 변호사의 도움으로 정보기술컨설팅 업체에 취직했다. 케르비엘 사건에 대한 법원의 판결은 아직 내려지지 않은 상태다.

폰지 사기, 버나드 메이도프 사건

금융위기가 한창 진행되던 2008년 12월 12일, 다단계 금융사기의 결정판이라 할 최악의 사건이 터졌다. 버나드 메이도프라는 전직 나스닥증권거래소 위원장이 벌인 희대의 금융사기였다. 당시 그를 체포·조사했던 미연방수사국FBI은 그의 사기 행각으로 전 세계에서 300만 명이 총 650억 달러의 피해를 입었다고 밝혔다.

내로라하는 대형 금융회사인 HSBC, BNP 파리바, 노무라 홀딩스 등 전 세계 32개 금융회사는 물론, 13개 자선재단, 아부다비 투자청 등 각종 펀드, 대학 등 수많은 기관들이 그의 마수에 걸려들었다. 판매수수료에 현혹된 스페인의 최대 은행인 산탄데르, 오스트리아의 메디치은행과 펀드매니저들도 사기판을 키우는데 손발로 이용되었다. 한국도 예외는 아니었다. 그가 사기에 이용한 헤지펀드 '페어필드센트리'에 투자한 대한생명·삼성투신·한국투자·한화투신 등도 9,510만 달러에 이르는 피해를 입었다.

사건이 터진 후에도 월가는 반신반의했다. 월가의 거물이 금융거래 사기를 주도하리라고는 누구도 상상조차 못했기 때문이다. 월가의 한 펀드매니저는 〈뉴욕타임스〉에 "메이도프는 위대한 인류애자로 여겨졌고, 지역사회의 기둥으로 인식됐으며, 월가를 이끄는 금융 리더의 한 사람으로 비쳐졌다”고 말했을 정도다. 월가 사람들로부터 그런 평가를 받던 메이도프는 미국을 넘어서 남미, 대서양 건너 유럽, 심지어 아시아까지 넘나들며 월가 금융거래 사상 최대 규모의 다단계 사기 행각을 벌였던 것이다.

메이도프의 사기 사건은 일명 ‘폰지Ponzi’라는 수식어가 따라 붙었다. 금융 다단계 사기를 지칭하는 이 말의 원조는 1920년 사기극을 벌인 이탈리아 출신의 찰스 폰지(1882~1949)였다. 폰지는 1919년 성탄절 다음날 보스턴에 증권거래회사를 차린 뒤, 우표쿠폰사업을 한다며 45일에 수익률 50%, 90일에 100%를 제시했다. 최초 투자자에게 보란 듯이 50%의 수익을 챙겨주자 처음에 의구심을 가졌던 투자자들이 물밀 듯이 몰려들었고, 사기가 적발되기까지 총 4만 명에게서 1,500만 달러의 자금을 끌어들였다. 하지만 폰지는 약속한 사업에는 한 푼도 투자하지 않았다. 나중에 투자한 사람의 돈으로 먼저 투자한 사람의 수익을 챙겨주는 것이 그가 한 일의 전부였다. 대신 그는 대저택에서 호화로운 생활을 하며 고객의 투자금을 모두 탕진했다. 그의 사기 행각은 1920년 8월 한 신문의 폭로로 세상에 알려졌다.

그 원조가 나온 지 90년의 세월이 흐르면서 폰지 사기는 더욱 진화했다. 메이도프 사건은 사기 규모뿐만 아니라 고도로 정교해진 수법 등에서도 가히 세상을 놀라게 했다. 메이도프는 투자자들의 의심을 사지 않기 위해 8~12%의 낮은 수익률을 제시했고, 스티븐 스필버그 감독, 제프리 카젠버그 드림웍스 대표, 뉴욕메츠 소유주인 프레드 윌폰 등 유명인사들을 투자자로 끌어들여 일반 투자자들의 신뢰를 얻었다. 또 투자자들의 소속감과 유대감을 이끌어내기 위해 자신의 동생과 두 아들, 질녀를 회사 중역에 앉히는 등 가족경영을 전면에 내세우기도 했다. 메이도프 투자은행의 인터넷 홈페이지에는 “얼굴 없는 조직이 소유한, 얼굴 없는 기관이 판을 치는 시대에 우리 회사는 명패를 문에 걸었던 옛 시대로 돌아가려 한다”는 문구가 쓰여있다. 또한 메이도프는 자선행사에도 적극 참여하여 아낌없는 기부로 ‘노블레스 오블리주’를 몸소 실천하는 모습을 연출했다. 지역 상원의원은 물론 의회 금융위원장 등 거물급 정치인들에게는 정기적으로 정치 후원금을 내며 긴밀한 관계를 유지했다.

그는 실체가 드러나기 전까지 고객의 환매 요구에 즉각적으로 응했다. 하지만 2008년 12월 투자자들의 70억 달러 환매 요구에 응하지 못하면서 드디어 꼬리가 잡히고 말았다. 신용경색으로 급전이 필요해진 큰손 투자자들이 일제히 투자금 환매를 요청하자 더 이상 '돌려막기'를 할 수 없게 된 것이다. 막판에 그는 '칼리스토Kallisto'라는 새로운 펀드를 설립해 환매에 필요한 자금을 모으려 했지만 금융위기로 시장이 경색되는 바람에 더 이상 실행에 옮길 수 없었다. 결국 그는 아들에게 "이것은 거대한 폰지 사기"라고 털어놓았고 아들의 고발로 체포되었다.

전문가들은 글로벌 금융위기라는 경천동지할 사건이 발생하지 않았다면 20여 년간 이어온 그의 사기행각이 적어도 10년 이상 더 지속됐을 것이라는 분석을 내놓았다. 세계 굴지의 은행과 펀드매니저들이 사실상 그의 사기행각을 직간접적으로 도왔기 때문이다. 올해 71살로 2009년 6월 29일 증권사기 등 11개 혐의에 대해 유죄 판결을 받은 그는 150년 형을 선고 받고 복역 중이다.

미국 자동차 빅3의 몰락

101년 자동차 왕국의 침몰

제2차 세계대전 이후 최악이라는 글로벌 금융위기는 기업들의 생존능력을 테스트했다. 기업들은 극한의 환경으로 내몰렸다. 주택과 주가 폭락으로 자산이 쪼그라들었고 생산한 상품은 시장에서 더 이상 팔리지 않았다. 이 와중에 경쟁력이 약한 기업들은 배겨낼 재간이 없었다. 미국 제조업의 상징이라 할 제너럴모터스GM · 크라이슬러 · 포드 등 이른바 '자동차 빅3'의 몰락도 마찬가지였다.

1903년 '자동차 왕' 헨리 포드에 의해 설립된 포드 자동차가 5년 후 '모델 T'를 만들면서 미국은 전 세계 자동차 산업의 중심지가 되었다. 1908년에 창업한 GM은 2009년 파산 때까지 101년의 역사를 자랑하며 한때 미국 시장 점유율 70%를 차지하는 등 무려 77년 동안 세계 자동차 시장 1위로 군림했다. 포드 역시 1990년대 스포츠유틸리티차량SUV 호황에 힘입어 전성기를 구가했고, 영국의 재규어 · 랜드로버 · 스웨덴의 볼보 등 유럽 자동차 회사들을 사들이며 덩치를 키웠다.

그러나 지나치게 오래 이어진 풍요는 오히려 독배가 되었다. 현실에 안주하며 경영 혁신과 기술 개발을 등한시한 나머지 아시아와 유럽의 자동차 메이커들에게 조금씩 안방을 내주고 말았다. 방만한 경영은 빅3의 체력을 서서히 갉아먹었다. 전미자동차노조UAW와 자동차업계 간의 단체협약으로 자동차 회사들은 퇴직자 가족들에게까지 의료비를 지급해 왔다. 이로 인해 근로자가 8만 명인 GM은 이보다 5배가 넘는 43만 명에게 의료비를 대줘야하는 지경에 이르렀다. GM이 2006년에 의료비로 지출한 돈만 48억 달러에 달했다.

임금도 경쟁 회사들에 비해 높았다. 금융위기 직전까지도 미국 자동차 회사들은 일본 자동차 회사들의 급여 수준보다 30%가 많았다. 특히 일부 회사는 정리해고된 뒤 복직을 기다리는 근로자에게까지 봉급을 지급했다. 하지만 자동차노조의 힘이 너무 강해 이 제도를 뜯어고치지 못했다. 결국 비싼 임금 구조를 유지하기 위해 자동차 3사는 덩치 크고 비싼 차만을 생산하기에 이르렀다.

그러나 시장 판매는 점차 내리막길을 가고 있었다. 1993년에 73.7%까지 달했던 디트로이트 자동차 3사의 북미시장 점유율은 2008년 7월 사상 최저치인 42.7%로 떨어졌다. 반면 아시아계 브랜드들의 시장점유율은 49%로 상승했다. 금융위기가 악화되면서 2008년 초 급등한 국제 유가는 빅3의 몰락을 재촉했다. 갤런 당 2달러를 밑돌던 휘발유 가격이 연일 급등하여 4~5달러까지 육박하자 연비가 떨어지는 GM 등 미국 차들은 천덕꾸러기 취급을 받았다.

2008년 하반기 이후 유가가 떨어져도 자동차 빅3의 경영은 좀처럼 개선되지 못했다. 그해 9월 빅3의 판매량은 1년 전보다 65.9%나 감소했다. 일본 빅3인 도요타 · 혼다 · 닛산이 같은 기간 20.9% 감소한 것에 비하면 3배 이상 뒷걸음질 한 것이다. 미국 빅3의 시장점유율은 45.9%에 머물렀다. GM은 10월(-45%), 11월(-41%) 등 하반기 내내 20%가 넘는 하락세를 이어갔다. GM의 2008년 미국시장 판매량은 295만대로 2007년보다 23%나 줄었다.

판매 감소와 비용 증가로 고전하던 빅3는 금융위기에 따른 신용경색으로 자금조달 길조차 막히자 2008년 말 백악관과 의회에 긴급 구조신호를 보냈다. 하지만 자금을 지원해주는 대신 공장 폐쇄, 감원 등 혹독한 구조조정이 조건으로 내걸렸다. GM과 크라이슬러는 수백억 달러의 자금 지원으로 몇 달간 연명하는 데는 성공했지만 이듬해에 결국 파산보호라는 항복문서에 도

장을 찍고 말았다. 2009년 4월 30일, 크라이슬러가 파산보호(Chapter 11) 신청을 접수한데 이어 6월 1일에는 GM마저 같은 길을 걸었다. 오로지 포드만이 정부의 구제금융에 의존하지 않고 독자생존하는데 성공했다. 전미자동차노조에 대한 건강보험 출자금 전환, 99억 달러 전환사채 출자 전환 등의 우여곡절이 있었지만 1990년대 위기를 경험하면서 빅3 중 가장 건강한 체력을 유지한 덕분이었다.

뒤늦은 구조조정, 유동성 위기

　미국은 물론 전 세계 1위를 달리던 GM의 몰락은 오래 전부터 서서히 그리고 파괴적으로 진행되었다. 증세가 점점 악화되고 있었지만 오만한 노조는 물론 회사 경영진도 심각성을 깨닫지 못했다. 미국의 경영학자 개리 해멀은 개인 블로그에서 "GM은 절벽에서 뛰어내린 게 아니다. 하루에 담배 두 갑을 피워대는 골초처럼 오랫동안 조금씩 스스로를 파괴해 왔다"고 말했다.

　2005년 GM에 첫 경고음이 울렸다. 복지 지출로 대규모 적자(101억 달러)를 기록한 것이다. 직원을 해고하면 5년간 평균임금의 95%를 지급하고 판매 실적과 관계없이 공장가동률 80%를 유지한 데 따른 결과였다. 그해 GM은 노조 복지비용으로만 56억 달러를 쏟아부었다.

　GM의 치명적인 문제가 드러난 것은 2007년이었다. 이즈음 악화되기 시작한 금융위기는 GM의 몰락을 가속화시켰다. 2008년 2월 12일 발표된 2007년 실적은 한 마디로 중증이었다. 433억 달러의 적자로 창사 이래 최악의 실적을 기록했고, 게다가 3년 연속 적자 행진이었다. 세계 1위 자리도 위태로웠다. 2007년 전 세계에서 937만대를 팔아, 일본의 도요타 자동차를 겨우 3,100대 앞섰을 뿐이었다.

　말기 암환자라는 경고의 목소리가 나왔지만 회사 측의 대응은 안이하기만 했다. 당시 릭 왜고너 회장은 "금년 자동차 부문의 순이익은 아시아, 러시아, 중남미의 판매 증가로 개선될 것으로 전망된다"고 자신했다. 하지만 그의 예상은 완전히 빗나갔다.

3월 국제신용평가사인 S&P에 이어 4월에는 무디스가 "GM의 신용등급을 하향 조정할 수 있다"고 경고했다. GM은 판매량이 줄자 3월에 연간 생산량을 15만대 줄이고 3,500명을 감원할 계획이라고 발표했다. 5월에는 유가 급등이 장기화할 것이라는 전망에 따라 캐나다 온타리오에 있는 픽업트럭 공장을 비롯해 위스콘신과 오하이오, 멕시코 공장 등 4개 공장을 전격 폐쇄했다. 또 스포츠유틸리티SUV 차량인 '허머Hummer' 등 대형차량 부문의 전면적인 구조조정도 검토하기 시작했다. 하지만 호미로 가래를 막을 수는 없었다.

엎친 데 덮친 격으로 금융자회사 지맥GMAC이 속을 썩였다. GM이 지분 51%를 소유한 GMAC은 한때 'GM의 캐시카우(cash cow: 달러박스)'로 불렸지만 과도한 리스크 투자로 엄청난 손실을 입고 휘청거리던 모회사에 결정타를 날렸다. GMAC의 손실은 2008년 3분기에만 25억 달러에 달했고, 5분기 누적적자도 79억 달러에 달했다.

2008년 하반기 들어 GM의 유동성 문제가 불거졌다. 2분기에만 155억 달러의 순손실을 기록한 GM은 리스프로그램을 중단하기로 했다. 15개월 이내에 50억 달러를 조달하겠다는 내용의 유동성 확보 계획을 발표했지만 시장의 우려를 잠재우지 못했다. 리먼 사태가 터진 후인 9월 19일, GM은 35억 달러의 크레디트라인(신용공여한도)을 이용키로 했다고 밝혀 불안감을 더욱 증폭시켰다.

하루하루 적자가 누적되면서 GM의 금고는 바닥을 드러냈다. 부품업체 대금 결제와 임금 및 이자 지급조차 버거운 상태가 되었다. 11월 중순이 되자 현금이 고갈됐고 연말까지 110억 달러가 부족할 것이라는 전망이 나왔다. 결국 GM은 독자생존을 포기하고 미국 정부에 구제금융을 요청하기에 이르렀다. 자사도 부실자산구제계획TARP에 따른 구제금융을 받을 수 있도록 해달라고 매달린 것이다. 긴급구제금융안TARP으로 조성된 7,000억 달러는 미국 재무부가 금융권을 구제하기 위해 만들었으므로 자동차 회사인 GM의 요구는 생떼나 다름없었다.

마침내 11월 18일, GM 등 자동차 빅3 최고경영자들은 미국 의회 청문회에 출석하여 250억 달러를 지원해달고 공식 요청했다. 하지만 전용기를 타고 간 것이 언론의 집중포화를 맞으면서 오히려 비난의 대상이 되었다. 12월 4일, 빅3 CEO들은 이번에는 자동차로 워싱턴까지 달려가서 의원들을 만나 연봉 1달러만 받겠다며 지원을 읍소했다. 그 노력의 결과 미국 하원은 12월 10일 140억 달러의 긴급지원법안을 통과시켰고, 상원의 한 차례 부결 소동 끝에 19일에 크라이슬러와 함께 미국 재무부로부터 174억 달러의 지원 약속을 받아내는데 성공했다.

그러나 2009년 들어서도 GM의 유동성 고갈은 계속되었다. 구조조정을 조건으로 미국 정부와 줄다리기 협상을 벌이며 모두 4차례에 걸쳐 198억 달러를 지원 받아 생명을 연장했으나 완전한 회생은 불가능했다. 마침내 6월 1일, GM은 뉴욕 맨해튼의 연방법원에 파산보호를 신청하여 101년의 화려한 역사를 마감했다. 이 당시 GM의 자산규모는 823억 달러, 부채는 1,728억 달러로 미국 역사상 네 번째, 제조업체로는 최대 규모의 파산이었다.

GM과 크라이슬러의 재탄생

자동차 '빅3' 중 파산보호를 신청한 GM과 크라이슬러는 닮은꼴이었다. 파산보호 졸업 후 새롭게 출범한 '뉴GM'이 미국 정부의 손에 넘어갔고, '뉴 크라이슬러(크라이슬러그룹 LLC)'는 이탈리아의 피아트에 매각되었다는 점이 다를 뿐, 몰락한 원인과 과정은 거의 비슷했다.

금융위기 이후 크라이슬러의 몰락은 GM의 예고편이었다. '빅3' 중 덩치가 가장 작았던 크라이슬러도 GM과 마찬가지로 파산보호 신청 직전까지 극심한 경영 악화와 자금난에 시달리며 생존의 위기에 내몰렸다. 2008년 11월 미국 판매량이 47% 급감하고 보유 현금이 고갈되어 더 이상 회사를 정상가동하기 어려워지자 12월 17일부터 한 달간 북미지역 30개 공장의 가동을 중단하기도 했다. 한때 GM과 합병을 추진하기도 했던 크라이슬러는 미국 정부의 809억 달러 자금 지원을 조건으로 보다 빠르게 구조조정 효과를 볼 수 있는 파산보호 절차를 밟는 쪽으로 가닥을 잡았다.

크라이슬러는 GM보다 한 달 빠른 2009년 4월 30일 파산보호 절차에 들어갔다가 42일 만인 6월 10일 파산보호를 졸업했다. 당초 일정보다 다소 늦어진 것은 일부 채권자들이 대주주가 될 이탈리아 피아트에 크라이슬러의 자산을 매각하는 법원의 결정을 반대했기 때문이다.

파산보호 졸업 후 새로 출범한 '크라이슬러그룹 LLC'는 이탈리아 피아트가 20%의 지분을 갖고 세르지오 마르치오네 피아트 CEO가 크라이슬러의 CEO를 겸하게 되었다. 또 미국과 캐나다 정부가 각각 9.85%와 2.46%의 지분을 보유하고, 전미자동차노조UAW는 67.69%의 지분을 확보하여 최대주주가 되었다. 크라이슬러는 피아트와의 제휴로 세계 6대 자동차로 재탄생하게 됐으며 정부 지원으로 강력한 경쟁력을 갖추게 될 것으로 전문가들은 분석하고 있다. 피아트는 점진적으로 지분을 늘려 궁극적으로는 51%의 지분을 확보할 계획이다.

파산보호에 들어간 GM도 신속하게 법적 절차를 마무리 지었다. 새로운 GM(뉴GM)에 시보레·캐딜락·뷰익·GMC 등 우량한 4개 브랜드를 넘기는 등의 절차를 거쳐 파산보호 신청 40일 만인 7월 11일 파산보호를 졸업했다. 앞서 파산보호를 졸업한 크라이슬러 기록보다도 짧은 시간이었다. 오펠·새턴·사브·허머·폰티악 등 나머지 브랜드와 공장은 즉각 매각 또는 청산절차에 돌입했다.

프리츠 핸더슨 GM 최고경영자는 7월 10일 뉴GM의 출범을 공식 선언하며, "2010년 하반기까지 주식시장에 상장하고 2015년까지 정부지원금 500억 달러를 갚을 것"이라고 자신감을 내비쳤다.

이로써 넉넉한 보수와 후한 복지제도로 '아낌없이 주는 자동차Generous Motors'라는 별명을 얻었던 GM은 '정부가 주도하는 자동차Government Motors'로 탈바꿈하게 되었다. 미국 정부는 이미 투입한 198억 달러에 300억 달러를 추가 투입하여 새로운 GM의 지분 60.8%를 보유하게 되었다. 캐나다 정부도 95억 달러를 추가 투입하여 지분 11.7%를 갖고, 전미자동차노조가 17.5%, 채권단이 나머지 10%를 확보했다.

GM은 뉴GM으로 탈바꿈하며 부채가 줄어들어 몸놀림이 가벼워졌지만 구조조정 강도는 더욱 높아졌다. 핸더슨 CEO는 뉴GM 출범을 발표하는 자리에서 사무직 근로자의 20%인 6,000명을 감원하고, 북미 담당 회장을 포함한 간부급도 35% 줄이겠다는 감원 계획을 발표했다.

GM으로부터 우량자산만을 넘겨받은 뉴GM이 GM의 옛 영화를 재현할 수 있을 지는 미지수다. 법적으로도 뉴GM은 GM과는 전혀 다른 사업체이다. 경영진과 조직원, 공장, 브랜드 등 대부분을 그대로 승계했지만 주주 구성 등에서 과거와는 엄연히 구별되는 별개의 존재이다. 과거의 GM은 파산보호 신청과 동시에 상장 폐지되었다. 다우존스지수에서도 퇴출됐음은 물론이다. 장외시장OTC으로 밀려난 GM의 주식은 휴지조각으로 전락했다. 수십 년간 GM의 주식을 소유했던 투자자들의 한숨과 함께…….

독자생존에 성공한 포드 자동차

금융위기 와중에서 포드의 회생은 한마디로 기적이었다. 포드 역시 2005년부터 막대한 적자를 기록하며 '자동차 빅3' 중 가장 먼저 생존의 위기를 경험했기 때문이다. 2006년부터 2008년까지 300억 달러의 손실을 냈고, 2008년에는 역대 최대인 147억 달러의 손실을 기록했다. 포드는 SUV, 픽업트럭 등 대형차 중심의 차종 포트폴리오를 고수하여 시장 변화에 따라가지 못한다는 비판을 받았다. 판매량도 급격한 내리막길을 걸었다. 하지만 그것이 오히려 약이 되었다. GM과 크라이슬러보다 위기가 먼저 찾아온 덕에 서둘러 현금을 확보해 놓는 등 유동성 관리의 중요성을 깨달았던 것이다. 또 보유중인 마쓰다 지분과 볼보자동차 등 자산 매각과 노조, 채권단과의 협상을 통해 채무 부담도 줄였다. 그 결과 포드는 '빅3' 중 유일하게 독자생존에 성공한 자동차 회사로 기록되었다.

2006년 11월, 포드의 CEO로 취임한지 3개월 밖에 안 된 엘런 멀랠리는

236억 달러의 대출을 받으면서 "이 돈이 예기치 못한 일들로부터 포드를 보호해주는 완충장치Cushion 역할을 할 것"이라고 밝혔다. 당시 많은 사람들은 고개를 갸웃거렸다. 하지만 이는 선견지명이었다. 〈뉴욕타임스〉는 금융시장이 호황일 때 자금을 확보해둔 것이 '포드 105년 역사상 가장 중대한 선택'이었다고 분석했다. 멀랠리 CEO는 이후에 "만약 은행 대출을 받지 않았다면 우리는 다른 길을 걷고 있었을 것"이라고 회고했다.

또한 포드는 GM이나 크라이슬러와 달리 노조, 채권단과도 성공적인 합의를 도출해냈다. 2008년 4월 채무조정을 통해 99억 달러(총 채무의 38%) 가량의 채무를 감축하는 데 성공하여 연간 5억 달러의 이자부담을 줄였다. 메릴린치의 존 머피 애널리스트는 "회사 재무구조 개선과 CEO의 선견지명이 포드를 차별화시켰다"고 분석했다.

포드는 GM과 크라이슬러가 파산보호 절차를 진행 중이던 2009년 2분기 23억 달러(주당 69센트)의 순이익을 기록하며 생존에 성공했음을 과시했다. 7월 23일 공개된 2분기 실적에는 34억 달러에 달하는 채무 경감 등이 반영되어 이를 제외하면 6억 3,800만 달러의 영업 손실을 기록한 것이지만, 1년 전의 87억 달러 순손실에 비해서는 괄목할만한 실적이었다. 매출액은 272억 달러로 11억 달러 감소했지만 이 역시 월가 예상치인 248억 달러를 넘어섰다.

특히 포드가 2분기에 소진한 현금은 10억 달러에 불과했다. 이는 지난 1분기의 37억 달러보다 크게 줄어든 것이었다. 하반기에는 경기가 회복 추세로 돌아서기에 유동성이 더욱 개선될 것으로 전망되었다. 포드는 2009년 6월 말 현재 210억 달러의 현금을 보유하고 있다.

포드는 빅3 중에 유일하게 독자생존했다는 프리미엄을 얻어 판매시장에서도 호조를 보이고 있다. 2009년 상반기 포드의 미국시장 내 자동차 판매량은 1년 전보다 33% 줄었지만 GM의 40%, 크라이슬러의 46% 감소보다는 경기침체의 타격을 덜 받은 것으로 나타났다. 또 2011년에는 연간 기준으로 흑자로 돌아서겠다는 원대한 계획까지 세워놓고 있다. 포드의 멀랠리 CEO는 "전 세계적으로 사업 환경이 여전히 어렵지만 회사를 탈바꿈하는 계획에 큰 진전을 이루었다"고 강조했다.

한편으로 GM과 크라이슬러가 몰락하면서 애꿎은 희생양이 발생했다. 바로 미국 사모펀드와 헤지펀드업계의 슈퍼스타인 서버러스 캐피털 매니지먼트가 큰 타격을 입은 것이다. 크라이슬러와 GM계열 금융회사인 GMAC에 투자했다가 대규모 투자 손실을 기록한 서버러스는 투자자들의 '엑소더스'로 생사마저 위태롭게 되었다.

뉴욕에 본사를 둔 서버러스는 지난 10여 년 동안 부실회사를 사들여서 구조조정을 거친 뒤 되팔아 막대한 수익을 올리며 헤지펀드와 사모펀드업계의 대표적 성공 사례로 꼽혀왔다. 하지만 지분을 100%까지 사들였던 크라이슬러가 파산보호신청을 하면서 대주주 자격을 상실했고, 지분 51%를 보유했던 GMAC도 정부의 구제금융을 받으면서 투자한 돈을 사실상 날려버렸다.

서버러스가 운영하는 핵심 헤지펀드 역시 2008년 말부터 투자자들의 거센 자금 인출 요청에 부딪혔다. 하지만 지금 환매하면 손해를 본다며 고객들의 요구를 거부해왔다. 2009년 7월 투자자들에게 환매 창구를 열어주자 대거 자금이 빠져 나갔다. 서버러스 캐피털이 운영하는 헤지펀드에서 고객들이 전체 자산의 71%에 가까운 55억 달러를 인출한 것으로 나타났다. 엎친 데 덮친 격으로 투자손실에 따라 공동 투자자들로부터 손해배상 소송도 제기되었다.

몸살 앓는 상업은행

뜨거워진 국유화 논쟁

2009년 초 미국에서는 '밑 빠진 독에 물 붓기'가 돼버린 월가 구제에 대한 비난의 목소리가 고조되었다. 금융위기의 주범을 징벌하기는커녕 국민의 혈세를 들여 살려내는 현실에 많은 미국인들이 분노했다. 탐욕에 눈이 멀어 투기를 일삼다 위기를 자초한 월가에 또 다시 생선을 맡길 수 없다는 주장이었다.

이런 분위기 속에서 은행 국유화 논쟁이 불붙었다. 자본주의의 심장인 월가를 구하기 위해서는 부실은행들의 국유화가 불가피하다는 주장에 힘이 실리기 시작한 것이다. 미국 정부도 이미 2008년 말부터 시행된 긴급구제금융안TARP 프로그램에서 구제금융의 대가로 우선주를 취득함으로써 은행 국유화 조치에 바짝 다가서 있었다. 하지만 반대의 목소리도 만만치 않았다. 국유화가 주는 사회주의적 뉘앙스에 극도의 과민반응을 보이는 월가 특유의 알레르기가 도진 것이다.

국유화 찬성론자들은 덩치 큰 금융회사들이 무너질 경우 최악의 사태가 발생할지 모르는 상황에서 결국 마지막 방패는 국유화뿐이라고 주장했다. 이들은 국유화를 통해 투자자들에게 금융시스템 및 경제 부활에 대한 신뢰를 심어줄 수 있다고 강조했다. 누리엘 루비니 뉴욕대학 교수는 금융위기 발발 당시부터 "미국의 은행들은 사실상 지급 불능 상태"라며 부실은행 국유화를 해법으로 제시해 왔다. 앨런 그린스펀 전 연방준비제도이사회 의장도 "차분하면서도 신속히 은행을 구조조정하기 위해서는 한시적으로 일부 은행을 국유화할 필요가 있다"고 거들었다. 『블랙 스완』의 저자 나심 니콜라스 탈레브도 "대공황 때보다 더 복잡한 현재의 금융위기를 풀기 위해서는 더 극단적인 해법이 필요하다"며 국유화에 찬성표를 던졌다. 2008년 노벨상 수상자인 폴 크루그먼 프린스턴대학 교수는 "차라리 국유화Nationalization가 아니라 예비 민영화Pre-privatization라고 부르자"라며 미국인들의 국유화 알레르기를 비꼬았다.

이들은 특히 '국유화 이후'도 고민했다. 런던 비즈니스스쿨의 하워드 데이비스 학장은 "국유화는 24시간 동안만 우리를 즐겁게 할 뿐이다. 국유화 다음 조치가 무엇인지가 진짜 문제"라고 지적했다. 하버드대학 케네디스쿨의 리처드 파커 경제학 교수도 "적극적인 국유화와 소극적인 국유화, 관리 감시에 머무르는 것과 직접 경영 중에서 어느 길을 택할지 고민해야 한다. 국유화의 시기와 방식, 경제위기 이후의 재再민영화 방안 등도 숙고해야 할 때"라고 역설했다.

하지만 국유화에 대한 뿌리 깊은 반감은 컸다. 자유주의적 자본주의를 추구해 온 미국인들은 월가의 탐욕에 분노하면서도 '은행 국유화' 자체가 "미국답지 않다un-American"고 여겼다. 공산주의 구소련이나 부패한 관료, 무능한 관리인과 불친절한 서비스 등을 떠올렸기 때문이다.

국유화 반대론자들은 이로 인해 국민 부담이 더 커질 것이라고 주장했다. 실제로 지난해 9월 리먼 사태 직전 사실상 국유화된 모기지업체 패니메이와 프레디맥는 이미 2,000억 달러 이상의 공적자금을 지원받았지만 해가 바뀌고도 추가 자금 지원을 호소하고 있었다. 이 기업들은 지난해부터 주가가 폭락해 주주 입장에서 큰 손해를 보고 있었고, 국유화에 이은 주식 소각 등이 이루어질 경우 한 푼도 건지지 못하는 극단적인 상황이 올 수도 있다는 우려가 컸다.

워싱턴도 이런 정서를 잘 알고 있었다. 정부 지분을 늘리면서도 "적극적인 경영 개입은 없을 것"이라며 국유화 냄새가 나지 않도록 극도로 신경을

썼다. 티머시 가이트너 재무장관은 대규모 공적자금 투입으로 사실상 국
유화가 가까워진 월가에 대해 극구 "은행 국유화는 없을 것"이라고 못 박
았다. 벤 버냉키 연방준비제도이사회 의장도 "경제가 더 악화돼 금융기관
이 더욱 부실해져야 국유화를 검토할 것"이라고 말했다.

시티은행과 AIG에 가해진 메스

국유화에 대한 팽팽한 찬반 논쟁 속에 월가의 부실 공룡 시티그룹은 대
규모 공적자금을 투입 받고도 회생불능 상태에 빠졌다. 2007년 말부터 5분
기 째 적자를 이어가던 시티그룹은 2009년 1월 16일 금융당국의 보호아래
분할 결정이 내려졌다. 핵심 사업을 담당할 시티코프와 나머지 사업 부문
을 맡게 될 시티홀딩스로 쪼개서 사실상 '금융 슈퍼마켓' 모델을 포기하기
로 한 것이다. 회사 측은 "경제 및 시장 환경을 고려하면 핵심 사업에 집중
하는 전략을 가속화할 필요가 있다는 결론에 도달했다"며 사업 부문 분리
배경을 설명했다.
분리안에 따르면, 비크람 팬디트 CEO가 이끌게 된 시티코프는 프라이
빗 뱅킹 및 투자은행, 신용카드, 세계 각국의 상업은행 및 소매은행 지점
업무가 포함되었다. 회사 측은 시티코프의 자산은 1조 1,000억 달러 상당
이며, 이 가운데 65%는 예금자산이 될 것이라고 밝혔다.
반면 시티홀딩스는 모건스탠리에 매각한 스미스바니의 지분 49%를 보
유하며, 니코 코디얼 증권, 니코 자산운용, 프리메리카 파이낸셜 서비스
등 증권 및 비은행 자회사 업무와 미국 내 소비자금융회사인 시티파이낸
셜, 시티모기지 등 비핵심사업 등을 맡기로 했다. 시티홀딩스의 주 업무는
적극적인 자산운용보다 정부의 손실 보증 대상이 되는 3,000억 달러의 자
산을 관리하면서 만기가 돌아오는 자산을 회수하여 구조조정펀드 등에 매
각하는 일이었다.
미국 재무부는 시티그룹에 대한 국유화 조치도 한층 강화했다. 2009년

2월 27일, 재무부는 250억 달러의 시티그룹 우선주를 보통주로 전환해 정부 지분을 8%에서 36%까지 확대하고 필요시 최대 40%까지 확대하기로 합의했다고 공식 발표했다. 전환 가격은 2월 26일 종가(주당 2.46달러)에 32%의 프리미엄이 붙은 주당 3.25달러였다. 우선주의 보통주 전환으로 기존 주주들의 지분은 26%로 낮아졌다. 보통주 전환 작업은 4개월 뒤인 6월 말에 완료되었고, 정부의 최종 지분율은 34%로 확정되었다. 정부가 보유중인 나머지 200억 달러 규모의 우선주는 8%의 현금 배당을 받는 '선순위 우선주Senior preferred stock'로 전환되었다. 시티그룹 측에서는 이사회를 개편해 그룹 탄생의 산파역을 맡았던 로버트 루빈 고문도 물러나기로 결정했다. 하지만 비크람 팬디트 CEO는 비난 여론 속에서도 용케 자리를 보전했다.[*]

다음 국유화 대상 금융기업으로는 미국 최대 보험사인 아메리칸인터내셔널그룹AIG이 지목되었다. AIG는 이미 정부로부터 1,500억 달러를 지원받았지만 손실 규모가 눈덩이처럼 불어나는 중이었다. 오바마 행정부는 시티그룹을 사실상 국유화한 다음날인 2월 28일에 AIG에 대한 긴급구제금융안을 발표하고, 추가로 300억 달러를 공급해 해당 규모의 우선주를 매입했다.

미국 재무부는 2009년 3월 초에 AIG에 대한 장기 분할 대책을 세우고 강도 높은 구조조정을 단행하기로 결정했다. 이 방안에 따르면 AIG는 화재보험 지분 19.9%를 기업공개IPO를 통해 매각하여 완전히 독립된 회사로 만들기로 했다. 또 생명보험 부문은 글로벌 지역에 따라 아메리칸인터내셔널어슈어런스AIA와 아메리칸라이프인슈어런스AII, 즉 알리코의 두 개의 자회사로 나누기로 했다. AIA는 상대적으로 재무구조가 양호한 아시아 지역 계열사를 묶은 것으로 추후 기업공개를 통해 분사하는 방안이 확정되었다. 당

---

[*] 로버트 루빈 고문은 클린턴 행정부 시절 재무장관을 지내며 1999년 은행과 증권 겸영을 금지하는 '글래스-스티걸법'의 폐지와 이를 대체하는 '금융서비스 현대화법'의 의회 통과를 앞장서서 주도했다. 그는 1999년 10월 시티그룹 공동회장으로 부임하여 시티그룹의 오랜 숙원을 해결해 준 대가가 아니냐는 의혹을 사기도 했다. 그는 재무장관 시절 현 오바마 행정부 내 경제팀의 핵심인 래시 서머스(차관), 티모시 가이트너(차관보) 등을 거느려 '루빈 사단'의 수장이라는 부러움을 사기도 했다. 그러나 그의 사임과 함께 결국 '제 손으로 만든 그룹을 제 손으로 해체하는' 비운의 주인공이 되었다.

시 AIA는 아시아 지역 13개 국가에서 2,000만 명의 보험가입자를 확보하고 있었다. AIG는 긴급구제금융안 자금에서 지원받은 400억 달러 가량을 현금이 아닌 AIA와 AII의 주식(우선주)으로 갚는다는 데도 합의했다.

면죄부가 된 '스트레스 테스트'

오바마 행정부의 첫 재무장관이 된 티모시 가이트너에게 부여된 가장 큰 과업은 금융위기의 악화를 막는 일이었다. 월가의 긴박한 위기는 이미 부시 행정부의 헨리 폴슨 장관이 처리했기 때문에 가이트너 장관에게 남은 과제는 신용경색과 금융 불안이 더 이상 확산되지 않도록 잠재우는 것이었다. 이를 위해 그는 부실자산 인수를 위한 민관공동펀드PPIP 설립과 은행들에 대한 스트레스 테스트 방안을 검토하고 있었다.

2009년 들어 부실은행 수는 점점 더 늘어가고 있었다. 연방예금보험공사 FDIC가 2월 초에 2008년 4분기 기준 부실은행으로 분류한 은행은 3분기보다 81곳 늘어난 252곳(전체 예금보호 지급대상 은행 수는 8,195개)이었다. 이 숫자는 2분기 들어 416개로 더욱 증가하여 15년래 최대치를 기록했다. 이들의 부실자산 규모는 2,998억 달러에 달했다. 당시 뱅크오브아메리카도 국유화 가능성이 거론됐으며, 심지어 '서부의 강소強小은행'으로 평가받던 웰스파고까지 국유화될 것이라는 전망이 나왔다.

이런 분위기 속에서 가이트너 장관이 고안하고 재무부가 입안한 미국 대형 상업은행들에 대한 자산평가프로그램이 '스트레 스테스트(StressTest: 은행 자산건전성 평가)'였다. 재무부 입장에서는 긴급구제금융을 투입한 월가 핵심은행들의 잠재 부실을 면밀히 파악하고 이들의 부실 규모를 지속적으로 관리해 둘 필요가 있었던 것이다.

2월 25일 미국 재무부는 '스트레스 테스트'의 가이드라인을 발표했다. 자산규모 1,000억 달러 이상인 19개 대형은행들에 대해 4월 말까지 자산 건전성을 심사해서 그 결과에 따라 추가 지원 여부를 결정하겠다는 것이었다. 테스트 결과 자본 확충이 필요한 은행에 대해서는 정부의 공적자금을 추가 투입하거나 민간자본 투입 등을 유도하는 형태로 지원한다는 내용이었다.

재무부의 스트레스 테스트는 두 가지 시나리오에 따라 진행되었다. 국내총생산GDP이 2% 감소하고 실업률이 8.4%로 치솟으며 주택 가격이 14% 하락한다는 조건에서 은행들의 생존가능성을 점검했다. 또 다른 조건은 이보다 더 가혹한 GDP −3.3%, 실업률 8.9%, 주택 가격 22% 하락을 전제로 했다.

예상보다 늦춰진 5월 7일, 미국 재무부와 연방준비제도이사회는 스트레스 테스트 결과를 공식 발표했다. 19개 금융회사 가운데 뱅크오브아메리카 등 10곳이 총 746억 달러 규모의 자본을 확충할 필요가 있다는 내용이었다. 은행별 자본 확충 요구액은 뱅크오브아메리카가 339억 달러로 가장 많았고, 웰스파고 137억 달러, GM의 금융자회사인 GMAC 115억 달러, 시티그룹 55억 달러, 리전스파이낸셜 25억 달러, 선트러스트뱅크스 22억 달러, 모건스탠리 18억 달러, 키코프 18억 달러, 핍스서드뱅코프 11억 달러, PNC 파이낸셜서비스그룹 6억 달러 등이었다. 그러나 JP모건체이스 · 골드만삭스 · 메트라이프 · US뱅코프 · 뱅크오브뉴욕멜론 · 스테이트스트리트 · 캐피털원파이낸셜 · BB&T · 아메리칸익스프레스 등 9개사는 재무 상태가 양호한 것으로 평가되었다.

미국 금융당국은 금융기관들이 최악의 경우 입을 수 있는 가상 손실액을 측정해서 자본 확충 요구액을 정했다고 설명했다. 뱅크오브아메리카 등 10개사는 6월 8일까지 당국에 자본 확충 계획안을 제출하고, 11월 9일까지 이를 이행해야 하는 의무가 뒤따랐다. 그러자 웰스파고는 곧바로 60억 달러 신주 발행 계획을 발표했고 모건스탠리도 뒤를 이었다. 당초 우려보다 양호한 결과에 대해 월가에서는 즉각 "금융업계의 불확실성이 걷혔다"며 환영했다. 이와 관련해 〈뉴욕타임스〉는 "이번 결과로 은행권에 대한 미국 정부의 구제금융은 더 이상 없을 것이라는 관측이 나오고 있다. 이것은 미국 의회가 이미 승인한 구제금융 자금이 충분하다는 것을 시사하는 것이므로 은행들에 대한 대규모 구제금융이 끝날지도 모른다"고 진단했다.

하지만 테스트 기준이 지나치게 약해 해당 금융회사들에게 결과적으로 면죄부를 주기 위한 것이었다는 비판이 나왔다. 일부에서는 '사기 테스트'라는 혹평까지 제기되었다. 누리엘 루비니 뉴욕대학 교수는 "실제 경제 사정에 비해 이번 테스트는 그리 어렵지 않았던 모양"이라고 비꼬았다.

월가 은행들의 구제금융 상환

스트레스 테스트 결과가 발표된 지 1주일쯤 지난 5월 13일, 티모시 가이트너 재무장관은 돌연 "금융시스템이 치유되기 시작했다"고 밝혔다. 이날 그는 지역은행 대표들의 연례회동에 참석하여 "막대한 부실자산으로 허덕이던 금융시스템의 고통스런 조정과정이 상당부분 마무리되고 있다"면서 "여전히 금융업 전반에 구조조정이 이루어져야 하지만 비은행 부문을 포함한 전반적인 부문에서 조정의 상당 과정이 끝났다"고 말했다.

가이트너 장관의 말은 처음에는 은행들에 대한 단순한 립서비스로 비춰졌으나 시간이 가면서 당시 금융시스템의 실제적인 변화를 반영한 것이라는 게 확인되었다. 스트레스 테스트 대상이었던 월가의 대형은행들이 정부로부터 지원받은 구제금융 자금을 곧바로 상환해버리겠다고 큰 소리를 치고 나온 것이다. 실제 이즈음 월가는 미국 정부가 쏟아 부은 긴급구제금융안 등 대규모 구제책으로 신용경색이 서서히 풀리면서 리먼 사태로 인한 부실 충격에서 벗어나고 있었다. 대형은행들은 신주 발행과 신규 회사채 발행 등 자체 자금조달에 숨통이 트이면서 스스로 필요한 자본을 조달할 수 있는 여력이 생겼다. 이런 분위기를 감지한 가이트너 장관도 대형은행들이 정부로부터 지원받은 구제금융 자금을 상환할 경우 그 돈을 중소형은행들의 구조조정을 위한 재원으로 활용할 것이라고 밝혔다. 그는 자산규모가 5억 달러 이하인 중소형은행들이 이러한 재원을 바탕으로 앞으로 6개월 내에 자본 투입을 신청할 수 있을 것이라고 덧붙였다.

월가 대형은행들의 구제금융 상환 주장은 이미 스트레스 테스트에 대한 개략적인 윤곽이 드러난 지난 4월부터 시작되고 있었다. 골드만삭스, JP모건 등은 이때부터 긴급구제금융안 자금을 상환하겠다고 큰 소리를 치기 시작했으며, 실제로 4월 14일에 골드만삭스는 유상증자를 통해 보란 듯이 50억 달러를 조달했다.

월가 은행들이 구제금융 상환에 적극적이었던 것은 이를 받은 업체들에게 부과된 임직원 보수, 외국인 고용, 배당 및 경비지출 등 경영 전반에 대한 규제를 회피하기 위한 것이었다. 그만큼 긴급구제금융안 자금을 사용하는 것은 당시 월가 금융기관들에게 '주홍글씨Scarlett Letter'와 같은 것으로 인식되었다. 처음에 미국 규제당국은 금융위기로 인한 충격이 아직 가시지 않았다는 판단에서 구제금융 상환을 허락하지 않았다. 하지만 스트레스 테스트 결과 월가의 자금사정이 개선되고 있음이 증명되자 금융기관들의 자금 상환 요구는 더욱 커졌고, 마침내 미국 재무부는 6월 9일, 10대 은행에 대해 680억 달러에 이르는 구제금융 상환을 공식 허용하기에 이르렀다. 여기에는 골드만삭스 · JP모건체이스 · 모건스탠리 · 아메리칸익스프레스 · 스테이트스트리트 · US뱅코프 · 노던트러스트 · BB&T · 캐피털원파이낸셜 · 뱅크오브뉴욕멜론 등이 포함됐으며, 테스트 결과 자본이 부족하다고 판명된 시티그룹과 뱅크오브아메리카 등은 포함되지 않았다.[*]

미국 재무부 발표가 나오자마자 증자를 통해 탄환을 비축해둔 월가 금융

---

[*] 이즈음 미국의 중소은행들은 혹독한 빙하기를 지나고 있었다. 대부분 중소은행들인 파산 은행 수는 2009년 들어 급증하기 시작하여 10월 초에 100개에 육박했다. 금융위기가 터진 2008년 파산 은행 수 25개를 넘는 속도였다. 금융리서치업체인 포사이트어낼리틱스는 2011년까지 581개에 달하는 중소은행이 도산할 수도 있다고 추산했다. 중소은행 줄도산의 직접적 원인은 당시 상업용 부동산 부실이 심화되고 있었기 때문이다. 중소은행들은 전체 상업용 부동산 관련 대출 1조 8,000억 달러 가운데 약 절반에 육박하는 8,700억 달러 가량을 취급하고 있었다. 그러나 이보다는 미국 정부의 구제금융이 자산규모 10억 달러 이상의 대형은행에 집중되고 그 이하는 방치됐던 탓이 더 컸다. 금융시장 안정을 명분으로 대형은행에는 세금을 퍼주었지만, 중소은행에는 적자생존이라는 서릿발 같은 경쟁원리를 적용한 것이다. 이즈음 중소기업과 소상공인 대출에 치중해 온 미국 20위권 은행인 CIT(자산규모 750억 달러)도 파산 위험에 봉착해 있었다. 이 같은 파산은행의 증가로 인해 연방예금보험공사의 예금보험기금도 바닥을 드러내 2009년 6월 104억 달러로 1년 전의 4분의 1수준으로 떨어졌다.

기관들이 구제금융을 상환하기 시작했다. JP모건이 250억 달러를 갚아 첫 테이프를 끊었고, 골드만삭스(100억 달러)와 모건스탠리(100억 달러)가 뒤를 이었다. 6월 17일에는 US뱅코프(66억 달러), BB&T(31억 달러), 캐피털원파이낸셜(35억 7,000만 달러), 노던트러스트(15억 8,000만 달러), 뱅크오브뉴욕멜론(30억 4,000만 달러), 아메리칸익스프레스(33억 9,000만 달러), 스테이트스트리트(20억 달러) 등 9개 금융업체들이 구제금융을 상환하고 '자유의 몸'이 됐음을 자랑스럽게 공표했다. 이 은행들은 구제금융 대가로 미국 재무부에 우선주와 연계시켜 제공한 '보통주 매입권Warrants'도 서서히 회수하기 시작했다.

하지만 이 대형은행들에 대한 규제를 강화해야한다는 목소리는 금방 사그라지지 않았다. 이참에 금융시장의 시스템을 근본적으로 뜯어고쳐 금융위기가 재발되는 것을 원천 차단해야 한다는 주장이 힘을 얻고 있었다. 특히 금융위기를 초래한 근본 원인이 상업은행과 투자은행 사이의 칸막이를 없앴기 때문이라는 주장이 설득력을 얻으면서 1999년 폐기된 '글래스-스티걸법(Glass-Steagall Act)'을 부활해야 한다는 목소리가 고개를 들었다. 그러나 시대를 거슬러 과거로 되돌아갈 수는 없는 노릇이었다. 금융 규제 강화에 대한 목소리는 그때까지 진행되던 두 차례의 선진신흥국 G20 정상회담에서도 비중 있게 반영되고 있던 터라 각국은 이 합의에 따라 별도의 입법안을 준비하고 있었다. 그것은 시장에 대한 금융당국의 감시 감독을 강화하고 은행들의 무분별한 위험 투자를 제한하며 장외에서만 이루어지는 파생상품 거래를 제도화해 투명성을 높인다는 등의 내용이었다. (상세 내용은 9장 참조)

잠재된 위협

국채 수익률 제로시대

월가발 금융위기가 최악으로 치닫던 2008년 말 미국 재무부 채권, 즉 국채Treasury-bill 수익률이 제로로 떨어지는 놀라운 일이 벌어졌다. 이것은 당시 전 세계 자금시장의 신용경색과 금융시스템 붕괴에 대한 불안감이 어느 정도인지를 단적으로 보여주는 사례였다. 전대미문의 최악의 금융위기 앞에서 이제 더 이상 주식이니 회사채니 원자재니 하는 투자 대상은 무의미해졌고 오로지 미국 정부가 발행하는 국채만이 지급 불능 위험에 빠지지 않을 것이라는 한 가닥 기대가 낳은 결과였다.

〈AFP통신〉과 〈블룸버그통신〉은 미국 국채 1개월물과 3개월물 수익률이 2008년 12월 5일(현지시간) 각각 0.01%를 기록해 사실상 제로금리시대에 진입했다고 보도했다. 가격과 반대인 수익률이 이처럼 추락한 것은 미국 단기국채에 수요가 몰려 가격이 급증한 것을 의미한다. 2008년 9월 리먼 사태가 터지기 전만 해도 1개월물과 3개월물의 국채 수익률은 각각 1.515%와 1.785%였다.

이날 미국 국채 6개월물 수익률도 0.20%로 떨어졌고, 10년 만기와 30년물 등 장기물 수익률도 각각 2.50%와 3.00%로 낮아졌다. 파이낸셜 웹사이트인 TXDD를 운영하는 그레그 마칼로스는 "월가에 시장 침체에 대한 공포가 확산되고 있다. 투자자들이 주식은 물론 회사채 등도 위험자산으로 인식하고 안전자산인 미국 국채로만 몰려 든 결과"라고 설명했다.

이 무렵 달러 수요도 폭증하는 극단적인 쏠림현상이 빚어졌다. 달러의 유로에 대한 가치는 2008년 9월 15일 리먼브라더스의 파산으로 금융위기가 전면에 드러나자 갑자기 폭등해서 10~12월에 1유로당 1.25달러까지 치솟았다.

나흘 후인 12월 9일 실시한 4주 만기 국채 입찰에서도 300억 달러어치가 전량 소화되며 수익률 0%에 팔렸다. 발행 금리가 사상 처음으로 제로를 기록한 것은 이때가 처음이었다. 이것은 신용 위험에 내쫓긴 투자자들이 한 달 뒤에 이자 없이 오로지 본전만 찾아도 좋다는 의사표시였다. 제로 수익률에도 국채를 사겠다는 투자자들이 몰려드는 바람에 이날 응찰 금액은 무려 1,260억 달러에 달했다. 팔겠다는 물건보다 사겠다는 사람이 4배나 많았던 셈이다. 앞서 12월 8일에 실시한 3개월 만기 국채 입찰에서도 270억 달러어치가 수익률 0.005%에 낙찰된 바 있다. 이 또한 3개월물 국채가 선보인 지난 1929년 이후 최저치였다.

4주 만기 미국 국채 수익률이 0%에 매각되었다는 소식이 알려지자 이미 발행되어 시장에서 유통되고 있는 3개월 만기 국채는 한때 수익률이 마이너스로 떨어지기도 했다. 〈AFP통신〉은 이날 3개월 만기 미국 국채 수익률이 한때 −0.051%까지 내려갔다가 0.02%로 회복되었다고 보도했다. 이 말은 1백만 달러어치의 국채를 산 투자자는 3개월 뒤에 약 128달러 정도를 손해 본다는 의미이다. 시장이 국채 투자의 대가로 제로, 심지어 마이너스 수익률을 받아들인 것은 대공황 이후 처음이었다. 전문가들은 당시 이런 현상은 금융위기와 경기침체 우려뿐 아니라 결산장부를 마감하는 연말에 위험자산을 털고 가려는 이른바 '연말 효과'가 작용했기 때문이라고도 진단했다.

미국 국채 금리 제로는 투자 수익을 포기해서라도 원금을 지키겠다는 극단적인 안전자산 선호 현상에 따른 것으로 신용경색이 최악의 상태에 도달했음을 의미했다. 당시 투자자들이 주가가 폭락하고 회사채, 모기지증권 등 거의 모든 채권이 부도나는 상황에서 달러와 대표적인 달러표시 자산인 미국 국채만을 마지막 남은 안전지대로 여겼던 것이다. 이것은 마치 사냥

꾼에게 쫓기던 꿩이 이리저리 피하다가 결국 어찌할 바를 모르고 덤불 속에 머리를 처박고 위험을 피했다고 안심하는 꼴과 비슷했다. 그러나 꿩이 목숨을 구하기 위해서는 덤불이 충분히 감춰줄 수 있어야 한다. 그런데 그 덤불도 결코 철옹성이 될 수 없다는 것이 서서히 드러나게 된다. 얼마 지나지 않아 기축통화로서의 달러의 지위가 크게 흔들리고 이를 기반으로 제2차 세계대전 이후 지속되어 왔던 영미 자본주의의 패권이 도전받는 시대가 전개되기 때문이다.

'금융 허브' 영국의 굴욕

국채가 최후의 안전자산이라 해도 나라별 상황에 따라서 차별이 있게 마련이다. 위기가 심화되면 모든 나라의 국채에 대한 수요가 높아지는 게 아니라 정치·경제적으로 신뢰할만한 몇몇 국가의 국채만이 제대로 된 평가를 받아 수요가 몰린다. 글로벌 금융위기 속에서 투자자들로부터 최후의 안전자산으로 여겨지던 국채는 당연히 미국 국채였고, 그 다음이 영국과 프랑스, 일본 등 선진국들의 국채였다. 특히 현재 세계 금융시스템의 골간인 브레턴우즈체제의 주축국인 미국과 영국의 국채에 대해서는 국가가 망하지 않는 한, 아니 세계가 망하지 않는 한, 이 나라들의 국채는 영원히 가치를 저장해 줄 것이란 신뢰가 있었다.

하지만 지구촌을 휩쓴 최악의 금융위기 앞에서 이런 기대마저 한바탕 크게 흔들리는 곤욕을 치르게 된다. 2009년 5월, 최고의 지위를 누리던 영국의 국가신용등급이 강등되는 사건이 발생했다. 당시 이 사건은 영국 국채에 대한 직접적인 평가는 아니었지만 1990년대 이후 실물경제를 포기하고 금융서비스로의 특화 전략을 펴오던 영국 경제에 대한 크나큰 치욕으로 기록되었다.

국제신용평가사 S&P는 5월 21일 성명을 통해 제2차 세계대전 이후 최악의 경기침체 속에서 국가 재정이 극도로 악화되고 있는 영국과 일본의 국가 신용등급 전망을 '안정적stable'에서 '부정적negative'으로 낮춘다고 밝혔다. IMF도 이날 영국의 재정상황이 악화되고 있다면서 재무당국이 차입을 줄여 국가 부채가 급증하는 것을 막고 지출을 제한해야 한다고 권고했다.

이 소식이 전해지자 영국 파운드화 가치가 급락하고 영국 국채인 길트 10년물 가격도 급락하여 독일 국채 대비 스프레드가 9bp(100bp=1%) 증가한 24bp로 확대되는 등 금융시장이 요동쳤다.

영국의 신용등급 전망이 강등된 것은 영국 역사상 처음으로 그만큼 영국 경제가 금융위기의 후폭풍 속에서 결코 자유롭지 않다는 의미였다. 동유럽 위기가 서서히 진정되면서 세계 경제에 최악의 위기는 지났다는 안도감이 퍼지는 시기에 갑자기 터진 이 사건은 장차 대규모 재정적자가 가져올 부작용에 대한 우려감 때문이었다. 재정적자는 일반적으로 인플레이션 압력을 심화시키고 나아가 국제 외환시장에서 자국 통화의 가치를 떨어뜨려 국제적인 신인도에 치명적인 흠집을 남기게 된다.[*]

영국 정부는 당시 경기침체 탈출을 위해 막대한 돈을 쏟아 부으면서 국가 재정이 파탄 날 지경에 이르고 있었다. 2009년도 재정적자만 해도 전체 GDP의 12.4% 수준인 1,800억 파운드에 달하고 이로 인해 누적재정적자가 GDP의 57.5%(8,048억 파운드)에 달할 것으로 예상되었다. 여기에다 파산 위기에 몰린 은행의 자본 확충을 위해 400억 파운드를 투입했고, 실물경기를 살리기 위해 2010년까지 사상 최대인 2,200억 파운드의 국채 매각 계획도 세워 놓고 있어서 추가적인 재정적자 증가가 불가피한 상황이었다. 중앙은행인 영란은행BOE은 이를 뒷받침하기 위해 1,500억 파운드를 국채와 회사채 매입에 투입키로 했다.

서브프라임 사태 이후 영국 경제는 성장의 젖줄이었던 금융부문이 급속

---

[*] 국가의 신용등급은 정치, 경제, 군사, 문화 등 그 나라의 국제적인 대외 신인도를 종합적으로 평가해서 내린 등급이다. 이것은 국채 발행이나 외국에서 돈을 빌릴 때의 이자율이나 스와프, 기타 무역 간의 혜택 적용여부 등에 광범위한 영향을 미친다. 현재 무디스 · 피치 · 스탠더드앤드푸어스 등 신용평가회사들이 각국의 신용등급을 매기는데, 최상위 레벨은 AAA(트리플 에이)로 그 해당 국가는 미국 · 영국 · 덴마크 · 싱가포르 · 노르웨이 · 독일 · 스위스 등(2008년 상반기 기준)이다. 한국은 대체로 A~A+ 등급으로 전체 범위에서 보면 중간수준에 해당하며, 여기에는 중국 · 아이슬란드 · 슬로바키아 · 리투아니아 · 바레인 · 이스라엘 · 에스토니아 등이 포함된다.

히 와해되고 자산 가치가 급감하면서 심각한 불황 속에 빠져들고 있었다. 은행 부문의 손실과 파운드화 폭락으로 인한 자산 가치 손실액이 한 해 GDP에 맞먹는 2조 파운드(2조 8,000억 달러)에 달하는 것으로 집계되었다. 2009년 1분기 성장률도 1979년 이후 최저치인 −1.9%를 기록한 데 이어 연간으로도 −3.5%의 뒷걸음질 성장을 할 것이란 전망이 나왔다.

어쨌든 이날 발표에서 S&P는 영국의 신용등급을 최고 수준인 'AAA'로 유지했지만, 영국 정부가 재정 악화를 막기 위해 증세와 긴축 재정에 나서지 않을 경우 아일랜드 · 그리스 · 포르투갈 · 스페인에 이어 서유럽에서 다섯 번째로 국가 신용등급 자체가 하향될 가능성도 배제하지 않았다.

흔들리는 영미 자본주의

영국이 재정 파탄을 이유로 신용등급 전망이 강등됨에 따라 비슷한 처지에 있는 미국의 운명에도 관심이 쏠렸다. 미국도 2009회계연도(2008년 10월 1일~2009년 9월 30일) 재정적자가 국내총생산GDP의 12.9%에 해당하는 1조 8,400억 달러에 달하고, 이에 따른 누적 재정적자 규모도 GDP의 80%에 이를 것으로 예상돼 영국보다 못하면 못했지 결코 나아 보이지 않았다.

영국의 신용등급 전망이 강등된 5월 21일 세계 최대 채권펀드인 퍼시픽인베스트먼트매니지먼트PIMCO의 공동 최고투자책임자CIO인 빌 그로스는 "미국이 머지않아 최고 신용등급인 'AAA'를 잃을 수도 있다"고 경고했다. 그는 이날 CNBC에 출연해서 "조만간 (미국의 신용등급 강등이) 발생할 것이라고는 생각지 않지만 그럴 가능성이 커지고 있다"면서 그 근거로 "시장이 미국과 영국을 쌍둥이처럼 보고 있기 때문"이라고 설명했다. 그로스는 이어 "미국이 현 추세대로 간다면 5년 안에 GDP와 부채가 같은 수준에 도달할 수 있다. 이런 국가의 경우 통상 'AAA' 등급을 받기는 어려울 것"이라고 지적했다.

이 소식에 놀란 티머시 가이트너 미국 재무장관은 부랴부랴 〈블룸버그통신〉과 인터뷰를 갖고 "현 의회와 행정부가 재정적자를 중기 수준에서 지속 가능한 수준까지 낮추는 것이 무엇보다 중요하다. 올해 GDP 대비 두 자릿수 적자율이 불가피하지만 앞으로 재정적자 규모를 GDP의 3% 이하로 낮추도록 하겠다"고 강조했다.

일부에서는 이 사건을 제2차 세계대전 이후 흔들림 없이 유지돼온 미국과 영국 중심의 브레턴우즈체제가 균열이 가고 있음을 예고한 것으로 받아들였다. 글로벌 금융위기를 계기로 브레이크 없이 질주해왔던 앵글로색슨 자본주의에 일대 수정이 가해지고 있다는 진단이었다.

미국과 영국의 신용등급 강등은 글로벌 금융시장에서 두 나라의 지위가 흔들리고 있다는 경고일 뿐 아니라 기존의 질서가 무너지고 새로운 질서의 탄생 가능성을 의미했다. 2007년 여름 서브프라임 부실 사태가 처음 불거질 때만 해도 10년마다 한번쯤 재발하는 '부담스럽지만 금방 치유될 수 있는' 고질병 정도로 치부되었다. 그러나 2008년 가을 리먼브라더스 사태를 계기로 전 세계 금융시스템이 흔들리면서 이번 금융위기는 다른 여느 위기와는 달리 세계 자본주의 체제의 근본적인 변화를 요구하는 대격변의 시작일 수 있다는 분위기가 서서히 감지되기 시작했다.

지난 1세기 동안 미국은 영국과 든든한 공조체제를 구축하며 두 번의 세계대전과 일본의 진주만 기습, 그리고 쿠바 미사일 위기와 구소련과 맞선 냉전시대에도 '불패 신화'를 구가하며 세계를 호령해 왔다. 그러한 미국이 대공황 이후 최악이라는 금융위기로 인해 제어할 수 없는 재정파탄을 맞아 내부로부터 좌초하고 있다는 불안감이 커지고 있다. 영국과 미국 두 나라의 국민총생산 대비 재정적자 규모가 100%가 넘는 것은 이제 시간문제라는 것이 전문가들의 진단이다. 제2차 세계대전 이후 최장의 불황과 이에 따른 실업, 그리고 아직도 진정되지 않고 있는 금융권의 부실을 메우기 위해 사상 최대의 재정투입, 즉 적자 예산이 앞으로 수년간 예정돼 있기 때문이다. 두 나라의 재정파탄은 스스로를 이류국가로 전락시키는 것은 물론, 세계 기축통화 역할을 해온 달러와 파운드화의 몰락과 이에 따른 통화증발로 지구촌에 이른바 '슈퍼 인플레이션Super Inflation'이라는 대재앙을 불러

올 것이라는 우려까지 낳고 있다. 국내 최초의 경제정론지 〈서울경제신문〉
은 5월 22일자에서 "영미 공동의 패권주의가 이제 내부로부터 무너지려 하
고 있다. 그리고 그 시작은 제어할 수 없는 길로 치닫고 있는 두 나라의 재
정파탄이 단초가 될 수 있다"고 지적했다.

9장

세계 자본주의 체제의 재정비

신新브레턴우즈체제 논의의 등장

신자유주의에 대한 반성

월가발 금융위기가 정점에 달하면서 각국이 취한 광범위한 시장 개입과 공적자금 투입 정책은 신자유주의의 부정으로 여겨졌다. 그리고 그 시작은 2008년 9월 19일 조지 W. 부시 대통령이 긴급성명에서 발표한 금융위기를 잠재우기 위해 대규모 구제금융을 투입한다는 선언에서 비롯되었다. 이 선언은 시장을 구하기 위한 어쩔 수 없는 비상조치였지만 결국 '경제의 작동은 최대한 시장에 맡기고 정부는 게임의 룰만 잘 관리하면 된다'는 지난 30년간의 신자유주의Neo-liberalism 정신의 퇴장을 의미했다.

영국 〈파이낸셜타임스〉의 칼럼리스트인 크리스티나 프리랜드는 9월 20일자 칼럼에서 "(신자유주의 시대를 연) 로널드 레이건 시대가 공식적으로 막을 내렸다. 미국 정부는 스스로 전방위 공적자금 투입을 공언함으로써 작은 정부를 지향해 온 신자유주의의 마지노선을 넘었다"고 평가했다. 이에 앞서 〈월스트리트저널〉도 "1980년대 이후 규제는 약해야 한다는 신념을 고수하던 미국 정부가 적극적 행동주의로 선회했다"고 전했다.

미국은 1980년 레이건 행정부의 등장 이후 규제 완화와 감세 등 '작은 정부와 큰 시장'을 경제정책의 핵심으로 추진해 왔다. 특히 경쟁력을 높이기 위한 가장 효율적인 수단으로 규제 완화를 적극 추진했고 정부의 직접 개입은 금기로 여겼다. 하지만 서브프라임 모기지 부실에서 비롯된 월스트리트의 붕괴는 시장의 실패를 명확히 보여줬고 이전까지의 상황을 완전히 뒤집어 놓았다.

정부의 적극적인 역할을 강조하는 케인즈식 경제정책에 반기를 든 신자유주의는 1979년 영국 대처 정부가 민영화와 감세, 복지 및 재정 축소를 추진하면서 유력한 정책 수단으로 떠올랐다. 이것은 경제학사상 하이에크의 자유주의 사상과 신고전파 경제학에 뿌리를 둔 것으로 1980년대 영국의 대처리즘Thatcherism과 레이거니즘Reaganism에 의해 공식화되었다. 레이건 이후 미국에서는 시장 규제를 거론하는 것 자체가 '사회주의 좌파'로 몰릴 정도로 신자유주의는 절대적 가치로 신봉되어 왔다. 신자유주의는 이후로 신흥국들의 무역 개방과 자본시장 개방의 기본 잣대로 적용되었으며, 특히 1990년대 멕시코 사태 등 남미의 외환위기와 1998년 아시아 외환위기를 계기로 전 세계로 광범위하게 퍼져나갔다.

글로벌 금융위기의 진행과 함께 신자유주의에 대한 비판은 사회 각계각층에서 다양하게 터져나왔다. 클린턴 행정부에서 상무부 국제무역담당 차관을 지낸 데이비드 로스코프는 2008년 9월 29일 〈파이낸셜타임스〉와의 인터뷰에서 "세계 경제는 전환점에 있다. 작은 정부가 낫다는 25년간의 레이건-대처리즘이 종언을 고했다"고 주장했다.

교황도 신자유주의 비판에 동참했다. 교황 베네딕토 16세는 10월 6일 제12차 주교회의에서 '신의 말씀'이란 강론을 통해 금융위기가 금융시스템의 문제만이 아닌 인간의 탐욕이라는 보다 근본적인 문제에서 비롯되었다고 지적했다. 그는 "성공이나 직위, 돈을 추구하는 사람들은 (자신의 일생을) 모래 위에 쌓아 올리는 셈"이라면서 "물질이나 손에 잡을 수 있는 것만을 진실이라고 믿는 사람들은 자신을 속이는 것"이라고 강조했다.

2009년 2월 10일, 후안 소마비아 국제노동기구ILO 사무총장도 리스본에서 열린 유럽지역회의에서 "세계적인 금융위기로 인해 대규모 실업과 물가 폭등, 경제적 궁핍으로 사회불안이 야기되었다. 이제 신자유주의에 따른 세계화는 막을 내렸다"고 선언했다.

제1차 G20 긴급 회동

　제2차 세계대전 이후로 최악의 경제위기라 불리는 미국발 금융위기가 걷잡을 수 없이 확산되자 세계 각국은 긴급히 해결책 모색에 나섰다. 이미 각국 중앙은행들은 제로에 가까운 기준금리 인하와 대규모 유동성 공급으로 공조체제를 구축했지만 정부 차원에서 보다 광범위한 협력방안과 제도적 차원에서 보다 탄탄한 보완이 필요했다. 특히 그동안 신자유주의의 득세에 따른 파격적인 규제 완화로 인한 파생상품의 무분별한 확산과 투기적인 금융거래를 제어할 수 있는 장치를 만들어야 했다.

　이러한 위기의식 속에서 선진국과 신흥국 등 세계 20개국 주요 정상들은 2008년 11월 14~15일 미국 워싱턴에서 긴급 회동하여 금융시장 안정과 추락하는 실물경제를 회복시키기 위한 국가 간의 공조 방안을 모색했다.

　금융위기 이후 첫 번째로 실시된 이 다자간 정상회담에는 미국의 부시 대통령과 사르코지 프랑스 대통령, 고든 브라운 영국 총리, 앙겔라 메르켈 독일 총리 등 선진 7개국G7 정상과 유럽연합EU 및 중국, 인도, 러시아, 브라질 등 브릭스 정상들, 그리고 한국 등 신흥국 정상들이 대거 참가했다. 또 도미니크 스트로스-칸 IMF 총재, 로버트 졸릭 세계은행 총재 등 국제기구 수장들과 G20 재무장관들도 대거 동반했다.

　세계 경제력의 85%를 차지하고 있는 G20은 1999년에 결성되어 국제 경제 안정과 질서 등을 논의해 왔지만 그 동안은 G7이나 러시아가 포함된 G8이 주도적인 역할을 해왔기 때문에 그 의미는 상대적으로 반감되었다. 그러나 금융위기가 전 세계적으로 확산되고 문제의 심각성이 커지자 기존의 선진국 그룹인 G7이나 G8만으로는 해결할 수 없다는 인식이 제기되면서 G20까지로 참석 범위가 확대되었다.

　회담 결과 G20 정상들은 총론적 수준에서 금융시장 규제 및 금융당국 간의 협력 강화를 골자로 하는 공동선언을 도출했다. 또 세계 경제 악화를 막기 위한 공동 통화정책과 재정지출 확대에도 합의했다. 하지만 구체적인 실천안 마련이 이루어지지 않아 주요 국가들의 실질적 공조를 위해서는 아직도 넘어야 할 산이 많이 남아 있음을 보여주었다. 이는 금융위기 초기 상태에서 각국의 이해관계가 서로 달랐고, 주도국인 미국의 조지 W. 부시 대통령이 퇴임을 앞두고 있어서 강력한 드라이브를 걸 수 없는 상태였기 때문으로 보인다. 이미 차기 대통령으로는 민주당의 버락 오바마 후보가 11월 4일 당선을 확정지은 상태였다.

그렇다 하더라도 1차 G20 회의는 세계 경제 무대에서 선진국 중심의 G7이나 G8의 위상이 약화되고 중국, 브라질 등 신흥경제대국의 발언권이 보다 강화되고 있음을 여실히 보여주었다. 일부 국가 정상들은 이번 회담을 통해 신흥국의 대표권과 발언권을 강화해 G8을 G20으로 대체해야 한다고 주장했다. 특히 공동선언문에는 IMF를 비롯한 국제금융기구에서 신흥국의 경제력을 반영해 대표성을 확대해야 한다는 내용이 반영되었고, 구체적인 실천 과제안 마련에 영국과 더불어 한국, 브라질 등의 신흥국이 참여하기로 했다.

공동선언문에 따르면, 금융시장 안정 및 실물경제 활성화를 위해 ▲ 자국 여건을 감안한 적절한 통화정책 운용, ▲ 내수 진작을 위한 지속가능한 재정정책 시행, ▲ IMF의 신흥국 지원을 위한 단기유동성지원창구 SLF 개설, ▲ IMF · 세계은행 등 국제 금융기구의 재원 확충 등을 공동 추진키로 했다.

또 위기를 불러온 금융시장 관행을 개혁하기 위해 ▲ 금융상품과 금융기관의 투명성 및 책임성 강화, ▲ 과도한 위험추구를 방지하기 위한 은행 보너스 체제 개선, ▲ 금융 규제 · 감독 범위의 확대 및 개선, ▲ 신용평가사에 대한 관리 · 감독 강화, ▲ 금융투자자 및 소비자 보호를 통한 시장의 신뢰성 제고, ▲ 자본거래에 대한 규제당국 간의 협력 강화, ▲ IMF · 세계은행 등 국제금융기구의 지배구조 개선, ▲ 금융안정포럼(FSF: Financial Stability Forum) 참가 대상에 신흥개도국 포함 등에 대한 원칙적인 합의가 이루어졌다. 또한 이 합의내용의 이행을 점검하기 위해 내년 4월 말 이전에 G20 정상회담을 다시 개최하기로 하였다.

외신들은 이 합의안에 대해 구체적인 이행 과제가 뒤로 미루어져 아쉬움을 남겼다면서도 향후 글로벌 금융개혁의 기틀을 마련하는 데는 성공했다고 평가했다. 또 제2차 세계대전 이후 세계 경제 질서의 바탕이 됐던 브레턴우즈체제를 대체할 신브레턴우즈체제나 초국가적인 금융감독기구의 창설 등에 대한 실질적인 논의가 거의 이루어지지 않았지만, 적어도 이를 위한 첫걸음은 뗐다는 평가를 내놓았다.

새로운 국제금융질서의 요구

워싱턴 G20 회의 개최 전부터 언론의 비상한 관심을 끌었던 신브레턴우즈체제 창설 문제는 당초 영국 등 유럽국들이 적극적으로 제기했던 이슈였다. 미국발 금융위기가 전 세계로 확산되면서 국가 간의 자본 이동 규제와 은행 등 금융기관의 규제감독에 대한 필요성이 커지자 기존 체제를 보완하고 금융위기의 재발 방지를 위한 새로운 금융질서에 대한 요구가 높아진 것이다.

워싱턴 G20 회의에 앞서 유럽연합 이사회 순회의장국 대표인 니콜라 사르코지 프랑스 대통령을 비롯하여, 고든 브라운 영국 총리, 앙겔라 메르켈 독일 총리 등 27개 EU 회원국 정상들은 10월 15일(현지시간) 벨기에의 수도 브뤼셀에서 이틀간의 정상회담을 열고 미국 중심의 브레턴우즈체제를 대체할 새로운 국제금융질서의 필요성을 재확인했다.

브라운 총리는 이 회의에서 "세계 금융시스템 규제에 도움이 될 수 있도록 IMF을 재건해야 한다. G8 주도의 금융정상회담을 열어 '제2의 브레턴우즈체제' 또는 '신브레턴우즈체제' 구축을 위한 발판을 마련해야 한다"고 강조했다. 브라운 총리가 구상하는 새로운 국제금융질서 또는 제2의 브레턴우즈체제는 IMF를 포함한 새로운 국제 금융 감시기구를 만들어 글로벌 금융시장의 동향을 상시 모니터링하는 체제를 구축해야 한다는 것이 요지였다.

브레턴우즈체제는 제2차 세계대전 직후인 1944년 7월 미국 뉴햄프셔 브레턴우즈에서 서방 44개국 대표들이 만나 국제 금융시스템을 안정시키기 위해 금과 달러 중심의 금환본위제를 도입하고 각국 환율은 달러에 연계시키는 고정환율제를 채택하기로 한 국제협정을 말한다. 이에 따라 국제통화기금과 세계은행(IBRD→WB)이 설립되었고, 미국의 달러만 금과 고정비율(1온스당 35달러)로 바꿀 수 있도록 허용되었다.

그러나 전후 수십 년 동안 막대한 경상적자에 노출된 미국이 1971년 8월 베트남전쟁 비용 부담을 이유로 금과 달러의 교환 정지를 선언('닉슨 쇼크')함으로써 금환본위제는 사실상 붕괴되고 말았다. 브레턴우즈체제가 흔들리면서 대신 등장한 것이 1971년 12월의 스미소니언협약이었다. 이 협약은 달러 가치를 1온스당 38달러로 내렸고, 각국 통화의 환율변동폭도 기준율의 상하 2.25%로 확대한 불안정한 환율 체계였다. 브레턴우즈체제의 문제점을 일시적으로 틀어막은 것이지만 미국의 국제수지 불균형은 지속될 수밖에 없었다.

통화불안이 계속됨에 따라 1973년 2월에서 3월에 걸쳐 세계 주요국 통화가 변동환율제로 이행하자 스미소니언 체제도 무너지고 만다. 1976년 등장한 킹스턴 체제는 각국의 통화 가치를 원칙적으로 외환 수급에 의해 결정키로 한, 그러니까 변동환율제로 바꾸기로 한 것이다. 미국은 이때부터 정부가 외환시장에 개입할 경우 환율조작국으로 지목해 규제하기 시작했으며, 자유무역을 명분으로 달러화 패권을 노골화했다. 그러나 미국의 경상적자가 지속되면서 세계시장에서 달러의 공급 과잉으로 인한 달러 가치의 불안정 우려가 끊임없이 제기되었다. 그 과정에서 미국 · 일본 · 독일 · 영국 · 프랑스 등 선진 5개국G5이 미국의 무역수지 개선을 위해 달러 가치를 떨어뜨리기로 한 1985년의 '플라자 합의' 같은 일들이 빚어졌다.

금융위기 이후 처음으로 열린 제1차 워싱턴 G20 회의에서 신브레턴우즈체제에 대한 논의가 이루어지지 않은 것은 경제 패권 위축을 달가워할 리 없는 미국의 반대와 경제 규모에 걸맞은 위상을 요구하는 중국, 러시아 등 신흥국들이 유럽 주도의 새로운 경제 질서에 회의적인 태도를 보였기 때문이다. 특히 기존 체제의 유지를 바라는 미국은 금융시장 감독을 위한 글로벌 금융당국의 설립은 아직 시기상조라는 입장을 분명히 했다. 이런 가운데 세계 제2위 외환보유국인 일본은 워싱턴 G20 회의에 앞서 IMF에 1,000억 달러의 기금을 출연하겠다면서 중국과 러시아도 비슷한 조치를 내주기를 희망했다. 그러나 외환보유액 세계 1, 3위 국가인 중국과 러시아는 IMF 내의 의결권 확대가 선행돼야한다는 입장을 고수하면서 이견을 노출했다. 로버트 졸릭 세계은행 총재는 "이번 워싱턴 회의는 생산적 합의를 도출해 낼 기반을 마련했지만, 정말 중요한 것은 다음 단계에 각국이 어떤 행동을 취할지에 달려 있다"며 차후 이루어질 새 모임에 기대를 걸었다.

오바마의 제2차 G20 정상회담

예상 밖의 풍성한 성과

2009년 1월 20일, 버락 오바마가 미국의 제44대 대통령으로 공식 취임했다. 그에게 부여된 과제는 미국발 금융위기로 인한 세계 금융시장의 불안을 해소하고 하락세로 접어든 글로벌 경기침체의 장기화를 막는 일이었다. 아울러 허술한 금융감독시스템을 개선해 금융위기의 재발을 막기 위한 국제적 공조체제를 확고히 다지는 일이었다. 이미 대내적으로는 약 8,000억 달러에 이르는 경기부양안의 의회 통과를 마치고 난 뒤였다.

마침내 2009년 4월 2~3일 영국의 런던에서 역사적인 제2차 G20 정상회담이 열렸다. 지난해 11월 워싱턴에서 열린 제1차 정상회담에 이어 금융위기 발발 후 두 번째였다. 이 회의는 오바마 대통령 자신에게는 세계 초강대국 미국을 이끌 차세대 리더로서의 모습을 보여주는 첫 무대이기도 했다. 사실 전문가들은 2차 G20 회담에 대해서도 크게 기대하지 않았다. 개최 전부터 미국, 유럽, 신흥 경제국 등 참가국들의 이해관계 차이로 뚜렷한 불협화음이 노출됐기 때문이다.

그러나 런던 G20 회의에서 정상들은 당초 예상과는 달리 국제통화기금의 재원확충을 통한 위상 강화 등을 골자로 하는 6개항의 공동선언문을 채택하는데 성공했다. 1차 회의 때보다는 구체적이고 실질적인 합의안이 도출됐고, 훨씬 포괄적이고 깊이 있는 합의가 이루어졌다는 평가가 나왔다.

우선 정상들은 글로벌 경제위기에 신속하게 대응할 수 있도록 IMF의 위상과 역할을 강화하기로 하고, 이를 위해 IMF와 세계은행 등의 재원을 총 1조 1,000억 달러로 확충하기로 했다. 특히 IMF의 재원을 현재의 2,500억 달러에서 7,500달러로 3배 증액하고 특별인출권SDR 발행 한도도 2,500억 달러 늘리기로 했다. 아울러 최빈국을 지원하기 위해 IMF가 보유중인 금을 판매해 재원으로 활용하자는 데도 합의했다. 이 같은 조치는 당시 디폴트 위험에 시달리고 있던 동유럽 등 일부 소국들에게는 단비와도 같은 소식이었다.

신흥국과 개도국의 참여가 확대되는 방향으로 국제금융기구의 기능과 체제를 개편하자는 방안에도 합의를 이루었다. 주요 국가들 간에 이견을 보여 온 경기부양책과 관련해서도 회원국들이 재정 확대를 통해 1,900만개의 일자리 창출과 경기부양을 위해 이듬해까지 모두 5조 달러를 투입하기로 했다. 또한 개도국을 위해 500억 달러를 지원하기로 하는 등 글로벌 경제위기 극복을 위한 현실적인 대책을 마련했다.

금융개혁 분야에서도 의미 있는 결론이 나왔다. 파생상품은 물론 세계 금융시장을 교란하는 헤지펀드와 조세 피난처 등 '검은 돈'에 대한 감독 및 감시를 강화하고, 이를 위해 기존의 금융안정화포럼FSF을 금융안정위원회FSB로 격상시키기로 했다. 국제무대에서 헤지펀드나 조세피난처, 파생상품 등에 대한 규제강화 방침을 천명한 것은 역사상 처음 있는 일이었다. 그동안 국제적인 금융거래는 지나칠 정도로 시장주의에 매몰된 채 막대한 투기자본이 아무런 제약 없이 국경을 넘나들며 이윤추구를 할 수 있도록 수수방관해왔다는 비판을 받았다. 정상들은 또 파생상품에 대한 잘못된 평가로 '묻지마 투자'를 부추겼던 신용평가사에 대한 규제를 강화하고 과도한 리스크 투자를 유발하는 금융회사의 급여와 보너스 체계, 회계 규정도 뜯어 고치기로 했다. 참가국들은 이행 강제력을 높이기 위해 국제통화기금과 금융안정위원회FSB로 하여금 경제협력개발기구OECD의 협조를 얻어 금융시장 감독 및 규제 강화에 대한 개혁 진척 상황을 수시로 체크하도록 했다.

2008년 11월 제1차 G20 회의에서 합의한 보호주의 배격 조치도 앞으로 1년간 더 연장하기로 했다. 각국의 무역금융을 지원하기 위해 2,500

억 달러를 추가로 갹출하자는 데도 합의했다. 이를 위해 세계무역기구 WTO는 자유무역을 저해하는 사례 등을 조사해 분기별로 보고하기로 했다. 경기침체 국면에서 자국 산업 보호를 위해 과도한 장벽 설치를 막기 위한 이 조치는 금융위기의 후유증으로 세계 무역이 25년 만에 처음 감소했으며, 세계 각국의 수요 감소 현상이 한층 심화되고 있다는 관측에 따른 것이었다.

갈등 잠재운 '역사적 합의'

런던의 G20 정상회담이 누구도 예상치 못할 정도로 풍성한 합의를 쏟아 낸 것은 금융위기의 악화와 세계 경제의 위축으로 각국이 저만 살겠다고 각자도생各自圖生의 길을 갈 경우 세계 경제 전체가 파국을 면키 어려울 것이란 위기감이 작용한 결과였다. 이것은 각국 정상들 사이에 세계 경제의 파국을 막기 위해서는 76년 전 런던 세계경제회의의 실패를 되풀이하지 말아야 하며, 이를 위해서는 반드시 가시적인 성과를 내야한다는 공감대가 강하게 형성돼 있었기 때문이었다.

이와 함께 사실상 세계 경제의 맹주인 미국의 오바마 대통령이 전임자인 조지 W. 부시 대통령과는 달리 적극적인 의지를 가지고 대화와 타협을 강조하면서 회의 분위기를 주도한 것도 효과를 냈다. 그는 특히 최악의 경제 위기를 타개하기 위한 각국의 적극적인 노력을 촉구하면서 "듣기 위해 이곳에 왔다. 미국 혼자 힘으로는 어렵다"고 몸을 낮추며 참가국들의 화합과 협력을 강조해 각국 정상들의 호의적인 태도를 이끌어 낸 것으로 전해졌다.

사실 제2차 G20 회의가 열렸던 런던 엑셀센터는 1933년 6월 12일 대공황 타개책을 호소한 영국 국왕 조지 5세의 연설이 있었던 지질박물관에서 수km 떨어진 곳이어서 역사적인 의미가 더했다. 당시 미국, 영국, 프랑스 등 세계 각국의 관리들과 금융가 수천 명은 런던에 모여 대공황을 타개하기 위한 방안을 무려 6주 동안 논의했지만, 결국 아무런 결과를 도출하지 못하면서 제 살길을 찾아나섰고 결국 공멸을 자초했다.

『1929~1939년 유럽의 대공황』을 저술한 옥스퍼드대학의 패트리샤 캘빈 교수는 당시 공조를 하겠다는 수사만 있었지 실질적인 협력은 없었다고 지적했다. 그에 따르면 각국이 고유의 정책을 포기하려 하지 않는 바람에 회의가 끝난 후 영국은 파운드화를 대폭 절하함으로써 수출을 촉진하고자 했고 보호관세를 부과했다. 프랭클린 루스벨트 미국 대통령도 금본위제를 폐지하고 달러를 절하함으로써 수출을 장려하고 특히 농부들을 멍들게 하던 디플레이션과 싸우고자 했다. 반면 프랑스는 금본위제를 고집하고 강한 통화정책을 폈으며 다른 나라들도 이 같은 정책을 펴도록 요구했다.

대공황 때 열린 런던회의는 시작부터 파경을 예고했다. 루스벨트 대통령은 자유무역을 신봉한 코델 헐 국무장관은 배편으로 보냈지만 레이먼드 몰리 등 보호무역주의 성향이 강한 관리들은 비행기로 런던회의에 보냈다. 환율안정을 위한 비밀회의도 산만하기만 했다. 루스벨트 대통령은 약달러를 굽히지 않았고 유럽이 찬성하지 않는 데 대해 이성을 잃고 격노했다. 그는 해상 요트 위에서 환율합의를 거부하는 전문을 보냈고, 그것이 대공황 타개를 위한 국제공조에 종지부를 찍었다. 역사가들은 런던회의가 세계무역을 방해하는 관세 삭감조치에 합의했거나 혹은 미국과 영국이 화폐가치 절하에 공조했다면 사태가 그렇게까지 악화되지는 않았겠지만 각국은 경제 국수주의로 회귀하는 오류를 범했다고 지적하고 있다.

이에 비해 2009년 런던 G20 회의의 성과는 괄목할만하다는 게 전문가들의 지적이었다. 회의 시작 전까지만 해도 격돌할 것 같았던 미국과 유럽국들의 긴장된 분위기는 단 하루의 정상회담만으로 깨끗이 정리되었다. 이것은 참가국들이 각자의 이해를 접고 과거의 전철을 되밟지 말자며 공동의 위기에 대해 일관된 방향으로 한 목소리를 낸 결과였다. 가장 관심을 모았던 조세피난처에 대한 규제 강화 조치는 회담 전부터 제재 대상국들의 '백기 투항'이 이어지는 성과를 거뒀다. 경제협력개발기구OECD가 조세피난처로 규정한 스위스 등 30여개 소국들은 런던회담에 앞서 은행 비밀주의를 포기하고 금융정보를 제공하겠다는 입장을 밝혔다. 사르코지 대통령은

"은행 비밀주의의 시대는 이제 끝났다"면서 더욱 더 이 부문의 강도 높은 개혁 추진을 요구했다.

그럼에도 불구하고 부분적으로 미흡한 점도 눈에 띄었다. 무엇보다 아쉬운 것은 정상들 간의 합의가 이행에 대한 강제력을 부여한 것이 아니어서 이를 위해서는 각국이 내부적인 법제화를 통해 추진해야 한다는 점이었다. 또 내년까지 경기부양에 5조 달러를 투입할 것이라는 발표는 새로운 투자를 약속한 게 아니라 각국이 지금까지 해온 경기부양책을 '종합 정리'해 놓은 것에 불과했다. 이는 재정적자 부담을 이유로 추가 경기부양 요구를 강하게 반대해 온 독일과 프랑스의 입장이 반영된 것으로 분석되었다.

대타협 속에 내재된 변화

런던 G20 정상회담은 결과적으로 미국과 유럽국들의 대타협으로 끝났다. 미국과 유럽은 특히 전략적 공조 속에 신흥국들의 도전을 적절히 제어하며 서로 원하는 것을 챙겼다는 평가를 받았다. 중국과 러시아 등 소위 브릭스Brics 국가들이 기존의 브레턴우즈체제를 대신할 새로운 국제금융질서의 수립을 요구했지만 각국 정상들은 새로운 모험보다는 기존의 틀 안에서 체제를 보수하고 고쳐 쓰는 방향으로 합의를 이룬 것이다. 표면상으로는 국제 금융위기 진정과 경기부양을 위한 획기적인 합의를 쏟아냈지만 철저한 '힘의 균형' 논리가 관철되었다는 관측이었다.

하지만 속내를 들여다보면 미국보다는 유럽이 더 큰 실익을 챙긴 회의였다. 독일과 프랑스가 요구했던 국제 금융시장의 규제 강화가 사실상 모두 받아들여진 것이 대표적인 사례다. 당초 미국은 신용평가사와 헤지펀드 등에 대한 강도 높은 규제안에 반대했지만 결국 유럽 측의 주장을 받아들였다. 이는 참가국 정상 대다수가 그간 세계 경제를 풍미해왔던 미국식 '카지노 자본주의'가 실패했다는 점을 인정했다는 의미였다. 니콜라 사르코지 프랑스 대통령은 "앵글로색슨이 주도하는 영미식 자본주의를 이제 버려야 한다"면서 이 문제에 관한 합의가 이루어지지 않을 경우 회의장을 나가겠다고 배수진을 쳤다.

이에 따라 앞으로 전개될 자본주의 체제는 사뭇 다른 모습으로 전개될 것이라는 전망이 나왔다. 전문가들은 그간의 맹목적인 시장편향에 기초한 신자유주의에 대한 허상이 깨지고 사익과 공익의 추구가 함께 균형을 이루는 새로운 자본주의, 즉 한층 더 관리되고 통제된 자본주의가 글로벌 무대에서 빠르게 형성되어 나갈 것으로 예상했다. 〈뉴욕타임스〉는 "현재의 자본주의는 자유와 경제발전, 사회정의가 함께 진전을 이루어야 한다는 인류의 공통된 믿음에 역행하고 있다"면서 "앞으로의 자본주의는 금융시스템 등의 개혁을 통해 궁극적으로 영미식 자유시장 모델을 보다 규제되는 형태로 발전시키는 데서 찾을 수 있을 것"이라고 진단했다.

중국과 러시아, 브라질 등 브릭스 국가들은 기대만큼의 성과를 얻지 못했다는 평가가 나왔다. 중국은 회담 개시 전부터 달러화의 기축통화 독점에 반기를 드는 등 미국의 헤게모니에 강하게 도전했지만 미국의 노골적인 견제와 중국의 부상을 부담스러워 한 유럽국들의 공조로 기세를 펴지 못했다. 러시아도 회의 초 국제통화기금 또는 G20 차원에서 새로운 기축통화의 도입을 검토하자고 제안했으나 공식 의제로 채택되지도 못하는 결과로 끝났다. 브릭스 국가들은 회의 시작 전 미국 달러화에 대한 의존을 줄이는 구상에 대해 의견을 교환했으며 대체 가능한 수단으로 IMF의 특별인출권SDR 사용 확대를 주장한 바 있다.

그렇다고 해도 이 회의가 신흥국들의 패배로 끝난 것은 아니었다. 앞으로 재원이 크게 늘어나게 될 IMF 등 국제금융기구를 통해서 신흥국들은 발언권을 한층 강화해 나갈 발판을 마련한 것으로 평가되었다. 참가국들이 합의한 대로 IMF의 5,000억 달러 출자금 증액이 이루어질 경우 이를 통한 의결권 확대를 시도할 나라들은 중국, 러시아 등 달러 보유고가 많은 신흥 경제대국들이 1순위였다. 중국은 벌써 G20 회의에서 IMF에 400억 달러를 출자하기로 하는 등 대외에 국력을 과시하면서 국제무대의 새로운 강자로 급부상했다. 특히 이번 회담에서 달러 대용으로 사용할 수 있는 IMF의 특

별인출권의 사용 범위를 확대한 것은 지금 당장은 아니더라도 달러를 대체
할 수 있는 새로운 화폐의 등장, 나아가 유로화 및 위안화 등 제3의 화폐의
기축통화 채택 가능성을 그만큼 높인 것으로 받아들여졌다.

금융안정포럼FSF이 신흥개도국들에 대한 문호개방을 전제로 위원회로
확대 개편된 것이나 국제적인 경제 현안을 해결하기 위해 앞으로도 수시로
G20 정상회담을 열기로 합의한 것도 신흥국들의 위상을 강화하는 계기가
될 것으로 평가되었다. 한국도 영국, 브라질과 함께 이번 G20 정상회담의
'트로이카 의장국'을 맡으면서 의제 선정, 회의 운영, 일정 조율 등에 깊숙
이 참여하는 등 세계 중심국가로 자리매김했다는 평가를 받았다.

달러 헤게모니에 대한 도전

사상 첫 브릭스 정상회담

비록 런던 G20 정상회담에서 기축통화 문제가 본격 거론되지는 않았지만 미국의 달러 패권에 대한 신흥 경제국들의 도전은 갈수록 거세졌다. 신흥 경제국의 양대 세력인 중국과 러시아는 G20 회의 개최 이전부터 글로벌 금융시스템의 다변화를 촉구하면서 이머징 국가들의 경제적 입지가 향상돼야 하고 달러화를 대체할 새로운 기축통화가 필요하다고 주장했다. 이에 앞서 금융위기가 한창 진행되던 2008년 10월 28일에도 중국과 러시아는 이미 달러화 독점체제를 개편하기 위해 무역대금 결제 시 위안화나 루블화를 사용하자는 데 의견을 모았었다.

이들의 도전은 G20 런던회의가 끝난 지 두 달여가 지난 6월 16일(현지시간) 본격적으로 전개되었다. 사상 처음으로 러시아의 수도 모스크바에서 동쪽으로 1,420km 떨어진 예카테린부르크에서 전격 회동한 브릭스 4개국 정상들은 상대국의 채권과 통화에 투자하는 방안 등을 포함해 각국의 통화 가치를 높이기 위한 방안을 논의했다.

이들의 회동 목적은 영국과 미국 등 선진국들의 시선을 의식, 처음에는 세계 경제 회복 노력과 신흥국의 발언권을 강화하기 위한 국제 금융기구의 개혁일 뿐 기축통화 문제는 아니라고 부정했으나 사실은 그렇지 않다는 것이 곧 드러났다. 신흥 경제국의 선두주자라 할 중국과 러시아가 회의가 끝난 바로 다음날인 17일 전격적으로 정상회담을 갖고 두 나라의 통화 사용을 확대하기로 했다고 선언한 것이다.

〈블룸버그통신〉에 따르면 이날 후진타오 중국 국가주석과 드미트리 메드베데프 러시아 대통령은 모스크바 크렘린에서 따로 만나 "두 나라는 상호 무역거래에서 위안화와 루블화의 사용을 확대하고 달러 결재 비중을 점차 줄이기로 한다"고 합의했다.

이날 합의는 세계 최대 에너지 공급국인 러시아가 중국에 원유를 팔 때 루블화로 결제하기를 희망한 것이 직접적인 이유였다. 러시아는 이를 통해 중국과의 무역량이 크게 늘 것으로 기대했다. 러시아 최대 석유회사 로즈네프트의 회장직을 맡고 있는 이고르 세친 부총리는 "루블화로 에너지를 판매하는 것은 러시아에게 전략적으로 아주 중요하다. 중국으로의 원유 수출이 향후 20년 동안 1,000억 달러를 상회할 것"이라고 전망했다. 코메르츠방크의 루츠 카르포위츠 외환 스트래티지스트도 "이번 합의는 매우 상징적인 가치를 지닌다. 두 나라의 무역결제에서 자국 통화를 사용할 경우 앞으로 10~20년간 러시아와 중국의 무역량은 엄청나게 증가할 것이다"라고

〈그래프 9-1〉 주요국가의 외환보유액(단위: 억 달러, 2009년 1월말 현재)

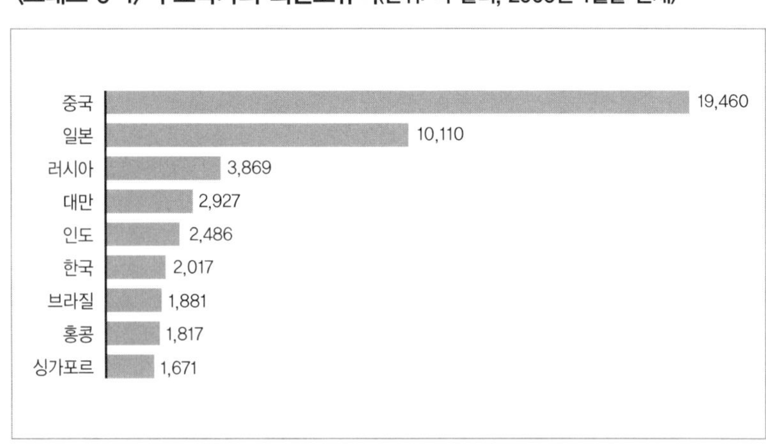

자료: IMF

말했다. 러시아 정부에 따르면 양국 간의 무역 규모는 2008년 사상 최대인 568억 달러를 기록했다. 회담을 마친 후에도 양국은 경공업, 하이테크놀로지, 에너지 등의 부문에 30억 달러 규모의 투자를 단행하는 등 협력을 강화하기로 했다.

이에 앞서 중국과 브라질 간에도 새 결제통화로 자국 화폐를 사용하기로 합의한 바 있다. 브라질의 루이스 이나시오 룰라 다 실바 대통령은 이미 한 달 전인 5월 중순에 중국을 방문해 후진타오 주석과 만난 자리에서 양국 간의 무역대금을 달러화가 아닌 중국 위안화와 브라질 헤알화로 결제하는 방안을 도입한다는 데 원칙적인 합의를 보았다.

중국과 러시아, 브라질 간의 새 결제통화 합의는 이미 흔들리기 시작한 달러화의 입지를 중장기적으로 더욱 위축시킬 것이란 게 전문가들의 지적이다. 당장 브릭스 4개국의 재무장관과 중앙은행 총재들은 달러화를 대체하기 위한 논의를 앞으로도 지속적으로 개최하기로 합의했다. 브라질의 실바 대통령은 16일 끝난 브릭스 정상회담에서 "앞으로 재무장관과 중앙은행 총재, 전문가들이 모여 달러화 대체에 관한 구체적인 논의를 시작하기로 했다. 이 문제는 상당이 오랜 시간이 걸리겠지만 이 분야 논의에서 매우 중요한 진전이 이루어진 것이다"라고 강조했다. 이날 또 브릭스 정상들은 "금융위기를 계기로 세계에는 안정적이고 예측 가능하며 다극화된 국제통화시스템이 있어야 한다"는 내용의 공동성명을 발표해 달러를 대신할 새로운 기축통화의 등장 필요성을 재확인했다.[*]

---

[*] 브릭스(BRICs)란 브라질(Brazil), 러시아(Russia), 인도(India), 중국(China) 등 4개국 머리글자를 따 만든 것으로, 지난 2001년에 경제적으로 급부상하는 신흥시장이라는 의미에서 미국의 투자회사 '골드만삭스'가 처음 사용한 용어로 알려져 있다. 세계 1위 외환보유국인 중국은 현제 세계 3위의 경제력을 갖고 있으며, 러시아 역시 3위 외환보유국이다. 브릭스 4개국의 GDP 규모는 현재 세계 총생산의 15% 정도이나 오는 2050년이 되면 그 경제규모가 미국이나 유럽을 제치고 세계 최강이 될 것이며, 이에 따라 이들의 정치적 발언권도 훨씬 강화될 것이라는 전망이 유력하다. 다만 국경을 마주보고 있는 중국과 인도가 국경문제로 오랜 갈등을 빚고 있는 것이 브릭스 간의 공동보조에 유일한 걸림돌이란 것이 전문가들의 지적이다.

중국의 위안화 기축통화 만들기

런던 G20 정상회담에서 기축통화 논의를 제외하면 국제사회의 '차세대 리더'로 부상하려는 중국의 활동은 눈부셨다. 금융위기로 인해 미국, 영국 같은 '전통적 강호'들이 맥을 못 추는 사이 중국은 IMF에 400억 달러를 출연키로 하는 등 러시아, 인도 등과 손잡고 달라진 위상을 맘껏 과시했다.

사실 달러화를 대신해 위안화를 기축통화로 삼으려는 중국의 도전은 이미 오래전부터 시작되었다. 중국은 그동안 기회 있을 때마다 국제통화기금의 특별인출권을 궁극적으로 달러를 대체할 수 있는 슈퍼통화로 만들든지 아니면 위안화를 비롯한 유로화, 영국 파운드화, 일본 엔화 등이 무역대금 결제수단으로 사용돼야 한다고 주장해 왔다.[*]

중국의 이런 도전은 글로벌 금융위기의 발발과 함께 더욱 가시화되었다. 금융위기를 계기로 전 세계 무역 거래자나 투자자들 사이에 결제통화로 달러화를 회피하는 경향이 짙어지자 잽싸게 위안화 기축통화화를 위한 포석을 깔기 시작한 것이다.

금융위기가 터지자 중국은 2008년 12월 12일 한국을 비롯한 인도네시아·말레이시아·홍콩·벨라루스·아르헨티나 등 6개국과 기존의 통화스와프 협약을 확대하거나 신규로 체결하는 방식으로 6,500억 위안을 새로 공급하기로 했다고 발표했다. 국가별로는 한국 1,800억 위안, 홍콩 2,000억 위안, 인도네시아 1,000억 위안, 말레이시아 800억 위안, 아르헨티나 700억 위안, 벨라루스 200억 위안 등이다.[*]

이들 국가와의 통화스와프를 통해 중국은 위안화의 국제적 위상 강화와 함께 국제 결제통화로서의 영역 확대를 노리고 있다. 실제로 베트남, 태국

---

[*] 역내 시장에서 중국의 강력한 경쟁자인 일본도 다른 나라와의 통화스와프협정 체결을 통한 엔화의 위상 강화를 꾀하고 있다. 일본도 금융위기를 계기로 중국과 똑같은 방식으로 위기 발생국들에게 10조 엔의 자금을 추가로 공급하기로 했다고 발표했다. 한국은행은 2008년 12월 현재 일본은행과 중국 인민은행과의 사이에 각각 300억 달러 상당의 통화스와프 계약을 체결하고 있는 상태다. 이즈음 한국도 몽골·인도네시아·베트남 등의 요청에 따라 통화스와프 협정 체결을 검토했으나 기축통화 경쟁을 의심하는 미·중·일 3국의 입장을 고려해 중장기 과제로 미뤘다.

등 동남아에서는 이미 위안화가 달러화를 대체하며 제2의 결제통화로 기능하고 있다. 중국 정부는 2008년 이후 타이완과도 관계 개선을 시도하면서 양국 간의 무역 결제에 위안화 사용을 확대하기로 합의해 놓고 있다. 또한 2009년 7월 8일 광저우·선전·둥관·주하이·상하이 등 5개 도시와 홍콩, 마카오간 무역거래에서 위안화를 결제통화로 사용하도록 허용함으로써 위안화 국제화에 시동을 걸었다. 이와는 별도로 금융위기로 어려움에 처한 중남미와 아프리카 소국들에 대한 원조나 차관 제공에도 적극적으로 나서면서 자원 확보와 위안화 위상 강화라는 두 마리 토끼를 한꺼번에 쫓고 있다. 물론 중국의 이런 도전은 지난 30년 동안 '세계의 공장'으로서 세계 각국에 수출을 통해 쌓아올린 막대한 부와 약 2조 달러에 달하는 외환보유고에 의해 뒷받침되고 있다.

위안화의 기축통화를 추진하고 있는 중국 입장에는 미국이 지난 세기 국제무대에서 차지하는 달러화의 지배적 지위를 이용해 전 세계의 부를 착취해 왔다는 인식이 깔려 있다. 원자바오溫家寶 중국 총리는 2008년 말 모스크바의 한 포럼에 참석해서 "(금융위기로 달러화 가치가 추락한) 지금이 새로운 국제금융질서 건설에 가장 적합한 시기"라면서 "중국의 위안화도 달러화와 마찬가지로 국제통화의 한 축을 담당해야 한다"며 달러화 대체 의지를 재확인했다. 중국이 앞장서서 내건 '반달러 기치'에는 러시아와 남미, 아시아의 다수 국가들도 동조 움직임을 보이고 있다. 러시아의 드미트리 메드베데프 대통령은 "국제사회를 고통에 빠뜨린 신용위기는 미국의 잘못된 금융시장 관리에서 비롯되었다"며 근본적인 시스템 개혁의 필요성을 주장하고 있다. 블라디미르 푸틴 총리도 "오늘날 전 세계가 달러로 인해 심각한 고통을 받고 있다"면서 중국과의 공조의지를 거듭 확인하였다. 브라질의 루이스 이나시오 룰라 다 실바 대통령도 오래 전부터 "금융위기가 선진국의 금융기관을 거대한 카지노로 만든 투기자본 때문에 초래되었다"면서 기축통화의 다변화를 지지하고 있다.

중국은 2009년 8월 31일 마침내 왕치산 부총리의 지휘 아래 중국 인민은행 후샤오롄 부행장을 책임자로 하는 '위안화 기축통화 추진팀'을 신설하기에 이르렀다. 얼마 뒤 이 팀은 곧 '제2 금융정책국'으로 확대 개편되었다. 앞으로 중국이 위안화 기축통화 만들기에 더욱 적극적으로 나설 것임을 시사하는 대목이다.

상당수 전문가들은 이번 금융위기를 계기로 위안화가 기축통화는 아니더라도 최소한 지역결제통화의 지위는 확보할 것으로 예상하고 있다. 중국도 궁극적으로 위안화 기축통화 만들기에 앞서 단계적으로 교역국이나 인접국들과의 결제통화→아시아 등 역내지역통화→달러 대체 기축통화의 수순을 밟아나간다는 구상을 밝히고 있다.

달러 대체론의 한계

세계시장에서 미국 경제의 비중이 계속 줄어들면서 달러화의 위상 약화가 뚜렷해지고 있다. 제2차 세계대전 직후에는 미국의 GDP가 세계에서 차지하는 비중이 절반에 육박했으나 지금은 4분의 1밖에 안 된다. 특히 2008년 금융위기 이후 국제 금융시장에서 달러 가치의 신인도가 크게 흔들리면서 세계 유일의 기축통화로서의 빛을 잃고 있다.

〈그래프 9-2〉 주요국가 GDP 순위(단위: 달러, 2008년 명목기준)

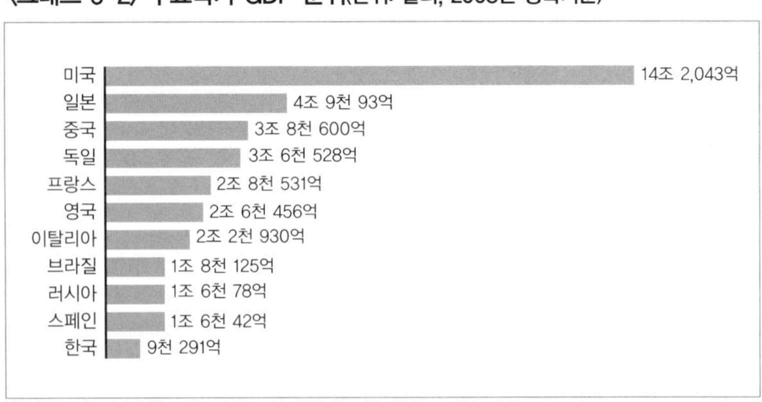

자료: 세계은행

이에 따라 달러 독점시대가 끝나고 앞으로 유로화, 엔화, 위안화 등이 달러와 함께 기축통화로서 세계 경제의 한 축을 분담하는 체제가 올 것이란 전망이 우세하다. 제2차 세계대전 이후 유지돼온 달러 중심의 '팍스 아메리카나Pax Americana' 체제에 서서히 균열이 가고 있다는 예고다. 전문가들은 금융위기 이후 개최된 G20 정상회담이 미국 중심의 일극체제가 끝나고 다극체제로 개편되는 시발점이 될 수 있다고 평가한다.

그러나 달러화의 미래가 어둡다고 해도 당장 기축통화 자리에서 내려오는 일은 발생하지 않을 것이란 게 지배적인 관측이다. 달러 중심의 브레턴우즈체제가 비록 미국의 지속적인 경상적자로 인한 달러 가치 불안정이란 근본적인 문제점을 안고 있지만, 달러 대비 각국 통화의 환율을 적절히 유지함으로써 해당국들의 수출을 확대하고 여기서 쌓인 달러를 미국의 금융자산(특히 국채) 등에 재투자하도록 하는 달러 순환구조를 통해 나름대로 세계 경제 안정과 발전에 기여해 왔다는 평가가 아직 많다.

반달러 기치를 내걸고 있는 중국을 비롯한 신흥 경제대국들도 이미 달러화 헤게모니 체제에 깊이 발을 담그고 있어서 달러화 약세가 급작스럽게 오기보다는 장기간에 걸쳐 점진적으로 나타나길 바랄 수밖에 없다는 분석이다. 일례로 중국의 경우 외환보유고 2조 달러 가운데 70%가 달러에 기반을 둔 자산으로 알려져 있는데, 달러화 가치가 갑자기 붕괴되면 앉아서 절반 이상의 자산을 까먹게 되는 것이다. 달러화의 대항마로 꼽히는 엔화와 유로화, 위안화도 이번 금융위기를 통해 한계를 드러내면서 현실적으로 달러화의 공백을 메우기에는 아직 역부족이라는 지적이 많다. 특히 일본 엔화는 주변 아시아 국가에서도 지지를 받지 못하고 있는데다 최근 장기화된 경기침체로 기축통화로서 많은 약점을 안고 있다는 지적이다.

새로운 기축통화 요구에 대해 미국이 아직까지 부정적인 입장을 보이고 있는 것도 위안화 등 새로운 기축통화의 등장에 걸림돌이 되고 있다. 새로운 금융질서 수립에 대한 요구가 거세지던 2009년 5월 벤 버냉키 미국 연방준비제도이사회 의장은 "달러화는 여전히 보유통화 및 결제통화로서 주도적인 역할을 수행할 것"이라면서 "달러화가 강한 것은 미국 경제가 강력하기 때문이며, 또한 연방준비제도이사회가 안정적인 통화 가치 유지를 위해 노력하기 때문"이라고 강조했다.

사실 주도국들의 입장에서 보면 제2차 세계대전 이후 브레턴우즈체제에서 지속돼 온 '팍스 달러리움Pax Dollarium'은 함부로 양보할 사안이 아니다. 이 체제의 구축에 미국, 영국 등 주도국들은 제1, 2차 세계대전을 통해 정치, 경제, 군사적으로 엄청난 대가를 지불해왔기 때문이다. 제2차 세계대전 이후 구축된 달러 체제에서 미국은 세계 유일의 발권국으로서 알게 모르게 많은 이득을 얻어왔다. 몇 푼 들이지 않고 찍어낸 달러를 세계의 막대한 재화와 용역을 수입하는 대가로 마구 풀어 쓸 수 있을 뿐만 아니라 후진국들에게 그저 이러저러한 이유를 붙여 빌려주는 것만으로도 연간 1,000억 달러 이상의 이득을 얻는 것으로 알려져 있다. 이것이 기축통화 발행국만이 누릴 수 있는 특권, 즉 '세뇨리지 게인Seigniorage gain'이라고 불리는 '화폐주조 이익'이다.

세계 경제학계에서 '미스터 둠Mr. Doom'이라 불리는 누리엘 루비니 뉴욕 대학 교수는 첫 브릭스 회의가 열렸던 6월 16일 뉴욕의 한 투자전망회의에서 "신흥 경제대국들의 부상으로 곧 달러화 군림시대가 끝날 것"이라며 미국 달러화의 비극적 운명을 예언해 주목을 끌었다. 그는 "중국·러시아·브라질 등 거대 신흥국들은 미국에 대한 최상위 채권국이고 이들 경제가 강해질수록 늘어나는 미국의 재정이나 경상수지 적자에 돈을 대는 것에 회의감을 느끼고 있다"며 "신흥시장의 부상은 근본적인 변화이고 중국 경제가 결국 미국보다 더 커지는 날이 오게 될 것"이라고 전망했다. 다만 그는 "20세기에도 기축통화의 지위가 영국에서 미국 달러화로 점진적으로 옮겨 갔다"면서 "이번 세기에 아시아나 중국의 세기가 올 수도 있지만 그렇게 되기까지는 오랜 시간이 걸릴 것"이라고 내다봤다.

각국의 금융개혁 후속 조치

조세피난처 '백기 투항'

런던의 2차 G20 회의가 끝나자 각국은 개별적인 후속 조치에 착수했다. 경기침체의 장기화를 막기 위한 재정 투입과 금융완화정책을 지속적으로 시행하는 한편 글로벌 금융위기를 초래한 주범으로 지목된 금융시스템에 대한 감독 강화와 조세피난처, 파생상품 및 헤지펀드 등에 대한 규제 강화를 위한 대대적인 방안을 쏟아냈다.

2009년 내내 금융개혁 차원에서 국제적 관심을 끈 것은 조세피난처 문제였다. 이 문제는 런던 G20 정상회담에 앞서 미국과 프랑스, 독일 정부의 지원을 받은 국제협력개발기구OECD가 상당부분 진척을 시키고 있었으나 이후에도 지속적으로 추진돼 상당한 성과를 거두었다.

OECD의 압박 카드는 조세피난처 국가들을 '블랙리스트Black list'에 올려 이들 국가로 이동된 자본에 대해 더 이상 소득에서 공제할 수 없도록 하는 것이었다. 미국과 독일도 국세청과 법무부를 통해 조세피난처의 비밀계좌로 송금된 자본에 대해 탈세 혐의를 적용하며 해당은행에 대한 고객 정보를 공개하라고 압박하고 있었다. 당시 미국은 자국민의 해외 비밀예금으로 인한 세수 손실이 연간 1,000억 달러에 달하는 것으로 추정했다.

2009년 2~3월 리히텐슈타인과 안도라, 스위스, 벨기에 등이 잇달아 은행 비밀주의를 포기하고 외국의 조세당국과 협력해 금융거래의 투명성을 확보하기로 했다고 발표했다. 이들의 '백기 투항'은 런던 G20 회의를 앞두고 OECD의 비협조적인 조세피난처 블랙리스트에서 제외되기 위한 고육책이었다. 3월 15일 리히텐슈타인, 안도라와 함께 세계 3대 조세피난처로 꼽히는 모나코도 은행 비밀주의를 포기하겠다고 밝혔다.

OECD는 4월 G20 런던회의 직후 탈세 혐의자 정보 공개에 비협조적인 국가들을 블랙리스트 국가군과 '회색리스트Gray list' 국가군으로 따로 분류해 발표했다. 조세 정보 공유에 관한 국제기준을 준수하지 않은 블랙리스트 국가에는 코스타리카 · 말레이시아 · 필리핀 · 우루과이 등 4개국이 포함되었다. 또 국제기준에는 미달하지만 앞으로 개선하겠다고 약속한 회색 국가군에는 스위스를 비롯해 38개국이 지적되었다.

8월 15일, 런던 G20 개최 이전에 조세 관련 정보 공개를 거부했던 버진아일랜드와 케이만군도가 조세 투명성을 강화한다고 밝혀 회색 리스트에서 제외되었다. OECD는 이날 탈세 감시를 위해 84개국이 참여하고 있는 기존의 '과세 정보 공유를 위한 글로벌포럼'을 '국제탈세공동감시기구'로 격상한다며 조세 피난처 국가들을 더욱 압박했다. 이즈음 벨기에와 룩셈부르크, 오스트리아를 비롯해 아루바, 버뮤다, 바레인, 모나코, 네덜란드령 앤틸리스제도, 산 마리노 등 11개 국가가 금융비밀법을 개정하여 각국의 금융정보 제공 요구에 따를 것을 밝힘으로써 OECD의 회색 리스트 명단에서 삭제되었다.

스위스도 결국 국제적인 압력에 못 이겨 9월 23일 미국 등과 조세정보교환협정을 체결함으로써 회색 리스트에서 제외되는 12번째 국가가 되었다. 앙헬 구리아 OECD 사무총장은 "스위스가 OECD 기준에 부합하는 협정을 미국과 체결하며 조세피난처 명단에서 삭제되었다"고 밝혔다. 미국과 스위스는 스위스 최대 비밀주의 은행인 UBS의 미국인 탈세 혐의자 명단 공개를 둘러싸고 지난 6개월간 치열한 법적 공방을 벌이며 날카롭게 대립해 왔다. 그러나 8월 중순에 UBS는 미국인 탈세 혐의자 4,450명의 명단을 넘겨주고 프랑스와 영국에 대해서도 탈세 정보를 공개하겠다고 밝혀 은행 비밀주의를 포기하기에 이르렀다.

미국의 금융감독시스템 개편안

전반적인 금융개혁 방안에 대해서는 위기의 진원지였던 미국이 다른 유럽국들을 다소 앞서 나갔다. 오바마 행정부는 2009년 6월 17일 연방준비제도이사회에 금융위기의 재발 방지를 위한 거시적 감독기능을 부여하고, 규제·감독체계를 단순·투명화하는 동시에 금융시장에서 소비자보호 기능을 강화하는 내용을 골자로 하는 88쪽 분량의 '금융감독시스템 개편방안'을 발표했다.

이 안에 따르면 재무장관을 의장으로 하는 규제감독위원회(가칭)를 신설하여, 종전보다 한층 강화된 감독권을 부여받은 연방준비제도이사회와 함께 금융시스템 전반을 위협하는 리스크를 포괄적으로 감시·감독하도록 했다. 새 감독기구는 연방정부 관할 은행 및 금융기관에 대한 일차적인 감독을 맡고, 5,000개 이상의 주 감독 관할 은행들에 대해서는 2차적인 감독자 위치에 서게 된다. 또 연방저축기관감독청OTS을 폐지하고, 연방통화감독청OCC에 통합시켜 기존의 감독시스템을 단순화하되 규제의 틈새와 허점을 막도록 했다.

아울러 대형 금융회사들의 자본 및 유동성 기준을 강화하고 파생상품 등에 대해 강력한 규제·감독 체계를 도입키로 했다. 특히 신용부도스와프CDS 같은 파생상품에 대해서는 미국 증권거래소SEC와 상품선물거래소CFTC를 통해 거래토록 하며, 장외에서 거래되는 파생상품도 거래 내역을 보고토록 해 이에 대한 과도한 투자나 거래가 금융회사의 장부상에 드러나지 않는 허점을 방지토록 했다. 머니마켓 뮤추얼펀드와 신용평가사, 헤지펀드 등 그동안 금융감독의 사각지대에 놓여 있던 기관들도 감독기관의 규제감독을 받도록 했다. 특히 헤지펀드에 대해서는 등록제를 실시하기로 했다. 당초 증권거래위원회와 상품선물거래위원회CFTC를 통합하는 방안도 거론됐으나 이 개편안에는 포함되지 않았다.

또한 개편안은 보험사와 투자은행, 증권사 등 비非은행 금융기관이 부실에 처할 경우 정부가 직접 나서서 해당 금융회사를 인수해 정리 절차를 밟을 수 있도록 했다. 이는 연방예금보험공사가 파산 은행을 접수해 자산을 정리하고 예금자를 보호하는 기능을 모델로 삼은 것이다. 이와 함께 금융소비자 보호를 위해 독립적인 소비자금융보호기구를 만들어 금융회사들이 소비자들에게 단순하고 투명하면서도 정확한 정보를 제공토록 하는 한편, 상환 능력이 없는 소비자들에게 무분별하게 주택담보대출이나 카드대출을 해줘서 개인파산을 초래하는 일을 막도록 했다.

오바마 행정부의 개편안은 1930년 대공황 이후 미국 내 최대 규모의 금융규제개혁안으로 평가되었다. 오바마 대통령은 이날 백악관 연설에서 "대공황 이후 최악의 금융위기가 발발한 원인은 월스트리트에서부터 워싱턴 정계, 메인스트리트(일반 실물경제 부문을 의미)에 이르기까지 '책임지지 않는 문화'에 있다"고 지적하고, "1930년대 대공황기에 마련된 현행 금융규제시스템으로는 빠르게 변화하고 복잡하게 얽혀 있는 21세기 글로벌 경제를 감당하기에는 역부족"이라고 역설했다. 그는 일각에서 제기되는 정부의 지나친 시장 개입에 대한 비판을 의식하여 "개혁안의 목표는 오로지 탐욕과 무모함이 아니라 근면과 책임감, 혁신에 대해 보상이 이루어지는 시장을 복원시키기 위한 것"이라면서 "정부는 시장의 혁신을 가로막는 것을 원치 않으며 오로지 감독자로서의 역할만 수행할 것"이라고 밝혔다.

이와는 별도로 크리스토퍼 도드 상원 금융위원장을 중심으로 한 민주당 의원들은 9월 들어 FRB와 OTS, OCC, FDIC 등 4개 감독기관을 하나로 통합하는 '슈퍼감독기관' 설립을 주요 내용으로 하는 새로운 금융개혁안을 의회에 제출할 계획이라고 밝혀 관심을 모았다.

이 방안은 금융위기를 악화시킨 책임이 있는 연방준비제도이사회의 권한을 더욱 키우는 '슈퍼연방준비제도이사회' 구상을 반대하는 대신 금융회사들이 임의로 해당 감독기관을 선택하는 이른바 '감독 쇼핑'을 막기 위한 취지였다. 그러나 오바마 행정부의 개혁안마저 금융권의 로비와 정부의 시장 개입 확대를 반대하는 정치권의 저항을 받고 있는 상황에서 최종적인 지지를 받기는 어려울 것으로 관측되었다.

유럽국들의 금융 규제 추진

유럽국들도 미국 오바마 행정부가 금융개혁안을 발표한 지 이틀 만에 범유럽 금융감독기구를 창설하는 것을 목표로 하는 금융개혁방안을 내놓았다.

6월 19일 벨기에 브뤼셀에 모인 유럽 정상들은 금융위기의 재발을 막기 위해 2009년부터 은행·보험·증권 등 분야별로 범유럽 규제기관을 설치하고, '유럽시스템리스크위원회ESRB'라 불리는 모니터 기관을 만들어 금융 시스템의 안정화를 도모하도록 한다는 데 원칙적인 합의를 이루었다.

7월 3일 유럽집행위원회(EC: European Commission)는 은행의 자기자본 규정을 강화하고, 헤지펀드 및 사모투자펀드PEF의 인가제 도입, 장외파생상품 거래 규제 등이 포함된 금융개혁 초안을 발표했다. 헤지펀드 규제안에는 외부 차입금액 제한, 마케팅 허가제, 자기자본 규제 강화, 경영정보 공시 의무, 비유로권 헤지펀드 규제 등이 포함되었다.

유럽국들은 특히 CDS 청산소Clearing House 설립에 있어서 미국을 앞서 나갔다. 런던상품거래소는 2009년 3월 미국에서 첫 청산서비스를 시작한 이래 7월 유럽에도 CDS 청산소를 설립, 26조 5,000억 달러 규모의 유럽 CDS 시장을 정리하기 위한 청산소 운영에 들어갔다. ICE의 유럽 지역 청산소 설립은 세계 최대 파생상품 거래소인 CME그룹과 유럽 지역 거래소인 유렉스, NYSE유로넥스트 등에 이어 4번째였다. CDS 청산소는 계약에 따라 채권자와 채무자 역할을 모두 담당하는 중간 거래소 개념으로 글로벌 금융위기를 확산시킨 주범 중 하나로 꼽히는 CDS에 대한 거래 투명성을 높여 위험을 줄이기 위한 것이었다. 또 장내시장의 가격에 영향을 미치거나 가격 형성 기능을 하는 장외 파생상품에 대해서도 시장 참여자들의 거래 포지션을 제한하고 개별 포지션에 따라 준비금을 적립하도록 하는 방안을 검토하기로 했다. 지지자들은 CDS 청산소를 통해 CDS의 거래 규모가 정확히 파악되고, 거래의 표준화를 이룰 수 있어 지금까지 주먹구구식으로 이루어졌던 프리미엄 계산 방식 등이 효율적이고 체계적으로 결정될 수 있을 것으로 기대하고 있다.

독일도 금융개혁안을 별도로 내놓았다. 독일 연방금융감독청Bafin은 8월 14일 금융회사들의 이사회 권한을 확대하여 경영진을 감독하고 과도한 보수 지급을 막는 한편, 부실은행의 경우 경영진의 해고까지 가능토록 하는 '은행리스크 관리기준 강화안'을 발표했다. 또 은행들에 대해 수시로 유동성 부족 상황을 비롯한 모든 리스크 요인에 대한 스트레스 테스트를 시행할 수 있도록 했다. 9월이 되면서 국제기구들도 각국이 참고할 수 있는 금융규제강화안을 잇따라 발표했다. 국제결제은행BIS은 7일 스위스 바젤에서 열린 27개국 중앙은행 총재 회의에서 글로벌 은행들의 시스템 리스크를 줄이기 위해 추가 자본을 확충하는 새로운 금융규제안을 제시했다. 이는 지난 2004년 체결된 바젤Ⅱ 협약을 은행 규제를 강화하는 방향으로 손질한 것으로, 은행의 자기자본 기준에 관한 새로운 규칙을 도입하고 유동성에 대한 국제적인 최소 기준을 정한 게 특징이다. 여기에는 은행의 투명성과 건전성을 높이기 위해 핵심 자기자본(Tier I) 대부분을 보통주와 내부 유보로 구성하고, 자기자본의 항목 대부분을 공개하도록 했다.

유엔무역개발회의UNCTAD도 이날 제출한 '2009년 무역개발보고서TDR'에서 기존 달러 기축통화 시스템의 허점을 보완할 다극 통화체제 도입이 필요하며, 이를 효율적으로 운용하기 위한 '세계중앙은행' 설립이 바람직하다고 밝혔다. 유엔무역개발회의는 또 환율제도와 관련하여 "한 나라가 완전 변동환율제 또는 엄격한 고정환율제로써 외부의 충격을 효과적으로 흡수하는 것은 거의 불가능하다"면서 '관리된 변동환율제(Managed floating exchang rate system)' 채택을 권고했다. 보고서는 또 "새로운 환율시스템은 국가 간의 구매력이 감안되고 인플레 차이가 계상되며 각기 다른 개발 수준도 고려되는 실질적인 환율이 돼야 할 것"이라면서 "이를 위해서는 국가 간의 실효환율을 관리할 세계중앙은행 창설이 시급하다"고 강조했다.

진통 겪는 보너스 규제

런던 G20 정상회담 이후 각국이 취한 금융개혁 조치의 최대 관심사는 은행 등 금융기관 임직원들에 대한 보너스 규제 문제였다. 금융위기를 전후하여 월가를 비롯한 유럽 등 글로벌 투자은행들의 보너스 규모는 일반인들의 상상을 초월했다. 월가 대형은행들은 고객의 돈을 밑천삼아 무모한 리스크 투자를 감행해 벌어들인 엄청난 수익을 최고경영자 등 임직원들에게 '수고의 대가'라며 보너스로 아낌없이 나눠주었다. 그러나 이런 관행은 실적이 나쁠 때도 기존 고용계약을 이유로 그대로 반복되었다. 글로벌 투자은행들의 보너스 지급이 문제가 된 것은 이들의 보너스 체계가 파생상품투자 등 고위험high-risk · 고수익high-return 상품투자와 연동되어 있기 때문이다. 과도한 위험 투자는 금융권에 버블을 키우고 결국 세계금융시스템 전체를 위험에 빠트렸다는 것은 주지의 사실이다. 결국 월가가 무너지면서 이들이 남긴 대규모 부실은 각국 정부의 구제금융, 즉 국민들의 눈물과 피가 고인 세금으로 채워졌다.

금융위기가 극에 달한 2008년도 월가의 보너스 규모는 2007년도에 비해 결코 줄지 않았다. 2009년 8월, 뉴욕 주의 앤드루 쿠오모 검찰총장이 밝힌 9개 대형은행들의 2008년도 보너스 규모는 무려 326억 달러나 되었다. 골드만삭스와 모건스탠리, JP모건체이스가 총 180억 달러의 보너스를 지급했고, 시티와 메릴린치도 각각 50억 달러 전후의 보너스를 지급했다. 개인별로는 JP모건체이스의 보너스 규모 상위 200명이 수령한 금액이 11억 2,000만 달러였고, 골드만삭스도 9억 9,500만 달러였다. 메릴린치 역시 상위 149명이 8억 5,800만 달러를 받았고, 모건스탠리도 상위 101명이 5억 7,700만 달러를 수령했다. 100만 달러 이상의 보너스를 수령한 직원 수는 P모건체이스가 1,626명으로 가장 많았고, 이어 골드만삭스가 953명, 시티그룹 738명, 메릴린치 696명, 모건스탠리 428명, 뱅크오브아메리카 172명, 웰스파고 62명 등이었다. 그야말로 '100만 달러 연봉자'를 양산하며 보너스 잔치를 벌인 것이다.

그러나 이 보너스 잔치는 일종의 '빚잔치'에 불과했다. 골드만삭스와 모건스탠리, JP모건체이스 등 3개 은행이 2008년도에 벌어들인 이익은 겨우 96억 달러에 그쳤으며, 부실자산구제프로그램에서 지원받은 돈이 450억 달러나 되었다. 세 차례에 걸쳐 450억 달러를 수혈 받은 시티그룹도 270억 달러의 손실을 냈고, 메릴린치는 아예 뱅크오브아메리카에 매각 처리되었다.

선거 유세 때부터 월가의 터무니없이 높게 책정된 보수 체계를 비판해 온 버락 오바마 대통령은 취임과 더불어 맨 먼저 규제의 칼날을 빼들었다. 2009년 2월 오바마 행정부는 향후 구제금융을 받는 기업의 고위 임원 연봉의 상한선을 50만 달러로 묶고, 성과급도 50만 달러를 넘을 경우에는 정부지원금을 모두 되갚거나 어느 정도 안정을 이뤘다는 정부의 판단이 섰을 때만 현금화할 수 있는 '제한주(권리가 제한된 주식)'로만 지급할 수 있도록 했다. 미국 의회도 구제금융을 받은 기업들이 연봉의 3분의 1을 초과하는 보너스를 지급하지 못하게 하는 내용의 초강력 보너스 규제안을 내놓았다.

하지만 보너스 규제에 대한 이 같은 초기의 강력한 입장은 월가의 강력한 반대에 부딪혀 이후로 크게 완화되었다. 오바마는 보너스 규제안 발표 4개월 만에 연봉 상한선 규제를 철회했고, 그 대신 보너스 지급을 은행의 장기 실적과 자본 규모에 연계하도록 했다. 규제대상 은행들은 정부로부터 지원받은 구제금융을 대거 상환함으로써 적용대상에서 빠져나가려는 움직임을 보였다.

그러나 독일과 프랑스 등 유럽국들은 여전히 보너스 총액을 순익 대비로 제한하고 개인별로도 상한제를 두자는 입장을 고수했다. 고액 보너스에 대한 국민들의 원성을 잘 알고 있는 유럽국들은 "그 어떤 은행도 종사자들이 지나치게 많은 보상을 받아가는 것을 놔둬서는 안 된다"는 입장을 취했다. 특히 니콜라 사르코지 프랑스 대통령이 강경한 입장을 보였다. 그는 8월 25일 엘리제궁에서 BNP 파리바 은행의 바두앵 프로 최고경영자 등 6대 은행 경영진과 회동한 자리에서 은행 측의 반발을 무마하고 보너스 규제 원칙을 확정했다. 이는 은행 중개인에게 지급하는 보너스는 회사 전체의 실적과 연계하되 장기 수익을 기준으로 하고 손실이 발생하면 보너스의 최대 3분의 2는 3년 동안 지급을 보류하고 나머지 3분의 1은 주식으로 지급한다는 것 등이 골자였다. 여기에는 회사에 손실을 끼친 주식투자가가 보너스를 받으면 징계하는 방안도 담겨 있다.

글로벌 경제의 재탄생

피츠버그 제3차 G20 정상회담

글로벌 금융대공황 발발 직후 소집된 선진국과 신흥국 20개 나라의 G20 정상회담은 2009년 9월 24~25일 미국 피츠버그에서 세 번째 회동을 갖게 되었다.

이 회동에서는 G20을 지난 30년간 지속해 온 G7이나 G8을 대신해 공식적인 경제협력기구로 상설화한다는 역사적인 합의가 이루어졌다. 이는 서방국가 중심의 G7만으로는 세계 경제 문제를 해결하기 힘들며 아시아 남미 등 이머징마켓 국가들의 영향력을 인정해야 한다는 공감대에 따른 것이다. 이에 따라 정상들은 2010년 G20 정상회담을 6월과 11월, 캐나다와 한국에서 각각 개최하되 2011년부터는 매년 한차례씩 정례화하기로 하였다.

지난 1999년 아시아 외환위기 수습 과정 중 재무장관과 중앙은행 총재 모임에서 처음 출발한 G20은 금융위기를 계기로 정상회담으로 승격된 데 이어 그 세 번째 모임에서 연례 상설회의로 확정되면서 발족 10년 만에 명실상부한 '최고 협의체the premier forum'로 발돋움했다. 이와 관련하여 사르코지 프랑스 대통령은 정상회담 이후 "앵글로색슨 시대는 막을 내릴 것"이라며 영국과 미국 중심의 세계 경제 질서의 종언을 선언했다. 브루킹스연구소의 수석연구원 콜린 브래드포드도 "G20은 G7의 확장이 아닌 대체"라며 "서방국가 중심의 G7을 벗어나 다자간의 의사결정이라는 새로운 국제 경제 공조에 대한 틀이 세워졌다"고 의미를 부여했다.

3차 피츠버그 정상회담은 이전의 다른 두 번의 회담과는 달리 처음부터 상당히 안도감을 가지고 개최되었다. 신용경색이 크게 가시고 세계 경제가 회복 기미를 보이면서 시스템 붕괴에 대한 위협이 크게 가라앉았기 때문이었다. 이에 따라 위기 탈출 대책으로서 언제쯤 과도하게 풀린 유동성 회수에 나서야 할 것인지, 즉 출구전략의 시점을 조율하는 자리가 될 것이라는 관측이 많았다. 그러나 정상들은 출구전략은 아직 시기상조라는 데 인식을 같이하고 다만 이에 대한 사전 준비의 필요성만을 강조하는 데 그쳤다. 이는 세계 경제가 좋아졌다지만 아직도 경기 하강에 대한 우려가 완전히 가시지 않았음을 보여주는 것이다.

G20 정상들은 회담 후 발표한 선언문에서 신흥국들의 국제통화기금 의결권 지분을 5% 더 확대하고 세계은행의 투표권 개혁도 추진키로 합의했다. 이는 현재 60%인 선진국의 지분 비중을 앞으로 55% 이하로 낮추고, 세계은행WB의 투표권도 현재 과소 대표된 신흥개도국 등에 적어도 3% 이상의 투표권을 더 이전한다는 내용이었다.

또 그동안의 실무회의 결과를 반영하여 월가의 무절제한 보너스 관행을 제한하고 은행들에 대해 보다 높은 수준의 유동성 확보를 요구할 것을 재확인했다. 은행의 자본규제 강화안은 바젤은행감독위원회BCBS에 맡겨 2010년까지 기준을 만든 뒤 2012년부터 이행에 나서되, 다만 경기회복이 확실해졌다고 판단될 때 적용키로 했다. 금융회사의 보수와 관련해서는 프랑스, 독일 등의 보너스 상한제 설정 주장과 미국과 이에 동조하는 영국의 반대의견이 대립되자 이를 은행의 장기적인 경영성과와 자본 규모에 연계하자는 G20 산하 금융안정위원회FSB의 권고안을 절충안으로 채택했다.

아울러 3차 회담에서는 경제위기 극복을 위한 거시경제정책 공조 흐름을 이어가는 동시에 '지속가능한 균형 성장'에 대한 화두를 처음으로 제시했다. 이는 경제위기 이후 회원국이 공유할 정책 목표를 설정하고 이를 이끌어갈 체계를 마련하기 위한 중장기 거시정책 공조 방안이었다. 그러나 무역 흑자국과 적자국간의 불균형 해소를 위한 구체적인 공동 노력에 대한 합의는 이후 G20 재무장관회의 등 실무회의로 미루어졌다. 다만 세계 경제의 회복을 위해 무역 및 투자 개방을 지지하고 보호무역주의를 배격할 것을 다시 강조하며, 다자간통상협상인 도하개발어젠다DDA 협상을 2010년까지 타결 짓는다는 점을 거듭 확인했다.

금융개혁안의 법제화 문제

글로벌 금융위기의 진정한 원인이었던 금융시스템의 개혁 문제는 미국 피츠버그에서 열린 3차 G20 정상회담까지 국제 금융계의 초미의 관심사였다. 2차 런던회담에서 큰 틀의 골격이 잡힌 금융개혁안은 3차 회담에서 그간 이루어진 규제 방안에 대한 추인이 이루어지고 그 원칙과 방향이 재확인됨으로써 국가별로 법제화하는 일만 남게 되었다. 이는 아직까지 '세계 정부'가 없는 상태에서 G20 회담에서의 국가간 합의나 권고는 곧바로 구속력을 갖지 못하고 각국의 의회에서 별도의 입법화 절차를 거쳐야 하기 때문이다.

미국의 경우 지난 6월 오바마 행정부에 의해 마련된 금융개혁안은 곧바로 의회에 제출되어 정해진 처리 절차를 따라 심의에 들어갔다. 오바마 행정부는 의회 통과가 확정되는 대로 2009년 말 최종 서명하는 것을 목표로 하고 있으나 건강보험개혁 등에 발목이 잡혀 있는 미국 의회가 정해진 일정대로 개혁안을 통과시키기는 어려워 보인다. 특히 내용에 있어서도 금융 규제에 대한 월가 은행들의 강력한 로비와 각 이해집단 간의 조율이 만만치 않아 원안대로 확정될 수 있을지도 아직 불확실하다. 벌써 미국 재무부와 연방예금보험공사FDIC가 연방준비제도이사회와의 규제권한 배분을 두고 반목하고 있다는 관측도 나온다.

유럽연합EU도 각국의 의회 심의 절차상 10여 차례의 청문회를 거쳐야하는 점을 고려하면 법 제정이 완료되는 데는 수개월이 걸릴 수밖에 없는 처지다. 더구나 새로 들어설 범유럽 금융감독기구가 유럽 각국 정부의 규제 권한을 침해해서는 안 된다는 목소리가 높아 이 기구에 강력한 집행 권한을 부여하기도 쉽지 않아 보인다. 현재 유럽연합은 유럽중앙은행이 금융통화정책을 총괄하지만 금융감독과 재정정책은 각 소속국가들의 권한으로 돼 있어 양자 간의 권한 조정이 걸림돌로 작용하고 있다. 아울러 새로 설립될 감독기구의 의장을 누가 맡을지에 대해서도 의견 일치가 이루어지지 않았다.

하지만 오바마 대통령이나 사르코지 프랑스 대통령, 고든 브라운 영국 총리 등 각국 지도자들의 의지는 확고해 보인다. 이들은 현재 추진 중인 금융개혁안의 중요성을 잘 알고 있고 금융위기의 재발 방지를 위해서는 어떻게든 관철시켜야 한다는 데 의견을 같이하고 있다. 특히 금융위기 이후 맨 먼저 조지 부시 전 대통령을 만나 금융 정상회담을 열어야 한다고 주장해 사실상 G20 회담의 산파역을 맡은 니콜라 사르코지 프랑스 대통령은 앞으로도 금융시스템 개혁과 국제금융질서의 개편을 위한 논의를 주도적으로 밀고 나갈 것으로 예상된다.

그는 2009년 6월 15일 스위스 제네바 국제노동기구ILO에서 열린 회의에서 "G20 정상회담에서 합의한 금융규제방안들을 실천하면 역사에 결정적 발전 단계가 올 것"이라면서 "금융자본주의를 개혁하는 데 어떤 집단이나 관료, 특수 이해관계자들도 걸림돌이 되지 않게 하는 것이 G20 정상 모두의 역사적 책임"이라고 강조했다. 고든 브라운 총리도 7월 6일 사르코지 대통령과 가진 정상회담에서 "국제금융개혁의 관점에서 보면 올해가 중대한 한 해가 될 것"이라면서 "금융개혁에 비협조적인 국가들은 2009년 3월 이전에 금융거래의 투명성을 확보해야 하고 이 데드라인을 지키지 못하면 국제사회의 제재에 직면하게 될 것"이라고 경고했다.

티모시 가이트너 미국 재무장관도 8월 17일자 〈월스트리트저널〉과의 인터뷰에서 "정부의 금융시장을 감독하기 위한 계획이 본 궤도에 올랐다"면서 "오바마 행정부는 월가가 과거와 같이 과도한 리스크를 추구하던 관행으로 돌아가는 것을 결코 용납하지 않을 것"이라며 금융시스템 개혁에 대한 강한 의지를 내비쳤다.

전문가들은 지금까지 나온 금융개혁안이 각국에서 최종적으로 법제화에 성공한다면 세계 자본주의는 지금까지와는 전혀 다른 모습으로 한 단계 진보한 새로운 면모를 보이게 될 것으로 예상하고 있다.

글로벌 균형성장론

3차 G20 정상회담 개최 직전까지만 해도 미국은 '글로벌 임발란싱Global Imbalancing'의 해소, 즉 국가 간의 균형성장론을 최대 이슈로 설정했다는 외신보도가 잇따랐다. 미국이 주도한 '글로벌 균형성장론'의 골자는 각국의 거시정책이 '지속 가능하고 균형된 성장(sustainable and balanced growth)'에 부합하는 방향으로 운용될 수 있도록 국제적 협력의 틀을 재구축하자는 것이었다. 이는 위기 이후를 대비해 금융위기의 먼 원인이 됐던 경상수지 흑자국과 적자국 간의 쏠림 없는 고른 성장을 위한 중장기적인 거시정책 기조를 조율하자는 취지였다.

3차 G20 회담 결과 국가 간의 무역 불균형 해소를 위한 구체적인 협력방안이 도출된 것은 아니지만 각국 정상들은 심각한 무역적자를 겪고 있는 미국은 저축을 늘리고 재정적자를 감축하기 위해 노력하는 반면 중국, 일

〈그래프 9-3〉 미국의 무역수지 적자 추이(단위: 10억 달러)

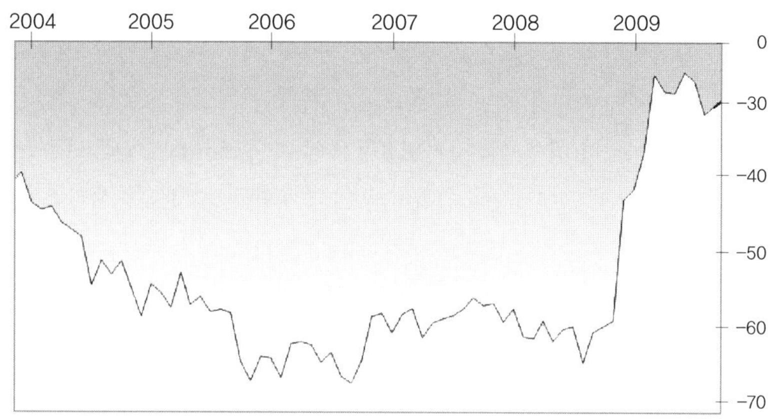

본, 독일 등 무역 흑자국들은 내수를 증진시켜 국가 간 불균형을 해소하는 데 주력한다는 원칙적인 합의를 이뤘다.

이에 따라 미국의 글로벌 불균형 해소Rebalancing를 위해 각국 정상들이 달러 약세를 암묵적으로 용인한 것 아니냐는 관측이 제기되었다. 막대한 적자를 내고 있는 미국의 무역수지가 흑자로 돌아서기 위해서는 미국 통화인 달러의 약세 유지가 불가피하기 때문이다. 미국은 이미 금융위기 이후 달러 약세를 묵인해 온 결과 2009년 7월 무역수지 적자가 319억 달러를 기록하여 1년 전(648억 달러)에 비해 절반 이상 줄었다. 일부에서는 3차 G20 합의가 선진국들이 '달러 약세, 엔고 용인'에 합의함으로써 종국에는 일본 경제를 장기침체로 몰아넣은 1985년의 '플라자 합의'의 속편이 되는 것 아니냐는 지적도 나왔다.

실제 미국 경제가 적자구조에서 벗어나기 위해서는 최대 대미 무역흑자국인 중국의 협조가 불가피하다. 그리고 이는 달러 약세, 즉 중국 위안화의 상대적인 절상을 의미한다. 그러나 중국 정부가 쉽사리 위안화 절상에 동의할 가능성은 크지 않다는 게 전문가들의 관측이다. 위안화 절상을 함부로 했다가는 수출 감소로 인한 국내 산업생산 위축과 기업 도산, 실업자 증

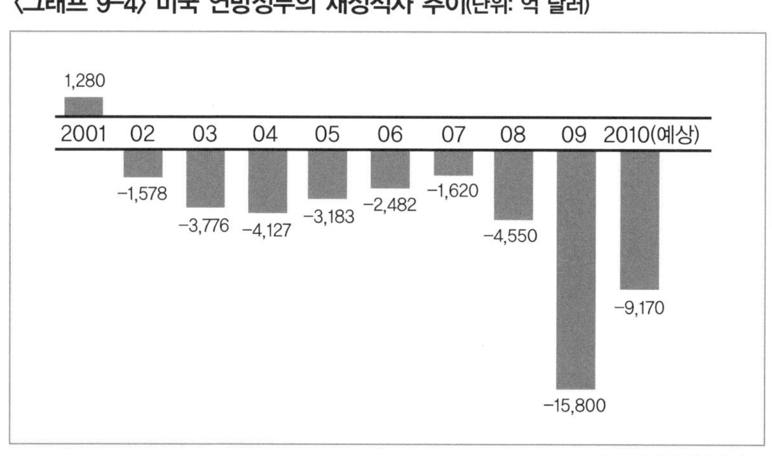

〈그래프 9-4〉 미국 연방정부의 재정적자 추이(단위: 억 달러)

자료: 백악관 예산관리국

가 등 예기치 못한 사태에 직면할 수 있기 때문이다. 특히 지속적인 고도성장을 하지 않으면 통치권 차원의 문제가 발생할 수 있다는 중국 정부의 취약성도 위안화 절상을 더욱 어렵게 한다. 위안화 절상과 달러 약세가 구조화되면 약 1조 달러에 이르는 미 국공채 투자의 손실이 발생할 수 있다는 점도 중국이 안고 있는 또 다른 딜레마이다. 〈월스트리트저널〉은 "중국은 위안화 절상을 막기 위해서라도 달러 자산을 지속적으로 사들여 왔다"면서 "중국 정부는 세계 경제가 완전히 회복되었다는 확신이 설 때까지 위안화의 절상을 용납하지 않을 것"이라고 분석했다.

그동안 미국 경제의 고질병인 이른바 '쌍둥이 적자'는 글로벌 금융위기의 또 다른 원인으로 지적돼 왔다. 미국이 대외적으로 자국이 생산한 것보다 더 많은 재화를 수입해 쓰고 내부적으로는 정부가 국채 등을 찍어 세수보다 더 많은 돈을 조달해 쓴 것이 결국 파산의 결과로 나타났다는 것이다. 금융위기 직전에도 미국의 경상수지 적자는 매년 1,000~2,000억 달러에 달했고, 재정수지 적자 역시 GDP의 4~5%에 이르러 2007년 초 누적된 국가채무만도 8조 7,000억 달러나 되었다. 가계차원에서도 미국인들의 저축률은 1992년 7.6% 수준을 보였다가 2006년에는 1% 이하로 떨어져 얼마나 소비지향적이었는지를 보여준다.

미국은 이러한 적자구조를 생산 증대나 수출 증대, 또는 재정적자 축소를 통해 해소하기보다 막대한 신용창출(부채)에 의해 지탱해 왔다. 이로 인해 미국의 경제는 '소득 향상→저축 증가→대출 증가→투자 확대'의 선순환 구조가 깨지고 대신에 '소득 정체→부채(신용)에 의한 소비→가수요와 거품 확대'로 이어지는 취약한 버블 경제로 전환되었다. 이런 경향은 신자유주의가 풍미하면서 경제의 금융화가 급속히 이루어진 1990년대 들어 더욱 가속화되었다. 이 시기에 미국 내 금융비중은 더욱 높아졌고, 금융회사들은 전통적인 예대마진을 벗어나 고위험·고수익 투자에 집중하며 돈놀이를 즐겼다.

그럼에도 불구하고 이런 취약한 경제구조가 계속 유지될 수 있었던 것은 미국이 세계 유일의 기축통화국으로서 매년 엄청난 달러를 찍어 적자를 메

우기 때문이다. 미국은 그동안 '국내 제조업 기반 위축→수입에 의한 소비
→경상수지 적자→달러 유출→미국 국채 발행→주요 수출국(경상수지 흑자
국)으로부터의 달러 회수'라는 메커니즘으로 세계 경제를 지탱해 왔다.
2008년 9월 월가발 금융위기가 터진 이후 이런 추세는 더욱 심화돼 과잉 유
동성에 따른 인플레이션 압력이라는 또 다른 위기를 잉태하고 있다.

새로운 자본주의를 찾아서

미국 경제가 과거 성장의 원천이었던 소비의 역할을 줄이고 저축과 투자
를 장려하는 방향으로 나아가야 한다는 주장은 이미 버락 오바마 대통령의
취임과 더불어 제기돼 왔다.

〈뉴욕타임스〉는 2009년 4월 19일자에서 오바마 대통령이 미국식 자본주
의를 재정의하겠다는 원대한 계획을 세우고 있다고 보도했다. 또 오바마
대통령의 공약들은 국가의 부를 중산층에 재분배하고 세계 경제의 미국시
장에 대한 의존도를 낮추며, 과도한 부채에 바탕을 둔 소비 수요를 억제할
수 있는 정책들을 도입하는 것이라고 전했다. 오바마의 이러한 방향 전환
은 금융위기가 과도한 금융공학에 의해 초래되었고, 성장의 결실이 부유층
에만 집중됐으며, 해외 자본에 대한 과도한 의존이 미국 경제의 파탄을 불
렀다는 뼈아픈 반성에서 비롯되었다고 신문은 풀이했다.

전문가들도 글로벌 금융대공황을 맞아 미국식 자본주의는 새로운 방향
전환이 불가피해졌다고 지적한다. 특히 그동안 미국식 자본주의의 대내외
경제정책의 기본 바탕이 됐던 신자유주의 모델이 전면적으로 수정될 것이
란 데 별다른 이견이 없다. 자본주의는 이제 문명화와 발전에 대한 인간의
욕망을 억압하지 않으면서도 불필요한 탐욕을 적절히 통제해야 하는 코페
르니쿠스적 전환을 이루어야 하는 과제를 떠안게 되었다는 것이다.

새로운 자본주의에 대한 요구는 사실 미국뿐만 아니라 전 세계인들의 희
망이기도 하다. 세계인들은 이제 강자의 탐욕에 거의 10년마다 주기적으

로 약자의 생활기반과 꿈이 송두리째 파괴되는 미국식 자본주의에 식상해하고 있다. 국민들이 제 손으로 뽑지도 않은 소수 금융자본가들의 머니 게임에 매번 희생양이 되고서도 혈세로 그들의 부실을 메워주는 현실에 대해서도 절망하고 있다. 특히 이번 금융위기에서 적나라하게 드러났듯 실체도 없는 파생상품을 만들어 글로벌 금융시장을 '돈 놓고 돈 먹기' 식의 '카지노 판'으로 만들어야 하는지 근본적인 회의감을 느끼고 있다. 지난 200년간의 세계 역사를 되돌아 봐도 인류 최고의 제도적 창안품이라 여겨지는 자본주의도 위기 때마다 끊임없이 자기변신을 꾀하면서 역사의 발전에 순응해 왔다. 그렇지 않고서는 신뢰가 추락한 기존의 낡은 틀로는 인류의 미래를 담보해 낼 수 없었기 때문이다.

미국식 자본주의 모델을 대체할 대안으로는 시장에 대한 국가 개입의 확대를 전제로 하는 프랑스식 모델과 북유럽의 노르딕 모델이 꼽힌다. 루이 14세 당시의 '공업적 중상주의'로까지 거슬러 올라가는 프랑스 모델은 '저성장 복지국가'를 특징으로 한다. 산업정책 분야도 예전엔 지나치게 보호주의적이어서 공정경쟁을 해친다는 비판이 많았으나 이번 금융위기 국면에서 국가 개입주의적 시장정책이 새로이 조명 받고 있다. 그도 그럴 것이 세계 각국은 너도나도 자국 산업과 기업에 대한 구제에 나서면서 국가의 역할과 기능을 확대하고 있다.

북유럽 모델은 자유무역과 시장 기능에 대한 신뢰가 높고 성장 친화적이며, 노동시장과 기업에 대한 규제가 훨씬 적다는 점이 특징이다. 그러나 노르딕 모델 역시 공공부문의 낮은 생산성에다 고령화로 인해 갈수록 복지 부담을 감당하기 어려워지고 있다는 문제를 안고 있다. 북유럽 고유의 역사와 전통, 문화를 토대로 한 시스템이라 타국에 적용하기 어렵다는 지적도 나온다.

아시아 국가들도 더 이상 서구 모델을 본받아야 할 이유가 없다고 목소리를 높이고 있다. 일부에서는 이번 금융위기가 자본주의에 대한 아시아식 접근의 정당성이 입증되는 계기가 되었다고 주장한다. 10년 전 아시아 외환위기 때 미국이 IMF 등을 통해 아시아 각국에 요구한 '대마불사론' 의 폐기, 재정적자 축소와 고금리정책, 정경유착의 단절과 관치금융의 척결, 기업 구조조정과 노동시장 유연화의 요구 등은 이번 금융위기에서 실제 미국 내 정책으로는 전혀 채택되지 않았다는 비판도 나온다.

이런 요구들을 종합해 볼 때 미국식 자본주의는 결국 시장 실패에 대한 반대급부로서 국가의 개입과 역할이 커지는 방향으로 수정될 것으로 전망된다. 월가발 금융위기는 시장에 대한 맹목적인 신뢰가 결국 국가 경제를 절단 내고 세계 경제시스템을 위협할 수 있다는 사실을 여실히 보여주었기 때문이다. 이는 지난 30년간 시장의 자율이라는 명분아래 방치됐던 금융인들과 금융기업들의 무한 이익 추구 성향에 강력한 재갈을 물리는 것이기도 하다. 그러나 정부의 시장 개입이 커질수록 민간 부문의 활력이 떨어져 과거와 같은 급속한 경제성장은 기대하기 어려운 시대가 올 수도 있다는 한계에도 귀 기울여야 할 것이다.

금융위기가 남긴 과제

두 번째 대공황의 시작인가

오바마의 경기침체 종료 선언

2008년 월가발 금융위기는 과거 그 어떤 금융위기보다 강력하고 광범위하게 지구촌 곳곳에 영향을 미쳤다. 위기의 확산 양상은 1930년대 대공황에 비해 훨씬 즉각적이었고 포괄적이었다. 피해 계층도 금융기업 도산과 실물경기침체에 따른 노동자와 농민, 자영업자들뿐만 아니라 인터넷 등 정보기술을 이용하여 첨단파생상품에 투자했던 일반 중산층까지 무차별적으로 확대되었다.

2009년 초 세계은행의 수석 이코노미스트인 저스틴 린은 금융위기로 인한 전 세계의 피해 규모가 지구촌의 한 해 GDP와 맞먹는 최소 60조 달러로 추산된다고 밝혔다. 이는 국제 증시에서 발생한 손실액 30조 달러와 이와 비슷한 규모의 부동산 부문의 피해가 합쳐진 금액이다.[*]

금융위기에 대응한 각국의 구제금융 액수도 가히 천문학적 규모였다. 미국 일간 〈크리스천사이언스모니터CSM〉는 2월 초 불황 타개를 위해 전 세

---

[*] 이와는 달리 국제통화기금(IMF)은 2009년 3월 발표한 국제금융안정보고서(CFSR)에서 2007~2010년 전 세계 금융기관들의 순수 손실 추정치는 약 4조 달러라고 밝혔다가 6개월 후인 9월 30일 다시 3조 4,000억 달러로 축소 조정했다. IMF는 보고서에서 "각국 정부의 전례 없는 정책 공조와 세계 실물경기의 초기 회복 징후에 이어 국제 금융의 시스템 리스크가 상당히 줄어들었다"면서 "세계 경기가 회복세로 돌아섰다는 믿음이 커지고 있고 이것은 금융시장의 개선에 버팀목이 되고 있다"고 평가했다.

계 34개국 이상이 투입한 경기부양액만 해도 제2차 세계대전 이후 최대 규모인 2조 2,500억 달러에 달했다고 보도했다. 오바마 행정부가 들어선 후 미국 정부가 월가 구제에 투입한 구제금융 규모도 부실자산구제프로그램, 연방준비제도이사회의 각종 유동성지원창구, 연방예금보험공사의 채권보증 지원 및 예금 보장 지원액 등을 합쳐 총 10~12조 달러에 달하는 것으로 집계되었다. 이는 미국의 연간 GDP(2008년 실질기준 14조 2,000억 달러)에 육박하는 막대한 규모이며, 이러고서도 아직 은행들의 부실이 완전히 걷혔다고 장담할 수 없는 실정이다. 2009년 7월 미국 의회의 공적자금 감사관은 한 술 더 떠 금융위기를 극복하기 위해 필요한 정부의 총지출은 미국 GDP의 1.7배에 해당하는 총 23.7조 달러에 이를 것이라는 분석을 내놓아 사람들을 더욱 놀라게 했다.

그러나 세계 경제는 이즈음 서서히 침체에서 벗어나는 듯한 양상을 보였다. 미국의 2009년 2분기 GDP 증가율은 전년 동기 대비 −1.0%를 기록하여 1분기의 −6.4%에서 극적인 반등에 성공하며 내년부터 플러스 성장으로 전환할 수도 있을 것이라는 기대를 낳았다. 독일과 프랑스가 포함된 유로존(유로화를 사용하는 16개국)의 2분기 GDP 성장률 역시 전분기 대비 −0.1%로 침체 속도가 크게 둔화되었다. 금융위기의 2차 진앙지가 될 것으로 우려됐던 영국의 2분기 GDP 성장률도 전분기 대비 −0.7%를 기록하며 1분기 −2.5%에 비해 크게 개선되었다. 한국을 비롯한 아시아 신흥국들도 전반적으로 나아지고 있다. 특히 중국은 금융위기 동안 '나홀로 플러스 성장'을 이어와서 2009년에 8% 성장이 무난할 것으로 전망되었다.

이런 가운데 버락 오바마 대통령은 2009년 7월 29일 미국 경제가 최악의 상황에서 벗어나 '침체가 끝나는 시작단계(the beginning of the end of recession)'에 들어서고 있다고 선언했다.

오바마 대통령은 이날 노스캐롤라이나 주의 주도인 롤리에서 열린 타운홀 미팅에서 "정부의 긴급경기부양책으로 경제가 자유낙하를 멈췄다. 경제상황이 나아진 것은 의심의 여지가 없다. 우리는 경기침체가 끝나는 시작을 보고 있을 수도 있다"고 밝혔다. 이 말대로 세계 경제가 반전에 성공할 경우 이날 오바마의 연설은 금융위기의 끝을 알리는 서막으로 기록될 것이다. 이에 따라 일각에서는 이번 금융위기가 세계 각국에 전파되는 속도나 실물경기에 전이되는 속도가 엄청나게 빨랐던 만큼 회복 속도도 다른 위기 때보다 훨씬 빠르게 진행될 것이라는 기대가 나왔다.

뜨거워진 출구전략 논란

오바마 대통령의 경기침체 종료 선언이 있던 날 미국 연방준비제도이사회도 12개 연방준비은행 관할 지역의 경제 동향을 종합한 베이지북을 통해 "미국 내 북동부와 중서부 지역을 중심으로 경제가 차츰 안정화 조짐을 보이면서 올해 안에 광범위한 지역에서 경기가 회복될 것이라는 전망을 낳고 있다"고 밝혔다.

연방준비제도이사회는 8월 12일 정례 연방공개시장위원회를 끝낸 뒤에 발표한 성명서에서도 "국채 매입을 통한 통화 공급 확대정책을 9월 말에서 오는 10월 말까지 한 달 더 연기한 후 서서히 마무리 할 방침"이라고 밝혔다. 다만 기준금리는 현행대로 제로 수준으로 유지하고, 연말까지 시행하기로 한 1조 2,500억 달러 규모의 소비자관련 대출창구TALF도 2010년 초까지 연장하겠다고 덧붙였다.

이는 미국 경제가 22개월이나 지속해 온 침체에서 벗어나 서서히 회복됨에 따라 위기 시에 도입했던 유동성 꼭지를 서서히 잠그되 금융완화정책은 지속적으로 유지하겠다는 뜻이었다. 유동성 꼭지를 모두 잠글 경우 이제 막 싹트기 시작한 경기회복의 가능성을 완전히 잘라버릴 수 있기 때문이다.

연방준비제도이사회의 인식 변화와 정책 전환은 이미 6월 말부터 시작되고 있었다. 6월 25일 연방준비제도이사회는 성명을 통해 기간자산유동화증권대출창구TALF를 비롯해 기간입찰대출TAF, 기간물국채임대대출창구TSLF, 프라이머리딜러대출창구PDCF, 해외 중앙은행과의 통화스와프 등 5개 긴급 유동성 프로그램과 자산유동화기업어음뮤추얼펀드기금AMLF을 비롯한 기업어음매입용기금CPFF, 머니마켓투자자자금조달기금MMIFF 등 3개 특수목적회사SPV의 규모를 축소하겠다고 발표했다. 그러고는 이때부터 월가 은행들에 대한 긴급대출프로그램을 축소하면서 무제한의 양적완화정책에서 '일보 후퇴' 하는 수순을 밟아나갔다. 당시 한국을 비롯한 일본, 영국, 유럽 등 14개국 중앙은행과 맺었던 통화스와프 규모도 금융위기가 정점에 달하던 2008년 12월 5,800억 달러 이상에서 점차 축소돼 2009년 6월에는 1,500억 달러 이하로 떨어졌다. 다만 통화스와프의 만기를 2009년 10월 말에서 2010년 2월 1일까지 3개월 더 연장하기로 했다.

2009년 여름 오바마 대통령과 연방준비제도이사회의 이 같은 경기 진단은 즉각 각국에 '출구전략Exit Strategy' 논쟁을 불러왔다. 지금까지 써온 대규모 유동성 공급과 제로금리 유지를 언제까지 지속해야 하느냐는 논란이었다. 만약 경기 회복세가 맞는다면 비상시에 취한 과잉 신용완화정책은 자산버블을 통한 인플레이션을 유발할 수 있기 때문에 즉각 중단해야 한다는 의미였다. 이즈음 IMF도 2009년도 세계 경제성장률 전망을 1.9%에서 2.5%로 상향 조정하면서 "세계 경제 회복은 더디지만 지금부터는 출구전략을 준비해야 할 때"라며 각국의 출구전략 준비를 촉구했다.

각국 정부도 경기침체 속도가 둔화되고 일부 회복 조짐이 보이자 자산버블이 생기기 전에 뭔가 선제적인 조치를 취해야 한다는 강박감 속에 출구전략을 저울질하기 시작했다. 그러나 자칫 출구전략을 서둘러 시행했다가 예상치 못한 부작용을 겪을 수 있기 때문에 실제 시행까지는 매우 신중한 입장을 보일 수밖에 없었다. 출구전략을 취하더라도 위기 대처 때와 마찬가지로 세계 각국이 일사불란한 공조체제를 갖춰 질서 있게 추진해야 한다는 지적도 나왔다. 존 립스키 IMF 수석부총재는 8월 31일 "주요 국가들이 출구전략을 시작할 때 조율이 필요하다. 그렇지 않을 경우 추가적인 비용을 들일 수도 있다"고 경고했다.

하지만 각국의 출구전략 시행 시기는 해당국의 경기 회복 속도와 인플레이션 상황에 따라 상당히 차이가 날 수밖에 없을 것으로 전망된다. 이미 이스라엘이 8월 말, 호주가 10월 초 금리 인상에 착수한 데다 노르웨이, 브라질 등도 국제 원자재가 상승에 힘입어 2009년도 내에 금리 인상 조치를 취할 것으로 예상된다. 반면 미국과 유럽, 일본 등 선진국은 출구전략의 필요성은 공감하지만 실물경기 회복 속도가 늦어 시동을 걸기에는 아직 시기상조라는 입장이 우세하다. 최악의 경기침체로 50년 역사의 자민당 정권까지 몰락한 일본은 특히 출구를 향하기는 아직 역부족이라는 관측이 지배적이다. 전문가들은 주요 선진국의 출구전략 시행 시기는 유럽이 2010년 초, 미국은 2009년 하반기, 그리고 일본은 그 다음일 것으로 내다보고 있다.

해소되지 않은 불안감

그렇다면 이제 월가발 금융위기와 이에 따른 세계 경기침체는 끝난 것인가. 2009년 가을 현재 출구전략의 시행 시기와 더불어 경기침체의 재발 가능성에 대한 논란이 지속되고 있다. 한 쪽에서는 금융위기로 인한 경기침체는 이제 끝났다면서 더 이상 대공황 같은 사태로 진전되지는 않을 것이라는 낙관론을 펼치는 반면, 다른 한쪽에서는 혹시 그렇게 될 수도 있다는 반론을 제시하고 있다. 다시 말해 세계 경제가 이제 불황의 위협을 뒤로 하고 바나나형(또는 나이키형)으로 지속적인 회복 단계로 접어들 것이냐 아니면 '더블 딥Double-dip'을 맞아 더블유W자형으로 다시 한 번 고꾸라질 것이냐 하는 데 대해 서로 다른 의견이 나오고 있다.

더 이상 침체는 없다며 금융위기 종료를 주장하는 측은 아이러니컬하게도 월가의 금융가들 중에 많은 편이다. 금융위기 와중에서 메릴린치를 인수하며 미국 내 최대은행으로 부상한 뱅크오브아메리카의 케네스 루이스 CEO는 2009년 9월 15일 금융위기 1주년을 맞아 일본 도쿄에서 가진 강연에서 "깊은 불황 뒤에는 강력한 회복이 오는 법"이라며 "향후 세계 경기가 예상했던 것보다 강력한 회복세를 보일 것"이라고 장담했다.

그러나 비관론자들은 지금은 대세 하락기 중 일시적인 반등 국면의 하나이지 불황으로부터의 완전한 탈출은 아니라고 반박하고 있다. 특히 대공황의 가능성을 주장하는 사람들은 아직 위기의 끝이 발견되지 않았다는 점을 강조한다. 왜냐하면 대공황 당시에도 지속적인 경기 하강국면만 있었던 게 아니라 중간에 반등 국면이 있었기 때문이다. 대공황 당시 투자자들은 바로 중간의 이 회복기 때문에 더욱 더 대세 하락의 끝을 감지하지 못했다고 이들은 지적한다.

미국 연방준비제도이사회 부의장을 지낸 앨런 블라인더 프린스턴대학 교수는 〈뉴욕타임스〉와의 인터뷰에서 "인플레이션을 우려해 재정 및 통화 정책을 조기에 긴축으로 선회할 경우 2010년 이후 1936년 당시의 경제침체를 되풀이할 수 있다"고 경고했다. 그에 따르면 지난 1936년 대공황에서 빠져나올 것 같던 세계 경제는 각국의 유동성 축소와 보호주의적 정책 회귀로 한 차례 더 침체의 나락으로 굴러 떨어진 경험이 있다. 1933년 경기 바닥부터 1936년 사이 GDP가 연평균 11% 가까이 증가하자 연방준비제도이사회와 루스벨트 정부는 1936년 여름부터 긴축으로 선회했다. 이로 인해 미국 경제는 갑자기 곤두박질쳤고, 소위 '불황 속의 경기후퇴'에 빠져 들었다. 당시 미국 정부가 세금 인상과 재정지출 감축에 나서면서 GDP 대비 3.8%였던 재정적자가 1936년 0.2%의 흑자로 반전되었다. 그러나 긴축정책의 결과는 재앙으로 나타나 1937~1938년 사이 미국의 실질 GDP는 −3.4%까지 위축되었다.

비관적인 전망의 대명사격인 누리엘 루비니 뉴욕대학 교수도 2009년 8월 24일자 〈파이낸셜타임스〉 기고문에서 "세계 경제가 W자 형태의 더블 딥에 빠질 위험이 점점 커지고 있다"고 경고했다. 눈덩이처럼 불어나는 재정적자가 국채 수익률과 시중 이자율을 올려 스태그플레이션을 부를 수 있을 뿐만 아니라 그동안 중앙은행들이 쏟아 부은 과잉 유동성과 국제 상품시장의 투기적 수요가 인플레이션을 키우고 또 한 차례의 버블을 잉태하고 있다는 지적이었다. 그는 특히 미국 경제의 남은 위험 요소로 소비시장의 위축과 상업용 부동산, 즉 일반 빌딩 상가에 대한 모기지대출이 아직 해소되지 않았다는 점을 들었다.

지난 12년 동안 국제결제은행BIS의 수석 이코노미스트를 지낸 원로 경제학자 윌리엄 화이트도 "각국의 경기부양책이 단기 효과를 낼지는 모르나 '미래 위기의 씨앗'이 될 수 있다"고 지적했다. 〈파이낸셜타임스〉에 따르면 화이트는 9월 14일 홍콩에서 열린 시보스 회동에서 "우리가 W자형으로 가느냐고 묻는다면 나는 '거의 확실하다'고 대답하겠고, 또 L자형(장기 침체)이겠느냐는 질문에도 결코 놀라지 않을 것"이라면서 "세계 경제는 의심할 여지없이 더블 딥으로 향하고 있다"고 강조했다. 또 화이트는 "지금 상황에서 빠르고 지속 가능한 회복이 이루어진다면 정말로 놀라운 일이 될 것이나 그럴 가능성은 거의 없다"고 잘라 말했다. 그는 "지난 2년 동안 각국 정부와 중앙은행이 풀어놓은 과잉 유동성은 증권에서 상품, 부동산에 이르기까지 거의 모든 분야에 걸쳐 버블을 만들고 있으며, 금융당국이 잘못된 출구전략을 쓰게 되면 이는 즉각 인플레이션으로 폭발할 것"이라고 우려했다.

달러 가치 폭락 사태는 오나

위기시 달러 가치의 역설

이번 금융위기로 가장 체면을 구긴 것은 원인제공국인 미국과 그 경제를 뒷받침해왔던 달러화라고 할 수 있다. 1971년 8월, 미국이 달러-금태환 정지의 선언으로 기존의 '금환본위제'가 '달러유일본위제'로 전환되면서 달러의 안정적 공급과 가치 유지는 미국 중앙은행인 연방준비제도이사회에 부여된 고유한 권한이자 책임이었다. 그러나 금융위기의 진행 과정에서 달러화의 가치가 무너지면서 기축통화로서의 지위 유지에 중대한 도전을 받게 되었다. 그것은 다름 아닌 중국 등 브릭스 국가들의 자국 통화의 결제통화 인정 요구였다. 지금까지 미국과 영국 등 주축국들은 G20 등 몇 차례의 국제회의에서 이 요구의 공식화를 차단하는 데 그럭저럭 성공했지만 앞으로도 그렇게 되리라고는 보장할 수는 없는 국면이 전개되고 있다. 중국은 이미 위안화의 결제통화화를 시도하고 있고 러시아, 브라질, 인도 등도 보조를 맞추면서 달러의 독점적 지위를 흔들고 있다.

달러화는 2009년 하반기 들어 세계 경제가 회복되는 기미를 보이자 점차 약세로 돌아서고 있다. 이는 미국 경제에 더 큰 문제가 생겨서가 아니라 역설적으로 세계 경제가 안정을 되찾았다는 판단이 작용하고 있기 때문이다. 그 이전에는 극도의 위기의식 속에서 안전자산인 달러로만 투자자본이 몰렸으나 이제는 그 반대로 주식이나 일부 우량채권 등으로까지 투자대상이 넓혀지고 있는 것이다. 실제로 세계 경제가 회복기에 접어들기 직전까지 달러를 찾는 수요는 폭증했고, 대표적인 달러표시 자산인 미국 국채는 없어서 못 팔 정도로 가치가 치솟았다. 2008년 말 금융위기가 정점에 달하고 있을 때 1년 미만의 단기물 미국 국채 수익률이 제로까지 떨어질 정도로 극도의 쏠림현상이 빚어진 게 대표적인 사례다.

지표상으로 보면 달러의 유로화에 대한 가치는 서브프라임 사태가 처음 터진 2007년부터 지속적으로 하락해 2008년 4~9월에는 1.6달러까지 폭락(환율 상승)했다. 전고점인 2007년 초 유로당 1.3달러에 비하면 무려 23%나 폭락한 수치다. 그러나 2008년 9월 15일 리먼브라더스의 파산으로 월가발 금융위기가 전면에 드러나자 달러 가치는 갑자기 폭등해 10~12월 1유로당 1.25달러까지 치솟았다. 이 같은 현상은 2009년 들어 다소 진정되는 듯하다가 2~3월에 동유럽의 위기가 불거지고 영국 등 유럽권 경제가 크게 흔들렸을 때 다시 한 번 반복되었다.

위기가 극단적으로 번졌을 때 달러 가치가 치솟는 이런 기현상은 일종의 패러독스paradox라 할 수 있다. 이는 국제 금융시장에서 달러의 지위가 점차 약해지고는 있지만 아직까지는 이를 대체할 만한 뚜렷한 수단이 없다는 것을 단적으로 보여준다. 평상시나 위기의 초기 국면에서는 달러가

〈그래프 10-1〉달러-유로 환율 추이(단위: 유로당 달러)

무시되지만 위기가 더욱 악화돼 시스템 붕괴의 위협으로 치닫게 되면 '썩어도 준치'라는 말대로 믿을 것은 달러밖에 없다는 인식이 급속히 확산되는 것이다.

이는 최대 수익률을 찾아 움직이는 국제 투자자본들의 속성에서 그 이유를 찾을 수 있다. 위기가 처음 나타났을 때 투자자본들은 투자 손실을 만회하거나 시장 평균 수익률이라도 얻기 위해 달러가 아닌 다른 대체물을 찾지만 상황이 더 악화되면 오로지 가치 보전에만 혈안이 된다는 것이다. 2008년 상반기 국제 원유, 원자재, 농산물 가격이 사상 최고치로 치솟았으나 7월에 금융위기가 가시화되자 이들 상품의 가격은 곧바로 미끄럼틀을 타기 시작했음은 앞서 살펴본 바와 같다. 현재의 브레턴우즈체제에서 위기의 강도가 강해질수록 달러와 대표적인 달러표시 자산인 미국 국채는 최고의 가치보전 수단이 되는 것이다. 현존하는 유일의 기축통화인 달러의 위상을 엿볼 수 있는 대목이다.

달러 가치의 장기적 하락 추세

달러 가치의 하락 추세는 앞으로도 당분간 이어질 것으로 보인다. 미국 연방준비제도이사회가 작성·발표하는 달러 인덱스(1973년 3월=100) 추이를 보면 유로, 엔, 파운드, 캐나다 달러, 크로네(스웨덴), 프랑(스위스) 등 주요 6개국 통화에 대한 달러의 가치는 2009년 9월 16일 76.21을 나타냈다. 이는 달러가 초강세를 나타냈던 2000년대 초반의 120에 비하면 거의 절반 가까이 하락한 것으로 장기적인 하락 추세에 있음을 보여준다.

달러 가치의 장기적 하락 전망은 글로벌 경제가 위기의 터널을 빠져나오면서 국제 투자자들 사이에 그동안 감춰졌던 기축통화 달러에 대한 재평가, 다시 말해 '달러 다시 보기'가 진행되고 있기 때문으로 분석된다. 미국은 금융위기 극복과정에서 0%대의 초저금리 정책을 쓰면서 대규모 구제금융 지원과 경기부양책으로 엄청난 양의 달러를 시장에 쏟아부었다. 이것이 일시에 회수되거나 실물경제의 회복으로 모두 흡수되지 않는 이상 달러의 초과 공급과 이에 따른 달러 가치 하락은 불을 보듯 빤한 일이다.

더욱이 미국은 최근 경제가 다시 살아나면서 고질적인 미국병이라 할 쌍둥이 적자, 즉 재정적자와 경상수지 적자에 다시 노출되고 있다. 금융위기 과정에서 위축됐던 소비와 수입 수요가 되살아나면서 무역수지는 물론 경상수지의 적자 폭이 다시 확대되고 있는 것이다. 소비가 미국 경제에서 차지하는 비중이 70%나 되니 소비 회복 없이는 경제 회복도 어렵지만 소비의 확대는 불가피하게 수입 증가와 이에 따른 달러 유출을 유발한다는 데 미국 경제의 고민이 있다.

미국 경제가 경기 회복을 위해 불가피하게 감수하고 있는 재정적자도 달러 가치 안정을 위협하는 요인 중 하나이다. 백악관 예산관리국OMB이 2009년 8월 25일 공개한 중장기 예산보고서에 따르면 미국 연방정부의 재정적자는 2009회계연도(2008. 10~2009. 9)에 1조 5,800억 달러에 달하는 등 향후 10년간 모두 9조 달러에 이를 것으로 전망되었다.

이는 부시 행정부 시절 8년간의 재정적자 2조 달러를 훨씬 웃도는 것

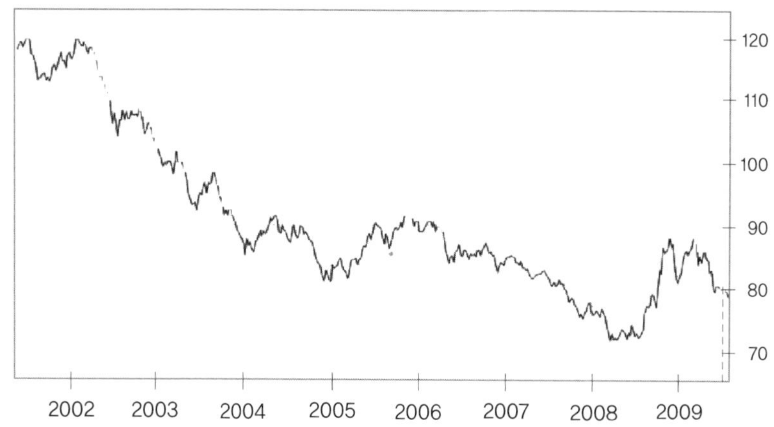

〈그래프 10-2〉 달러 Index* 추이(1973년 3월= 100, 주간)

＊ 달러와 6개국 주요통화의 교역거래량에 따른 가중평균치(유로화 57.6%, 엔화 13.6%, 영국 파운드 11.9%, 캐나다 달러 9.1%, 스웨덴 코로나 4.2%, 스위스 프랑 3.6%)

으로, 10년 후인 2019년 미국의 누적 재정적자 규모는 현재의 두 배 수준인 GDP의 150%에 이를 것으로 추산된다(현재도 미국 연방정부의 부채 규모는 11조 7,000억 달러로 GDP의 80%에 달한다). 피터 오재그 국장은 다만 2009회계연도의 재정적자가 GDP의 11.2%로 피크에 달하지만 2010회계연도에는 10.4%로 낮아지고 2019회계연도에는 4% 수준으로 점차 축소될 것이라고 설명했다.

미국 재정적자의 가파른 증가는 달러 가치 하락은 물론 이제 막 싹트기 시작한 경기 회복에 치명적인 악영향을 미칠 수 있다. 미국 연방정부의 재정적자는 국채를 발행하거나 중앙은행 차입을 통해 해결할 수밖에 없는데, 이는 시중 자금의 고갈을 가져오거나 통화증발을 유발할 수밖에 없다. 전자의 경우 시중 이자율 상승을 통해 민간 경제 활동의 위축을 가져오고 후자의 경우는 인플레이션으로 바로 연결된다. 연방준비제도이사회가 더 이상 달러를 찍어 미국 재무부가 발행하는 국채를 인수하지 않겠다는 의사를 밝힌 이상 새로 발행된 국채는 월가의 프라이머리딜러들을 통하여 시중에 판매될 수밖에 없다. 이는 곧 민간자금을 고갈시켜 최악의 경우 경기침체와 물가 상승이 동시에 일어나는 '스태그플레이션Stagflation'을 초래할 수도 있을 것이다.

이런 상황이라 전문가들은 달러는 시간이 가면서 서서히 가치가 하락해 독점적 기축통화로서의 지위를 잃을 수밖에 없을 것으로 내다보고 있다. 다만 달러 가치가 어느 날 갑자기 대폭락할 가능성은 많지 않을 것으로 보고 있다. 누리엘 루비니 교수는 2009년 8월 이탈리아에서 가진 기자회견에서 "유럽과 일본도 경제를 살리기 위해 자국 통화의 급격한 절상을 원하지 않고 있는 것을 감안하면 지금 당장 달러화 가치가 추락할 가능성은 없다"고 말했다. 다만 그는 "미국 정부가 무역적자를 통제하지 못하고 부채를 줄이지 못하면 달러화의 추가적인 하락은 피할 수 없다"면서 "특히 미국 정부가 시장에서 인플레이션을 통해 문제를 해결하는 방식을 취할 것으로 믿는 순간 달러 가치는 붕괴되고 말 것"이라고 경고했다.

로버트 졸릭 세계은행 총재도 9월 28일 미국 존스홉킨스 국제대학원 연

설에서 "시간이 지날수록 달러를 대신할 대체통화들이 점차 늘어날 것"이
라면서 "기축통화로써 달러의 운명은 미국이 인플레이션 증가 없이 얼마나
안정적으로 재정적자를 낮출 수 있느냐에 달렸다"고 지적했다.

흔들리는 '팍스 아메리카나'

달러 가치의 하락은 최근 불붙기 시작한 달러의 기축통화 지위를 둘러싼
논란을 더욱 부추길 가능성이 높다. 아울러 이 과정에서 중국은 미국과 더
불어 세계 경제의 주도국으로 올라설 것이라는 전망이 힘을 얻고 있다.

금융위기 과정에서 달러화 가치가 역사상 최저 수준으로 추락하면서 기
축통화로서의 달러화 위상에 대한 회의론이 전면에 부상하고 있다. 중국
등 신흥국들은 기회가 있을 때마다 미국 국채를 더 이상 사지 않겠다거나
보유중인 국채를 팔아버리겠다고 떠들면서 미국에게 달러 가치 안정에 신
경쓰라고 은근히 압력을 넣고 있다. 이는 일차적으로 달러 가치 하락에 따
른 자국의 국부 유출을 염두에 둔 발언이지만 기축통화의 지위를 위안화
등 다른 신흥국 통화에도 제공하라는 요구나 마찬가지다.

중국의 커진 힘은 2조 달러에 달하는 달러 보유액과 1조 달러가량 매입한
미국 국공채로 상징된다. 오바마 대통령은 2009년 초 금융위기 대책을 내놓
는 과정에서 힐러리 클린턴 국무장관을 중국에 보내 "미국 국채를 팔지 말
아 달라"고 읍소하기까지 했다. 중국이 채권을 일시에 팔 경우 미국 국채 가
격의 폭락이 불가피하고 이 경우 금융위기 극복과 경기 부양이 다급한 미국
정부의 자금조달에 차질이 생기기 때문이다.

런던 G20 정상회담 후인 6월 중국을 방문한 티머시 가이트너 미국 재무장
관도 그동안 중국이 환율조작국이라고 공세를 퍼부었던 태도를 바꿔 중국 칭
찬에 침이 말랐다. 중국 베이징대학 유학생 출신이기도 한 그는 "중국의 경제
역량이 미국과 다른 나라에 실질적인 혜택을 주었다. 미국은 중국이 국제금융
시스템에서 더 중요한 역할을 맡는 것을 전적으로 지지한다"고 치켜세웠다.

이런 미국의 태도는 7월 27~28일 이틀간 워싱턴에서 열린 제1회 양국 고위급 전략대화에서도 그대로 반복되었다. 미국은 그동안의 경제전략 대화와 정치전략 대화를 통합해 국무장관을 책임자로 올리는 등 대화 파트너로서 중국의 지위를 G2에 걸맞게 격상시켰다. 중국도 대화사절단으로 100여 명이 넘는 대규모 인원을 파견해 경제·정치·사회 각 분야에서 세밀하게 코드를 조율했다. 과거와 달리 미국이 중국을 압박하는 모습은 사라졌고 오히려 수세 입장을 취한 반면, 중국은 미국의 달러 가치 불안정, 재정적자 문제 등을 지적하며 공세를 폈다. 버락 오바마 대통령은 개막연설에서 "산중에 난 좁은 길도 계속 다니면 곧 길이 되고, 다니지 않으면 곧 풀이 우거져 길이 막힌다(山徑之蹊間 介然用之而成路 爲間不用 則茅塞之矣)"라는 맹자의 진심盡心 하편에 나온 고사를 인용하여 양국 간의 지속적인 대화와 끊임없는 협력을 역설했다. 전문가들은 금융위기 이후 처음으로 열린 1차 양국 간 전략대화가 세계의 핵심 이슈를 주무르는 '사실상의 G2 개막식'이라고 진단했다.

중국은 이미 2007년에 GDP 규모에서 독일을 제치고 미국과 일본에 이어 제3위의 경제대국으로 올라섰고, 2009년에는 일본마저 제치고 제2위 경제대국으로 올라 설 것이 확실하다. 다른 선진국들이 금융위기로 인한 경기침체로 마이너스 성장에 허덕이지만 중국만은 8%의 플러스 경제성장을 달성하면서 일본을 제칠 것으로 예상되기 때문이다.

이에 따라 앞으로 세계 경제는 선진국들과 신흥국들이 망라된 G20 회의와 함께 미국과 중국 중심의 G2 회의가 주도적인 역할을 하게 될 것이라는 전망이 나오고 있다. G2 회의가 큰 틀의 아젠다를 설정하면 G20은 이를 구체화하는 실행계획을 세우는 보조적인 합의기구로 자리 잡아갈 것이라는 예상이다. 제2차 세계대전 이후 세계를 지배해 왔던 '팍스 아메리카나Pax Americana'가 퇴조하면서 다원화된 세계체제가 만들어지고 그 가운데 '팍스 시니카Pax Sinica'가 급부상하는 구도로 나아갈 것이라는 얘기다.

〈워싱턴포스트〉 인터넷판은 런던 G20 정상회담이 끝난 직후인 2009년 4월 23일, 바야흐로 '워싱턴 컨센서스'에 대한 '베이징 컨센서스'의 도전이 시작되었다고 보도했다. 신자유주의를 주창하며 무분별한 시장 우선 정책을 펴다가 금융위기를 촉발한 영국과 미국 중심의 '워싱턴 컨센서스'가 힘을 잃고, 대신 정부 주도의 경제발전과 이에 기초한 점진적인 정치발전을 추구하는 '베이징 컨센서스'가 세계무대의 지배적인 흐름이 되어갈 것이라는 분석이었다.[*]

---

[*] '워싱턴 컨센서스(Washington Consensus)'는 20년 전에 미국 경제학자인 존 윌리엄슨이 외환위기에 처한 중남미 국가들에 대한 해법을 내놓으면서 처음 사용한 용어로 미국식 신자유주의적 정책을 통한 위기 극복 방안을 말한다. 이는 자유무역, 공기업 민영화, 규제 완화 및 정부 재정지출 축소 등을 주 내용으로 하며 국제통화기금과 세계은행, 미국 재무부 등 워싱턴에 본부를 둔 3대 기관의 입장을 대변한다. 이에 반해 중국 칭화(淸華)대학의 라모 교수가 2004년에 제시한 '베이징 컨센서스(Beijing Consensus)'는 정부 주도의 점진적 시장 개혁을 뜻하는 경제정책으로 국제무대에서 중국의 위상 강화를 반영한다. 런던 G20 정상회담 후 중국 사회과학원의 청언푸(程恩富) 교수는 '베이징 컨센서스'가 외국과의 무역에 개방적인 동시에 자국산업의 육성에도 힘쓰는 정책이며 선(先) 경제발전·후(後) 정치개혁을 특징으로 한다고 설명했다. 홍콩 과학기술대학의 배리 소트먼 교수도 '베이징 컨센서스'가 그동안 서방 국가들로부터 '민주적인 기관들에 대한 압제 없이는 경제성장을 이루어낼 수 없는 정책'이라는 비아냥거림을 들었지만, 최근에는 서방으로부터 '무시 당했던' 국가들에게 새로운 영감을 주고 있다고 주장했다.

다가오는 초인플레이션 시대

예고된 인플레이션

2009년 가을 현재, 금융위기로 인한 극심한 경기침체에서 막 빠져 나온 세계 경제는 아직 인플레이션을 우려할 단계는 아닌 것처럼 보인다. 인플레이션Inflation보다는 오히려 물가의 지속적인 하락, 즉 디플레이션Deflation을 우려해야 할 상황이 전개되고 있다. 미국의 근원 소비자물가지수(CPI:식품에너지를 제외한 물가지수)가 연초부터 전년 대비 2% 미만의 미미한 상승률을 나타내고 있기 때문이다.

2008년부터 2년째 경기 하강을 보이고 있는 일본은 더욱 물가 하락세가 가파르다. 2009년 1월 0%(전년 대비) 수준이었던 근원 소비자물가지수 상승률이 이후로 하락하기 시작해 9월에는 −0.9%까지 추락했다. 이는 2001년 이후 8년 만에 처음 있는 일로 또 다시 90년대의 '잃어버린 10년'을 반복할지도 모른다는 암울한 전망까지 가능하게 하고 있다.

그럼에도 불구하고 현재 시점에서 인플레이션에 대한 우려를 전혀 기우로만 치부할 수 없는 것은 이미 잘 알려진 대로 위기극복 과정에서 풀어진 각국의 엄청난 과잉 유동성 때문이다. 금융위기 이후 2009년 6월까지 미국이 투입한 순수공적자금 규모만도 2조 5,000억 달러로 추정되고, 영국은 1조 3,700억 달러, 독일과 프랑스가 각각 6,200억 달러와 5,600억 달러로 집계되었다. 일본도 2,100억 달러를 쏟아 부은 것으로 나타났다. 중국도 경기부양과 함께 막대한 시중 유동성을 공급한 결과 2009년 상반기 신규대출 규모는 7조 3,700억 위안에 달해 전년 동기 3배를 기록했다. 이런 추세가 지속된다면 중국 은행들의 2009년 신규대출 규모는 10조 위안에 달할 것으로 전망된다. 이런 과잉 유동성은 현재는 경기가 바닥에서 움직이고 있어 별 탈이 없는 것처럼 보이지만 경기가 좀더 회복되면 불에 기름을 부은 듯 일시에 발화해 걷잡을 수 없는 불꽃으로 타 오를 수 있다는 게 전문가들의 지적이다.

전문가들은 그 시점을 현재의 경제성장률이 잠재성장율 이상으로 급속도로 회복되는 시점으로 예상하고 있다. 이를 테면 미국 경제가 지금은 분기 성장률 기준으로 마이너스에서 움직이고 있지만 이것이 플러스로 반전되고 잠재 성장률(3~3.5%)을 웃도는 4% 내외의 높은 경제성장으로 나타날 경우 곧바로 기대 인플레이션률이 오르고, 나아가 누적적인 물가 앙등으로 이어질 수 있다는 지적이다.

2009년 6월, 월가의 또 다른 '닥터 둠'으로 불리는 마크 파버는 "앞으로 5~10년 내로 미국이 초인플레이션Hyper-inflation에 직면할 것"이라는 전망을 내놓았다. 그는 "경기회복이 지연될 경우 디플레이션이 일어나기 전에 경기부양책을 주도하는 정부에서 (인위적으로라도) 먼저 시스템 인플레이션을 일으킬 것"이라면서 "이 경우 미국의 물가상승률이 적정수준을 넘어 10~20%에 도달할 수도 있다"고 경고했다.

이와 관련하여 앨런 그린스펀 전 연방준비제도이사회 의장은 최근 정치권과 통화당국의 불협화음으로 인플레이션이 격발될 수 있다고 지적했다. 그는 금융위기 1주년을 맞아 2009년 9월 16일 일본의 도이치뱅크 도쿄지점 고객들과 가진 화상회의에서 "유권자들의 표를 의식한 의회가 연방준비제도이사회의 양적완화나 경기부양책을 거둬들이지 않기를 바라고 있다. 정치적 논리로 통화정책 기조 변경이 늦어질 경우 인플레이션이 발생할 수 있다"고 말했다.

그린스펀 전 의장은 미국이 인플레이션 압력에 노출될 시점을 2010년 초반 이후로 제시해 더욱 관심을 끌었다. 이는 미국이 전문가들에 의해 본격적인 경기 회복세를 탈 것으로 예측되는 시점과 일치한다. 그는 이 자리에서 "미국의 인플레는 내년 초까지 연율 1% 아래에 머물고 나서야 오름세로 반등하기 시작할 것"이라며 "그때까지는 세계 경제가 인플레이션과는 거리가 먼 물가 하락을 경험할 것이고, 이러한 기조는 앞으로 짧은 기간 지속될 것"이라고 전망했다. 이것은 2010년이 되면 벤 버냉키 의장 등 후임자들의 최대 고민거리가 인플레이션 위협이 될 것임을 예고한 것이다.

금빛 랠리의 경고

글로벌 금융위기의 암운이 서서히 걷히기 시작한 2009년 4월 이후 국제 금값이 또 다시 출렁거리고 있다. 서브프라임 사태 이후로 위기 때마다 온스당 1,000달러 선을 두드리던 국제 금값은 2009년 9월 현재 1,000달러 선을 지지점으로 하여 강하게 버티고 있다. 2010년 1월 인도분 선물 가격은 벌써 1,100달러를 넘나들고 있다. 현재의 금값은 명목가치를 기준으로 볼 때 자본주의 역사상 최고치에 해당한다. 인플레이션률을 고려한 실질가치로 볼 때는 지난 1980년 초 국제 유가발 인플레이션이 맹위를 떨치던 때 온스당 2,000달러 선에 육박하던 것에는 미치지 못한다. 당시 현물시장의 금값은 600달러로 실질가치와는 3배 이상의 차이를 보였다.

금은 전통적으로 경제 상황이 불투명해지면 수요가 늘어나는 안전투자처로 꼽힌다. 이를 거꾸로 뒤집어 보면 지금은 아주 불확실한 시대라는 얘기가 된다. 금융시스템 붕괴의 대 위기를 벗어났고 시장의 패닉도 가라앉았지만 앞으로 세계 경제가 어느 방향으로 튈지 아무도 장담할 수 없다는 것이다. 당장 디플레이션 리스크와 더불어 미래의 인플레이션 징조가 혼재하는가 하면 경기 회복의 진행과정도 여전히 불확실하다.

상황이 이렇다 보니 국제 금값이 앞으로 닥칠 지구촌 인플레이션을 견인할 것이란 주장이 고개를 들고 있다. 금이 인플레이션 헤지상품인 걸 고려하면 현재의 금값은 미래 가치를 선반영한 결과라는 것이다. 투자자들의 인플레이션 기대 심리가 커지다 보면 금과 함께 또 다른 인플레이션 헤지 상품인 은·구리·원유 등 귀금속과 원자재 가격이 전반적으로 상승할 수 있고, 이 경우 불쏘시개(유동성)만 적절히 공급되면 강력한 인플레이션을 유발할 수 있다는 논리다.

신흥국들을 중심으로 한 각국 중앙은행들의 금 사재기도 인플레이션 불안 심리를 부추기고 있다. 특히 중국 인민은행이 2009년 봄까지 금 보유량을 115톤에서 267톤으로 늘린 것으로 알려졌다. 달러 가치 하락에 대비한 포트폴리오 재편이란 설명에도 불구하고 인플레이션에 대한 어두운 그림자는 쉽게 지워지지 않는다.

최근의 금값 상승은 세계 경제의 불확실성을 배경으로 달러 약세 리스크를 분산시키기 위한 헤지성 수요가 1차 요인으로 지적된다. 이런 '골드러시Gold-rush'는 앞으로도 당분간 이어질 가능성이 높다는 게 금값 강세론자들의 분석이다. 바클레이스는 최근 투자보고서를 통해 "금값 상승의 모멘텀은 단기적으로 약화될 수 있지만 인플레이션 우려와 달러 약세 등 중장기 거시경제 환경은 금에 대한 선호를 일으키기 충분하다"고 강조했다. 국제신용평가사 S&P도 "온스당 1,000 달러를 무너뜨린 금값은 향후 수개월 내에 1,200~1,500달러 선까지 오를 수 있다"고 전망했다.

국제 유가 및 각종 원자재 가격의 상승세도 심상치 않다. 2008년 여름 배럴당 160달러대까지 치솟았던 국제 유가는 경기침체로 수요가 줄면서 2009년 2월 33.7달러까지 떨어졌지만, 6월 이후 다시 70달러 선을 넘어서며 언제고 세계 경제에 위협이 될 수 있음을 시사하고 있다. 전문가들은 글로벌 경제가 감당할 만한 유가 수준은 배럴당 70~80달러 수준으로 예측하고 있다. 제조업 경기가 확장 추세를 보이고 있는 만큼 국제 유가는 2010년 하반기까지 꾸준한 강세를 띨 것으로 전망된다. 유가 외의 26개 상품 가격으로 산정되는 UBS-블룸버그 CMC지수도 8월 들어 10개월여 만에 최고치를 기록했다. 대두 등의 농작물 가격도 올랐으며, 특히 설탕은 3년 만에 최고점을 찍었다.

〈블룸버그통신〉은 "국제 유가 및 원자재가의 상승은 회복세를 보이는 세계 경제의 발목을 잡아 경기침체의 장기화를 불러 올 수 있다. 이미 시중에 풀린 과잉 유동성으로 인한 물가상승이 겹치면 인플레이션발發 '더블 딥'을 초래할 가능성도 배제하지 못한다"고 지적했다.

스태그플레이션의 위협

인플레이션과 관련하여 정말로 우려되는 현상은 이것이 실물경기의 침체와 결합되는, 소위 스태그플레이션Stagflation이 현실화되는 경우이다. 1970~1980년대를 살아본 경험이 있는 지금의 40~50대는 이런 무서움을 누구보다 뼈저리게 잘 알고 있다.

1973년과 1979년 두 차례의 오일쇼크는 당시 세계 경제를 패닉 상태로 몰아넣었다. 1973년 4차 중동전쟁이 발발하면서 국제 유가(두바이유 기준)는 배럴당 1.9달러에서 1년 만에 10.7달러로 6배가량 뛰었다. 이로 인해 미국 경제는 2년 연속 마이너스 성장을 기록했고, 소비자물가도 매년 11%씩 올랐다. 한국 경제도 당시 12%씩 성장하다가 단숨에 절반 이하로 주저앉았다. 경기침체를 막기 위해 정부가 중화학공업에 대규모 투자를 시행하자 소비자물가가 한 해 25%씩 2년 연속 솟구쳤다.

2차 오일쇼크는 이보다 더 심각한 양상을 초래했다. 호메이니를 앞세운 이란의 회교혁명과 함께 터진 2차 오일쇼크로 국제 유가는 배럴당 13달러에서 1980년 35.7달러로 거의 세 배 가량 뛰었다. 미국은 이로 인해 1980년 경제성장률이 −0.2%로 하락했고 소비자물가도 13.5% 급등했다. 한국은 박정희 대통령 시해와 5.18 광주민주항쟁 등의 사회불안이 겹치면서 1980년 한 해 물가상승률이 28.7%에 달했고, 경제는 −2.2%로 고꾸라졌다. 1차 오일쇼크를 경험했던 터라 곳곳에서 물건 사재기가 성행했고, 극심한 인플레로 생활수준이 열악해지면서 임금 인상 요구가 빗발쳤다.

금융위기 이후 세계 경제가 회복 조짐을 보인다 해도 각국의 실업률이 오히려 악화되고 있는 작금의 현실은 스태그플레이션의 우려를 키우기에 충분하다. 실업률이 회복되지 않으면 소비침체와 기업투자 위축이 불가피하고 여기에 인플레이션 상황이 발생하면 곧바로 스태그플레이션으로 진행될 수밖에 없기 때문이다.

미국의 실업률은 2009년 9월 현재 9.8%로 전월보다 오히려 더 확대되었다. 실업률이 비록 경기에 후행하는 성격이 강하다 해도 1년 전의 5% 수준에 비하면 결코 안심할 수 없는 상황이다. 전문가들은 2010년 미국의 실업률이 10%를 넘어 두 자릿수에 진입할 것이 확실시된다는 전망을 내놓고 있다. 금융위기로 인한 후유증으로 빚 갚는 데 정신이 없는 미국인들의 저축률도 2005년 −2.7%에서 2009년 5월 15년만에 최고치인 6.2%까지 치솟아 더 이상 미국의 소비가 세계 경제의 원동력이 될 수 있을지 의문이 들게 하고 있다.

경제협력개발기구OECD는 9월 초 연간 고용동향보고서를 통해 "글로벌 경제의 회복기조가 미약할 경우 내년 30개 주요 국가의 평균 실업률이 10%를 상회할 것"이라며 "금융위기가 실업대란으로 이어져 고용위기로 발전할 가능성이 있다"고 경고했다. OECD에 따르면 2007년 말 서브프라임 위기가 시작된 뒤 30개 회원국에서 총 1,500만개의 일자리가 사라졌다. OECD는 회복 기조가 모멘텀을 형성하지 못할 경우 내년까지 1,000만개의 일자리가 더 사라져 이번 금융위기로 인한 주요국의 실업자 수는 2,500만명에 달할 것이라고 전망했다. 실제 지난 7월 현재 30개 회원국의 평균 실업률은 8.5%로 제2차 세계대전 이후 최고치를 기록한 상태다. 노벨상 수상자인 폴 크루그먼 프린스턴대학 교수도 "앞으로 경기회복이 이루어져도 자동적으로 일자리를 창출하지는 못할 것"이라면서 "미국의 실업률은 2011년 초까지 계속 오를 전망"이라고 밝혔다.

금융위기 10년 후를 대비하라

금융위기 1년, 오바마 월가에 서다

버락 오바마 미국 대통령이 2009년 9월 14일(현지시간) 리먼브라더스 붕괴 1주년을 맞아 뉴욕 맨해튼 월스트리트를 전격 방문해 '월가의 탐욕'에 대해 직격탄을 날렸다. 그는 이날 월가에 있는 증권거래소 인근의 페더럴홀에서 가진 연설에서 "책임감의 결여가 위기를 불렀다. 과거의 무모하고 방만한 행동으로 돌아가려고 하지 말라. 정부의 금융개혁에 저항하지 말고 협력하라"는 등 강력한 경고를 쏟아냈다.

오바마 대통령은 특히 "불행히도 리먼 사태에서 교훈을 얻으려 하지 않고 이를 모른 체하려는 금융기관들이 일부 있다. 이는 자신들 뿐 아니라 국가 전체를 위험에 빠뜨리는 것"이라며 금융개혁에 대한 월가의 저항세력들을 직접 겨냥했다. 계속해서 그는 "빠르게 변화하는 금융부문과 보조를 맞출 수 있는 상식에 입각한 규제의 부재가 이번 위기의 원인"이라며 "시장에 대한 정부의 개입은 기업가 정신과 창의를 막지 않아야 하지만 위기를 초래한 옛 방식은 더 이상 용납될 수 없다"고 강조했다.

오바마 대통령은 또 "많은 기업들이 번영의 시대로 돌아가고 있다는 사실은 미국 국민들에게 빚을 지고 있는 것"이라며, "미국 납세자들은 위기에 아무런 책임이 없으면서도 정부를 통해 금융산업을 안정시키는 어려운 일에 참여해 주었다. 그러나 여전히 구제금융의 무거운 부담과 실업, 그리고 주택 차압의 어려움 속에 신음하고 있다"며 미국 중산층들의 마음을 어루만졌다. 이날 페더럴홀 연설에는 수백 명의 월가 대형금융회사 임원들과 연방 및 뉴욕 주 상·하의원들, 마이클 블룸버그 뉴욕시장 등이 참석했으나 박수는 딱 한번 나왔다. 그만큼 월가의 금융가들은 물론 참석자들 모두가 긴장했다는 뜻이다.

이 연설은 취임 때부터 오바마 대통령이 제기했던 '월가 책임론'과 같은 맥락이긴 했지만, 위기가 서서히 진정되고 있는 국면의 월가 한복판, 그것도 첫 방문에서 던진 메시지로는 무척 강경한 것이었다.

이날 오바마의 연설은 미국 금융자본주의가 앞으로 나아가야 할 이정표를 제시한 것으로 평가되었다. 무분별한 투자와 과욕, 결과를 생각하지 않는 위험한 투자, 부풀려진 보너스에 대한 욕심 등 위기를 초래한 월가의 탐욕을 제어하기 위해서는 정부의 강력한 규제가 필수적이라는 것이다.

미국 정부는 이미 금융과 자동차 산업 등에 막대한 구제자금을 쏟아 부은 터라 제2차 세계대전 이후 그 어느 때보다 정부의 개입과 역할이 강화된 시대를 살고 있다. 공교롭게도 이날 오바마가 연설한 페더럴홀은 과거 미합중국 창업 1세대들이 민간 경제활동에 대한 연방정부의 관여를 어느 정도까지 허용할 것인지를 놓고 치열한 논쟁을 벌였던 곳이기도 하다.

그러나 금융개혁에 대한 월가의 저항도 만만치 않게 전개되고 있다. 정치권을 포함한 보수진영은 벌써부터 전 국민 건강보험 적용을 위한 추가 재정 투입에 반대하며 '큰 정부'에 반대하는 대규모 시위를 벌이고 있다. 이들은 오바마 정부가 자유시장 원칙에 근거한 자본주의를 해체시키려 한다고 비판하고 오바마를 히틀러나 스탈린, 카스트로 등 역대 독재자들에 비유하기를 서슴지 않고 있다. 구제금융으로 인해 정부 지분이 80%이상 들어간 AIG의 신임 CEO인 로버트 벤모시는 오바마 행정부의 사업 부문 매각 채근에 대해 "미친 사람들"이라고 비난하면서 재무부의 개혁 방침에 공개적으로 반발하는 자세를 취했다. 이에 따라 오바마 정부가 연내 통과를 목표로 준비하고 있는 금융개혁 패키지 법안은 민주당이 상하원을 모두 장악하고 있음에도 불구하고 원래 일정보다 늦춰질 수 있다는 관측이 나오고 있다.

되살아나는 월가의 탐욕

오바마의 경고에도 불구하고 월가는 금융위기 발발 1년이 지나자 고수익을 노린 무분별한 위험 투자와 고액 연봉 관행을 부활하는 등 과거의 실수를 되풀이할 조짐을 보이고 있다.

2009년 8월 〈AP통신〉에 따르면 월가 금융회사들은 주택시장 붕괴의 단초가 됐던 위험도가 높은 모기지증권을 쪼개 위험도가 낮은 모기지증권과 섞은 뒤 이를 저위험 상품으로 포장해 판매하는 리패키징repackaging 수법을 다시 동원하기 시작했다. 특히 생명보험 계약의 만료 이전에 이를 증권으로 유동화해서 매매함으로써 위험도에 따라 수익을 배분하는 새로운 기법의 '생명보험 유동화 상품'이 주목을 받고 있다. 이는 예를 들어 10억 원짜리 생명보험 가입자들의 계약을 3억 원에 사들여 사망 시까지의 보험료를 대신 납부하는 대신 금융회사는 이를 유동화시켜 6억 원에 다시 되파는 수법이다. 계약자가 사망하면 보험에서 나오는 10억 원의 보험금은 최종 유동화 증권 투자자에게 귀속되며 금융회사는 3억 원의 차익을 얻게 되는데, 이는 보험계약자가 일찍 죽을수록 금융회사나 최종 투자자에게 유리한 상품이다. 그 이유는 중간에 납부해야 할 보험료가 줄어들기 때문이다.

금융위기를 증폭시킨 주범으로 낙인찍힌 신용부도스와프 등 복잡하고 위험도가 큰 파생상품 거래도 다시 증가하고 있다. 미국 통화감독청OCC의 집계에 따르면 2009년 3월 말 현재 미국 금융시스템 내의 파생상품의 명목 가치는 14조 6,000억 달러로 위기 발발 전인 3년 전 5조 5,000억 달러에 비해 3배 정도 늘어났다.

또 금융위기 직후에는 위험도가 큰 자산 거래가 거의 중단됐지만 2009년 2분기 골드만삭스나 JP모건 등은 전체 매출의 절반 가까이를 이들 고위험 자산 거래에서 수익을 올려 2년 전 수준에 근접한 것으로 조사되었다.

위기 이후 여론의 질타를 받았던 고액 연봉 관행도 되살아났다. 골드만삭스는 2009년 2분기에 직원들에 대한 보수 등으로 66억 달러를 지출해 2년 전보다 34% 더 많았다. 수만 명의 직원들이 해고된 점을 고려하면 직원

1인당 지급액은 오히려 더 늘어난 셈이다. 상반기 동안 상위 5개 은행이 직원 보수를 위해 유보한 자금도 610억 달러로 1년 전의 650억 달러와 큰 차이가 없었다.

영국 정책연구기관인 공공정책연구소IPPR의 수석 경제학자인 토니 돌핀은 세계 금융위기 발생 1년이 되는 9월 15일에 내놓은 보고서에서 "금융위기에도 불구하고 더욱 안정적이고 지속가능한 자본주의의 청사진을 만드는 조치는 미흡하다. 월가나 런던 금융가에서 거액의 보너스 잔치 같은 '과거 회귀' 조짐이 일고 있다"고 지적했다. 그는 이어 "운 좋은 소수만이 아니라 모든 이에게 성과를 공평하게 나눠주기 위해 각국 정부 간, 정부와 민간 분야 간, 금융계와 나머지 경제 분야 간, 사회 내 모든 분야 간의 협력이 확대돼야 한다"면서 "소수의 엘리트가 아닌 모두에게 더 좋은 혜택을 가져다줄 조치가 만들어지지 않으면 앞으로 또 다른 새로운 경제위기가 닥칠 것"이라고 경고했다.

인간의 본성상 월가의 탐욕은 완전히 사라지지 않을 것이고 현재의 자본주의 체제 아래서 이를 제어할 방법도 제한적일 수밖에 없다는 지적도 나왔다. 인간의 본성에 내재한 탐욕의 DNA는 과거에는 전쟁과 식민지 수탈, 농산물 투기와 산업 개발, 자원 및 원자재 개발을 통한 이익에 집중됐지만, 고도로 발전한 현대 자본주의 체제에서는 정교한 금융공학을 바탕으로 한 복잡하고 수수께끼 같은 금융거래가 이를 실현하는 무대가 되고 있다는 얘기다.

사회 고발성 다큐멘터리로 유명한 미국의 마이클 무어 감독은 금융위기 1주년을 맞아 제작한 신작 〈자본주의: 사랑 이야기〉 홍보차 토론토 국제영화제에 참석한 자리에서 "지난 1년 금융위기 동안 금융계가 배운 것은 폰지 사기를 저지르기 위해 더 교활해질 필요가 있다는 것 같다. 야수와 같은 속성을 가진 자본주의는 아무리 끈이나 밧줄로 꽁꽁 묶어 놓으려 해도 돈을 벌려는 끝없는 욕망 때문에 곧 그 끈을 끊어 버리고야 말 것이다"라고 개탄했다.

자본주의 경기순환의 필연성

자본주의는 19세기에 발생한 후로 주기적인 경기순환의 고통에 시달려왔다. 장기적으로는 성장을 향해 나아가는 것처럼 보이지만 5년, 10년, 20년 또는 50년마다 끊임없이 경기의 상승과 하락이라는 순환적 변동을 반복해 왔다. 경기변동의 고비 고비마다 시장 참가자들은 때로는 환호성을 지르며 기뻐하다가도 또 때로는 극심한 공포와 비극적 결과에 낙담하게 된다.

1930년대 대공황 이후 최악의 경제위기라 일컬어지는 금융대공황은 아직 최후의 끝을 파악하기에는 이른 감이 있다. 다수의 기대대로 이제 본궤도를 찾아 정상화될지 아니면 일부의 주장대로 다시 한 번 위기를 맞아 고꾸라질지 아무도 장담할 수 없다.

만약 이번 위기가 성공적으로 극복된다면 그것은 제2차 세계대전 이후에 경제학계에서 무수히 많은 논쟁을 거쳐 개발된 다양한 경기조절 방법에 우선 공훈을 돌려야 할 것이다.

제2차 세계대전 직전부터 지난 70년간 케인지안과 통화주의자들에 의해 개발된 재정확대와 통화량 조절 방법은 이번 위기 극복의 최대 공로자라 해도 과언이 아닌 셈이다. 극도의 신용경색이 왔을 때 '시장에 넘치도록' 과감하게 유동성을 푸는 일이나 정부가 재정적자를 감수하면서 공격적인 경기부양책을 시행하는 일, 위기에 처한 금융회사들의 사적 재산권을 일시적으로 폐기하는 시장 개입정책 등은 이미 지난 수십 년간 수많은 위기 국면에서 그 효과가 입증된 위기 극복의 노하우들이다.

그러나 설령 각국이 이번 금융위기를 맞아 성공적인 재도약에 성공한다 할지라도 자본주의적 경기순환의 본질은 아직 변하지 않았다는 게 대다수 경제학자들의 지적이다. 경제위기의 주기가 비록 1~2년으로 짧아지긴 했지만 위기의 종말은 또 다른 위기를 알리는 서막에 불과하다는 것이다. 위기는 영원히 사라지는 것이 아니라 잠복해 있을 뿐이라는 것이다. 위기는 점점 변동성을 키워 찾아오는 주기가 짧아지면서 위기의 만성화를 초래한다는 의미다. 무한대의 경제 이익을 좇는 월가의 탐욕은 벌써부터 새로운 위기를 알리는 전주곡이 되고 있다.

위기가 반복될 수밖에 없는 자본주의의 현실에 대해 경제학자들은 대체로 인간의 본성에 바탕을 둔 탐욕에서 그 원인을 찾는다. 대공황 전문가로서 오랫동안 미국 연방준비제도이사회 의장을 지낸 하마터면 그 집 귀신(?)이 될 뻔한 앨런 그린스펀도 금번 위기의 근본 원인을 인간의 탐욕에서 찾는다. 그는 2009년 9월 9일 〈BBC 2〉 프로그램에 출연해 "역사상 여러 경제위기들은 각기 특징이 있지만 하나의 공통적인 요인을 지니고 있다. 그것은 오랜 성장 뒤에도 그러한 성장세가 지속될 것이라고 확신하는 인간의 억제할 수 없는 욕망 때문이다"라고 지적했다. 이번 글로벌 금융대공황에 대해서도 그는 "서브프라임 사태 이전의 장기 성장에 대한 반작용으로 금융위기가 닥친 것"이라면서 인간 욕망의 불가역성不可逆性이 위기의 원인이라고 주장했다.

이러한 관점에서 그는 "금융위기는 신용이 낮은 사람들에게 무분별하게 대출해 준 미국의 서브프라임 모기지 부실에서 비롯됐지만 (그것이 아니더라도) 다른 어떤 요인에 의해서도 폭발할 수밖에 없었다"면서 "앞으로 경제위기는 또 다시 찾아온다"고 경고했다. 그린스펀은 다만 "앞으로 닥칠 위기는 이번과는 현저히 다른 양상을 띠고 나타날 것"이라면서 "그러나 그때에도 시간이 좀더 걸리고 어려울 수는 있겠지만 인간은 또 다시 그 위기를 극복해 낼 것"이라고 낙관론을 폈다.

거꾸로 가는 한국의 금융개혁

2009년 9월 현재 한국은 금융위기 이후 다른 어느 나라보다도 빠른 회복력을 보이며 주요 외신들로부터 '아시아 V자 반등의 주역'이라는 찬사를 받고 있다. 주가는 연일 오르고 부동산 등 자산시장은 넘쳐나는 유동성 때문에 일부에서는 과열을 우려해야 할 상황이 전개되고 있다. 한국의 제조업도 IMF 이후 강력한 구조조정을 거쳐 온 덕에 이번 금융위기 대응에 효과적인 체제로 변모했고, 이를 통해 세계 일류로 도약하는 데 성공했음이 입증되었다.

이제 또 다시 2008년 금융대공황과 같은 상황이 벌어진다면 어떻게 될까. 불행히도 한국 경제는 아직 외부로부터 오는 충격을 자체적으로 견뎌낼 만한 체질 개선을 이루는 데 성공적이라 할 수 없다. 2009년 현재 경제의 높은 대외의존도(수출입/국내총생산)는 일본(30.2%)의 두 배를 훨씬 넘는 75.1%로 10년 전이나 지금이나 마찬가지다. 금융권의 외채 비중, 특히 단기채 비중이 10년 전에 비해 더욱 높아져 있다. 총외채 중에서 언제든 상환해야 하는 단기외채가 차지하는 비중이 40%를 넘고, 만기가 1년 이내인 유동외채 규모는 외환보유액(2009년 9월 현재 2,500억 달러)과 거의 맞먹는다. 이는 1997년 외환위기의 와중에서 금융업에 대한 규제가 대폭 완화돼 은행들의 해외 차입이 자유화되고 외국인의 국내 자본시장 투자가 전면 개방된 결과다. 이런 상황에서는 외환보유액이 5,000억 달러에 육박해도 안심할 수 없다는 말이 설득력을 갖는다. 한국의 이런 취약한 대외 의존 구조는 앞으로도 금융, 실물 양면에서 더욱 심화될 전망이다. 미국을 포함한 세계 여러 나라들과 자유무역협정FTA이 줄을 잇고 있고, 이른바 동북아 금융허브를 지향한다며 도입한 자본시장통합법(자본시장과 금융투자업에 관한 법률안)이 2009년 2월 4일부터 시행에 들어갔기 때문이다. 이에 따라 경제의 대외 개방은 더욱 앞당겨지고 현란한 금융기법을 적용한 파생상품과 월가식 첨단 금융기법이 광범위하게 도입될 것이 분명하다. 비판론자들은 벌써부터 "정부가 서브프라임 모기지 사태를 일으킨 핵심 요소들로 구성된 월가식 금융시스템 도입에 혈안이 되었다"면서 "자통법 시행은 새로운 금융위기를 잉태할 시한폭탄을 제조한 것이나 마찬가지"라고 비난하고 있다.[*]

한국 경제의 대외 개방이 양적·질적으로 확대되면서 세계 자본주의 체제는 그 어느 때보다 강력한 외생변수Exogeneous Variable로 작용할 전망이다. 그리고 그 세계 자본주의는 지금까지와는 사뭇 다른 양상을 띠고 전개될 것이다. 지난 2년여 간 세계 금융시장을 뒤흔들었던 글로벌 금융위기의 주 원인이 그동안 신자유주의의 득세와 함께 거의 무한대의 자유를 누렸던 월가 금융자본의 방종에 있었다는 점은 분명해졌다. 이에 따라 미국은 물론 유럽 등 선진 각국에서 금융부문에 대한 정부 개입과 규제가 한층 강화될 것은 거의 확실하다. 이는 구시대 낡은 자본주의 체제에 대한 자기반성이고 새로운 시대에 대한 희망이기도 하다.

따라서 한국이 자통법 시행을 계기로 월가식 금융자본주의 도입을 확대한다 해도 무분별한 위험 투자가 시스템적 위기로 연결되지 않도록 최소한의 안전장치를 마련해야 할 것은 두말할 필요가 없다. 그렇지 않으면 한국 자본주의는 세계 자본주의의 흐름과 거꾸로 가는 조치를 취했다가 곧 다가올지 모르는 제2의 금융위기 앞에서 스스로를 파멸의 길로 내모는 '자폭주'를 마셨다고 세계적인 조롱거리가 될지도 모를 일이다.[**]

한국 자본주의가 제대로 된 길을 가기 위해서는 미국 중심의 세계 질서가 무너지고 다원주의가 힘을 얻는 거대한 변화 속에서 새로운 패권국가로 부상하고 있는 중국의 행보에 특히 관심을 가져야 할 것이다. 중국은 이미 개혁개방 30년 만에 유럽과 일본을 제치고 미국을 견제할 초강대국으로 자리 잡으며, 아시아는 물론 세계 경제 판도에 중대한 영향을 미칠 핵심국가가 되어버렸다. 국제무대에서 중국이 펼칠 움직임 하나하나는 아시아 지

---

[*] 2007년 7월 3일 국회를 통과한 자본시장통합법은 증권사, 선물회사, 자산운용회사 등으로 엄격히 나누어진 증권업 내의 벽을 없애고, 금융상품 개발과 운용에 대한 규제를 과감히 철폐해 골드만삭스 같은 대형 투자은행을 육성한다는 취지다. 문제는 이 법안에 파생금융상품(CDO, CDS 등) 활성화, 헤지펀드 허용과 사모펀드(PEF) 육성, 증권·금융사의 지급결제 허용 등과 같은 서브프라임 사태를 일으킨 미국식 금융자본주의가 추구해 온 내용들이 대거 포함되어 있다는 것이다. 이미 이번 금융위기 국면에서도 지난 2003년부터 도입한 ELS(주가연계증권)와 ELW(주식워런트증권), DLS(파생결합증권) KIKO(통화옵션 형태의 고위험 장외파생상품) 등 파생상품이 수조 원대의 손실을 내며 심각한 사회문제로 비화됐었다. 증권사들이 높은 수익과 안정성을 강조하며 판매한 ELS는 2008년 주가가 반 토막 나면서 수많은 개미투자자들을 울렸고, 미국 투자은행에서 도입한 환헤지옵션상품인 키코(KIKO) 역시 환율이 폭등하면서 멀쩡한 중소기업들을 도산의 위기로 내몰았다. 2005년 1월 개인들에게까지 거래가 허용된 'FX마진거래(해외통화선물거래)'도 최소 증거금보다 무려 50~400배에 이르는 베팅이 가능해 투기성이 높은 금융상품으로 지목된다. 금융위기 이전 금융감독원 조사에서도 증권사의 파생증권 발행 규모는 2003년 3조 5,000억 원에서 2007년 41조 7,000억 원으로 무려 10배 이상 폭증한 것으로 나타났다. 아직 크게 활성화되지는 않았지만 미국식 모델을 본떠 만든 사모펀드(PEF)도 정·관계 거물들의 자리보전을 위한 꼼수란 비판이 나왔다. 재계 상층부 간의 인맥을 통해 돈을 모으고 멀쩡한 기업들을 M&A해 돈을 버는 기법을 쓰는 사모펀드는 '안면(顔面) 자본주의(Access Capitalism)'의 전형으로 간주되었다.

역, 특히 동북아시아의 정치, 경제, 군사적 판도 변화에 엄청난 영향을 끼칠 것이 자명하다. 이 과정에서 특히 지난 200년간 아시아의 유일한 선진국이자 '얼굴이 노란 백인종'으로 대접받았던 일본의 대응도 주목된다. 금융위기를 계기로 유권자들의 외면을 받은 자민당 정권을 무너뜨리고 2009년 8월 집권한 일본의 하토야마 정권은 벌써부터 '동북아 경제공동체EAC' 구상을 제시하며 중국과의 공조 내지는 견제 의사를 드러내고 있다. EAC 구상은 장기적으로 아시아 지역에서도 유럽연합과 같은 경제공동체를 만들자는 취지지만 제2차 세계대전 기간 중 일본 군국주의의 횡포를 기억하는 아시아 사람들에게는 '대동아 공영권'의 악몽이 드리워진다.

앞으로 새로운 경제위기가 자본주의 경제순환 사이클 상 10년 이내에 다시 발발할 것은 의심의 여지가 없다. 그것은 미국과 유럽 등 선진국에서 이미 재정적자, 과잉 유동성, 달러 약세 등 새로운 위기의 씨앗이 잉태되어 있고, 국제무대에서도 중국의 부상 등으로 국가 간의 역할 관계에 극심한 지각변동을 예고하고 있기 때문이다. 변화는 항상 좋은 것이 아니라 그것이 제대로 관리되고 새로운 균형점을 찾을 수 있을 때만이 좋은 것이다. 그렇지 않은 경우 세계 경제는 물론 각 국가와 국민들은 새로운 균형을 찾을 때까지 극심한 격변과 고통을 거쳐야 한다는 것이 지난 200년간 역사가 보여준 교훈이다.

앞으로 닥쳐올 위기는 미국이나 유럽에서 먼저 발발할 수도 있고, 중국이나 일본, 또는 한국이 진원지가 될 수도 있을 것이다. 지난 30년간 개방

** 이 같은 변화는 일찍이 『과학 혁명의 구조(1962년)』란 저서에서 '패러다임의 전환(Paradigm Shift)'을 얘기했던 미국의 과학사학자 토마스 쿤에게서 찾아볼 수 있다. 과거를 지배했던 구질서는 신질서와의 충돌 속에서 새로운 변화를 요구하는 새로운 시대의 역사적 요구에 순응할 수밖에 없다는 그의 주장은 여전히 유효하다. 아울러 칼 마르크스가 『사회구성체이론(Social Formation Theory)』에서 제시했던 것처럼 '토대(경제)'가 '상부구조(문화, 의식, 사상, 정치 등)'를 규정(Determination)하긴 해도 상부구조로부터 지배(Domination)를 받는 상호작용을 통해 새로운 변화를 이끌어 낸다는 필연적 역사과정에 대한 인식 역시 타당성을 가진다. 존 메이너드 케인즈와 더불어 20세기 초 위대한 경제학자로 일컬어지는 조지프 슘페터도 경제 체제를 정태적인 것이 아닌 발전하는 역사적 현상으로 이해했다. 그는 자본주의도 사회 발전의 최종 단계가 아니라 변화될 수 있는 과도적 체제라는 결론을 내리고, 자본주의의 틀을 변화시킬 내적 동인으로서 '혁신(Innovation)'의 개념을 강조했다.

이후 성장 일변도를 달려왔던 중국이 어느 순간 거꾸러질 수도 있고, 세계 2위 경제대국 일본과 중국 간에 치유될 수 없는 알력이 생길 수도 있다. 또 한반도 내에서 중대한 정치지형의 변화가 생길 수도 있다. 중국은 특히 최근 내부에서조차 그동안 고도성장을 구가해 오면서 한 번도 제대로 된 경제위기를 겪지 않았다는 데 불안감을 표출하며 반드시 언젠가는 세계 자본주의를 움직이는 거대한 세력들이 중국의 금융시장을 뒤흔들어 파탄으로 내몰 것이라는 경계심을 키우고 있다. 이 같은 우려가 사실로 나타나게 될지 아니면 단순한 기우에 그치게 될지는 아무도 예측할 수는 없을 것이다. 그러나 국제무대에서 미국이 힘을 잃고 중국이 부상하며 국가 간 역학관계에 뚜렷한 변화가 생기고 있는 지금, 그리고 세계 자본주의의 중심인 미국을 비롯 유럽과 일본 등 각국이 새로운 변화를 시도하고 있는 지금, 한국 정부와 국민, 그리고 개별 기업과 사회단체 등 각 경제 주체들이 미래에 닥칠 새로운 위기에 대비한 준비를 서두르지 않는다면 그에 대한 대가를 혹독히 치러야 할 것은 자명한 일이다.

음모론에 대하여

서브프라임 사태는 왜 발생했을까? 그리고 왜 그렇게까지 확대되었을까? 사실 돌이켜보면 어떤 하나의 모기지대출 부실이 발생했다 해도 모기지 회사가 해당 주택을 차압하여 헐값에라도 처분하고 원금을 회수해 버리면 그만이다. 그러나 지난 수년간 서브프라임 문제는 그렇게 간단히 끝나지 않았고, 상상할 수 없는 여러 연결고리를 타고 전 세계로 확산되었다.

서브프라임 부실에 따른 금융위기의 발생 원인과 확산에 대해서는 여러 요인들이 지적된다. 우선 첫째는 미국 부동산시장 버블 붕괴와 맞물린 '묻지마 대출'을 해준 은행의 모럴해저드(도덕적 해이)이다. 주택시장이 과열상태로 치닫고 있는데도 신용도가 낮아 정상적인 상환이 어려울 것 같은 모기지대출이 지속적으로 일어났다. 이것은 은행들의 고의적인 직무유기든지 아니면 도덕적 판단이 정지된 집단적 최면 효과라고 볼 수 있다.

둘째는 과도한 증권화를 초래한 월가의 최첨단 금융공학과 탐욕이다. 소위 미국의 명문대학 출신 MBA나 이코노미스트들은 복잡한 수학공식으로 포장된 금융상품, 예컨대 모기지증권MBS이나 자산유동화 증권ABS 또는 부채담보부증권CDO, 신용부도스와프CDS 등의 파생상품을 만들어 마구잡이로 뿌려댔다. 그 상품의 구조나 운용은 개발한 담당자는 물론 해당은행이나 금융기관조차 설명하기 어려울 정도였다고 한다. 투자자들 입장에서도 책 한 권 분량이나 되는 복잡한 약관이나 상품설명서를 제대로 이해하고 투자하는 경우는 드물었을 것이다. '머니게임'으로 포장된 그들의 욕망은 현대 금융자본주의가 통제할 수 있는 범위를 벗어나 있었다.

셋째로는 영·미식 금융시스템 자체의 결함과 규제·감독의 소홀이 지적된다. 미국과 영국은 1990년대 이후 산업구조를 제조업에서 금융업으로 전환하면서 가급적 많은 금융활동에 대한 규제와 감독을 제거했다. 대부분의 경제활동 영역에서 규제 완화는 미덕으로 칭송됐고, 반대로 어떤 규제를 두려는 시도는 악덕으로 치부되었다. 나아가 두 나라는 이 금융시스템을 다른 나라에도 요구해 결과적으로 글로벌 금융통합을 완성했다. 여기에는 국제통화기금IMF이나 세계은행IBRD등 국제기구들이 동원되기도 했다.

넷째로는 금융시장의 자기 조정능력에 대한 미국과 영국 정부의 지나친 믿음이다. 두 나라는 1980년대 대처리즘과 레이거니즘의 성공에 고양되어 1990년대 이후 신자유주의 이념에 기초한 시장주의를 대내외적인 정책 목표의 기본으로 삼고 이를 관철시켰다. 신자유주의는 시장은 일시적으로 균형을 벗어나도 반드시 새로운 균형점을 찾아간다는 고전파 경제학의 기본 사상이었다. 그러나 서브프라임으로 인한 금융위기는 '시장=보이는 손Invisible Hand'이 아니라 '국가=보이는 발Visible foot'이라고 하는 케인즈안Keynesian적인 정부 개입을 통해 진정되었다.

다섯째로는 세계화 추진에 따른 각국 금융시장의 지나친 개방과 통합이 거론된다. 소위 금융업의 선진화 또는 세계화를 통해 각국은 1990년대부터 무모할 정도의 시장 개방 조치를 취했다. 초기의 서브프라임 불안 상태는 진원지인 미국이나 영국 등 선진국의 울타리를 넘어 곧바로 개방된 자본시장을 통해 신흥 경제국들로 직수입되었다. 이는 신자유주의가 추구해 온 세계화의 필연적 결과이기도 했다.

종합적으로 보면 어떤 한 요인에 의해 서브프라임 사태와 금융위기가 만들어진 것이 아니라 이 요인들이 복합적으로 작용해 문제를 만들고 키우고 악화시켜 더욱 확산시켰다고 볼 수 있다. 서브프라임이라는 괴물을 키운 미국 정부와 연방준비제도이사회FRB의 잘못된 정책이 1차 원인이었다면 세계화와 첨단금융공학의 발전은 이를 글로벌 차원의 금융위기로 키우고 전 세계적으로 확산시킨 기폭제 역할을 했다고 볼 수 있다.

하지만 또 다른 각도에서 문제의 원인을 짚어볼 수도 있을 것이다. 흔히 얘기하는 음모론이 그것이다.

서브프라임 사태가 악화되어 전 세계적인 금융공황으로 치닫자 일부 네티즌들 사이에 서브프라임 부실 사태가 처음부터 일부 세력에 의해 기획·발전되고 관리되어 구제불능의 대재앙으로 번졌다는 주장이 제기되었다. 누군가 세계를 지배하려는 음모 세력들이 일부러 서브프라임 대출을 만들어 세계 유동성을 일시적으로 확대했다가 갑자기 축소함으로써 수많은 중산층과 서민들을 파탄시키고 결과적으로 사익을 챙겼다는 것이다. 2000년대 들어 미국의 금리정책 추이를 지켜보면 이 주장은 일견 설득력이 있어 보인다. 초기에 미국 연방준비제도이사회는 기준금리를 지속적으로 낮추다가 어느 순간 갑자기 방향을 바꿔 인상하기 시작했다. 그 와중에 수많은 주택 구입자들이 이자나 원금을 제때 갚지 못해 집을 차압당하고 길거리로 내쫓겨났다. 서브프라임 대출에 놀아난 수십 개의 모기지업체들도 배후에 있던 대형 투자은행들의 마진 콜 요청에 속수무책으로 무너졌다. 이 투자은행들도 나중엔 서브프라임 부실의 파편을 맞고 일부는 파산하고 일부는 다른 은행이나 금융기관에 흡수되는 비운을 맞았다. 그렇다 하더라도 미국의 전통적인 금융그룹인 JP모건체이스, 골드만삭스, 시티은행, 뱅크오브아메리카, AIG 등은 살아남았다. 소위 '대마불사(too big to fail)'라는 말이 통한 것이다.

이렇게 보면 미국의 통화정책을 담당한 연방준비제도이사회는 시기에 따라 적절히 유동성 완급조절을 하면서 위기가 배태胚胎할 토양을 만들었고, 모기지업체들은 서브프라임 대출의 창구 역할을 했으며, 투자은행이나 헤지펀드 등은 모기지업체들 배후에서 돈을 대주는 전주錢主 역할을 했다는 추론이 가능하다. 그러면 미국 정부는 무엇을 하였을까? 주가와 집값을 띄워 서민층 이하에게까지 내 집을 가질 수 있다는 꿈을 심어줘서 부동산 구입에 나서도록 장려하는 나팔수 역할을 하였다고나 할까. 그렇다면 이익은 누가 보았나. 모기지업체들은 몰락했고 서민들은 자기 집을 빼앗겼다. 연방준비제도이사회는 쏟아지는 비난 속에서 애써 푼 유동성을 주워 담다가 결국 파국의 위기에 가서는 다시 풀었다. 연방준비제도이사회가 화폐(달러)를 찍어내면 세뇨리지 게인Seigniorage gain이 생기지만 장기적으로 이를 다시 주워 담아야 할 책임은 미국 정부에 있다. 연방준비제도이사회가 민간기관이기에 미국 정부도 이자를 주고 달러를 빌려야 하는 입장이기 때문이다. 그렇다면 결국 연방준비제도이사회와 연방준비은행의 주주를 구성하는 월가의 대형은행이나 투자기관들이 이익을 본 것일까. 이들 대형 금융회사들은 서브프라임 위기 진행 과정에서 치솟은 유가 덕에 막대한 이익을 챙겼고, 휴지조각이 된 인수 대상 기업들의 주식과 채권을 쓸어 담아 몸집을 불렸다. 심각한 유동성 경색 상황 속에서 정부가 발행하는 국채를 매매하면서도 상당한 이익을 챙겼고, 위기 수습 과정에서 정부가 쏟아 부은 막대한 구제금융(공적자금)을 직접 지원받는 혜택도 누렸다. 주지하다시피 구제금융은 국민 세금이 원천이며, 나중에 구제금융을 지원받은 은행들이 모두 갚았다 해도 그 혜택이 사라지는 것은 아니다. 더구나 이들 회사에 소속된 임직원들은 금융위기의 혼란 속에서도 막대한 급여와 보너스를 두둑이 챙겼다.

이렇게 보면 이번 금융위기의 주연은 소수 투자은행과 상업은행 등 금융자본가들이고, 연방준비제도이사회는 조연을 맡아 도박장을 개설한 업주였으며, 미국 정부는 풍악을 울리며 조명을 비추는 분위기 메이커였고, 모기지업체들은 지나가는 서민들을 도박장으로 끌어들인 삐끼(단역) 역할을 한 것일까. 그렇다면 피해자는 당연히 서브프라임 대출을 받아서 과열된 부동산시장에 뛰어 들어 주택을 샀다가 나중에 압류된 주택에서 쫓겨나야 했던 중산층 이하 서민들이 되는 셈이다.

그렇다면 월가를 주무르는 금융자본들의 정체는 무엇일까? 흔히 월가는 유대계 자본이 지배한다고 한다. 골드만삭스, AIG, 리먼브라더스 등이 대표적인 유대계 자본들이고 JP모건체이스, 시티은행, 뱅크오브아메리카 등도 그 영향권 안에 있다. 이들은 잘 알려진 대로 연방준비제도이사회, 재무부, 백악관 등과 밀접한 관계를 가지고 주요 인사들을 파견해 국가의 핵심 경제정책은 물론 주요 대외정책까지 깊숙이 간여한다. 그리고 이들이 퇴임할 때는 회사 임원으로 받아들이기도 한다. 부시 정권 시절의 골드만삭스 CEO 출신인 헨리 폴슨 전 재무장관이나 클린턴 정권 시절 재무장관을 지내다 시티그룹 회장으로 옮겨간 로버트 루빈 등이 대표적이다. 현 오바마 정부 내에도 '루빈 사단'으로 불리는 멤버들이 대거 포진해 있다. 루빈 장관 밑에서 차관보로 있던 티모시 가이트너가 재무장관이고, 루빈의 후임으로 재무장관을 지내다 하버드대 총장을 역임했던 래리 서머스가 백악관 국가경제위원회NEC 위원장으로 포진해 있다. 이들은 모두 금융 규제 완화와 유니버설 뱅킹을 허용하자는 이른바 '루빈 철학'을 공유하고 있다. 특히 가이트너는 5년 동안 뉴욕 연방준비은행 총재로 있으면서 시티그룹, 골드만삭스, 모건스탠리 등의 경영진과 호텔이나 이들 회사 식당에서 빈번히 식사를 하고, JP모건체이스 CEO인 제임스 다이먼과도 사적으로 깊이 어울리는 등 월가 대형 금융회사 경영진들과 밀접한 관계를 형성해 왔다.

이에 따라 새로 등장한 오바마 정부도 이번 금융위기를 제대로 극복하는 데 한계가 있을 것이라는 지적이 나온다. 오바마 행정부의 은행 구제 프로그램들은 지속가능한 새로운 금융시스템을 창조하려는 것이 아니라 단지 국민의 돈으로 월가를 돕기 위해 고안된 것이라는 주장이다. 2009년 4월 노벨 경제학상 수상자인 스티글리츠 교수는 "미국은 회전문시스템이다. 사람들은 월가에서 재무부로 가고 다시 월가로 돌아간다. 이번 금융 구제계획을 디자인한 사람들은 은행 주머니에 손을 넣고 있거나 아니면 무능하다"고 혹평했다. 또 그는 "주고받기가 없다고 하더라도 문제는 그들의 마음가짐"이라면서 "오바마의 몇몇 조언자들은 월가와 밀접한 관계를 맺고 있기 때문에 은행 문제를 공개하려 하지도 않고 통제하려고 하지도 않는다. 그러므로 백악관에는 이해상충이 생길 수밖에 없고 이는 금융 구제정책의 실패로 연결될 것"이라고 덧붙였다.

음모론자들의 주장에 따르면 월가 금융자본의 배후에는 초국가적인 거대 금융자본인 로스차일드 자본이 도사리고 있다. 18세기 중반 독일 프랑크푸르트 게토에서 유대계 고리대금업자 마이어 암셀 로스차일드(M. A. Rothschild: 1743~1813)에 의해 발흥發興한 이 가문은 19세기에 5명의 자식들을 영국 등 유럽 각지로 보내 해당지역의 왕실과 국가자본을 석권했다. 20세기에도 이들은 미국에까지 영향을 미쳐 오늘날 미국 자본주의의 모태라 할 JP모건, 철강왕 카네기, 철도의 해리먼, 석유산업의 록펠러 재벌의 성립에 깊숙이 관여했다. 특히 로스차일드 금융자본은 세계 정복을 꿈꾸는 프리메이슨free-Mason과 일루미나티Iluminati, 시오니스트 그룹 등과 손잡고, 프랑스 혁명과 나폴레옹 전쟁, 러시아 혁명, 세계 제1·2차 세계대전, 1929년 세계대공황, 이스라엘 건국, 심지어 구소련의 해체 등 굵직굵직한 세계사적 사건들을 일으키며 사탄(루시퍼)이 지배하는 세계 단일정부 수립을 획책하고 있다고까지 회자된다. 더욱 재미있는 것은 1913년에 설립된 미국의 중앙은행시스템인 연방준비제도이사회의 등장도 미국 경제를 집어삼키기 위한 로스차일드가의 음모의 산물이라는 시각이다. 1907년 공황을 맞아 2억 달러를 지원하며 월가의 구세주로 떠 오른 JP모건은 당시까지 없던 초국가적 민간 중앙은행을 만들 것을 모의하고 '국가화폐위원회'를 통해 연방준비은행을 만들었다. 1791년에 제1합중국은행(Bank of the United States)이, 1816년에는 제2합중국은행이 미국의 중앙은행 기능을 일시 담당했지만 곧 해체되고 78년 동안 중앙은행이 없는 상태에서 1863년 재무부의 내청으로 설립된 금융감독청OCC이 그 기능의 일부를 대신했다.

당시 연방준비은행의 초기 주주는 록펠러the Rockefeller's, JP모건JP Morgan, 로스차일드the Rothschild's, 라자드 프레어스Lazard Freres, 숄코프 Schoellkopf, 쿤－롭Kuhn-Loeb, 워벅스Warburgs, 리먼 형제Lehman Brothers, 골드만 삭스Goldman Sachs 등으로 현재 월가의 대표적인 금융자본이 대거 망라되었다.

미국 연방준비은행은 정부로부터 어떤 감사도 받지 않고, 대통령이나 재무장관의 명령도 받지 않는 초국가적인 민간단체라는 점에서 의혹은 더욱 커진다. 철저히 독립된 인사제도와 준 입법 및 사법적 기능을 법적으로 보장받아 독자적으로 금융 및 통화 관련 규정을 제정, 강제 집행하고, 분쟁을 조정할 수 있는 권한까지 가졌다. 최고 의사결정기구인 연방준비제도이사회를 구성하는 7명의 이사들의 임기가 대통령보다 훨씬 긴 14년에 이르고 2년마다 한 명씩 교체하도록 한 것도 일시 해고가 불가능하게 해 정치권의 영향을 철저히 배제하기 위한 장치이다. 아울러 성립 초기부터 화폐(달러) 발행권을 장악해 미국 정부까지도 이자를 내고 달러를 빌려 쓰도록 함으로써 미국 연방의 재정적자는 아무리 애를 써도 매년 누적 증가할 수밖에 없도록 만들었다. 이를 위해 음모 세력들은 1913년 연방준비제도를 만들면서 동시에 소득세법을 따로 만들어 국가예산의 70~80%를 매년 빌린 돈의 원리금을 갚는데 쓰도록 체계화시켰다. 연방준비은행의 입장에서는 그야말로 미국 정부를 '만성적인 신용불량자' 신세로 만들어 놓고 영구적으로 지속되는 안정적인 수익 창출의 기반을 구축한 것이다. 더구나 미국은 매년 만성적인 경상적자를 일으켜 전 세계의 모든 물질과 서비스 등 주요 자원을 흡수하는 대신 1970년대 초반 이후 금태환이 정지된 달러를 아직도 세계 각국에 마구 뿌려대고 있다. 이렇게 뿌려진 달러는 경상수지 흑자국들이 미국 국채나 달러표시 자산에 투자하도록 해 실체가 없는 또 다른 종이자산을 유포하는 데 기여한다. 이렇게 볼 때 미국의 연방준비제도는 대내외적으로 인쇄된 종이를 중첩적으로 빌려주면서 전 세계 실물자산을 수취하는 정교하게 짜인 착취시스템인 것이다. 이러한 시스템을 배후에서 설계한 로스차일드 가문의 직계 자손은 현재 200여명으로 추산되며, 그들의 재산은 전 세계 부의 거의 절반에 해당하는 50조 달러로, 세계 제일의 갑부라 일컬어지는 빌 게이츠(500억 달러)와는 비교가 되지 않는다.

최근 관심을 끌었던 중국 작가 쑹훙빙의 『화폐전쟁』이라는 책도 이러한 인식에 기초하여 로스차일드 자본을 제2차 세계대전 이후 수시로 일어나는 세계 금융위기의 배후로 지목하고 있다. 그는 1997년 아시아 외환위기도 헤지펀드를 앞세운 음모 세력들의 아시아 지배전략의 일환이며, 2006년 중국의 금융시장 개방이 시작된 이후로는 중국을 다음 타깃으로 삼아 경제 전반에 거품을 일으키며 언젠가는 중국의 화폐 발행권과 경제의 자기 통제권을 해체함으로써 런던과 월가가 주도하는 세계 정부와 세계 화폐, 세계 조세 체제에 복속시키기 위해 획책하고 있다고 주장한다. 이런 과업을 추진하는 일련의 핵심 조직기구가 영국 왕립 국제문제연구소와 미국 외교협회이며, 훗날 이들 두 기구는 두 개의 새로운 산하기구를 파생시켰는데, 경제 분야의 '빌더버그 회의Bilderberg Conference'와 정치 분야의 '삼각위원회Trilateral Commission'가 그것이다. 두 회의는 모두 비밀로 운영되는데, 빌더버그 회의는 1954년 네덜란드의 베른하르트 왕자에 의해, 삼각위원회는 1972년 데이비드 록펠러에 의해 각각 조직되었다. 이들은 세계 단일정부 수립이라는 궁극적 목적을 실현하기 위해 미국, 영국 등 세계 각국의 정치와 경제를 장악하고, 세계 부의 흐름과 분배를 통제하며, 필요시 요인 암살, 테러, 전쟁 등도 서슴지 않는다. 쑹훙빙은 중국을 비롯한 아시아 국가들이 이들의 음모를 분쇄하기 위해서는 내부적으로는 금융 방화벽을 견고히 쌓고 대외적으로는 금융 홍수 방지 댐을 구축하는 등의 방어체계를 확립해야 한다고 강조한다. 금융 방화벽은 외자은행이 악의적으로 인플레이션을 조장해 거품이 끼게 만든 다음 갑자기 금융긴축으로 전환해 경제위기를 조장하는 것을 견제하기 위한 것으로, 은행감독권의 강화와 건전한 거시경제의 운용장치 등을 마련하는 것이 필수이다. 또 홍수 방지 댐은 1970년대 이후 금태환을 거부하고 신용본위로 전환한 달러 체제의 필연적인 붕괴에 대비해 정부와 민간이 힘을 합쳐 화폐의 본질적 저장수단인 금·은에 대한 보유고를 확대해 놓자는 의미이다. 이러한 그의 주장은 자본주의 체제의 발흥 이후 화폐발행권과 이에 따른 세뇨리지 게인Seigniorage gain을 독점하기 위한 민간자본과 국가 등 경쟁세력들 간의 치열한 대결구도를 이해하는 데 유익한 관점을 제공하기도 한다.

하지만 쑹훙빙의 주장은 결국 중화주의에 기초한 아시아적 가치 수호를 역설한다는 점에서 10년 전 아시아 외환위기 때 이를 공공연히 유대인의 음모로 간주했던 말레이시아 마하티르 총리의 주장과 연장선상에 있다. 당시 한국과 아시아 각국이 IMF 구제금융이라는 사상초유의 국가 부도 사태에 직면했을 때도 음모론이 크게 유행했었다. 각국의 고위 관료나 학자들조차 미증유의 위기 속에서 왜 외환위기를 당하게 되었는지 제대로 이해하지도 못하고 설명하지도 못하고 허둥대고 있을 때 음모론은 대중들로부터 크게 인기를 끌었다. 잘 알려진 대로 당시 노벨상 수상자이자 프린스턴대학 교수인 폴 크루그먼은 자못 학술적으로 "동아시아의 위기는 생산성 향상 없이 노동과 자본 등 요소 투입에 의존한 경제성장의 당연한 귀결"이라고 설명했지만 이제껏 고도성장을 이룩해 온 아시아 국가들은 서방에서 주장하는 '위기의 내재적 책임론'을 못마땅하게 여겼었다. 이런 분위기에서 말레이시아의 마하티르 총리가 외환위기의 원인을 국제 헤지펀드들의 투기적 행동으로 돌리자 대중의 이목은 일약 그에게 쏠렸다. 그는 유대인인 소로스의 통화투기가 금융위기를 초래했으며, 이는 이슬람과 아시아 국가에 대한 유대인의 음모라고 공공연히 주장했다. 이런 주장은 사실 여부를 떠나 경제적 파탄과 정치적 혼란에 빠져 있던 동아시아 국가의 국민들에게 큰 호응을 불러일으켰다. 하지만 냉정하게 들여다보면 헤지펀드 음모론은 사태의 진상을 모두 밝혀주지는 못한다는 한계를 드러낸다. 우선 이머징마켓으로의 포트폴리오 투자의 순유입은 1997년까지도 증가 추세에 있었고, 위기 발생 년도인 1997년에도 120억 달러의 순유입이 있었다. 더욱이 한국은 외환위기 전까지 실수요 원칙에 입각한 선물환 거래로 공매도가 제도적으로 불가능한 상황이었다. 오히려 사태의 진상은 외환위기를 전후해 무분별하게 추진된 외환자유화가 금리 차이를 이용한 재정거래Arbitrage적 외화차입을 증가시켰고, 여기에 단기외채, 과잉중복투자, 환율 등의 문제가 중첩되면서 국가적 위기상황을 초래했으며, 심리적 공황에 빠진 서방 금융기관의 일시적인 자금회수가 국가부도 사태로 연결되었다고 보는 게 타당할 것이다. 물론 이러한 상황에서 헤지펀드가 위기를 키우고 확대시킨 역할과 책임이 부분적으로 추가될 수 있을 것이다. 결국 당시 외환위기는 헤지펀드의 음모보다는 1990년대 이후 급변한 국제 금융 환경에 대한 정책담당자들의 인식 부족과 각국 규제당국의 미숙한 감시 감독, 외채를 빌려 사업확장과 돈놀이에 열중했던 재벌들과 금융자본가들의 무책임한 행태가 근본 원인이었다고 볼 수 있을 것이다.

음모론이 가진 한계는 명백하다. 세상이 온통 하나의 꽉 짜인 시나리오대로 착착 돌아가고 있다고 주장하지만, 사실 그것을 입증할 결정적인 증거를 제시하지는 못한다. 제시되는 증거들은 고작 정황 증거나 간접 추론에 기대는 경우가 대부분이며, 줄곧 인용되는 근거도 특정 서적이나 주장, 나아가 그 파생 변형물을 반복적으로 들이대는 게 전부이다. 물론 이것은 음모론의 소재가 되는 인물과 조직이 워낙 비공개적이라 극소수 이외에는 접근이 불가능하고 검증할 수 없기 때문일 수도 있을 것이다. 그러나 자연과학에서조차 불확정성의 원리라는 양자역학의 발전으로 결정론과 단선적 인과론이 자취를 감춘지 오래된 현실에서 단일 인물이나 조직의 비밀스러운 힘에 의해 역사가 진행된다고 보는 가정은 무척 순진한 생각이라고 볼 수밖에 없다. 어쩌면 음모론은 오늘날처럼 정치적, 경제적, 사회적 활동이 복잡해지고 구조화되어 있는 상황에서 뭔가 한 가지 일관된 틀 안에서 사태를 단순화해 보고 싶은 인간의 오랜 욕망이 투영된 결과로 보는 게 타당하다. 하나의 사건이나 행동은 수많은 예견치 못한 반작용을 양산해 내고 그것의 상호작용으로 현실이 주조됨에도 불구하고 이것을 모두 사전적 혹은 사후적으로 통제하면서 자신의 뜻대로 움직일 수 있는 특정 세력이 있다고 보는 것은 신화적 상상력의 소산일 뿐이다.

음모론에 대한 논의를 살펴보면 모두 사실이지도 않고 모두 거짓이지도 않다. 어느 정도의 팩트Fact와 픽션Fiction이 결합되어 극적인 플롯과 실존 인물의 등장으로 흥미와 사실성을 극대화한다. 음모론의 논의 구조는 구조적 사건의 의인화, 제한적 개인의 우상화, 복잡한 현실의 단순화로 특징지을 수 있다. 나아가 다차원적인 역사와 현실을 단선적 인과관계와 결정론으로 윤색한 뒤에 뭔가 확정할 수 없는 숨겨진 시나리오의 현재진행형으로 마무리한다. 음모론의 이런 속성은 대중의 관심을 누그러뜨리기는커녕 오히려 상상력과 지적 호기심을 더욱 자극한다.

음모론은 사실 대중의 불안과 피해의식, 그리고 일정 정도의 무지無知를 먹고 자란다. 음모론이 창궐했던 시기를 살펴보면 대부분 사회·경제적 위기 속에서 대중들이 극심한 불안을 느끼고 있을 때이다. 모두들 분노에 차서 내가 누구 때문에 이런 고통을 당하고 있는지 이유나 한번 알아보자는 욕망과 결합하면서 스스로 발전하고 증폭된다. 인류의 역사에는 멀게는 트로이 전쟁을 신들의 음모라고 생각했던 호머에서부터 유대인의 세계정복을 위해 만든 '시온 의정서(The Protocols of the Learned Elders of Zion)', 미국 대통령 링컨과 케네디의 암살 사건, 나사NASA의 외계인 정체 감추기, 아폴로 11호의 달 착륙 조작설까지 수많은 음모론이 번성해 왔다. 그리고 이에 대한 비판과 반론도 음모론 자체만큼이나 다양하고 수없이 많다.

음모론을 반대하는 쪽에서도 그것을 정확히 반증해 내기는 쉽지 않다. 음모론이 워낙 정교한 사실과 픽션의 조합을 내장하고 있기 때문이다. 더군다나 더욱 중요한 것은 현실에서 음모가 전혀 일어나지 않는 것은 아니라는 점이다. 세상에는 항상 상대적인 강자가 존재하며, 이들은 언제든지 스스로의 이익을 극대화하기 위하여 불특정 다수를 따돌리고, 소수 특권층의 이익을 옹호할 계책을 꾸미고, 이를 실행에 옮기기도 하는 게 사실이다. 이렇게 보면 음모론 자체에 지나치게 경도되는 것도 문제이지만 그것이 내포하고 있는 대중의 개혁과 변화를 향한 열망에 대해 진실을 외면한 채 냉소와 무시로 대하는 것도 문제일 수 있다. 미국 연방준비제도이사회의 독립성을 보장하기 위한 제도적 장치를 음모론자들의 음모의 결과로만 본다는 것도 우스운 일이지만 그 속에 미국식 자본주의의 고유한 특징이 내포되고 있음을 의도적으로 간과하는 것도 또 다른 진실을 망각하는 처사일 것이다.

이렇게 본다면 세상에 음모는 있지만 세상을 움직이는 동력은 음모적 집단이 미리 만들어 놓은 사전 각본에 의한 것만은 아니라는 보다 현실적이고 균형 잡힌 인식이 필요할 듯싶다. 다시 말해 세상은 소수 음모집단의 활동과 더불어 현실 속의 제도와 그 안에서 행동하는 수많은 개인들의 의지

가 상호작용한 결과이다. 소수 음모적 집단도 결국 사회적 제약 속에 존재
하는 여러 행위자 중의 하나일 뿐이라는 사실을 객관적으로 인식하는 것이
다. 그렇다면 우리는 사실 여부를 검증할 수 없는 음모론에 매달릴 게 아니
라 주어진 현실에서 무엇을 할 수 있고 해야 하는지를 알려주는 과학적 인
식론과 방법론, 그리고 그것을 뒷받침하는 건전한 철학을 찾아 더욱 매진
해야 하는 것은 아닐까.

글로벌 금융대공황 주요 사건일지

2007년

2월 8일 ㅣ HSBC, 미국 서브프라임 모기지 투자 손실 발생 발표

3월 8일 ㅣ 미국 2위 서브프라임 모기지업체 뉴 센추리 파이낸셜 추가대출 전면 중단

3월 20일 ㅣ 뉴 센추리 파이낸셜 영업정지 명령

3월 22일 ㅣ 미국 연방준비제도이사회(FRB), 금리동결 및 긴축시사, 경기둔화 우려

3월 27일 ㅣ 벤 버냉키 FRB 의장 "서브프라임 부실 여파 제한적 수준" 발표

4월 2일 ㅣ 뉴 센추리 파이낸셜 파산보호 신청

4월 23일 ㅣ 월가 은행 단기외채 급증, 주택담보대출 불안정

4월 24일 ㅣ 미국 3월 기존 주택판매 전년 대비 8.4% 급감(18년래 최대 낙폭)

5월 3일 ㅣ 스위스 UBS, 1억 2,400만 달러 손실 낸 헤지펀드 딜론리드캐피털 청산

6월 12일 ㅣ 주택저당권 포기(포어 클로져) 연율로 90% 급증

6월 14일 ㅣ 베어스턴스 자산운용(BSAM) 산하 헤지펀드 파산 가능성 보도

6월 15일 ㅣ 미국 1분기 서브프라임 연체율 13.7% 발표

6월 22일 ㅣ BSAM 소속 헤지펀드 두 곳 32억 달러 긴급 투입

6월 28일 ㅣ 영국 펀드 칼리버 자산의 82% 손실 발표

7월 10일 ㅣ S&P · 무디스, 12억 달러 규모 모기지담보증권(MBS) 신용등급 '부정적' 전망

7월 18일 ㅣ BSAM 헤지펀드 두 곳 자본 잠식, 총 자본의 90% 손실

7월 20일 ㅣ 벤 버냉키 FRB 의장, 서브프라임 대출 부실 경고

7월 26일 ㅣ 베어스턴스, 일부 펀드의 자산 동결. 세계 주가 급락

7월 30일 ㅣ 미국 헤지펀드 소우드캐피털 자산 50% 손실(청산절차 돌입)

7월 31일 ㅣ 베어스턴스 펀드 환매중단, 2개 펀드 파산 신청

8월 2일 ㅣ 독일 90억 유로 규모 구제금융 지원 결정

8월 6일 ㅣ 미국 10위 모기지업체 아메리칸 홈 모기지(AHMI) 파산보호 신청

8월 9일 ㅣ BNP 파리바 3개 펀드 환매중단 선언. FRB 240억 달러 임시 준비금 방출. 유럽중앙
　　　　　　은행(ECB)도 948억 유로 투입

8월 13일 ㅣ 골드만삭스 헤지펀드에 30억 달러 유동성 투입 발표

8월 14일 ㅣ 서브프라임 쇼크 미국 뮤추얼펀드까지 손실. FRB 금융시장에 70억 달러 추가 투입

8월 16일 ㅣ 미국 최대 모기지업체 컨트리와이드 115억 달러 긴급자금 투입

8월 17일 ┃ FRB 재할인율 50bp 인하 5.75% 결정

8월 22일 ┃ 리먼브라더스 · HSBC 모기지 사업부 폐쇄

8월 23일 ┃ 컨트리와이드, 뱅크오브아메리카(BoA)에서 20억 달러 조달. 시티 등 4개 시중은행
　　　　　연방은행 재할인 창구에서 20억 달러 긴급 조달

8월 28일 ┃ 독일 작센은행 바덴은행에 매각

8월 29일 ┃ 호주 헤지펀드 베이시스 일드 알파 펀드 파산

8월 31일 ┃ 미국 부시 대통령 서브프라임 관련 긴급대책 발표

9월　3일 ┃ 독일 모기지 전문 지방은행 도이체인두스트리방크(IKB) 10억 달러 손실 발표

9월　4일 ┃ 중국은행 90억 달러 서브프라임 손실 공개

9월　6일 ┃ 유럽중앙은행(ECB) 300억 달러 긴급 유동성 투입

9월 11일 ┃ 헨리 폴슨 미국 재무장관, "모기지대출업체들 신용위기에 책임" 언급

9월 13일 ┃ 리보금리 6.9%로 10년래 최고치 기록. 영국 노던록은행 파산 위기

9월 18일 ┃ FRB 연방기금금리(FF) 50bp 내린 4.75% 결정, 재할인율 50bp 인하(5.50%)

9월 20일 ┃ 도이체방크, 서브프라임 손실 경고. 버냉키 "신용경색 예상보다 심각" 언급

9월 30일 ┃ 인터넷은행 선구자 넷뱅크 파산

10월　2일 ┃ 시티은행 3분기 순익 60% 감소. 스위스계 UBS 5년 만에 적자 전환

10월　5일 ┃ 메릴린치 56억 달러 서브프라임 손실 공개

10월 14일 ┃ 미국 재무부 시중은행들과 슈퍼펀드 설립 비밀리에 논의

10월 15일 ┃ 시티그룹 3분기 서브프라임 모기지 및 CDO 손실로 22억 달러 상각

10월 16일 ┃ 버냉키 FRB 의장 "서브프라임 위기와 주택침체로 미국 경제 심각하게 영향" 언급

10월 22일 ┃ 미국 2위 주택공급업체 뉴먼 홈스 파산

10월 24일 ┃ 메릴린치 3분기 상각규모 79억 달러 발표(스탠 오닐 CEO 사임)

10월 31일 ┃ FRB 연방기금금리 25bp 인하(4.50%)

11월 01일 ┃ 크레디트스위스은행(CS) 10억 달러 상각

11월 05일 ┃ 시티그룹 4분기 80~110억 달러 추가 상각 계획(찰스 프린스 CEO 사임)

11월 08일 ┃ 모건스탠리 서브프라임 모기지 투자로 37억 달러 손실

11월 09일 ┃ 와코비아은행 전체 17억 달러 손실

11월 12일 ┃ 시티그룹 · 뱅크오브아메리카 · JP모건 750억 달러 규모의 슈퍼펀드 설립 재확인

11월 14일 ┃ 영국 HSBC 서브프라임 손실 충당금 14억에서 34억 달러로 상향. 일본 미즈호은행
　　　　　 상반기 순익 17% 감소. 뱅크오브아메리카 30억 달러 추가 상각

11월 15일 ┃ 영국 바클레이즈 서브프라임 손실로 26억 달러 상각

11월 16일 ┃ 골드만삭스 금융업 전체 서브프라임 손실 4000억 달러 추정

11월 20일 ┃ 미국 국책 모기지업체 프레디맥 3분기 20.2억 달러 손실

11월 23일 ┃ 상반기만 금리 인상 모기지론 1,860억 달러(내년 전망 암울)

11월 27일 ㅣ 시티그룹, 아부다비투자청으로부터 75억 달러 현금 조달

12월 6일 ㅣ 부시 미국 대통령 서브프라임 대책 발표(주택 모기지 금리 5년 동결)

12월 10일 ㅣ 스위스 UBS 서브프라임 채권 100억 달러 추가 상각(외부에서 긴급자금 수혈)

12월 11일 ㅣ FRB 기준금리 25bp 인하, 재할인율 25bp 인하

12월 14일 ㅣ FRB 기간경매제(TAF) 도입, 경매방식 현금 유동성 공급

12월 24일 ㅣ 메릴린치, 싱가포르 테마섹과 미국 자산운용사 데이비스셀렉티드어드바이져에서
        62억 달러 조달

2008년

1월 7일 ㅣ 미국 2007년 12월 고용지표 악화(실업률 2년래 최고치, 경기침체 우려 고조). FRB 1
        월 중에 300억 달러 유동성 공급 계획 발표

1월 11일 ㅣ 뱅크오브아메리카(BoA) 컨트리와이드 40억 달러에 인수

1월 16일 ㅣ 시티그룹 사상 최대 4분기 손실(98억 달러) 발표. 영국 노던록은행 국유화 조치

1월 18일 ㅣ 부시 대통령, 세금환급방식 1,500억 달러 경기부양책 발표. 영국 피치사, 미국 2위
        모노라인 암박(Ambac) 신용등급 두 단계 강등

1월 22일 ㅣ FRB 기준금리 75bp 재할인율 75bp 인하

1월 24일 ㅣ 프랑스 소시에테제네랄(SG) 49억 유로 금융사기 사건 발생

1월 30일 ㅣ FRB 기준금리 50bp 재할인율 50bp 인하

1월 31일 ㅣ 미국 최대 채권보증업체 MBIA 4분기 순손실 23억 달러 예상 발표

2월 12일 ㅣ 미국 정부, 주택차압 일시 중단 구제책 발표

2월 20일 ㅣ GM 금융자회사 GMAC, 자동차 금융부문 구조조정 발표

3월 7일 ㅣ FRB 추가 유동성 공급계획 발표(TAF 확대, RP거래 확대)

3월 11일 ㅣ FRB, 기간증권대여(TSLF) 방식으로 2,000억 달러 유동성 공급 발표. 미국 등 선진 5
        개 중앙은행 통화스와프계약 300억 달러로 확대

3월 16일 ㅣ 베어스턴스 파산, FRB 자금 지원(290억 달러) 아래 JP모건체이스에 매각. FRB, 프라
        이머리딜러크레디트제(PDCF) 도입 발표

3월 18일 ㅣ FRB 기준금리 75bp 재할인율 75bp 인하

3월 20일 ㅣ 헤지펀드 칼라일 캐피털 · 펠로튼 파트너스 사실상 파산

4월 1일 ㅣ 리먼브라더스, 전환 우선주 발행 통해 40억 달러 조달

4월 2일 ㅣ 버냉키 FRB 의장, 의회 증언 통해 경기 후퇴 언급

4월 4일 ㅣ 영국 피치사, 미국 최대 모노라인 MBIA 신용등급 AAA서 AA로 두 단계 하향

4월 8일 ㅣ 국제통화기금(IMF), 전 세계 신용손실 9,450억 달러로 전망

4월 30일 ｜ FRB 기준금리, 재할인율 각각 25bp 인하

5월 2일 ｜ FRB, 유동성 확대 공급 방안 발표(TAF, TSLF 적용 범위 확대)

5월 16일 ｜ 아이슬란드 중앙은행, 스웨덴 · 노르웨이 · 덴마크 중앙은행과 각각 5억 유로(총 15억 유로) 통화스와프 체결 발표

5월 21일 ｜ 무디스, 전산 관련 실수로 수십억 달러 구조화 채권상품 고평가(AAA) 실토

6월 5일 ｜ S&P, MBIA와 암박의 신용등급 AAA서 AA로 두 단계 하향

6월 19일 ｜ 무디스, MBIA 신용등급 5단계, 암박 3단계 각각 하향

7월 3일 ｜ ECB 정책금리 25bp 인상(4%→4.25%)

7월 11일 ｜ 미국 2위 모기지업체 인디맥은행 파산. 뉴욕상업거래소 서부텍사스산 중질유 국제유가 배럴당 147.27달러로 폭등

7월 13일 ｜ 미국 재무부, 국책 모기지업체 패니메이 · 프렉디맥 크레디트 한도 22억에서 200억 달러로 확대

9월 7일 ｜ 미국 재무부, 페니메이 · 프레디맥 2,000억 달러 자금 지원 발표(공적관리 전환)

9월 14일 ｜ 메릴린치, 뱅크오브아메리카(BoA)에 500억 달러 긴급 매각

9월 15일 ｜ 리먼브라더스 파산보호 요청. 유럽중앙은행(ECB) 300억 유로, 영국 중앙은행 50억 파운드 유동성 공급

9월 16일 ｜ FRB, AIG에 850억 달러 구제금융 투입(지분 79.9% 인수). 영란은행(BOE) 200억 파운드, ECB 700억 유로 추가 공급, 일본은행 2조 5,000억 엔 공급

9월 17일 ｜ 미국 증권거래위원회(SEC), 금융주 공매도 잠정 금지

9월 18일 ｜ FRB 및 각 중앙은행 3,000억 달러 대규모 유동성 공급 발표. 영국 로이드 TSB, 최대 모기지업체 할리팩스뱅크오브스코틀랜드(HBOS) 인수

9월 19일 ｜ 미국 저축은행 아메리뱅크 파산

9월 20일 ｜ 헨리 폴슨 미국 재무장관 7,000억 달러 구제금융법안(TARP) 의회 승인 요청

9월 22일 ｜ 골드만삭스 · 모건스탠리 은행지주회사로 전환 발표

9월 25일 ｜ 미국 최대 저축은행 워싱턴뮤추얼 파산(JP모건체이스에 19억 달러에 매각)

9월 26일 ｜ 미국 정부, GM 등 자동차 3사에 250억 달러 구제금융

9월 28일 ｜ 미국 의회 7,000억 달러 구제금융법안 합의안 도출. 베네룩스 3국, 포르티스은행 구제 위해 12억 유로 긴급 투입

9월 29일 ｜ 미국 4위 은행 와코비아 시티그룹이 인수 검토. 영국 정부 모기지 은행 브래드포드 앤빙글리(B&B) 국유화 결정

10월 1일 ｜ 미국 구제금융법안 상원 통과

10월 3일 ｜ 미국 구제금융법안 하원 통과, 금융시장안정화 대책 발표. 웰스파고 와코비아은행 인수 결정

10월 6일 ｜ 미국 다우존스산업평균지수 1만 포인트 붕괴

10월 7일 | 선진국 7개 중앙은행 공동 금리 인하 단행. FRB 기업어음(CP) 직접매입 결정

10월 9일 | 아이슬란드 3대 은행 국유화 발표. 한국 기준금리 25bp 인하(5.25%→5.00%)

10월 10일 | G7, 대형금융기관 파산 방지 방안 협의(공적자금 투입 용인). 스위스, 저축 보장한
도를 3만 스위스프랑으로 상향 조정

10월 12일 | 오스트리아 · 뉴질랜드 · 아랍에미리트연합 · 포르투갈 "자국 내 모든 계좌 예금 보
호" 선언

10월 13일 | 영국(370억 파운드), 독일(5,000억 유로), 프랑스(3,200억 유로), 스페인(1,000억 유
로) 유동성 공급 발표. 유럽중앙은행, FRB, 스위스 중앙은행과 함께 미국 달러 무제
한 투입 계획 발표

10월 14일 | 부시 행정부 7,000억 달러 구제금융 사용계획 발표(BoA, 시티그룹, 웰스파고, 모건
스탠리, 골드만삭스, JP모건 등 9개 은행 우선주 구입). 아이슬란드, IMF에 구제금
융 요청

10월 15일 | 헝가리 · 우크라이나, IMF에 구제금융 신청

10월 16일 | GM 1,600명 해고 발표

10월 22일 | 파키스탄 IMF 구제금융 신청

10월 26일 | IMF, 우크라이나에 165억 달러 구제금융 지원 결정

10월 28일 | IMF, 헝가리에 125억 유로(157억 달러) 구제금융 지원 결정

10월 29일 | FRB 기준금리 50bp인하(1%→0.5%), 한미통화스와프 체결 발표(300억 달러)

10월 30일 | 한국 정부, 미국 FRB와 300억 달러 통화스와프 협정 체결 발표

11월 3일 | 미국 자동차 빅3(GM · 포드 · 크라이슬러) 구제금융 요청

11월 4일 | 미국 제44대 대통령 버락 오바마 당선

11월 7일 | 미국 정부 GM 등 빅3에 250억 달러 추가지원 발표. GM-크라이슬러 합병은 거절

11월 10일 | AIG 구제금융 850억 달러에서 1,500억 달러로 확대. 영국 피치사 한국 국가신용등
급 전망 '안정적'에서 '부정적'으로 하향 조정

11월 11일 | 도이체방크, GM에 대한 목표 주가 0원 제시

11월 14일 | 미국 워싱턴서 1차 G20 정상회담 개최

11월 17일 | 한 · 중 통화스와프 한도 확대(40억 달러→200억 달러)

11월 18일 | 시티그룹 5만 명 추가감원 발표(전체 인력의 14% 수준)

11월 21일 | 시티그룹 전체 그룹 매각 또는 타 은행과 합병 검토

11월 24일 | 미국 정부, 시티은행 구제금융 발표(200억 달러 현금 지원, 3,060억 달러 부실채권
정부 지급보증)

11월 25일 | FRB, 8,000억 달러 2차 구제금융대책(TALF) 시행 계획 발표. 미국 재무부, AIG에
400억 달러 추가 구제금융 발표

11월 30일 | 시티그룹 일본 내 자회사 닛코시티 신탁은행 매각 결정

12월 1일 ㅣ 전미경제조사국(NBER), "미국 경제 2007년 12월 공식 경기침체 진입" 선언

12월 2일 ㅣ AIG, PB부문을 아부다비의 아바르인베스트먼트에 3억 700만 스위스프랑에 매각

12월 6일 ㅣ 뱅크오브아메리카(BoA), 메릴린치 인수건 주주총회 승인(자산규모 2조 7,000억 달러)

12월 10일 ㅣ ING 역외펀드 4개 청산. AIG 파생상품 투기거래로 100억 달러 손실 발생

12월 12일 ㅣ 뱅크오브아메리카(BoA) 향후 3년간 최대 3만 5,000명 감원 발표(약 11%). 미 연방 수사국, 650억 달러 금융사기 혐의로 버나드 메이도프 체포

12월 16일 ㅣ FRB 사실상 제로금리 선언(0%~0.25% 운용), 재할인율 75bp 인하(1.25%→0.5%)

12월 22일 ㅣ FRB, 긴급구제금융안(TARP) 구제 대상에 헤지펀드도 포함

12월 24일 ㅣ GMAC의 금융지주사 전환 요청 승인

12월 29일 ㅣ 미국 부실자산구제계획(TARP)에서 GM과 크라이슬러에 각각 40억 달러 지원

12월 30일 ㅣ 미국 재무부, GM에 10억 달러 추가 대출. GMAC 선순위 채권 50억 달러 매입 결정

12월 31일 ㅣ FRB, 5,000억 달러 규모 모기지담보부증권(MBS) 매입 1월초 개시 발표

2009년

1월 1일 ㅣ 뱅크오브아메리카(BoA)와 웰스파고, 각각 메릴린치와 와코비아 인수 완료

1월 4일 ㅣ 미국 3,000억 달러 규모 감세안 논의 착수

1월 6일 ㅣ 한국 2012년까지 50조원의 예산 투입, 약 96만개 일자리 창출. 일본 2015년까지 친환경 사업 부문 100조엔 확대, 220만개 일자리 창출

1월 8일 ㅣ 영국 기준금리 50bp 인하(2.0%→1.5%)

1월 9일 ㅣ 한국 기준금리 50bp인하(3.00%→2.50%)

1월 12일 ㅣ IMF, 벨로루시에 24억 6,000만 달러 구제금융 승인

1월 14일 ㅣ 시티그룹 모건스탠리과 주식영업부문인 스미스바니 지분 매각 협상 돌입

1월 15일 ㅣ 미국 상원, 부실자산구제계획(TARP) 잔여분 3,500달러 차기 정부 집행 승인

1월 16일 ㅣ 미국 정부, 뱅크오브아메리카(BoA)에 200억 달러 추가 지원 결정. 시티그룹, 구조조정 차원서 시티코프와 시티홀딩스로 분할 결정

1월 19일 ㅣ 시티그룹 2008년 4분기 83억 달러 적자 발표

1월 19일 ㅣ 영국 1,000억 파운드(1,490억 달러) 규모 2차 구제금융안 발표. 스위스 UBS, AIG의 상품지수 사업 부문을 1억 5천만 달러에 인수

1월 20일 ㅣ 버락 오바마 미국 제44대 대통령 취임. 영국 로열뱅크오브스코틀랜드(RBS) 400억 달러 손실 발표. 캐나다 기준금리 50bp 인하(1.50%→1.00%)

1월 21일 ㅣ 프랑스 6대 은행에 105억 유로(135억 달러) 규모 2차 구제금융 투입

1월 22일 ┃ 일본 기준금리 동결(0.1%), 기업어음(CP) 및 국채 직매입 확대

1월 23일 ┃ 싱가포르 205억 싱가포르달러(137억 달러)규모 경기부양책 발표

1월 27일 ┃ 독일 정부, 500억 유로(670억 달러) 규모 경기부양책 승인. 미국 연방예금보험공사
　　　　　　(FDIC), ‘배드뱅크’ 운영 결정

1월 28일 ┃ 미국 경기부양안 1차 표결(하원 통과, 상원 부결)

1월 30일 ┃ 일본 2007년 11월부터 공식적인 경기후퇴 진입 선언

2월 　3일 ┃ 호주 260억 달러 규모 경기부양책 발표, 기준금리 100bp 인하(4.25%→3.25%)

2월 　5일 ┃ 영국 기준금리 50bp 인하(1.5%→1.0%). 유럽중앙은행(ECB) 기준금리 동결(2.0%)

2월 10일 ┃ 미국 가이트너 재무장관, 2조 달러 금융시장안정책(FSP) 발표, 공공민관투자펀드
　　　　　　(PPIF) 설립안 제시. 미국 상원, 8,380억 달러 규모 경기부양법안 승인

2월 11일 ┃ 스웨덴 기준금리 100bp 인하(2.0%→1.0%)

2월 12일 ┃ 한국 기준금리 50bp 인하(2.5%→2.0%). 아일랜드 2개 은행(얼라이드아이리시, 뱅크
　　　　　　오브아일랜드)에 70억 유로(90억 달러) 구제금융 지원(25%의 지분 취득)

2월 13일 ┃ 미국 경기부양안 상·하원 통과, 최종 승인

2월 17일 ┃ 오바마 대통령 7,870억 달러 규모 경기부양법안 서명

2월 18일 ┃ 유럽투자은행(EIB), 유럽 자동차 업계에 70억 유로 장기 저리 대출

2월 19일 ┃ 일본 기준금리 동결(0.1%), 1조 엔 규모 회사채 매입

2월 23일 ┃ 미국 은행권에 대한 ‘스트레스 테스트’ 25일 개시 발표

2월 25일 ┃ 태국 기준금리 50bp 인하(2.0%→1.5%). 폴란드 기준금리 25bp 인하(4.25%→4.00%)

2월 26일 ┃ 영국 재무부, 금융기관 손실에 대해 250억 파운드 보증 제공 결정

2월 27일 ┃ 세계은행·유럽부흥개발은행(EBRD)·유럽투자은행(EIB), 동유럽에 245억 유로(310
　　　　　　억 달러) 지원 합의

2월 28일 ┃ 미국 재무부, AIG 긴급구제금융 300억 달러 추가 공급(3개사 분할 결정)

3월 　2일 ┃ 한국 원-달러 환율 외환위기 이후 최고치 1,570.3원

3월 　3일 ┃ 미국 뉴욕 다우존스지수 1997년 이후 첫 7,000포인트로 하회. IMF, 아르메니아에 5
　　　　　　억 4,000만 달러 규모 구제금융 예정

3월 　5일 ┃ 영국 기준금리 50bp인하(1.0%→0.5%). EU 기준금리 50bp 인하(2.0%→1.5%)

3월 12일 ┃ 뉴질랜드 기준금리 50bp 인하(3.50%→3.00%). 스위스 기준금리 25bp 인하(0.50%→
　　　　　　0.25%)

3월 18일 ┃ FRB 기준금리 동결(0~0.25%) 및 3,000억 달러 국채 매입 선언. 일본 기준금리 동결
　　　　　　(0.1%) 및 장기국채 매입 규모 1.4조 엔에서 1.8조 엔으로 확대

3월 19일 ┃ 아이슬란드 기준금리 100bp 인하(18.0%→17.0%). EU 50억 유로(65억 달러) 규모 추
　　　　　　가 부양안 합의. 미국 정부 자동차 부품업계에 50억 달러 지원

3월 22일 ┃ 베네수엘라 총 1,000억 달러(4년간) 규모 비석유부문 개발 계획 발표

3월 23일 | 미국 재무부, 공공민간투자프로그램(PPIP) 최대 1조 달러 부실자산 매입 발표

3월 25일 | IMF · EU, 루마니아에 200억 유로(270억 달러) 지원 결정

4월 2일 | 2차 G20 정상회담 영국 런던서 개최. 유럽중앙은행(ECB), 기준금리 25bp 인하
(1.50%→1.25%)

4월 3일 | G20 내년까지 5조 달러 지출, 1,900만개 일자리 창출, 4%성장 실현. IMF 재원 7,500
억 달러로 확충 등 1조 1,000억 달러 국제지원프로그램 합의

4월 7일 | 호주 기준금리 25bp 인하(3.25%→3.00%)

4월 8일 | 아이슬란드 기준금리 150bp 인하(17.0%→15.5%)

4월 9일 | 한국 기준금리 동결(2.0%). 영국 기준금리 동결(0.5%)

4월 10일 | 칠레 기준금리 50bp 인하(2.25%→1.75%)

4월 14일 | 폴란드, IMF에 구제자금 요청

4월 16일 | 필리핀 기준금리 25bp 인하(4.75%→4.50%). 터키 기준금리 75bp 인하(10.50%→
9.75%)

4월 30일 | 미국 크라이슬러 자동차 파산보호(Chapter 11) 신청

5월 3일 | 아세안+3, 치앙마이이니셔티브(CMI) 1,200억 달러 분담 합의

5월 7일 | FRB, 스트레스 테스트 결과 발표(시티그룹, BoA 등 총 746억 달러 자본 확충 필요).
유럽중앙은행(ECB), 기준금리 0.25% 인하, 양적완화 정책 시행 발표. 영란은행
(BOE), 양적완화 정책 자산매입규모 1,250억 달러로 확대 발표

5월 11일 | S&P, 멕시코 신용등급 '안정적'에서 '부정적'으로 하향 조정. 무디스, 우크라이나
국가신용등급 하향 조정

5월 13일 | 미국 재무부, 장외시장 파생상품거래 규제 개혁안 발표(중앙청산소 설치)

5월 21일 | 미국 재무부, GMAC에 75억 달러 추가 지원 발표. S&P, 영국 국가신용등급 '안정적'
에서 '부정적'으로 하향 조정 발표

5월 27일 | 무디스, 미국 국가신용등급 '안정적' 유지 발표

6월 1일 | 미국 GM 자동차 파산보호 신청

6월 3일 | 뉴욕 연방준비은행, 115억 달러 TALF 자금 지원 발표. 라트비아 1억 달러 국채 발행
실패

6월 7일 | 미국 행정부, FRB 권한 강화 등 금융개혁안 제시

6월 8일 | S&P, 아일랜드 국가신용등급 AA로 하향 조정 발표

6월 9일 | 미국 재무부, 10개 은행 구제금융지원(TARP) 자금 조기 상환 허용 발표

6월 10일 | 스웨덴 중앙은행 유럽중앙은행(ECB)으로부터 30억 유로 차입

6월 12일 | G8 재무장관 회의 "경제회복 시 출구전략 필요성 논의"

6월 16일 | 브릭스, 러시아에서 첫 정상회담 개최

6월 17일 | 오바바 대통령, 금융 규제개혁법안 발표

6월 25일 | 폴란드 기준금리 3.75%에서 3.5%로 하향 조정

6월 26일 | FRB, 14개 중앙은행과의 통화스와프 협정 2010년 2월 1일까지 연장

6월 30일 | 일본 정부 반도체업체 엘피다에 공적자금 300억 엔 지원 발표

7월 2일 | 스웨덴 중앙은행 기준금리 0.5%에서 0.25%로 인하

7월 6일 | 영국 피치, 미국 캘리포니아 주 신용등급 A−서 BBB로 하향 조정

7월 8일 | 미국 재무부, 민관공동투자프로그램(PPIP) 자금운용 9개사 선정

7월 9일 | 미국 의회 예산국 2009 회계연도 재정적자 1조 8,000억 달러 예상 발표

7월 17일 | 헝가리 금융위기 이후 처음으로 10억 유로 채권 발행 성공

7월 20일 | IMF 집행이사회 2,500억 달러 규모 SDR 신규 발행에 합의

7월 23일 | 유럽연합 집행위원회(EC), 유럽은행 구조조정 가이드라인 발표

7월 27일 | 미국증권위원회(SEC) 2008년 10월 도입한 공매도 조치 영구화 발표

7월 29일 | 오바마 대통령 "미국 경제 침체 끝나는 시작단계 진입" 언급

7월 30일 | IMF, G20 2009년 재정적자 경상GDP의 8.1%로 전망

8월 6일 | 패니메이, 미국 재무부에 107억 달러 추가 지원 요청. 영란은행(BOE), 양적완화 지
         원대책 1,750억 파운드로 500억 파운드 증액 발표

8월 11일 | 우크라이나 중앙은행 기준금리 75bp 인하(11.0%→10.25%)

8월 13일 | 덴마크 중앙은행 기준금리 10bp 인하(1.55%→1.45%)

8월 17일 | 미국 금융당국, 기간자산담보대출(TALF) 시한 연장

8월 19일 | 무디스, 미국 6월 상업용 부동산 가격 전년 동월 대비 26.9% 하락 발표

8월 21일 | 벤 버냉키 FRB 의장 "미국 및 세계 경제 안정되고 있다" 언급

8월 24일 | 이스라엘 중앙은행 정책금리 25bp 인상(0.5%→0.75%)

8월 25일 | 오바마 대통령, 벤 버냉키 FRB 의장 재신임 발표. 백악관 예산국, 미국 2009회계연
         도 재정적자 1조 5,800억 달러로 감소 발표

9월 5일 | G20 재무장관 및 중앙은행 총재회의 "확장적 금융재정정책 지속" 발표

9월 8일 | 뉴욕상업거래소 금 가격 온스당 1,009.40달러로 18개월 만에 최고치 경신

9월 11일 | 미국 연방예금보험공사(FDIC), 3개 지역은행 영업정지 추가 발표

9월 13일 | 중국 미국산 자동차와 닭고기에 반덤핑 관세 부과 조사 착수

9월 14일 | 오바마 대통령 취임 후 첫 월가 방문, "은행들의 방만 경영"에 경고

9월 24일 | 미국 피츠버그서 3차 G20 정상회담 개최, G20 회의 정례화 선언

참고 문헌

『대한민국 경제학에게 길을 묻다』 l 김인준 지음, 중앙북스, 2009. 8

『여신과의 대화 세계 금융위기와 그 후』 l 차기태 지음, 필맥, 2009. 8

『버블경제와 장기침체』 l 김광수 경제연구소, 휴먼앤북스, 2009. 7

『리스크 테이커』 l 가와바타 히로토 지음, 황영식 옮김, 미래인, 2009. 6

『야성적 충동』 l 조지 애커로프 · 로버트 쉴러 지음, 김태훈 옮김, 랜덤하우스코리아, 2009. 6

『세계금융을 움직이는 어둠의 세력』 l 기쿠카와 세이지 지음, 김정환 옮김, 스펙트럼북스, 2009. 5

『불황의 경제학』 l 폴 크루그먼 지음, 안진환 옮김, 세종서적, 2009. 5

『대공황 이후의 세계』 l 하마다 가즈유키 지음, 김정환 옮김, 미들하우스, 2009. 4

『21세기 대공황과 마르크스주의』 l 정성진 엮음, 책갈피, 2009. 3

『세계 금융의 미래』 l 아베 요시히로 지음, 김정환 옮김, 엘도라도, 2009. 3

『세계금융위기』 l 가네코 마사루 · 앤드류 드윗 지음, 이승녕 옮김, 지상사, 2009. 1

『서브프라임 위기』 l 하나금융 경영연구소 지음, 하나금융 경영연구소 펴냄, 2009. 1

『서브프라임 크라이시스』 l 브루스 E. 헨더슨 지음, 김정환 옮김, 랜덤하우스코리아, 2008. 9

『화폐전쟁』 l 쑹훙빙 지음, 랜덤하우스, 2008. 7

『250년 금융재벌 로스차일드 가문』 l 프레더릭 모턴 지음, 주영사, 2008. 7

『세계사의 100대 음모론』 l 데이비드 사우스웰 지음, 이종인 옮김, 이마고, 2007. 12

『위험한 시장』 l 도미니크 바튼 외 지음, 강남규 옮김, 아라크네, 2007. 12

『나쁜 사마리아인들』 l 장하준 지음, 이순희 옮김, 부키, 2007. 10

『위기와 자본주의 경제의 공황』 l 김수행 지음, 서울대학교 출판부, 2006. 9

『부의 미래』 l 앨빈 토플러 지음, 김중웅 옮김, 청림출판, 2006. 8

『거시경제론』 l 정운찬 지음, 율곡출판사, 2003. 10

『금융투기의 역사』 l 워드 챈슬러 지음, 강남규 옮김, 국일증권 경제연구소, 2001. 6

『한국 자본주의의 정신』 l 박우희 지음, 박영사, 2001. 3

『화폐금융론』 l 조순 지음, 비봉출판사, 1990. 8

『국제경제론』 l 김신행 지음, 법문사, 1984. 6

『현대 금융자본론』 l 生川榮治 지음, 선경식 옮김, 동녘, 1982. 10

『The Age of Turbulence』 l Alan Greenspan, the Penguin Press, 2007

『Microeconomic Analysis』 l Hal R. Varian, Norton & Company, 1984

『Capitalism since World War II』 | Philip Armstrong 외, Fontana Paperbacks, 1984

『The General Theory of Employment, Interest and Money』 | J. M Keynes, Harcourt, Brace and Co., 2002

그 외 〈Wall Street Journal〉, 〈New York Times〉, 〈Financial Times〉, 〈Bloomberg News〉, 〈the Economist〉, 〈서울경제신문〉 등 국내외 언론 다수

KI신서 2182

글로벌 금융대공황

1판 1쇄 인쇄 2009년 12월 10일
1판 1쇄 발행 2009년 12월 15일

지은이 강동호 **펴낸이** 김영곤 **펴낸곳** (주)북이십일 21세기북스
디자인 에이틴 **영업** 서재필 최창규
출판등록 2000년 5월 6일 제10-1965호
주소 (우413-756) 경기도 파주시 교하읍 문발리 파주출판단지 518-3
대표전화 031-955-2100 **팩스** 031-955-2151 **이메일** book21@book21.co.kr
홈페이지 www.book21.co.kr **커뮤니티** cafe.naver.com/21cbook

책 값은 뒤표지에 있습니다.
ISBN 978-89-509-2132-3 03320

이 책은 한국언론재단의 저술 지원으로 출판되었습니다.